2017 年，作者与卢公祠工作人员朱再平先生（右）在祠内

作者和朱再平、卢鸣炘在卢公祠内交流

作者和卢象昇后人卢伯成及旁系后人卢鸣炘在岭下村交流卢象昇生平事迹

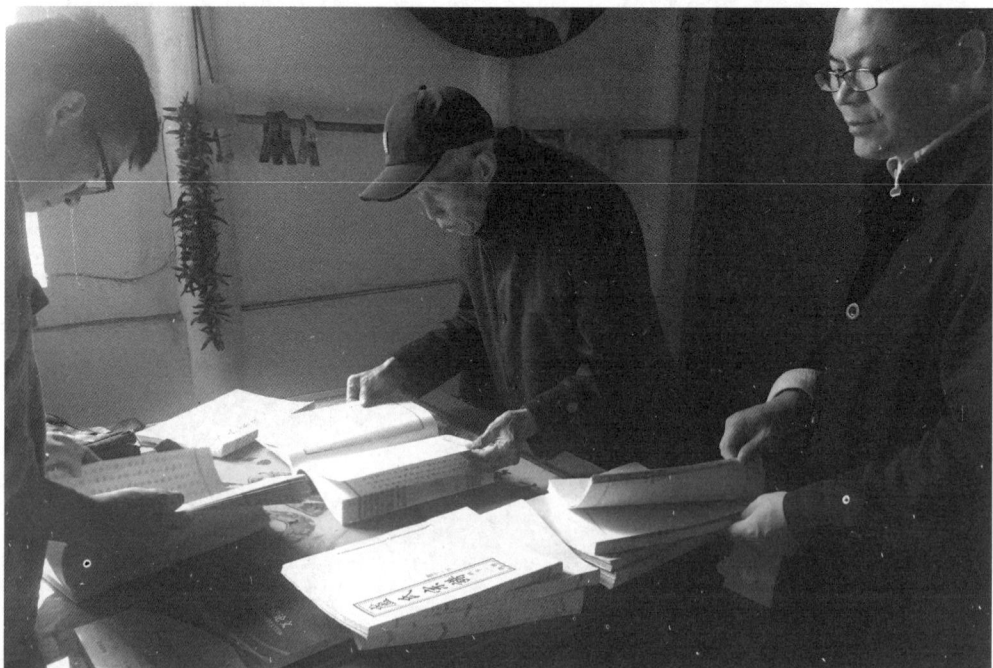

作者与卢象昇直系第 33 代后人卢伯成、旁系第 36 代后人卢鸣炘一起查阅卢氏宗谱

作者与卢象昇直系第 33 代后人卢伯成于卢象昇故乡岭下村

卢忠肃公祠内卢象昇塑像

作者在卢象昇故居——宜兴茗岭岭下村界牌前留影

龙腾 ◎ 著

明末名臣
卢象昇研究

九州出版社　全国百佳图书出版单位
JIUZHOUPRESS

图书在版编目（CIP）数据

明末名臣卢象昇研究 / 龙腾著. -- 北京 ：九州出
版社，2019.11
　　ISBN 978-7-5108-7852-7

　　Ⅰ．①明… Ⅱ．①龙… Ⅲ．①卢象昇（1600-1639）
－人物研究 Ⅳ．①K827=48

中国版本图书馆CIP数据核字(2019)第270530号

明末名臣卢象昇研究

作　者	龙腾　著
出版发行	九州出版社
地　　址	北京市西城区阜外大街甲 35 号（100037）
发行电话	(010)68992190/3/5/6
网　　址	www.jiuzhoupress.com
电子信箱	jiuzhou@jiuzhoupress.com
印　　刷	北京九州迅驰传媒文化有限公司
开　　本	720 毫米×1020 毫米　16 开
印　　张	17.75
字　　数	306 千字
版　　次	2019 年 12 月第 1 版
印　　次	2019 年 12 月第 1 次印刷
书　　号	ISBN 978-7-5108-7852-7
定　　价	56.00 元

序

　　龙腾硕士毕业于山东大学历史学院，后考取我们天津师范大学中国古代史博士生，跟随我读博士学位。毕业论文选题我们一起商定，研究明末宣大山西总督卢象昇。

　　明代博士论文选题，应该说范围很广，人物研究也是选题之一。以明代历史人物作为博士论文研究对象，比较理想的选择方案，一般应选取对明代有一定影响的人物；研究资料比较丰富，最好有文集或奏议汇编；履历丰富，功业突出；人物评价不至于太纠结。当然，不少明代人物选题，已有人做过。典型与否，都是相对的，对于博士生来说，选题时注意扬长避短很重要。

　　龙腾文笔很好，长于叙事。这也是选取历史人物为研究对象的原因之一。

　　龙腾以明末名臣卢象昇为博士论文选题，经过资料搜集和实地调研，完成了博士论文写作。在其博士论文中，概述了卢象昇生活的时代背景，考察了卢象昇的生平仕宦经历，研究并分析了卢象昇军事策略、屯田成绩、标兵建设以及官场中的上下关系。

　　研究人物离不开时代背景的照应，历史人物都是在特定历史时期发挥作用，只有了解当时的背景，才能更好地认识和评价历史人物。龙腾在第一章宏观地交代了卢象昇所处的时代背景。

　　人物研究自然要研究生平履历。龙腾系统考察了卢象昇不同时期任职经历、推行的措施、主要政绩等。重要历史人物的研究往往涉及所任官职及该官职掌。龙腾在博士论文及以博士论文为基础的著作中，探讨了卢象昇历任官职的职掌，结合职掌考察其居官作为及主要政绩。这样的处理，有助于增强人物研究相关内容的深度和学术底蕴。

卢象昇是明末军制建设的代表性人物之一。1985 年浙江古籍出版社出版的《卢象昇疏牍》，为我们研究卢象昇以及明末军制若干问题提供了便利。卢象昇居官后期，明末大起义风起云涌，清军（后金）多次进攻关内。明王朝的统治风雨飘摇，大厦将倾。他人生最后的任职是宣大山西总督。任该职期间，他在宣大三镇推进屯田，特别是整顿军屯颇有成效。

明代军屯从地区或屯军来源分，主要有卫所屯田、边镇关营屯田等。从军屯组织形式分，包括卫所及关营等军户屯田、军伍集体营田等。关于营田的解释，有不同说法，王毓铨先生解释为士兵集体耕种为营田（王毓铨：《明代的军屯》，北京：中华书局 2009 年，第 8 页）。依此标准看，卢象昇直辖的宣大总督标兵带头屯田，为明代军队营田典范。

卢象昇对标兵的建设也值得研究，龙腾在本书中专设一章，研究卢象昇编练标兵的经过及成效。明代标兵始设于嘉靖二十五年，创立者为嘉靖间宣大总督翁万达。

明代军制起初以卫所制为主，随后卫所军分别承担屯田、守城、巡捕、造军器、漕运、边操、京操和海防等多项任务。其中，防守和常操等军队由总兵等镇戍将领统领，随后这些选自卫所（也包括招募等）的防守、常操、作战军队由总兵、副总兵、参将、游击和守备等分别统领。总兵负责一镇防务，副总兵协助总兵，参将分守一镇下面的分辖区，称为一路。其下守备等负责某一城堡附近防区，直接对参将负责。游击将军往来增援，一般听总兵及巡抚节制。隆万时期，蓟镇增至三协，协守副总兵相当于原来的分守参将。随后北边其他镇也不同程度设立了协守副总兵。

总兵直辖军队称正兵（在督抚标兵设立后改称标兵），副总兵直辖兵马称协，参将直辖兵马称为援兵，守备等所统兵称守兵。起初督抚无直辖的标兵，但督抚也是文职将帅，无直辖兵马情况下可能出现弹压不力、难以赴前线指挥等情况，于是在嘉靖二十五年前后宣大总督标兵建立，随后巡抚等也建立标兵，其他官员或机构也设标兵，标兵有"泛滥"倾向。督抚标兵在其设立后，成为边镇精锐，参将等所统军队素质和地位有下移趋势。

卢象昇在前任宣大总督基础上，扩编宣大总督标兵，加强训练。《卢象昇疏牍》中有关奏疏，也透露了总督标兵编制的相关信息。这些内容在龙腾的这部著作中都有反映。

　　最后一章，龙腾对卢象昇在官场中的人际关系进行了考察，特别是对卢象昇与崇祯帝、杨嗣昌和东林人士的交往及关系分别进行了有益分析。

　　希望龙腾的这部专著《明末名臣卢象昇研究》，能引起人们对卢象昇其人及明代军制相关问题的进一步关注。

肖立军

2019 年 12 月

自　序

　　本书是在我博士论文的基础上完成的。博士毕业后，我就计划完成这部专著。然而，近年来单位和家庭事务繁多，故终未能如愿。2019年春季，趁工作不太忙，我便开始着手本书的写作，之后写作时断时续，10月中旬终于完成初稿的提交。

　　专注于本书的写作，首先是希望以此来纪念自己的博士学习生涯，并对自己多年的研究成果进行梳理和总结。在卢象昇研究过程中，我对卢象昇生平事迹和明末历史兴趣渐浓。寒冬月夜，北风凛冽，胯下五明骥、孤军抗清的卢象昇战殁的历史画面不时地萦绕在我的脑海。我常常在思索：倘若卢象昇、孙传庭等一代名臣果受重用，明王朝会否覆灭？袁崇焕、卢象昇等忠臣良将的凄惨结局对明王朝历史走向产生了多大程度的影响？危机四伏、大厦将倾的明王朝该如何才能走出覆亡的深谷？明末诸多人物和朱明王朝的历史悲剧留给我们后人怎样的历史教训？我就是带着这些思考进行本书的写作的。我希望，读者通过本书能全面了解卢象昇的一生作为，深化对变幻莫测的明末乱局的认知，并进一步探究是怎样的明末大历史造就了一代名臣卢象昇，而卢象昇之所为又如何影响和丰富了明末大历史。同时，本书也试图将考察卢象昇挽救时局的努力与最终失败，作为探寻明朝最终败亡原因的一个视角。

　　其次，我也希望，明末一代名臣卢象昇的生平事迹能广为人知。卢象昇一生短暂，却在明末内忧外患的历史画卷上涂下了浓重的一笔。他是明末天启、崇祯时期一位重要的地方实力派官员，历任户部主事、大名知府、大名兵备、郧阳抚治、湖广巡抚、中原五省总理、宣大山西总督（后加兵部尚书衔）等职，与明末党争、农民起义、明清战争，都有十分密切的联系。然而，如此一位颇有影响力的崇祯朝重臣，却并不为世人广知。梳理和总结民国以来卢象昇研究的学术成果，我吃惊地发现：竟然没有一篇（部）专论卢象昇本人的学术论文或者专著。这不能不说是一件憾事。卢象昇身居要职，忠君爱国，能文兼武，人品官品俱佳，最终孤军抗清而殁。在他的身上，始终洋溢着积极进取的精神气质和与人为善的人文情怀，也体现了中华民族诸多优秀的传统美德：爱国、勤政、廉洁、仁爱、勇敢。卢象昇这些优秀品质，对于当代中国人也不无激励意义。

最后，这两三年来，我新积累了一些卢象昇研究的历史资料，为卢象昇专著的写作奠定了坚实的基础。2017年10月下旬，在小弟龙启峰的开车陪送下，我专程去宜兴进行考察。在宜兴县城，我造访了卢公祠，获得了一些有关卢象昇的历史资料；在卢象昇的故乡——茗岭岭下村，我拜访了卢象昇的后人，查阅了《茗岭卢氏宗谱》（报本堂），加深了对卢象昇族谱的了解。此外，我又研读了不少相关的文章和专著，如明清之际吴伟业的诗作《临江参军》、李奥的硕士论文《卢忠肃集校注》等，从而丰富了对卢象昇的认识。

本书在章节安排上，基本承袭了博士论文（正文为七大章，后附有附录），但在内容上颇有一些更新。主要体现在：其一，书中插入了不少造访宜兴卢公祠和岭下村的实拍照片，实现了文图结合。其二，在卢象昇生平的最后，增加了"《临江参军》等文艺作品中的卢象昇形象"一部分，重点分析阐述吴伟业通过"史诗"《临江参军》对卢象昇的评价。其三，根据《茗岭卢氏宗谱》内容，丰富了书的附录部分"宜兴卢象昇家族抗清简记"的史实记载。其四，增加了附录四"卢象昇作品辑录"和附录五"明大司马卢公年谱"的两部分内容。我把卢象昇的诗、诗余、文（传、墓志铭、记）、书（私人书信）和《明大司马卢公年谱》进行全文标注和繁简体转化，附之于本书最后。我在标校和繁简体转化时，付出了不少的心血，希望这一工作能为卢象昇的后续研究提供某些便利。

我衷心地希望，本书的问世，能给卢象昇和明末历史研究带来一点新气象；也渴盼它能抛砖引玉，促使卢象昇研究在不久的将来出现更多的力作。由于本人学识和精力有限，书中出现的错误在所难免，恳请学界方家多多指正！

2019年12月

于山东财经大学明德馨苑

目　录

第一章 步入"衰敝期"的明王朝

卢象昇，生于万历二十八年（1600）三月，殁于崇祯十一年（1638）年十二月，不足 39 周岁而亡。他一生短暂，却在明末内忧外患的历史画卷上涂下了浓重的一笔。卢象昇是明末天启、崇祯时期一位重要的地方实力派官员，历任户部主事、大名知府、大名兵备、郧阳抚治、湖广巡抚、中原五省总理、宣大山西总督（后加兵部尚书衔）等职，与明末党争、农民起义、明清战争，都有十分密切的联系。目前，有诸多记载卢象昇生平事迹的较为丰富的历史文献资料，如《卢象昇疏牍》（有卢象昇所作近 200 篇奏疏和公牍），此外还有《明大司马卢公年谱》《忠肃集》《茗岭卢氏宗谱》等。然而，到目前为止，对卢象昇专门研究成果还十分缺乏，这与其在明末历史上的地位很不相符。本书即从原始文献的研究切入，同时结合时人和后人的研究论述，希望读者对卢象昇的生平事迹有个较为全面的了解，以深化对复杂多变的明末政治时局的认知；进一步探究是怎样的明末大历史造就了一代名臣卢象昇，而卢象昇之所为又如何影响和丰富了明末大历史。同时，本书也试图将考察卢象昇挽救时局的努力与最终失败，作为探寻明朝最终败亡原因的一个视角。

卢象昇之所为与之所不为，皆离不开他所处的具体的历史环境，那么，卢象昇所处的历史环境如何呢？

第一节 晚明皇帝怠政与党派纷争

一、万历和天启怠政

万历朝后期，皇帝怠政已经十分严重。后人在总结明亡之教训时，多涉及万历怠政，如清人称："明之亡，不亡于崇祯之失德，而亡于神宗之怠惰，天启之愚娭。"① 孟森亦有相似结论："明之衰，衰于正、嘉以后，至万历朝则加甚焉。明亡之征兆，至万历而定。"② 当代明史学者王天有持有类似之观点，他将明朝历史分为四个历史阶段：开创期、腐化期、整顿期和衰敝期；他认为，"从明神宗万历十年（1582）至明思宗崇祯十七年（1644），是明朝的衰敝期"。③

万历十年（1582 年），张居正死去，万历帝亲政，起初他还颇有些励精图治的势头。当朝官员海瑞，曾对他称颂不已："自张居正刑犯以后，乾纲独断，无一时一事不惟小民之念。"④ 然而，万历十四年（1586 年）秋，万历帝竟然开始"连日免朝"。礼部主事卢洪春，质疑皇帝因身体健康之故免朝，并讽谏万历帝，惹恼了皇帝，遭到廷杖革职的处罚。⑤ 此后，万历帝怠政愈加频繁，尤其在"国本之争"事件发生后，他甚至与群臣关系势如水火。对于万历怠政的状况，孟森曾有论："帝既不视朝，不御讲筵，不亲郊庙，不批答章奏，中外缺官亦不补。"⑥

学界对于万历帝长期怠政之因，已有探讨。阎崇年认为，万历怠政原因有四：摆脱戒尺、居功自傲、没有竞争、身体有病。⑦ 米智也试图从君臣矛盾的角度，来论述怠政之因。⑧ 美籍华人史家黄仁宇，则从中国传统道德的层面，来论述万历怠政之因，并提出："中国两千多年来，以道德代替法制，至明代而极，这就是一切问题的症结。"⑨ 笔者以为颇有些可资之处。

另外，我们还可以从万历帝的性格和心理的角度，分析他长期怠政的原因。幼年时期的万历帝，生活在李太后、张居正和冯宝的交相训教之中，个人的天性和兴趣被强行压制。比如，他曾与小太监在宫中嬉戏，被冯宝状告

---

① 《清仁宗实录》（二），卷 127，嘉庆九年甲子三月壬寅，北京：中华书局，1986 年，第 713 页。

② ［清］孟森：《明史讲义》之《万历之荒怠》，北京：中华书局，2006 年，第 275 页。

③ 王天有，高寿仙：《明史》，北京：中信出版集团，2017 年，第 388 页。

④ 《明神宗实录》卷 171，万历十四年二月甲申，台北："中央研究院历史语言研究所"校印本，第 3108 页。

⑤ 汤纲，南炳文：《明史》，上海：上海人民出版社，1991 年，第 662 页。

⑥ ［清］孟森：《明史讲义》之《万历之荒怠》，北京：中华书局，2006 年，第 292 页。

⑦ 阎崇年：《明亡清兴六十年全集》，北京：中华书局，2006 年，第 16—18 页。或又见阎崇年：《明亡清兴六十年》讲座之二，《万历怠政》，中央电视台第十频道：《百家讲坛》视频系列节目。

⑧ 米智：《从君臣矛盾看万历皇帝怠政的原因》，《黑龙江史志》，2014 年第 21 期。

⑨ （美）黄仁宇：《万历十五年》，北京：中华书局，2006 年增订纪念版，附录《自序》第 3 页。

至李太后处，并遭到太后跪罚。万历帝自然对他们三人十分敬畏，阎崇年称这三人是悬在小万历头上的"三把戒尺"。万历帝少年时的天性和爱好遭到扼杀，在其内心深处便产生了一种叛逆心理。[①] 而一旦"三把戒尺"的威力不存，万历帝可能就会井喷式地自我放纵，甚至会对曾限制其自由的人实施报复。同时，亲政的万历帝要有一番作为，也必须彻底消除"三把戒尺"的影响。或许，亲政后的万历帝就是基于这种复杂心理的影响，才最终决定清除张居正、冯宝集团的政治影响。当然，万历帝不可能对自己的母亲痛下狠手；更何况，他亲政后，李太后也逐步放松了对儿子的管教。然而，"倒张运动"的结局却事与愿违，万历帝对朝臣道德说教的虚伪产生了很大的厌恶。不久后，爆发的立太子的国本之争，最终使万历帝与朝臣的矛盾激化了。他无法摈弃历史形成的传统道德观念和封建宗法制度，只好采取了逃避群臣的做法：深居内宫，不问朝政。正如为《万历十五年》写书评的欧蒲台所言："在其皇帝角色里表现活力的所有尝试遭到普遍反对后，万历走上了罢工的道路，全身心地去陪伴郑贵妃。"[②]

同样，天启帝的怠政也丝毫不亚于乃祖万历帝。诸多史籍都称其嗜好工匠造作之事，而将朝政委于宠宦魏忠贤等人。对此，明人笔记《先拨志始》《酌中志余》《旷园杂志》和《三朝野纪》皆有记述。如《三朝野纪》有云："上性好走马，又好小戏；好盖房屋，自操斧锯凿削，巧匠不能及，又好油漆匠。□手使器具，皆内官监、御用监办进，日与亲近之臣涂文辅、葛九思辈朝夕营造。造成而喜，不久而弃；弃而又成，不厌倦也。当其斤斫刀削，解衣盘礴，非素昵近者，不得窥视。王体乾等每伺其经管鄙事时，即从旁传奏文书。奏请毕，即曰：'尔们用心行去，我知道了！'所以太阿下移，忠贤辈操纵如意，而呈秀、广微辈通内者，亦如袍鼓之捷应也。"[③] 陈登原更称天启帝为"顽童"，"熹宗好走马、好水戏、好起造，凡此等等，皆是顽童行径"[④]。既然熹宗如此爱玩，那就无心朝政了，朝中出现的权力真空自然就由他宠信的阉党集团来填补了。而魏阉集团趁机巩固自己的政治势力，拉拢原东林党

① 阎崇年：《明亡清兴六十年》（彩图珍藏版），北京：中华书局，2008年，第16—17页。

② （美）欧蒲台：《万历：漫长的怠政时代》，原载于《纽约客》1981年10月号，作者系美国作家John Updike，通译"厄普代克"，即为欧蒲台。又见于黄仁宇：《万历十五年》附录3，北京：中华书局，2006年增订纪念版，第298页。

③ ［清］李逊之：《三朝野纪》卷3，《明代野史丛书》，北京：北京古籍出版社，2002年，第67页。

④ 陈登原：《国史旧闻》第3分册，北京：中华书局，1980年，第264页。

官员的敌对派，打击以东林党为核心的正直官员，使业已存在的门户党争进一步激化。

二、门户党争的形成和延续

万历怠政，加之其他因素，朝野出现了门户党争，而天启怠政则加剧了党争的激烈程度，使明末朝政更加混乱，社会危机急剧加深，加速了明王朝的覆灭。

张居正被清算后，那些曾经因上谏忤逆而被贬官的官员们，皆先后被万历帝重新重用；朝中也没有权臣再严控言路。因此，朝廷的谏言之风再次高涨。起初，有些官员对张居正一党进行参劾，同时向皇帝表明自己的政治立场。万历怠政后，他们又对万历帝违背帝王之道的诸多做法进行谏净，以表忠贞。例如，在"争国本"中，不少朝臣都涉入其中。总体来看，对于这些谏净，起初，官员们或许是坚持封建伦理纲常，较少掺杂派系的利益之争，但后来则出现了门户之争。① 万历二十一年（1593 年）的癸巳京察事件，则成为引发明末门户之争的火药桶。明末文人文秉曾评说"癸巳京察"事件："门户之祸坚固而不可拔，自此始也。"② 门户之争亦有愈演愈烈之势。

朝中官员在议事中，往往依籍贯、师承关系等，按照各自的利益需求，结成相对稳定的不同利益集团，便形成了所谓的"党"，如宣、昆、浙、楚、齐党和东林党。一般来说，前者五党实为官场利益而形成的不同的政治集团；后者则是有正义感的在野士大夫，以无锡东林书院为联络基地，形成的群众性组织，后来朝中一些正直的官员也与之相呼应，便演变成一个有政治利益诉求的政治集团，后被政敌称为"东林党"。③ 东林党不仅代表了江南中小地主阶级的利益，甚至还始终支持并参与市民阶级反对封建特权的斗争。④

万历末，党争激烈，周嘉谟出任吏部尚书后，吏治状况才有所好转。《明

---

① 汤纲，南炳文：《明史》，上海：上海人民出版社，1991 年，第 682—684 页。
② ［明］文秉：《定陵注略》卷 3，《癸巳大计》，北京大学出版社影印抄本。谷应泰在《明史纪事本末》中却说，明末门户之争始于顾宪成为代表的东林党的形成。谢国桢和商传则认为，门户党争与张居正有关，"从居正的夺情之争起，朋党政治也渐成明廷政治之主流。居正去世后，党争遂兴"（商传：《走进晚明》，北京：商务印书馆，2014 年，第 85 页）。文秉、谷应泰和商传等人皆从不同角度分析得出了不同的结论。其实，明末门户党争的出现并非缘于某一具体事件，它本身就是一个渐进的过程。
③ 汤纲，南炳文：《明史》，上海：上海人民出版社，1991 年，第 707—709 页。
④ 李小林、李晟文主编：《明史研究备览》，天津：天津教育出版社，1988 年，第 132—133 页。

史》载:"神宗末,齐、楚、浙三党为政,黜陟之权,吏部不能主。及嘉谟秉铨,惟才是任。光、熹相继践祚,嘉谟大起废籍,耆硕满朝。向称三党之魁及朋奸乱政者,亦渐自引去,中朝为清。"① 从此,三党官员利尽而散,转而投靠权势方炽的魏阉集团。所以,启、祯年间的朝中党争主要在阉党和东林党之间进行。

由于东林党官员的积极努力,明熹宗终于顺利地入继大统。所以,天启初年,朝中的东林党官员势力大盛,出现了"东林势盛,众正盈朝"② 的局面。③ 然而,东林党人却专注于以"三案"为焦点,打击政敌,以报万历末年所遭受其他党派迫害之仇,反而矫枉过正,树敌更多。不久,羽翼渐长的魏阉集团利用熹宗的恩宠与昏庸,代替东林党人掌握了朝政大权。④ 从天启四年(1624年)至天启末,阉党集团与东林党人之间的党争十分惨烈。结果,东林党人遭到沉重的打击,朝野出现了阉党一派独大的局面。

崇祯帝即位不久,开始钦定逆案,对阉党势力进行清算,魏忠贤等人被遣戍甚至处死,东林党官员再次受到重用,原来被魏阉集团排挤的东林或亲东林官员相继归朝任事。然而,崇祯帝却是一位勤政嗜权的皇帝,他希望朝野臣工能"化异为同",共济时局,并严禁臣属结党相争。据《明史》载:"陛下明旨曰:'分别门户,已非治征',曰'化异为同',曰'天下为公'。"⑤ 所以,虽然东林党人重返朝政,但未再形成天启初"东林盈朝"的局面。同时,阉党势力虽遭清算,但还有不少残党隐而不发,甚至得到了与东林党人有隙的首辅大臣温体仁的保护。⑥ 终崇祯一朝,东林党及有"嗣东林"之称的复社,与阉党集团仍然明争暗斗。然而,由于崇祯帝驭下甚严,门户党争并没有发展至左右朝政的地步。

三、明末门户党争的恶果

明末党争对当时的朝政造成了很坏的影响。孟森曾评述:"神宗时庙堂无

① [清]张廷玉等:《明史》卷241,列传卷129,《周嘉谟传》,北京:中华书局,1974年,第6259页。

② [清]张廷玉等:《明史》卷243,列传卷131,《赵南星传》,北京:中华书局,1974年,第6299页。

③ 汤纲,南炳文:《明史》,上海:上海人民出版社,1991年,第845—846页。

④ 汤纲,南炳文:《明史》,上海:上海人民出版社,1991年,第852页。

⑤ [清]张廷玉等:《明史》卷265,列传卷153,《倪元璐传》,北京:中华书局,1974年,第6837页。

⑥ 汤纲,南炳文:《明史》,上海:上海人民出版社,1991年,第917—922页。

主，党同伐异，以傲利而为之，至是以阉为主，趋利者归于一途，故只有阉党非阉党之别。欲知当时之君子，大率为阉所戮辱之人；欲知当时之小人，但观崇祯初所定附阉之逆案。"①孟森将明末朝野的政治势力大体分为两类：阉党集团，为小人；为阉党打击者，即东林党或相依附者，为君子。这种分类大体上说明了朝臣中君子与小人之别，这确实较符合万历末至天启朝之实情。然而崇祯朝以后，阉党受挫东林再兴，门户之争依然激烈，这仍搅乱了明末的政治秩序，加速了明亡的进程。对明末党争的形成与危害，陈登原亦有概括："明人门户之习，始于神宗之世，熹之童騃，思之刚愎，自更激之，使成巨流，至于亡国，盖犹未已。"②

万历、天启荒政和门户党争，使万历朝以后的吏治变得更加腐败，连不问政事的万历帝都感喟不已："目今四方吏治，全不务讲求荒政、牧养小民，止以搏击风力为名声，交际趋成为职业。费用侈于公庭，直呼遍于闾里。……如此上下相蒙，酿成大乱，朕甚忧之。"③

政治腐败与军事腐败是互为里表的。万历中后期，军队的腐败程度亦十分严重。各级军官贪腐贿赂公行，更强化了朝野文官早已形成的门户党争，也严重危害着北部边疆的军事防御。各级将领还随意克扣粮饷、役使兵力，平时疏于练兵，战时往往虚报战功甚至杀良冒功。由于将领们的腐化，各地边防十分虚弱，士兵也兵器缺乏、衣不蔽体，正如卢象昇视察宣大边口时所云：

> 迄今逋饷愈多，饥寒迫体，向之那钱借债，勉制弓矢枪刀，依然典且卖矣。多兵摆列武场，金风如箭，馁而病，僵而仆者，且纷纷见告矣。每点一兵，有单衣者，有无裤者，有少鞋袜者，臣见之不觉潸然泪下。如此光景，何以责成？④

与皇帝怠政、吏治败坏、军队腐败相伴随的是财政的崩溃。万历帝挥霍无度、官员贪腐盛行、军费开支日增，导致国库空虚。能反映明代财政状况

---

① ［清］孟森：《明史讲义》之《万历之荒怠》，北京：中华书局，2006 年，第 292 页。

② 陈登原：《国史旧闻》第 3 分册，北京：中华书局，1980 年，第 261 页。

③ 《明神宗实录》卷 269，万历二十二年正月己亥，台北："中央研究院历史语言研究所"校印本，第 5000 页。

④ ［明］卢象昇：《卢象昇疏牍》卷 9，《西阅晋边摘陈切要事宜疏》，杭州：浙江古籍出版社，1985 年，第 253 页。

的四库——太仓库、节慎库、太仆寺库和光禄寺库，其库藏在万历后期，亦有下滑趋势，太仓库和太仆寺库皆剩余仅 8 万两银，而节慎库与光禄寺库却早已告罄。① 另外，专门储存米谷的京、通两仓的存储量在明末亦大为减少。据《明神宗实录》统计，张居正改革后的万历十一年（1583 年）底，两仓"实在粮共一千八百一十八万五千四百石有奇，每年军匠在官人等实支本色米二百二十万石"，"京仓积米足支八九年"。② 至万历三十年九月，"京仓实在之数四百四十八万余石，仅足二年之支"③。这种财政匮乏的状况，从万历末直到天启、崇祯两朝，始终没有根本的改变。

万历帝怠政，却未失政，他始终控制着国家的最高权力。所以说，怠政只是一种形式，漠视国家利益而仅关注于私利才是实质。万历帝的奢侈贪婪，更加重了国家财政的匮乏和阶级矛盾的对立。

第二节　万历帝的贪婪与敛财

万历帝的奢侈敛财，在众多封建帝王中也是出名的。作为一国之君，万历帝坐拥天下，竟还处心积虑地敛财，罔顾国家大事，况且，他在位时间竟长达 48 年。有如此君主，明朝国祚焉能不衰？《明史》称："故论者谓明之亡，实亡于神宗。"④

一、奢侈之行无以复加

关于万历帝的贪婪敛财，史籍记载颇多。樊树志称他"是一个心理变态者，生性嗜酒好色、贪财好货、逢人疑人、逢事疑事"。⑤ 孟森也曾论及万历帝之贪财："神宗天性好货，嗣此遂以聚敛造成亡国之衅。当时构居正及冯保之罪，惟言其多藏为最动帝听。"⑥ 又言："帝以好货流闻，至谓受阉人金宝

---

① 汤纲，南炳文：《明史》，上海：上海人民出版社，1991 年，第 806—812 页。

② 《明神宗实录》卷 144，万历十一年十二月甲子，台北："中央研究院历史语言研究所"校印本，第 2684—2685 页。

③ 《明神宗实录》卷 376，万历三十年九月癸未，台北："中央研究院历史语言研究所"校印本，第 7077 页。

④ ［清］张廷玉等：《明史》卷 21，本纪第 21，《神宗二》，北京：中华书局，1974 年，第 295 页。

⑤ 樊树志：《帝王心理：明神宗的个案》，《学术月刊》，1995 年 1 期。

⑥ ［清］孟森：《明史讲义》之《万历之荒怠》，北京：中华书局，2006 年，第 286 页。

而不能问其罪，……观后来帝之举措，惟利是图。"①朱东润如是评论万历帝："神宗是高傲，但是同时也是贪婪。一个小农的外孙，禁不住金银财宝的诱惑。"②

贵为一国之君，竟对张居正和冯宝的私藏有着浓厚的兴趣，对贿赂自己的阉党却不问其罪，足见万历帝贪婪之甚。与贪婪成性相里表的是他极其奢靡的生活作风，这主要体现在：

（一）对金银珠宝无休止的奢求

商品经济的发展，刺激了明中后期历朝皇帝对黄金的需求。云南一带有金矿，每年须给宫中贡纳一定数额的黄金，以供给宫中消费，而不纳于国库。云南贡金在嘉靖以前即已有之，但那时还是临时性的摊派，数额也不固定。嘉靖七年（1528年），规定云南年奉内库1000两黄金。自嘉靖十三年始，又定年例金2000两。之后，隆庆帝和万历帝也曾多次要求增加云南贡金，但因遭到朝野大臣的反对而作罢。后来，万历帝终于不顾朝臣反对，强制将贡金额增加到5000两，"至万历二十一年，加三千，共五千两"③。从此，万历帝未再减免过云南贡金的数额。天启二年（1622年），为缓和日益尖锐的阶级矛盾，明熹宗才接受叶向高之谏，废除了云南贡金制度。④按云南贡金5000两计算，万历帝在位的中后期长达28年，仅从云南掠夺的贡金竟多达14万两。年例贡金制度给云南人民带来了长期的沉重负担。

此外，万历帝还花费巨金，大肆召买珠宝。万历二十六年（1598年），史科给事中吴文灿上疏，批评万历帝耗费巨资召买珠宝之做法："买珠之价，动至四十万，及户部执奏，仅姑缓进其半，而尤严续进之旨，非所以明俭德也。"⑤由于召买数字太大，致使次年的珠宝市场的供应关系出现了紊乱，商人从中渔利，珠宝价格有猛增至5至6倍甚至20倍者。⑥

有关宫中生活用品的需求，万历以后也与日俱增。宫中许多内库，所储

---

① ［清］孟森：《明史讲义》之《万历之荒怠》，北京：中华书局，2006年，第289页。

② 朱东润：《张居正大传》，西安：陕西师范大学出版社，2009年，第341页。

③ 《明神宗实录》卷573，万历四十六年八月癸未，台北："中央研究院历史语言研究所"校印本，第10837页。

④ 蔡敏慧：《明代中后期云南的贡金》，《云南民族学院学报》（哲学社会科学版），1996年第4期。

⑤ 《明神宗实录》卷324，万历二十六年七月癸巳，台北："中央研究院历史语言研究所"校印本，第6019页。

⑥ 汤纲，南炳文：《明史》，上海：上海人民出版社，1991年，第730页。

存的各地土贡而来的物资，如香、蜡、油、漆、丝、绵诸物，以前多能满足宫用。但万历以后，各地土贡远不及所用，于是就命令大肆召买，仅万历即位初的前 13 年，所用召买银即多达 70 余万两。不少大臣上谏劝止，也遭到万历帝的斥责。①

（二）对宫中典礼及日用品讲求排场

每次举行宫廷大典，万历帝都不惜靡费公帑。他的爱子福王结婚的花费就多达 30 余万两白银，其诸王弟弟、大小公主结婚，生母李太后加徽号，太子生子诸事项，都要花费巨资。②

为了供应宫廷日常御用、典礼必备和年节赏赐，各地还要按需进献丝织品和瓷器等贡品。如万历二十二年，应天巡抚朱鸿谟上疏："织造一事，凡二十年于兹，袍服之进于上供者，何翅数万，而料价之取办于窘民者，又何翅百万。"③为此，苏杭地区的丝织品、山西的潞绸④、陕西羊绒袍服都要常年按需进贡。许多劝谏的官员也往往遭受万历帝的训斥和责罚。又如，万历十年秋七月，诏令江西饶州造瓷器 96600 多件。由于瓷器要求图案华丽且造型精美，自然增加了制作的难度和成本。由于科道言官和江西巡抚的屡屡劝谏，万历帝才稍减烧造任务，然而到了万历十九年，当地的烧造任务又加重了许多，数目多至 15.9 万余件，并续加 8 万多件。⑤

（三）无止境的大兴土木

万历年间，大兴土木频率之高，花费之大，是极为惊人的。对此，南炳文和汤纲在所著《明史》中，根据文献史料制作了"万历十一年至四十八年土木工程简表"⑥。通过该简表，我们可知：其一，工程兴建频繁，名目繁多。从万历二十二年至四十八年仅仅 26 年时间内，万历帝下令开工或修葺的项

① 汤纲，南炳文：《明史》，上海：上海人民出版社，1991 年，第 730—731 页。

② 汤纲，南炳文：《明史》，上海：上海人民出版社，1991 年，第 731—733 页。

③ 《明神宗实录》卷 280，万历二十二年十二月戊午，台北："中央研究院历史语言研究所"校印本，第 5176 页。

④ 潞绸：山西古潞安州（今山西长治）等地所产。潞绸产生于何代，已经很难考据，但它曾称雄于明代，潞安州每年向明廷进贡大量的潞绸，当地许多富商大贾也发迹于潞绸贸易，明末清初潞绸业走向萎缩。参见张舒，张正名：《明清时期的山西潞绸业》，《第十三届明史国际学术研讨会论文集》，2009 年 8 月。

⑤ 汤纲，南炳文：《明史》，上海：上海人民出版社，1991 年，第 735 页。

⑥ 汤纲，南炳文：《明史》，上海：上海人民出版社，1991 年，第 737—741 页。

目，竟年均 1.54 次。其二，工程耗费巨大。恰如时人沈德符所言："天家营建，比民间加数百倍。曾闻乾清宫窗榻一扇，稍损欲修，估价至五千金，而内珰犹未满志也。盖内府之侵削、部吏之扣除，与夫匠头之破冒，及至实充经费，所余亦无多矣。"① 其三，不顾大臣劝止，执意兴建。工科给事中张涛、工科署科事给事中胡忻、户科右给事中梁有年、工科右给事中宋一韩等先后劝谏，都遭到万历帝拒绝甚至责罚。

万历帝如此奢侈无度，早把张居正财政改革积攒的财富耗尽了，要继续维持奢侈的生活，他必须设法敛财。

二、搜括太仓及太仆寺库并派矿监税使敛财

对于万历帝的贪财敛财，万历十七年（1589 年），大理寺评事雒于仁的批评可谓入木三分："传索帑金，括取币帛。甚且掠问宦官，有献则已，无则谴怒。李沂之疮痍未平，而张鲸之赀贿复入。此其病在贪财也。"② 除了批评万历皇帝贪财，雒于仁还指出其敛财手段之一便是"传索帑金"，即搜括公帑。

（一）搜括公帑

搜括公帑，就是万历帝向内库以外的国库索要公帑，以满足一己之私。万历帝搜括公帑的对象主要有二：太仓库和太仆寺库。

内库，主要是内承运库等，专供皇帝和宫中的花费。万历帝感到内库藏银不够支用，就首先想到了太仓库。太仓库属于户部，是明代的国库。在张居正去世时，太仓库还存银近千万两，经过万历帝不停地索取挪用（亦有战争消耗诸因素），其库藏也剩余无几。直到万历三十六年（1608 年）以后，太仓库仅剩 8 万两，致使北部九边的年例银也无法拨付。所以，万历中后期，九边缺饷问题十分严重，"太仓之匮，可知也"③。

太仆寺库每年入马价、草籽粒等银近 60 万两，岁出各边年例银约 40 万，

① ［明］沈德符：《万历野获编》卷 19，《工部》之"京师营造"，北京：中华书局，1959 年，第 487 页。

② ［清］张廷玉等：《明史》卷 234，列传第 122，《雒于仁传》，北京：中华书局，1974 年，第 6101 页。

③ 《明神宗实录》卷 502，万历四十年闰十一月丁亥，台北："中央研究院历史语言研究所"校印本，第 9529 页。

赏赉修筑诸费不到 3 万，因此每年可以"剩银二十万，备买马之用"①。也就是说，太仆寺库存银是用来买战马，以装备骑兵的。在嘉靖、隆庆时期，该库还存银 1000 万两。万历帝挥霍无度，甚至向太仆寺库索要银两。万历十二年（1584 年），因"秋祭山陵，赏赐各项人等"，他不顾非议，诏令兵部取"太仆寺马价银十万两应用"。②

万历帝对各库藏的搜括可谓处心积虑，除搜括库藏外，他还派内官亲信大肆掠夺地方百姓。万历中后期，他屡派矿监税使分赴各地敛财便是明证。

（二）以矿监税使敛财

万历帝强行指派大量的宦官，以矿监或税使之名，掠夺地方财富以充内库。他不顾大臣的一再劝谏，并以各种理由，于万历二十四年（1596 年）开始派矿监出行采矿。数月之后，万历帝又"始命中官张晔征税通州张家湾，寻命中官王朝督征天津店租"，结果，"自是二三年间，税使四处，多兼矿务，群臣屡谏，不省"。③ 从史籍记载来看，从万历二十四年到二十七年的三整年时间内，万历帝派出的矿监税使分赴全国诸多地区，可见他敛财之急迫。

这些矿监税使，多是贪婪之内臣，有皇帝的钦派之旨，更是骄纵不法。他们手下的办事员，如委官、参随等，多为奸民罪吏甚至亡命之徒，"借开采以肆饕餮，倚公役以拓私囊"④。他们沆瀣一气，荼毒民众，加深了社会危机。因而，存在矿监税使的地方，多有规模不同的民变甚至兵变发生，其中，较有影响的是：临清反对太监马堂的民变，湖广反对太监陈奉的民变，苏州民变，江西反对太监潘相的民变，辽东反对太监高淮的民变兵变，云南反对太监杨荣的民变兵变，福建反对太监高寀的民变等。这些抗争的参与者主要是城镇社会的各阶级阶层的民众，从手工工人、工商业者、小商贩到地方乡绅甚至部分宗室成员，从普通市民到部分士兵、军官甚至到某些地方官。可以说，这些抗争运动虽然还局限于暂时的经济利益诉求上，却有着比较广泛的

---

① 《明神宗实录》卷 572，万历四十六年七月庚寅，台北："中央研究院历史语言研究所"校印本，第 10788 页。

② 《明神宗实录》卷 152，万历十二年八月丙辰，台北："中央研究院历史语言研究所"校印本，第 2818 页。

③ ［清］夏燮撰，王日根、李一平、李珽、李秉乾等校点：《明通鉴》卷 71，长沙：岳麓书社，1999 年，第 1997 页。

④ 《明神宗实录》卷 302，万历二十四年九月己亥，台北："中央研究院历史语言研究所"校印本，第 5660 页。

群众基础。①

第三节　起义和辽患日趋严重

万历中后期，皇帝怠政敛财，朝野门户党争，加重了吏治败坏、军队腐
败和经济匮乏之程度，最终酿成国内义军蜂起、边外辽患已成的局面。而这
种局面一直到启、祯两朝，有愈演愈烈之势。

一、官府和豪右交相盘剥民众

嘉靖时期，"南倭北虏"严峻局势，致使军费开支剧增，加之其他因素，
从嘉靖中期以后，国家财政出现严重赤字，此状况持续至万历初年。嘉靖二
十八年（1549 年），"是时边供繁费，加以土木祷祀之役月无虚日，帑藏匮竭。
司农百计生财，甚至变卖寺田，收赎军罪，犹不能给，乃遣部使者括逋赋，
百姓嗷嗷，海内骚动"②。明穆宗"自即位以来，岁取太仓银入承运库供采办，
视嘉靖末征求愈急，而中官复趣之，库藏为之一竭"③。

张居正改革一时扭转了财政匮乏的局面。然而，万历中期之后，国家财
政再次出现匮乏局面。万历中期发生的"万历三大征"持续近 10 年，耗费国
库银两 1000 余万两，将张居正改革所积累财富尽数耗尽。工科给事中王德完
曾上疏曰："近岁宁夏用兵，费百八十余万；朝鲜之役，七百八十余万；播州
之役，二百余万。"④再加之万历帝的奢侈消费、吏治的腐败，因此万历中后
期，"国计大匮"是不争的事实。在启、祯两朝，财政匮乏局面更加严重。明
政府却采取饮鸩止渴的做法，不断加重盘剥百姓，以消弭财政危机。

（一）官府加派日趋繁重

早在万历帝前期，政府就已有许多加派。万历十四年（1586 年）时，
大学士申时行上《陈安民之要》，痛陈各种加派之害："比年以来，渐有加

---

① 汤纲，南炳文：《明史》，上海：上海人民出版社，1991 年，第 783—792 页。
② 《明世宗实录》卷 351，嘉靖二十八年八月己亥，台北："中央研究院历史语言研究所"
校印本，第 6339 页。
③ ［清］夏燮撰，王日根、李一平、李珽、李秉乾等校点：《明通鉴》卷 65，长沙：岳麓
书社，1999 年，第 1836 页。
④ ［清］张廷玉等：《明史》卷 235，列传第 123，《王德完传》，北京：中华书局，1974
年，第 6132 页。

派。……方今财诎民穷，惟正之供尚不能继，额外之派又何以堪！"①万历帝根本不听，加派仍旧。援朝抗倭之役和平定杨应龙的播州之役后，皆有加派。万历末，为了对付辽东的进攻，明廷又连续三次加派"辽饷"，万历四十八年（1620年）三月，"通前二次加赋，共增九厘赋五百二十万"。②这些数额仅为加派之数，并不包括原有赋税额数，另外还有不少项目并未计其中，比如前文所述的云南贡金和矿监税使的肆意勒索。值得一提的是，地方官员在征收时，还有其他名目的份外科派，比如征收银两或粮食时的耗羡加收。征收赋税的各级经办者，也多在征收时徇私舞弊，勒索纳税者。这种勒索也成了人民的沉重负担，万历十七年（1589年）七月，湖广道御史林道楠曾指陈其弊："乃正耗之外，又要加耗，铺垫之外，又要加银……每一石折罚则多至三斗，买御道有钱，遮拦门官有钱……种种难以枚举……此白粮也，自彼处运至京师，率三石而致一石，至京上纳而复遭此无端之需索，若不设法禁止，受累何穷！"③崇祯三年（1630年）十二月，兵部尚书梁廷栋也称："（辽饷以外）一岁之中，阴为加派者，不知其数。"④

天启年间，由于宫廷耗费不减，辽东边事开支又增，面对中央各库藏早已告罄之窘状，明熹宗又据南京操江御史范济世所奏，诏令各地外库所储银两输解至京："朕思大工肇兴，所费宏钜，今殿工虽不日就绪，但所欠各项价银已几至二十万矣。况全辽未复，兵饷浩烦，今若不尽力稽查，多方博访，则大工必至耽误，而边疆何日粒宁？……朕览南京操江宪臣范济世两疏所陈，凿凿可据。其所管应天、扬州八府等处库贮银两，前已有旨，着尽行起解。……足为大小臣工模范。"⑤地方省府州县之外库所储银两，本来应供地方急需之用，倘若尽行解京，必有损于地方财政。

崇祯朝的财政状况则更加糟糕。面对内忧外患的危局，崇祯帝无暇实施鼓励生聚之策，仍采取了屡屡加派赋税的做法。仅就筹措军费而言，崇祯时

---

①《明神宗实录》卷172，万历十四年三月庚子，台北："中央研究院历史语言研究所"校印本，第3121页。

②［清］夏燮撰，王日根、李一平、李珽、李秉乾等校点：《明通鉴》卷76，长沙：岳麓书社，1999年，第2130页。

③《明神宗实录》卷213，万历十七年七月乙丑，台北："中央研究院历史语言研究所"校印本，第4000页。

④［清］夏燮撰，王日根、李一平、李珽、李秉乾等校点：《明通鉴》，长沙：岳麓书社，1999年，第2277页。

⑤《明熹宗实录》卷70，天启六年四月丁丑，台北："中央研究院历史语言研究所"校印本，第3338—3339页。

期便有三大项加派：其一，为"辽饷"的增额。万历末，辽饷加派为每亩加征银 9 厘，崇祯四年始，每亩再加银 3 厘，结果共增银 165 万多，连同原辽饷额和其他杂项银两，该年辽饷总额竟高达 1029.9602 万两。其二，为开征的"剿饷"。崇祯十年（1637 年），兵部尚书杨嗣昌提出 280 万两银的征发额，是为"剿饷"，该加派实施了两年。其三，为"练饷"。崇祯十二年（1639 年）开征，总额为 730 万两银。[①] 这些繁重的加派，最后都分摊到以农民为主体的人民群众身上，使他们生活多难以为继，"怨声沸京城，呼崇祯为重征"[②]。

从万历、天启到崇祯三朝，越来越浩繁的加派，逐渐将广大人民逼到了生死存亡的边缘。除了少数贪墨不法的文官武将和地方豪强，普通民众，甚至包括不少官兵，生活状态也多十分凄惨。

关于崇祯朝实施的屡次增征加派，学者吴思将其与义军蜂起、帝死明亡相联系，以"U"型死弯的比喻进行形象的阐释。他认为，崇祯帝通过一次次加派，获得了大量的钱粮和兵员，镇压义军也屡屡取得成功。这恰如"U"型山谷一样，战事一路顺利，直下山谷，但接近山谷时却又变得越来越困难。此时，无休止的加派极大的激化了社会矛盾，更多的底层民众生活极度贫困，被迫揭竿而起。原来崇祯帝的所有加派努力，却又催生出更多的反叛者，反叛的规模和强度愈来愈大，反叛的暴力逐渐超越了明王朝加派获得的暴力。最终，崇祯帝和明王朝就被这"U"型弯勒死了。吴思称这个"U"型弯为"崇祯死弯"，它曾在中国两千多年历史上反复出现，并勒死了不少人和王朝。[③]

（二）地主豪右骄纵不法

除了官府的肆意剥削之外，民众还要遭受地主豪强的欺凌和压榨。地主豪右的骄纵不法，最突出的表现就是大肆兼并土地。

万历帝经常赏赐皇族权臣大量良田。万历四十二年（1641 年），万历帝赐给就藩洛阳的福王朱常洵良田 20000 顷，河南之地不足，还要取山东、湖广的良田凑足。[④] 除了朱常洵，其他诸王，如潞王等也曾得到万历帝类似的赐

---

① 汤纲、南炳文：《明史》，上海：上海人民出版社，1991 年，第 931—932 页。

② ［明］李清：《三垣笔记》，《笔记上·崇祯》，北京：中华书局，1982 年，第 3 页。

③ 吴思：《血酬定律 潜规则》，北京：中国工人出版社，2007 年，第 238—241 页。

④ 朱绍侯、张海鹏、齐涛：《中国古代史》（下册），福州：福建人民出版社，2004 年，第 242 页。

田。万历十九年四月，万历帝竟赐给寿阳公主护坟地就 1000 多顷，"给寿阳公主护坟地土一千多顷"①。天启年间，钱嘉征曾参劾权监魏忠贤十大罪，其一就是"尅剥"，并称"忠贤封公，膏腴万顷"。②崇祯末年，崇祯帝姑母荣昌大长公主在顺天、保定与河间三府拥有"赐田及自制地土"达 3700 余顷，她还自称"仅足糊臣俱（巨）家之口"。③在皇帝、诸王、权宦和皇戚的纵容下，各地大小豪右掠夺民田更是肆无忌惮。无地或少地的农民，对豪右占田也是无可奈何。

这些大小豪右在地方都是有一定的经济实力和政治背景的，他们还往往勾结甚至控制地方官，操纵地方司法；倘若地方官不与之为伍，豪右势力甚至可以利用自己的社会影响力，排挤或诬陷地方官。万历十七年（1589 年）十月，吏部员外郎赵南星指出，当今四大害之一，就是乡官把持地方官府。他举例说："如原任渭南知县张栋，治行无双，以裁抑乡官，竟被谗毁，不得行取。"④甚至豪右缙绅中的生员学子们，也常结党滋事，干预政事。万历四十二年九月，礼部右侍郎何宗彦称："迩年士风日颓，法纪陵夷。以猖狂为气节，以结党为豪举。……把持官府，武断乡曲。"⑤

二、明末义军迭起

由于官府和豪右的交相盘剥以及天灾的频繁发生，广大民众的生活十分艰难。万历十六年（1588 年）四月，大学士申时行奏称："顷者天鸣地动，水涝旱干，岁屡不登，人至相食。"⑥又如万历二十九年（1601 年）五月，直隶巡按何尔健亦有疏曰："阜平县民张世成以饿甚，手杀其六岁儿，烹儿食之。"⑦

---

① 《明神宗实录》卷 235，万历十九年四月戊戌，台北："中央研究院历史语言研究所"校印本，第 4359 页。

② ［清］计六奇著，魏得良、任道斌点校：《明季北略》卷 3，《钱嘉征参魏忠贤十大罪》，北京：中华书局，1984 年，第 81 页。

③ ［民国］国立中央研究院历史语言研究所编：《明清史料·丙编》，第 3 本，《荣昌大长公主揭帖》，上海：商务印书馆，1936 年，第 264 页。

④ 《明神宗实录》卷 216，万历十七年十月戊戌，台北："中央研究院历史语言研究所"校印本，第 4048 页。

⑤ 《明神宗实录》卷 524，万历四十二年九月戊寅，台北："中央研究院历史语言研究所"校印本，第 9878 页。

⑥ 《明神宗实录》卷 197，万历十六年四月乙丑，台北："中央研究院历史语言研究所"校印本，第 3717 页。

⑦ 《明神宗实录》卷 359，万历二十九年五月丙寅，台北："中央研究院历史语言研究所"校印本，第 6718 页。

万历中期的礼部尚书冯琦亦疏言："数年以来，灾警荐至。秦晋先被之，民食土矣；河洛继之，民食雁粪矣；齐鲁继之，吴越荆楚又继之，三辅又继之。老弱填委沟壑，壮者展转就食，东西顾而不知所往。"① 这次记载的受灾地区几乎遍及全国。

一个政治相对清明的社会，对于基层社会的治理应该是有序的。即使天灾来临，有效的社会管理机制和赈济措施也往往能减轻其灾难程度，及时恢复正常的社会秩序。然而，当社会腐败非常严重的情况下，政府应对灾荒的措施就显得极为低效，濒于死亡边界的人们只好为生存而抗争。其实，"人相食"之丧失人性和冲破道德底线的悲惨现象，又何尝不是底层民众面临劫难时而采取的一种无奈的抗争表现呢？当此种情况得不到有效的解决而持续发生时，"揭竿而起"必然会成为他们最后的选择，而这种被迫激发出来的反抗力量是无穷的，它曾经埋葬了历史上诸多貌似强大的王朝。

（一）民变

万历时期，底层群众的起义此起彼伏，如前文所述反对矿监税使的抗争。另外，还有几起规模较大的民变。万历十四年（1586年），车宗孔领导的饥民抢夺富商麦粮的起义，与官军在淇县、汲县进行斗争。万历十六年，梅堂和刘汝国领导的饥民在湖广安徽等地进行"铲富济贫替天"的斗争。万历四十三年到四十五年，山东安丘、蒙阴、沂州、昌乐、济南等地都发生了零星的起义。河南卢氏县矿徒于万历十八年、灵宝矿徒于万历四十四年也发动了暴动。万历中后期，陕甘宁地区的回民还举行了多次大起义。此间还屡屡发生利用封建迷信和民间宗教的起义，如：万历十七年的李圆朗、二十八年的赵古元、三十二年的吴建、三十四年的刘天绪、四十六年的李文等，都率众进行起义。②

天启年间，也发生了多次民变和起义。据《明通鉴》载，天启四年（1624年）十二月，"两当民变，杀知县牛得用"③。据《明熹宗实录》载：天启六年八月至十二月，陕西起义者从陕西到四川，与官兵展开流动作战；天启六年

① ［明］陈子龙等辑：《明经世文编》卷440，《冯北海文集一》，《为灾旱异常备陈民间疾苦悬乞圣明亟图拯救以收人心以答天戒疏》，北京：中华书局，1962年，第4818页。
② 汤纲，南炳文：《明史》，上海：上海人民出版社，1991年，第825—832页。
③ ［清］夏燮撰，王日根、李一平、李斑、李秉乾等校点：《明通鉴》卷79，长沙：岳麓书社，1999年，第2209页。

底,广西浔州胡扶纪领导了起义;天启七年初,桃园县起义者攻陷县城;天启七年三月,澄城饥民起义,杀死催征的知县张斗耀。在方志中,还有许多地方起义的零星记载。天启朝有白莲教徒领导的大起义,如天启二年(1622年),山东的徐鸿儒和北直隶的于弘志先后领导的大起义。[①] 以上所述万历至天启朝的起义和暴动,都是劳动群众为了生活所迫而进行的抗争,反映了当时社会尖锐的阶级矛盾,但它们都没有形成强大的反抗力量,最后被官军逐一镇压了。

天启末至崇祯初,陕北和陕中灾荒不断,饥民无以为生,这儿成了明末大起义的首发地,义军暴动的星星之火,迅速形成燎原之势,燃遍了全国。天启七年春澄县饥民杀死知县的暴动,竟成为明末大规模农民起义的肇始。不久后,府谷县的王嘉胤、安塞人高迎祥、肤施人张献忠和米脂人李自成等,纷纷聚众举事。[②] 明末农民大起义终于全面爆发,并最终推翻了明王朝。

(二)兵变

明朝自嘉靖以后,兵变事件逐渐增多。以万历时期为例,汤纲、南炳文的《明史》中,列举了自万历十一年(1613年)至四十八年间的10余起兵变事件。笔者认为,这些兵变的基本特征有:多发生在边镇,如宣府、大同、延绥、蓟州、陕西等;以万历末年为频繁,仅万历四十三年到四十八年就发生了6次之多;起因多为缺粮拖饷,或者将领占役或侵吞银两。

在天启朝,尤其是在崇祯朝,士兵哗变现象也很多。天启元年(1621年),发生了多起援辽士兵中途哗变的事件。天启四年,杭州、福宁先后爆发兵变。崇祯元年(1628年)夏,辽东宁远官兵因缺饷饥饿,遂群起哗变,他们甚至捉住了辽东巡抚毕自肃,并逼其自杀。崇祯二年底至三年初,山西勤王兵哗于京畿,甘肃勤王兵哗于安定。崇祯八年,川兵哗变,总兵邓玘被焚死。崇祯九年,宁夏饥兵哗变,杀死巡抚王揖,等等。[③] 有三点需要特别说明:兵变几乎都源于乏饷甚至是饥饿;崇祯朝的兵变异常频繁,以至于"饥军哗逃,报无虚日"[④];不少哗变的士兵,还参加了崇祯时期的农民义军,甚

---

① 汤纲,南炳文:《明史》,上海:上海人民出版社,1991年,第890—893页。

② 朱绍侯、张海鹏、齐涛:《中国古代史》(下册),福州:福建人民出版社,2004年,第248页。

③ 顾诚:《明末农民战争史》,北京:光明日报出版社,2012年,第20—21页。

④ [民国]国立中央研究院历史语言研究所编:《明清史料·乙编》,第9本,《兵科行〈兵科抄出兵科都给事中张缙彦题〉稿》,上海:商务印书馆,1936年,第874页。

至因知兵而成为义军将领，这无疑增强了义军的战斗力。

三、明末辽东边患已成

辽东边患，是指位于辽东的后金（崇祯九年后改为清）政权，对明末边境造成的重大军事威胁。

（一）努尔哈赤建立后金政权

辽东的建州女真一部首领努尔哈赤，于万历十一年（1583 年）起兵，历时 30 余年统一女真大部。万历四十四年正月，努尔哈赤自立为汗，建"大金"政权，史称后金。

努尔哈赤统一女真各部并建立后金政权，的确离不开他本人优秀的军事才干和政治智慧。而万历中后期，由于万历怠政和政治军事的腐败，明政府疏于对女真各部的控制也是重要的因素。孟森将张居正之死称为明朝"醉梦期"开始的标志，认为努尔哈赤就是在"醉梦期"中成就了未来清朝的基业。他在《万历怠政》中有一段精辟的论述：

> 居正之卒在万历十年，明年追夺官阶，又明年籍其家，子孙惨死狼藉。其时代明之清室，清太祖已于万历十一年弄兵于塞外，蚕食坐大，遂移国祚。经过三十余年，中朝始竟不知有此事，后渐闻其强而羁縻之。至万历四十余年稍稍传说，已立国僭号，亦不以为意，直至入犯辽、沈，然后举国震惊。庙堂若有留心边事如居正其人，何至愦愦若此？故居正没而遂入醉梦期间矣。[1]

孟森的分析是很有见地的。张居正殁于万历十年（1582 年），朝中失去了一位知边事的威权人物，而辽东的后金此时却悄然崛起，努尔哈赤也在不断地扩充军事实力。尤为严重的是，万历十九年（1591 年），镇守辽东已达 20 余年的名将李成梁被罢职，"迨成梁去辽，十年之间更易八帅，边备益驰"[2]。此间，辽东防务也开始溃坏。

---

① ［清］孟森:《明史讲义》，北京：中华书局，2006 年，第 287 页。

② ［清］张廷玉等:《明史》卷 238，列传第 126,《李成梁传》，北京：中华书局，1974 年，第 6191 页。

（二）后金进攻明朝

万历四十六年（1618年）四月，努尔哈赤举行誓师大会，颁布"七大恨"告天，率20000八旗兵征明，竟然兵不血刃地袭取了抚顺，同时，还攻占了明军的500个屯堡，获人畜30多万。[①]明廷丢城损将，朝野震动，连常年怠政的万历帝都感叹："辽左覆军陨将，虏势益张，边事十分危急。"[②]

万历四十七年（1619年），明廷任命杨镐为辽东经略，督率10万余明军，从南、西、北、东南四个方向杀向赫图阿拉城。明军人数虽多，但将士久不操练，将骄兵馁，所以贸然进兵，胜算不大。努尔哈赤通过暗探掌握了明军的部署后，决定先以精兵攻击杜松率领的西路明军。据史载："时兵未发而师期先泄，建州得预为备，曰：凭尔几路来，我只一路去。"[③]结果，西路军被分割歼灭，杜松战死。接着，后金兵又歼灭了马林所部北路军和刘綎所部东南路军。惟有李如柏所部南路军拼命逃回。萨尔浒决战，以明军惨败而告终。明军总兵力88550余人（不含朝鲜军一万余人），将官阵亡310余人，军丁阵亡45870余人，损失马、骡、驼共计28600余匹。[④]

萨尔浒一战，明军仅在四天时间里便损失过半。之后，明朝对后金作战，由战略进攻转为战略防御。对于此战，黄仁宇有中肯的评述："结束了明帝国在辽东的军事优势。满民族因之抬头，其后成为明王朝之劲敌。"[⑤]

天启元年（1621年），努尔哈赤又攻占了沈阳和辽阳，并迁都辽阳，以便进一步向河西地区推进。辽东边患已经形成。次年，后金于广宁之役再败明军，后又迁都沈阳。天启六年（1626年），后金在宁远之战中败于袁崇焕所部明军，努尔哈赤负伤后不久死去。崇祯二年（1629年），皇太极亲率大军由蒙古绕道入关，威胁京师，不久退出关外。驰援京师的蓟辽督师袁崇焕却被崇祯帝处死。之后，后金（清）又多次破关攻明，明廷辽东边患日趋严重。

①　汤纲，南炳文：《明史》，上海：上海人民出版社，1991年，第1004—1006页。

②　《明神宗实录》卷568，万历四十六年四月丙辰，台北："中央研究院历史语言研究所"校印本，第10692页。

③　［清］谷应泰：《明史纪事本末》"补遗"卷1，《辽左兵端》，北京：中华书局，1977年，第1412页。

④　［明］王在晋：《三朝辽事实录》卷1，上海：上海古籍出版社，2002年。

⑤　（美）黄仁宇：《万历十五年》附录2，《1619年的辽东战役》，北京：中华书局，2006年增订纪念版，第271页。

总之，万历、天启帝的怠政，加剧了明末党争，并由此加促了明末政治、军事的腐败及财政经济的崩溃，导致了崇祯初年全国性大起义的爆发；与此同时，辽东的后金政权也危及明政权的存在。在"内忧"与"外患"破坏力的叠加影响下，明王朝的大厦终于轰然倒塌。明末名臣卢象昇，就生活在明王朝迅速走向"衰敝"的乱世里。年少即有宏志的他，要实现报效国家的抱负，必然需要去解决时代所赋予的消弭"内忧外患"的历史任务。

第二章　卢象昇的生平（上）

在今江苏省宜兴市老城东隅，有一座卢公祠，祭奠着宜兴历史上一位英雄人物，即明末名臣卢象昇。祠内殿门檐下正中高悬"忠孝文武"匾额，两边柱联是一幅耐人寻味的挽联，上联曰：无嗣昌不过郭汾阳，下联曰：有廷麟乃成岳武穆。该挽联将卢象昇与唐宋时期的名将郭子兴和岳飞相并列，足见其重要的历史地位。无独有偶，清代黄道让曾为湖南提督塔齐布，撰挽联一副："溯七百余里潭州，八日捷，五日更捷，何物井蛙自大，妄说飞来，奇哉今古双忠武；数三十九岁名将，岳家哀，卢家尤哀，惟公戎马善终，允膺恩遇，愧杀宋明两思陵。"[①] 此联中的塔齐布和岳飞、卢象昇一样，皆39岁而亡，且都英名盖世。在黄道让看来，卢象昇更是值得后人哀悼的悲情英雄。

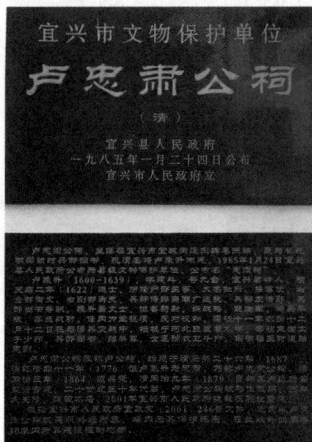

图 2-1：卢忠肃公祠门口石牌

---

① ［清］吴恭亨撰，喻岳衡点校：《对联话》卷 6，《哀挽一》，长沙：岳麓书社，1984 年，第 161 页。

图 2-2：卢忠肃公祠内殿门

卢象昇是明末崇祯时期一位著名的历史人物，他进士出身，能文兼武，24岁便步入仕途，历任户部主事、大名知府、大名兵备、郧阳抚治、湖广巡抚、五省总理和宣大总督，为官带兵，功绩显赫。然而，如此一位明末重臣，却因触犯明廷高层而战殁于疆场，不由得令人扼腕叹息。笔者希望通过探究其人生历程，进而研究其在明末历史上的地位；亦从另一个侧面，更深刻地了解明末社会状况和明朝败亡之因。

本书将卢象昇的生平介绍分为上、下两部分，生平（上）叙述他从青少年时代到抚郧期间事，探讨他是如何由一位心系天下的少年成长为能文兼武的一代抚臣的。卢象昇此时期的艰苦磨炼，为之后不久身兼数省军政大权、成为一代名臣奠定了坚实的基础。

第一节　重孝有宏志的青少年时代

卢象昇，字建斗，号九台，一字斗瞻，又字介瞻，常州宜兴（今属无锡）人，据考证为"（东）汉尚书（卢）植之后……"[1]卢植为涿郡（今河北涿州市）人，为东汉末年名臣和著名的经学家。"初唐四杰"之一的卢照邻、中

---

[1]　[清]陈鼎：《东林列传》卷5，《卢象昇传》，扬州：广陵书社，2007年，第93页。

唐"韩孟诗派"代表诗人卢仝、北宋初名士卢颢皆为卢象昇之先祖。卢象昇的始迁祖卢湛，初为浙江鄞县人，南宋初年曾任宜兴县知县，因此迁至今天的宜兴之茗岭村。卢湛为卢氏始迁祖之说，在宜兴地方志和卢氏族谱里都有明确的记载。据《增修宜兴县旧志》载："卢湛，鄞县人，建炎中任（宜兴知县）。"①卢湛"举贤才，授义兴②尹，因著籍焉。居之茗岭，称茗岭卢氏，是为卢氏始迁祖"。③《茗岭卢氏宗谱》亦有载："由浙江鄞县为宜兴县令，遂居茗岭，是为卢氏始迁祖，载郡邑志。"④

卢象昇的七世祖卢端智，字惟睿，号茗峰，行宰一，为元泰定四年（1327年）进士，并授宜兴学正。高祖卢元京，字道宗，号竹冈，为当地名士，"性孝友，勤义方，志尚高远"⑤。他为卢氏曾祖卢诚，字勉之，号懋冈，曾为仪封县（今河南兰考）知县。祖父卢立志，字仁甫，一字商衡，号荆玉。始迁宜兴县之张渚镇，举万历十三年乙酉（1585年）应天乡试，为常熟教谕，历官仪封、南康（今江西赣州西）两县令，政绩显达，德才皆为乡里称颂，故为乡人立祠奉祀。

卢象昇之父卢国霦，字公屿，号昆石，为"邑诸生"（明清时代，凡经考试取入府、州、县学的生员，通称诸生）。卢象昇母亲为李太夫人。卢国霦育有四子：长子卢象昇；次子卢象恒，字恒斗（邑诸生）；三子卢象晋（邑诸生），字锡侯，一字晋侯，号鲁山；幼子卢象观，字幼哲，号九锡（崇祯癸未进士，南明时抗清殉国）。明亡后，卢象晋、卢象观拒不与清政权合作，为乡里敬重，乾隆丙寅年（1746年），与兄长卢象昇同时"崇祀乡贤"⑥。自卢象昇

---

① ［清］阮升基、宁楷等编纂：《增修宜兴县旧志》卷5，《历代职官考》，嘉庆二年刻本。

② 义兴，即"宜兴"，据《增修宜兴县旧志》载：晋代宜兴县曾改为义兴郡。

③ ［清］卢安节编，［清］任启运校定：《明大司马卢公年谱》，清光绪元年重刻本，北京图书馆编：《北京图书馆藏珍本年谱丛刊》第62册，北京：北京图书馆出版社，1999年，第285—286页。卢象昇在《冠带善士完宇公墓志铭》里开章便称："吾族为玉川公后，而世族于宜兴之茗山，于是相传为茗苓卢氏云。"参见［明］卢象昇：《忠肃集》卷1，《文渊阁四库全书》影印本，别集类，第1296册，台北：台湾商务印书馆，1983年版，第602页。

④ 《茗岭卢氏宗谱》卷7，《大宗世系总图》，报本堂影印本，宣统辛亥重修。

⑤ ［清］卢安节编，［清］任启运校定：《明大司马卢公年谱》，清光绪元年重刻本，北京图书馆编：《北京图书馆藏珍本年谱丛刊》第62册，北京：北京图书馆出版社，1999年，第287页。

⑥ ［清］卢安节编，［清］任启运校定：《明大司马卢公年谱》，清光绪元年重刻本，北京图书馆编：《北京图书馆藏珍本年谱丛刊》第62册，北京：北京图书馆出版社，1999年，第287页。在我国古代，"崇祀乡贤"是国家对有作为的官员和社会贤达去世后的一种褒扬方式。明清时各州县皆有乡贤祠，以供奉历代乡贤人物，官方作祭亦有一套完整的祭祀仪式。这也是古代封建政府对民间进行社会教化的一种重要方式。

的祖父以降，唯有卢象昇身居显位，生前曾官拜总督宣大山西军务，并加衔兵部尚书兼都察院右副都御史。

在清末重修的卢氏宗谱里，卢颖为第一世，始迁祖为第五世，卢象昇的高祖卢元京为第十七世（同时为居宜兴第十三世）。卢象昇一代，即为卢氏第二十一世，亦为居宜兴之第十七世。①

明万历二十八年（1600年），即农历庚子年的三月初四日，卢象昇诞生于宜兴张渚镇的锁前桥。卢象昇虚岁6岁时，"始入小学"，"师事族父莙葊"，② 这是卢象昇求学的开始。文献中有关卢象昇的传记，如《明史》《东林列传》《罪惟录》《忠义录》及《史外》等，记载多指卢象昇成年以后事，而对其早年经历，或语焉不详，或记载灵异传闻，或干脆略去。笔者在清人卢安节、任启运等人编订的《明大司马卢公年谱》中找到了有关卢象昇幼时的诸多记载，从中我们也能管窥这位乱世英雄成长的某些轨迹。

卢象昇生于中国传统的士大夫世家，深受儒家思想（理学）的浸染，重忠孝保名节的观念可谓根深蒂固。青少年时期的儒家教育，对他的一生有着极为深刻的影响。卢象昇自幼就注重修身养性，以忠孝节义规范自己的言行，并逐步树立了经略天下之志。

青少年时期的卢象昇极重孝道。据《明大司马卢公年谱》载，万历三十四年（1606年）秋，卢母李太夫人因事恚怒不已，终日不食，身体虚弱。众人劝解无效，虚岁仅7岁的卢象昇便立跪于床前，谨慎侍奉母亲。"公跽床下，力为解释，流涕被面。"李太夫人终被儿子的孝行感动，"太夫人昇之，为公一餐"。③ 又如，万历四十五年（1617年），卢象昇正在宜兴城东读书，离家乡约70里地。一日，忽闻父亲崑石公重病，卢象昇心急如焚，决定立即返回故里。此时正值黄昏时刻，况且途经一深谷丛林，不时有虎豹出入。然而，归心似箭的卢象昇，全然无视所面临之危险，一夜奔跑，次早赶到家。

---

① 《茗岭卢氏宗谱》卷7，《大宗世系总图》《二长房世系总图》，报本堂影印本，宣统辛亥重修。

② ［清］卢安节编，［清］任启运校定：《明大司马卢公年谱》，清光绪元年重刻本，北京图书馆编：《北京图书馆藏珍本年谱丛刊》第62册，北京：北京图书馆出版社，1999年，第287页。古代的小学，一般为启蒙教育，是古代教育体系中的最基层教育阶段，在明代往往为私塾或者义学来承担，当然有时与官方的教育体系发生某些关联，这便是社学。参见陈时龙：《论明代社学性质的渐变与明清小学学制的继承》，2009年9月，《教育史研究》创刊20周年论文集（3），《中国教育制度史研究》。

③ ［清］卢安节编，［清］任启运校定：《明大司马卢公年谱》，清光绪元年重刻本，北京图书馆编：《北京图书馆藏珍本年谱丛刊》第62册，北京：北京图书馆出版社，1999年，第288页。

据史籍载："力疾归里，鸡鸣抵舍所，历巉岩深谷篁竹间，出入虎穴略无顾畏。"① 这足见卢象昇之至孝与至勇。

卢象昇与祖父感情颇深，对其亦孝敬有加。早年的卢象昇受祖父的教育影响较大。祖父荆玉公（卢立志）为乡试举人出身，曾任常熟教谕，历任仪封、南康县令，才、德、政颇佳。祖父为官上任，卢象昇也经常随往，并接受了严格的儒学教育。天启元年（1621 年），虚岁仅 22 岁的卢象昇，参加应天乡试② 得中第 29 名。当喜讯传来、亲朋庆贺时，祖父荆玉公悚然曰："家世寒贫，一孙幸捷，何德以堪之？"并对卢象昇"督课益力"。可见，祖父的良好教育对卢象昇成才有重要的影响。卢象昇对祖父之孝一如父母。不久，荆玉公亲送象昇北上，行至长江边，象昇看到祖父外貌清瘦，牵其衣不忍别，荆玉公曰："行矣！若成名，展吾未竟，便不愧家学，何恋恋为？"③ 象昇不得已，才怆然离去。《重刊宜兴县旧志》之《英烈传》还记载了少年象昇救祖的故事。万历四十年（1612 年），"赴南康任"的荆玉公失足堕入江中，卢象昇即刻大声疾呼，荆玉公因而得救。然而，笔者却未能在正史或其他典籍里找到类似的记载，甚至在对象昇早年记述颇详的《明大司马卢公年谱》里竟也无片言叙述。所以，笔者认为，此记载似为虚言溢美之论，但其内容却与少年象昇的思想作为是相吻合的。天启二年（1622 年）二月二十九日，荆玉公病逝于任上，此时的卢象昇刚参加完会试，闻知祖父去世的讣告，"号泣奔丧"。卢象昇的父母因为居丧哀痛，消瘦了许多，全家人也沉浸于悲痛之中。

---

① ［清］卢安节编，［清］任启运校定：《明大司马卢公年谱》，清光绪元年重刻本，北京图书馆编：《北京图书馆藏珍本年谱丛刊》第 62 册，北京：北京图书馆出版社，1999 年，第 290 页。

② 乡试为明代一级科举考试，考中者为"举人"，有机会补缺做官。关于明代科举考试的层级，学术界有诸多观点，较为盛行的四种观点是：其一，只有乡试、会试和殿试三级制（王凯旋：《明代科举制度考论》，沈阳：沈阳出版社，2005 年，第 76 页）；其二，以三级制为主体，即除了由低级到高级的三阶段乡试、会试和殿试，还有一种附加的庶吉士的遴选阶段，它发生在殿试以后，在二甲、三甲的进士之间中进行，此遴选考试，并非常举（参见吴宣德《中国教育制度通史》卷 4，《明代卷》，济南：山东教育出版社，2000 年，第 458、477 页）；其三，由童生试、乡试、会试和殿试组成的四级制，正统年间增加了童生试，作为参加乡试的必经阶段（刘海峰：《科举制与"科举学"》，贵阳：贵州教育出版社，2004 年，第 85 页）；其四，由科考、乡试、会试、殿试和庶吉士考试构成的五级制（郭培贵：《明代科举的发展特征与启示》，《清华大学学报》，哲学社会科学版，2006 年第 6 期）。

③ ［清］卢安节编，［清］任启运校定：《明大司马卢公年谱》，清光绪元年重刻本，北京图书馆编：《北京图书馆藏珍本年谱丛刊》第 62 册，北京：北京图书馆出版社，1999 年，第 291 页。

卢象昇不仅要克制住自己的丧亲之痛,还"率诸弟间请(父母)节哀"。①

卢象昇是一位纯孝之人,即便在他出仕为官时,依然如是。他在征剿叛乱的战场上,作家书《家训三首》,叮嘱妻妾"体吾心以媳代子","小心以事亲上",②以替自己在家乡照顾双亲。后来,卢象昇在宣大总督任上,曾经接父亲到府上小住一段时间。然而父亲却不久后死于返乡途中,这给卢象昇以沉重的精神打击。之后,卢象昇在总督任上几乎没再有什么政治作为,他至少连续上疏五次,乞恳回乡守孝,其言辞切切,令人潸然泪下。另外,卢象昇为官后为叔祖父卢立亮所作墓志铭,对其人品极为推崇,而首推其孝道:"公生二十五龄,友泉公即见背,悲号痛陨,殆不能生。事母李太孺人,备诸艰苦,孤媚自倚,馨慈孝于一门,此宗党所共称者。"③。卢象昇称卢立亮"纯孝笃友",其实也正印证了自己也是纯孝之人。

卢象昇少年时期就有远大志向。幼年时期的象昇就体现出了他的驭众才能。万历三十四年(1606年),祖父荆玉公在仪封为官时,卢象昇从父母随居官舍。官舍院内有一大水池,年仅7岁的象昇做首领,率领10余儿童在水池周围做打仗游戏,并以规约号令诸伙伴,俨然一位军队统帅。有个伙伴违反规约,他便将其捆绑拷责,小伙伴因疼痛大叫。荆玉公闻声赶到,斥责象昇,但却觉得自己孙子非同常人,"以此奇公"。④万历四十一年(1613年),卢象昇随祖父乔迁新居于新桥之湄隐园⑤,读书甚为刻苦。他读《孟子》时,见文中有"生于忧患死于安乐"之语,便陷入了深深的忧思。在习读唐代张巡和北宋岳飞的历史事迹时,奋然长叹:"吾得为是人足矣!"⑥这足见少年卢象昇对于历史英雄人物的推崇和敬重。或许,此时的卢象昇已经树立了舍身报国的志向。万历四十三年(1615年)的一天,卢象昇正沉浸于读书,突然

① [清]卢安节编,[清]任启运校定:《明大司马卢公年谱》,清光绪元年重刻本,北京图书馆编:《北京图书馆藏珍本年谱丛刊》第62册,北京:北京图书馆出版社,1999年,第292页。
② [明]卢象昇:《忠肃集》之《寄训室人》《寄训副室》,《文渊阁四库全书》影印本第1296册,台北:台湾商务印书,1983年,第607页。
③ [明]卢象昇:《忠肃集》之《冠带善士完予公墓志铭》,《文渊阁四库全书》影印本第1296册,台北:台湾商务印书,1983年,第602页。
④ [清]卢安节编,[清]任启运校定:《明大司马卢公年谱》,清光绪元年重刻本,北京图书馆编:《北京图书馆藏珍本年谱丛刊》第62册,北京:北京图书馆出版社,1999年,第288页。
⑤ 湄隐园是卢象昇少年读书地,当时并无此名,崇祯十一年(1638年),卢象昇在宣大总督任上作《湄隐园记》,才为之起名。
⑥ [清]卢安节编,[清]任启运校定:《明大司马卢公年谱》,清光绪元年重刻本,北京图书馆编:《北京图书馆藏珍本年谱丛刊》第62册,北京:北京图书馆出版社,1999年,第289页。

北门外喧嚣声不绝，原来此时有显贵达官过境，车仗排场非凡。众人纷纷跑去围观，之后仍交相赞叹不已。读书声不辍的卢象昇突然停下来，严肃而淡定地说："人不患不贵，患旷贵。"①众人闻听不语，自行惭愧，竟对卢象昇有些敬怕。卢象昇淡泊名利，认为那些显贵如果不能尽其职而效命国家，也不过形同粪土。

青少年时期的卢象昇，读书重在学以致用，且文武兼修。虽然明朝已面临着内忧外患的社会危机，但表面上还呈现出短暂的繁荣景象，人们似乎还缺乏忧患而生的意识。学子们由于"时承平日久"，因而"工习举业"。大家纷纷死读《四书》《五经》，演习八股，以备科举争功名为要。而此时的卢象昇，"独日究经史于古将相名臣之略，军国经治之规尤悉心焉"。②卢象昇读书的重点却是将相名臣之治国大计，尤偏重军事。清初文人邵长蘅曾评论卢象昇早年为学之况："为学务博涉，讲求经济，不欲以文士名顾。偶一下笔，伉健有气名，能文章家不过也。"③《明史》也称他"少有大志，为学不事章句"④。

更难能可贵的是，读书之余，卢象昇竟还练习武备。由于资料的缺乏，我们不详其青少年时期习武的经历，但他后来长期征战、奋勇攻杀的武艺必然与年少时的勤苦练武密不可分。今陈列于宜兴市博物馆里的一把锈迹斑斑的大刀，长 3.13 米、重 136 斤，据说即为卢象昇早年时的练功刀。⑤这表明，早年的卢象昇，修文兼武，学以致用，以期将来能实现其治国平天下的抱负。

---

① ［清］卢安节编，［清］任启运校定：《明大司马卢公年谱》，清光绪元年重刻本，北京图书馆编：《北京图书馆藏珍本年谱丛刊》第 62 册，北京：北京图书馆出版社，1999 年，第 289 页。

② ［清］卢安节编，［清］任启运校定：《明大司马卢公年谱》，清光绪元年重刻本，北京图书馆编：《北京图书馆藏珍本年谱丛刊》第 62 册，北京：北京图书馆出版社，1999 年，第 290 页。

③ ［清］邵长蘅：《明大司马卢忠烈公传》附《卢忠烈公遗事》，［清］徐景曾纂修：《顺德府志》卷 16，《艺文下》，乾隆十五年刻本。

④ ［清］张廷玉等：《明史》卷 261、列传第 149，《卢象昇传》，北京：中华书局，1974年，第 6765 页。

⑤ 在不少论及卢象昇的网页资料中，都提及他早年练功刀一事，如：*http://bbs.dataodu. com/forum.php?mod=viewthread&tid=10685846* 等。网页中附有该练功刀的图文资料。2017 年10 月，笔者造访卢忠肃公祠，结识了卢忠肃公祠的工作人员朱再平先生（笔名"路边"），他讲解了该练功刀的经历。据说，卢象昇去世后，该练功刀被卢家人从河北运回宜兴，安放在位于张渚镇岭下村的卢氏家族故居门前 300 余年，激励着卢家后人为国尽忠。20 世纪 50 年代，出于对文物保护工作的重视，村民把这把卢象昇练功刀送给宜兴市文物管理委员会（当时，该文管会设于太平天国王府内），直到 2016 年，该练功刀被移交给市博物馆。多年来，前来参观卢象升练功大刀的市民不计其数，更有许多外地游客慕名前来。然而，笔者在历史文献中暂未能找到卢象昇练功刀的相关记载。

《明史》和《东林列传》等史籍，对卢象昇为官后有武才亦有述及，"象昇虽文士，善射，娴将略，能治军"①。卢象昇的弓矢等武艺当然离不开早年时的勤学苦练。

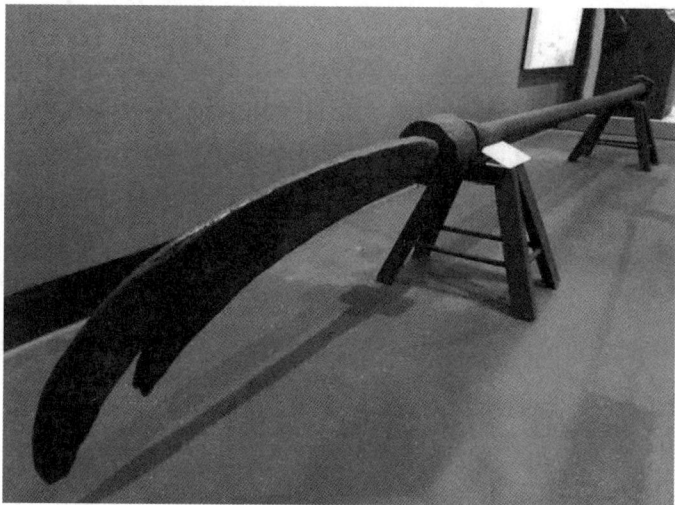

图 2–3：卢象昇早年的练功刀

卢象昇不久便考取了进士。天启二年（1622 年），他虚岁 23 岁，顺利通过了会试和廷试（殿试）。二月"中会试三百八名"，当时的考官为"主考礼部尚书兼文渊阁大学士随州何公宗彦、礼部尚书兼文渊阁大学士秀水朱公国祚，同考为吏部科给事中滨州薛公凤翔"②；并于三月参加殿试，"登文震孟榜二甲二十五名"③。天启二年（1622 年）壬戌科殿试中，共有 408 名考生中进士：一甲赐进士及第者 3 名，二甲赐进士出身者 77 名，三甲赐同进士出身者 329 名。依照常规，卢象昇可以留在京城等候皇帝和吏部的遴选，直接做庶吉士或者外放做官。殿试是在三月举行，而二月二十九日，卢象昇的祖父荆玉公刚好病逝。或许殿试成绩揭晓后，卢象昇已闻知丧讯。于是，"公（卢

---

① ［清］张廷玉等：《明史》卷 261，列传第 149，《卢象昇传》，北京：中华书局，1974年，第 6759 页。

② ［清］卢安节编，［清］任启运校定：《明大司马卢公年谱》，清光绪元年重刻本，北京图书馆编：《北京图书馆藏珍本年谱丛刊》第 62 册，北京：北京图书馆出版社，1999 年，第 291 页。

③ ［清］卢安节编，［清］任启运校定：《明大司马卢公年谱》，清光绪元年重刻本，北京图书馆编：《北京图书馆藏珍本年谱丛刊》第 62 册，北京：北京图书馆出版社，1999 年，第 291页。然而，笔者查询其他史料，发现卢象昇为二甲第 55 名，参见朱宝炯、谢沛霖：《明清进士题名碑录索引》，上海：上海古籍出版社，1980 年，第 2599 页。现姑存两说，以待进一步考证。

象昇）释褐，后闻讣，号泣奔丧"①。卢象昇与祖父感情颇深，他以行孝为先，及时回家守丧。直到两年后，卢象昇才被明廷授为户部主事。

卢象昇注意以儒家伦理道德规范自己，不图美色。天启三年（1623年），卢象昇之妻汪氏病重，汪夫人因为无力侍奉双亲，恳请卢象昇娶妾自副，然象昇亦以祖父新逝为由相拒。直到汪夫人"病益笃，遂力请于君"，卢象昇才同意，但他"犹不御，但令襄妇职而已"。②同年，卢象昇过维扬（扬州的别称），一位美姬愿意委身于他，却被他严词拒绝："吾岂以精神销粉黛耶？"③卢象昇正色拒美的故事，在其他卢象昇传记中，亦有类似记载。明末，东南地区的社会风气较为开放，娶美纳妓甚至成了当时某些士大夫的嗜好。卢象昇不近女色，的确是难能可贵的。

总之，青少年时期的卢象昇，志存高远，勤学自律，能文兼武，重孝轻色，为将来成为一代名臣奠定了良好的基础。

第二节　督理临清仓

天启四年（1624年）至七年（1627年），卢象昇任职户部，重点督理临清仓。初入仕途的卢象昇政绩卓著，获得朝廷和地方百姓的一致赞赏。这也为之后主政大名府积累了丰富的从政经验。

进士及第后两年，即天启四年（1624年）二月，卢象昇被"授户部贵州司主事，于八月督临清仓"④。这是年仅25虚岁的卢象昇进入仕途的开始。

---

① ［清］卢安节编，［清］任启运校定：《明大司马卢公年谱》，清光绪元年重刻本，北京图书馆编：《北京图书馆藏珍本年谱丛刊》第62册，北京：北京图书馆出版社，1999年，第292页。

② ［清］卢安节编，［清］任启运校定：《明大司马卢公年谱》，清光绪元年重刻本，北京图书馆编：《北京图书馆藏珍本年谱丛刊》第62册，北京：北京图书馆出版社，1999年，第292页。

③ ［清］卢安节编，［清］任启运校定：《明大司马卢公年谱》，清光绪元年重刻本，北京图书馆编：《北京图书馆藏珍本年谱丛刊》第62册，北京：北京图书馆出版社，1999年，第292页。

④ ［清］卢安节编，［清］任启运校定：《明大司马卢公年谱》，清光绪元年重刻本，北京图书馆编：《北京图书馆藏珍本年谱丛刊》第62册，北京：北京图书馆出版社，1999年，第292页。关于户部贵州主事的设置及职掌，现作一补充介绍。明代户部，除了尚书、左右侍郎、司务之设，还对应十三布政司设有十三清吏司，每清吏司各设郎中一人、员外郎一人，主事二人。宣德年间又增设贵州司主事一人，仍为正六品。十三司"各掌其分省之事，兼领所分两京、直隶贡赋，及诸司、卫所禄俸，边镇粮饷，并各仓场盐课、钞关"。其中，贵州司"带管上林苑监，宝钞提举司，都税司，正阳门、张家湾各宣课司，德胜门、安定门各税课司，崇文门分司，在京济州、会州、富峪三卫，及蓟州、永平、密云、昌平、易州各镇，临清、许墅、九江、淮安、北新、扬州、河西务各钞关"（张廷玉：《明史》卷72，《职官志一》，北京：中华书局，1974年，第1739、1741、1743页）。可见，督理临清仓实属贵州司份内职责。

此时，明王朝政局十分混乱，以太监魏忠贤为首的宦官集团把持了朝政，致使朝中正直的大臣多遭贬斥。万历朝后期逐步形成的东林党，利用民间讲学和参政议政的时机，不断批评阉党朝政，提出刷新吏治、开放言路等革新主张。这两派政治集团间的斗争十分激烈。在天启帝的纵容下，魏忠贤、客氏①为首的阉党集团击溃了东林党。为了个人的仕途，绝大多数官员纷纷依附于魏阉集团。但卢象昇是一位正直清廉的官员，他"独绝请谒，外补临清"②。从此，卢象昇督理临清仓长达3年多时间。此时的卢象昇，官拜户部主事，品级正六品，级别不算高，但所督理的临清仓却地位很重要。

临清粮仓，是明末大运河沿线一处重要的粮仓。明宣宗时期，在临清运河码头东北向地势较高处建起了临清仓，后世又扩建了广积仓、常盈仓。《明史·食货志》载："宣德中，增造临清仓，容三百万石。"③。临清、广济、常盈三大仓，合计仓廒竟达800多间，这些仓廒的管理和守卫工作自然异常重要。临清仓同广济仓、常盈仓一样，皆属于中央机构管辖，因而户部在临清设有督储分司，专门管理仓储工作。

督理临清仓之职也堪称肥缺，可卢象昇是一位清廉的官员。他一到任上，即"以其余间就贤士大夫，商确时政，并鳌剔主藏官吏之积弊，凡清出侵蚀本色若干石，银若干两以佐军兴，尔尤加意于支收"④。他还坚决澄清吏治："初，各省本色解至胥吏……而吏获侵牟。公更立程法，至即收兑权概甚平，吏不敢私，舆情便之。"⑤此时河南大旱，人民苦不堪言，但临清仓积粮甚多，据《东林列传》载："而河南大旱，无现粮，积逋五载。民间至揭瓦负楹弃儿

<hr />

① 所谓的"客氏"，即指天启皇帝朱由校幼时的乳母兼保姆。这在明代史籍里多有介绍。客氏原为北直隶定兴人，碰巧被选为泰昌帝之子——万历帝孙子的乳母。客氏在宫中陪伴天启帝16年，直至天启帝长大成人。天启帝即位后，客氏依仗皇帝对自己情感上的依赖，拒绝离宫。她飞扬跋扈，为祸后宫，而且还与阉党头目魏忠贤互相勾结，弄权乱政，陷害忠良，加剧了天启朝混乱腐朽的政局。阎崇年称之为"乳保客氏"，并对客氏与天启帝、魏忠贤的关系及其品行多有叙述。参见阎崇年：《明亡清兴六十年全集》，北京：中华书局，2006年，第196—198页。

② ［清］卢安节编，［清］任启运校定：《明大司马卢公年谱》，清光绪元年重刻本，北京图书馆编：《北京图书馆藏珍本年谱丛刊》第62册，北京：北京图书馆出版社，1999年，第292—293页。

③ ［清］张廷玉等：《明史》卷79，志第55，《食货三》，北京：中华书局，1974年，第1924页。

④ ［清］卢安节编，［清］任启运校定：《明大司马卢公年谱》，清光绪元年重刻本，北京图书馆编：《北京图书馆藏珍本年谱丛刊》第62册，北京：北京图书馆出版社，1999年，第293页。

⑤ ［清］卢安节编，［清］任启运校定：《明大司马卢公年谱》，清光绪元年重刻本，北京图书馆编：《北京图书馆藏珍本年谱丛刊》第62册，北京：北京图书馆出版社，1999年，第293页。

鬻妇，犹不得饱，正供未遑计也。"①《明大司马卢公年谱》亦云："河南久旱，米价腾跃，逋负（积欠的税赋）甚多，而临清积粟百万。"②卢象昇初步表现出他睿智灵活的施政才能，"请令中州（指河南一带）纳米一石改折银一两，输之临清，以仓粟相抵"③。而《明熹宗实录》所述略有不同：

> 户部复临清监督主事卢象昇议，……合无如象昇议，将山东、河南所欠额粮，自万历四十二年起至天启元年止，除奉恩诏蠲免年分外，每石折银八钱，先解本仓，以听本部别项支用。至于天启二年以后粮米，仍征本色，不得一概混折，以虚外庾，听该仓严行督征，如期登报，以备考核。上是之。④

卢象昇请求：从万历四十二年（1614年）至天启元年（1621年），山东、河南所欠额粮，除部分依诏蠲免外，每石折银8钱，并解至临清仓；天启二年以后粮米，仍征本色。卢象昇所请得到了皇帝的批准。通过如此变通，地方饥荒得到一定的缓解。卢象昇的做法为皇上赏识，"得旨允行"⑤。民间也不断传颂他的为政佳绩，"豫逋一清官，民称快"⑥。

此外，对于藩王扰民的做法，卢象昇也进行了有力的回击。当时，三位藩王到封地去，排场盛大，"三藩就国，藩艘噪呼，等于盗贼"。卢象昇便"豫置布囊运米，峙涯舟及水，次即令满载，藩艘亦服其能，戒勿停扰，而猾吏不得为奸"。⑦

天启七年（1627年）三月，卢象昇因政绩显著升户部山西司员外郎，官秩从五品，仍管临清仓。卢象昇此间督理仓务的表现，"最称上意"。"故增秩

① ［清］陈鼎：《东林列传》卷5，《卢象昇传》，扬州：广陵书社，2007年，第93—94页。
② ［清］卢安节编，［清］任启运校定：《明大司马卢公年谱》，清光绪元年重刻本，北京图书馆编：《北京图书馆藏珍本年谱丛刊》第62册，北京：北京图书馆出版社，1999年，第293页。
③ ［清］卢安节编，［清］任启运校定：《明大司马卢公年谱》，清光绪元年重刻本，北京图书馆编：《北京图书馆藏珍本年谱丛刊》第62册，北京：北京图书馆出版社，1999年，第293页。
④ 《明熹宗实录》卷66，天启五年十二月丙子，台北："中央研究院历史语言研究所"校印本，第3110页。
⑤ ［清］卢安节编，［清］任启运校定：《明大司马卢公年谱》，清光绪元年重刻本，北京图书馆编：《北京图书馆藏珍本年谱丛刊》第62册，北京：北京图书馆出版社，1999年，第293页。
⑥ ［清］卢安节编，［清］任启运校定：《明大司马卢公年谱》，清光绪元年重刻本，北京图书馆编：《北京图书馆藏珍本年谱丛刊》第62册，北京：北京图书馆出版社，1999年，第293页。
⑦ ［清］陈鼎：《东林列传》卷5，《卢象昇传》，扬州：广陵书社，2007年，第94页。

守大名"。①甚至卢象昇的亲人也被朝廷封赏,"覃恩封父崑石公承德郎户部主事,封母李氏、赠妻汪氏皆安人"②。

此间,卢象昇再次表现出为官刚直不阿的道德风范。天启末年,魏阉集团权势如日中天,诸多臣僚出于政治利益的考量,纷纷为魏忠贤建造"生祠"。天启六年(1626年)闰六月,浙江巡抚潘汝桢上疏,请求为魏忠贤建立生祠。此后一年多时间,全国为魏忠贤造生祠达40处,可谓劳民伤财。③时任山东巡抚的李精白,也积极为魏忠贤修建生祠,并邀请卢象昇署名参与,却遭到拒绝:"非关吏所敢知也。"④在魏阉权势熏天的天启年间,卢象昇仍保持着独立自清的政治节操,这真是难能可贵的。

作为户部官员,卢象昇督理临清粮仓,政绩卓然。他自守清廉,抑制贪腐,惠恤饥民。所以,卢象昇不仅赢得了民间"清官"之美誉,还获得了朝廷的认可。

第三节　知府大名

从天启七年(1627年)到崇祯三年(1630年)大约三年期间,卢象昇任大名知府,他勤于清理冤狱、加强治安,政绩卓异。

天启七年(1627年)三月,卢象昇因政绩显著,奉旨"管大名府事"⑤。六月,卢象昇与继任官员交接完毕,即刻赴任大名知府。八月,再奉旨加山东按察司副使衔,官居正四品。《明熹宗实录》对这次加衔及原因有载:"加直隶大名府知府卢象昇山东按察司副使职衔,照旧管事。以其管临清仓三年,积羡数千,清逋三万一千有奇,业经叙录三次,奉旨加秩,以示风励也。"⑥足见朝廷对卢象昇理政才能的认可。

---

① [清]卢安节编,[清]任启运校定:《明大司马卢公年谱》,清光绪元年重刻本,北京图书馆编:《北京图书馆藏珍本年谱丛刊》第62册,北京:北京图书馆出版社,1999年,第294页。

② [清]卢安节编,[清]任启运校定:《明大司马卢公年谱》,清光绪元年重刻本,北京图书馆编:《北京图书馆藏珍本年谱丛刊》第62册,北京:北京图书馆出版社,1999年,第293—294页。

③ 樊树志:《大明王朝的最后十七年》,北京:中华书局,2007年,第13—14页。

④ [清]卢安节编,[清]任启运校定:《明大司马卢公年谱》,清光绪元年重刻本,北京图书馆编:《北京图书馆藏珍本年谱丛刊》第62册,北京:北京图书馆出版社,1999年,第294页。

⑤ [清]卢安节编,[清]任启运校定:《明大司马卢公年谱》,清光绪元年重刻本,北京图书馆编:《北京图书馆藏珍本年谱丛刊》第62册,北京:北京图书馆出版社,1999年,第294页。

⑥ 《明熹宗实录》卷87,天启七年八月乙未,台北:"中央研究院历史语言研究所"校印本,第4198页。

　　大名府因历史积弊太多，多奸吏冤狱，这对卢象昇自然是个不小的挑战。象昇初到大名，"值军兴征发如雨"，同时积压的狱讼案牍堆满府衙，民困难舒。卢象昇表现出果断干练的为政之风，将积压的狱讼集中处理，重审疑案冤狱，"公昼治公事，夜谳疑狱。期月之间刑清政简，吏民亲爱"①，"恤冤狱十七事，全活甚众"②。同年，由于卢象昇为政清廉，家人再次被朝廷封赏，"覃恩累封崑石公中宪大夫、山东按察司副使，封母、妻及赠元配皆恭人"。③

　　大名府在唐、五代和两宋时期是北方重镇，所处之地为平原地带，水陆交通便利；位于今河北、河南与山东之间，西南为当时著名的大都市开封府，军事地位十分重要。然而宋以后，由于漳河泥沙淤积导致河水不断泛滥，造成明初的大名府迁往旧址以西8里之外，规模也大为缩小。元世祖开通山东境内的会通河后，大名的漕运地位迅速降低，而位于其南的临清，因地处运河沿岸则一跃而成为新的商业都市。④所以在明代，其经济地位已经大为下降，反而成为贫穷多盗之地。

　　天启末至崇祯初，社会政治非常腐败，民生经济十分凋敝。辽东边患不断，广大人民承担着各种赋税和无止境的加派，以至于生活贫困无助甚至颠沛流离。全国性的自然灾害导致了大饥荒的发生，这更加深了人民的苦难。无以为生的广大底层群众，终于揭竿起义，而这些源于贫民的义军，也会危害地方治安。

　　卢象昇初仕大名府，就擒拿了当地义军首领马翩翩。大名府为畿辅重地，临近山东、山西和河南三省，历来为屏卫京师的军事要塞。崇祯初年，便不时有小股义军辗转至此，"初，辽事急，饥民所在为寇，而开滑壤接晋豫，群盗分布窜匿，聚则焚劫，散则窜伏，官兵不能讨"⑤。其中，"时巨盗马翩翩以大家子为群盗渊薮，称九省通家，部众攫人道上，人莫敢仰视"⑥。马翩翩在当地有着广泛的群众基础，他登高一呼，各地饥民皆云集响应。卢象昇刚赴

　　①　［清］卢安节编，［清］任启运校定：《明大司马卢公年谱》，清光绪元年重刻本，北京图书馆编：《北京图书馆藏珍本年谱丛刊》第62册，北京：北京图书馆出版社，1999年，第294页。

　　②　［清］卢安节编，［清］任启运校定：《明大司马卢公年谱》，清光绪元年重刻本，北京图书馆编：《北京图书馆藏珍本年谱丛刊》第62册，北京：北京图书馆出版社，1999年，第296页。

　　③　［清］卢安节编，［清］任启运校定：《明大司马卢公年谱》，清光绪元年重刻本，北京图书馆编：《北京图书馆藏珍本年谱丛刊》第62册，北京：北京图书馆出版社，1999年，第295页。

　　④　孙尧奎：《试论大名府的兴衰》，《青海社会科学》，2000年第4期。

　　⑤　［清］卢安节编，［清］任启运校定：《明大司马卢公年谱》，清光绪元年重刻本，北京图书馆编：《北京图书馆藏珍本年谱丛刊》第62册，北京：北京图书馆出版社，1999年，第295页。

　　⑥　［清］陈鼎：《东林列传》卷5，《卢象昇传》，扬州：广陵书社，2007年，第94页。

任大名半年，便利用谍报人员深入义军中，智擒首领马翩翩。对此，《明大司马卢公年谱》称："自是畿南摄息，枹鼓希鸣。"①

崇祯二年（1629年）十月，皇太极亲率大军绕开袁崇焕精心布置的宁锦防线，取道辽西，经过蒙古的哈喇慎部，迅速突破喜峰口以西的长城关口，相继攻陷遵化、迁安等地，直逼北京城。崇祯皇帝猝不及防，即刻传诏天下，令各地兵马火速入京勤王。由于崇祯二年为农历己巳年，史称这次后金入侵事件为"己巳之变"。十一月中旬，后金大军逼近京城外围，并于先一步到达的袁崇焕所部明军进行了一场激战。与此同时，各地勤王兵也陆续赶来。经过几天激战，皇太极认为即刻灭明很不现实，便大肆饱掠一番，随即引兵东撤。后金铁骑千里跃进，明军竟然毫无还手之力，这暴露了明朝北部边防还很脆弱，明军的指挥和作战能力也比较孱弱。这次"己巳之变"，至少还产生了两个直接结果：一是，崇祯帝中了皇太极的反间计，处死了蓟辽督师袁崇焕；二是，身为大名知府的卢象昇，展现出他的治军才能。

卢象昇此时闻知后金入侵，便立即招募勇士入京勤王。至于勤王兵的人数，史籍记载有些出入。《明大司马卢公年谱》称："八月京师戒严，公募壮士应诏勤王，民裹粮而从者三千人。"②然《明史》却称"募万人入卫"。③其实，即使从大名临时征募数千乡勇入京，也并非易事。这只乡勇部队入京时，后金部队已经撤离北返，因此并没有发生战事。所以，对于此次入卫，所有史籍记载都语焉不详。后金大肆入侵，边防溃败，明廷急需忠君报国之人。卢象昇以文官身份统兵，兼之忠勇双全，正是明廷所需的人才。因而，回到大名府不久，卢象昇即升迁为兵备。从此，卢象昇才真正踏上戎马倥偬的军旅生涯。

总之，卢象昇以按察副使之衔知府大名，政绩是显著的。他平冤狱、定叛乱，安抚一方百姓；还为朝廷筹辽饷，并"以辽饷功进一级"④。此外，他还招募乡勇，入京勤王。他不久即升迁为大名兵备，掌管畿南三郡之军政事务。

---

① ［清］卢安节编，［清］任启运校定：《明大司马卢公年谱》，清光绪元年重刻本，北京图书馆编：《北京图书馆藏珍本年谱丛刊》第62册，北京：北京图书馆出版社，1999年，第295—296页。

② ［清］卢安节编，［清］任启运校定：《明大司马卢公年谱》，清光绪元年重刻本，北京图书馆编：《北京图书馆藏珍本年谱丛刊》第62册，北京：北京图书馆出版社，1999年，第296页。

③ ［清］张廷玉等：《明史》卷261，列传第149，《卢象昇传》，北京：中华书局，1974年，第6759页。

④ ［清］卢安节编，［清］任启运校定：《明大司马卢公年谱》，清光绪元年重刻本，北京图书馆编：《北京图书馆藏珍本年谱丛刊》第62册，北京：北京图书馆出版社，1999年，第296页。

第四节　兵备畿南三郡

从崇祯三年（1630年）至崇祯七年三月，历时四年时间，卢象昇担任大名兵备道。明代大名（今河北大名）、广平（今河北永年）、顺德（今河北邢台）三郡，当时位于京畿地区的南部，并称"畿南三郡"，它们紧邻山东、山西、河南三省，是京师的南大门。卢象昇任大名兵备期间，加强武备，保境安民，从而使畿南三郡秩序井然。

兵备兼管卫所和府县，负责军事、司法、治安等方面。卢象昇任大名兵备后，由于正值明末义军攻掠三郡一带，所以，他的主要任务就是镇抚义军。

为了保境安民，卢象昇组建了"天雄军"。卢象昇有较强的军事才干，史载："生而白皙，臞似不胜衣，而膊独骨，负殊力"[①]；"虽文士，善射，娴将略，能治军"[②]。他认为：要获得战功，必须有一只忠勇的作战部队。被委以整饬大名、广平、顺德三府兵备之重任的卢象昇，选拔乡勇，勤于训练，终于组建了一支骁勇的地方民兵部队，号称"天雄军"[③]。之所以称为天雄军，是因为大名府旧称"天雄"，据《明季北略》介绍："大名府属北直，唐曰天雄，宋曰大名。"[④]

关于这支"天雄军"，笔者始终未查到创建的详细记载。后世不少文章和书籍对该"天雄军"称颂有加，过赞其战斗力；甚至把崇祯二年入卫京师的"募万人"当成了"天雄军"。笔者以为，卢象昇在畿南及周边征讨义军，应该就是依靠的这支武装；其战斗力如何，囿于文献史料的缺乏，却无从得知。但据《卢象昇疏牍》里所述，此支军队应该属于地方民兵系列，因长期跟随卢象昇征战，地位类似于大名兵备之标兵，"臣昔备兵大名，尚有马步快壮千二百人"[⑤]。另外，崇祯二年入卫京师的"募万人"，应并非"天雄军"，因为

---

①　［清］陈鼎：《东林列传》卷5，《卢象昇传》，扬州：广陵书社，2007年，第93页。

②　［清］张廷玉等：《明史》卷261，列传第149，《卢象昇传》，北京：中华书局，1974年，第6759页。

③　［清］张廷玉等：《明史》卷261，列传第149，《卢象昇传》，北京：中华书局，1974年，第6759页。

④　［清］计六奇，魏得良、任道斌点校：《明季北略》卷11，《卢象昇战功》，北京：中华书局，1984年，第170页。

⑤　［明］卢象昇：《卢象昇疏牍》卷1，《请设主兵疏》，杭州：浙江古籍出版社，1985年，第8页。

卢象昇率募兵入京勤王，是他在大名就任知府之时；而"天雄军"则为卢象昇兵备大名之时招募组成。

　　崇祯六年（1634年）正月，云集于山西的义军，跨越太行山脉，一部东犯畿南地区。明末义军多兴起于西北大地，尤其集中于多灾荒的陕西中北部，如王嘉胤、王自用、高迎祥、李自成、张献忠等部。然而随着社会危机的加深，各地民变如燎原烽火，迅速遍及西北各省。但义军起初势力较弱，且往往各自为战，极易被官兵各个击破。各股义军只好避实击虚，进行流动作战，各地难以为生的饥民也相继加入。据不完全统计，当时史籍所提及的各股义军领袖人物竟几近300人。[①]他们为了躲避官府对其家人的迫害，往往隐姓埋名，使用诨名或绰号。起初，仅仅在秦、晋、豫一带的义军首领，就有数十位。《明季北略》罗列了一些义军首领名号："贼首之有名号者，在秦则称紫金梁（王和尚）、满天星、蝎子块、老回回、一字王（刘小山）、邢管队、领兵王、整齐王、闯塌王（刘姓）、过天星（张五）、南营八大王、八爪龙（徐姓）、西营八大王（张献忠）、二队八大王、不沾泥、混世王、曹操、乱世王、八队闯将（张姓）、张飞、九条龙、五条龙、贺双全、高总管等二十四家。晋、豫则称英王、王镇虎、朱温、赵令军、曹操、过天星、吴计、郝光、混天星、荆联子、过江王、混世王、大胆王、征西王、福寿王、齐天王、密灵王、阎和尚、上天龙、出猎雁、黑心虎、搂山虎、新一字王、北营八大王、混天王、上天王、领兵王、阎王、老邢、四队、六队、八队、闯塌天、顺义王等三十二营。各拥众数万，少者万计，蹂躏直省无虚日。时李自成方依闯王高氏，与刘良佐自结一队，号闯将，名不大著。"[②]

　　崇祯三年（1630年）春，陕西的义军遭到官府的镇压，便陆续向东渡河进入山西，当地饥军也纷纷参加。陕西三边总督杨鹤对义军的招抚政策失败后，明廷又急调洪承畴等主"剿"派官员加强了对义军的镇压。山西的义军只好继续东向越过太行山，向畿南一带活动。崇祯六年（1633年）年初，义军出现在真定（今河北正定）和顺德（今河北邢台）两府，明廷震惊。据《绥寇纪略》载，给事中孟国祚上疏："畿南咽喉重地，顺德为大平原，千里直走京师，非有河山为之蔽也。"为了保护京师安全，明廷立即抽调通州兵和昌平兵各2000人，会同保定总兵梁甫所属8000人和部分山西兵马，配合大名兵

---

　　① 洪焕椿：《明末农民战争史略论》，南京：江苏人民出版社，1962年，第29—31页。
　　② ［清］计六奇撰，魏得良、任道斌点校：《明季北略》卷9，《贼首名号》，北京：中华书局，1984年，第143页。

备道卢象昇对流入畿南的义军进行围歼。①

崇祯六年（1633年）正月始，卢象昇会同他部明军，围攻进入畿南一带的义军主力，并在临城（今河北邢台、正定之间）西山一带大获全胜。史载："别贼复阑入西山，大略顺德、真定间，大名道卢象昇力战却贼。"② 义军无奈，"别入大名南，民皆守堡，贼无所得"③。可见，义军在卢象昇的辖区内是很被动的。他们准备南下攻打滑县（今河南北部），却被卢象昇侦知，卢象昇便在中途榛莽中埋伏重兵，"贼至猝发，大破之"④。三月，卢象昇驰援临洺关（今属河北永年，邯郸北），在摩天岭再次大败义军，义军遂溃散而逃。卢象昇接着视察饱受战乱之苦的乡民，军民皆为之感奋。四月，义军困顿无路，屯集于顺德之小西天山中，卢象昇驻军内丘西的东皇寺，与前来应援的游击董维坤合围义军，取得大捷。义军又败走临城（今隶属于邢台市）西山，受到卢象昇和董维坤南北夹击。卢象昇先设伏于石城（顺德临城西南）南，同时亲率300名精兵追击。此役中，卢象昇身先士卒，奋勇杀敌。他追至一危崖前，义军恃高射箭抛石，他的部下纷纷落马倒毙，本人额头也中箭。据载，发箭射中卢象昇者，乃此股义军之首"蝎子块"，"蝎子块善射，发三矢，一矢落象昇貂领，一矢殪中军，一矢从象昇眉间过。镞眉有血痕，贼骇曰：卢公似有三眼，真神人也。（贼）不敢逼。"⑤ 然而，卢象昇毫不退却，弃马步战，与敌兵短兵搏斗。随军皆与敌军奋勇力战。《明史》也有载："象昇提刀，战益疾。贼骇走，相戒曰：卢廉使遇即死，不可犯。"⑥ 从此，义军闻卢象昇之名，皆惊骇失色，并给他取了诨号"卢阎王"。之后，义军在石城南又遭卢象昇伏击，大败。次日，卢象昇又击溃敌军于青龙冈。他的得力助手、游击董维坤却在冷水村（顺德临城西）遭到义军的围困，重伤阵亡，卢象昇心情悲怆，并作诗文哭祭之。同年秋，义军进犯沙河（今隶属于邢台市）之丹井及顺德

① 顾诚：《明末农民战争史》，北京：光明日报出版社，2012年，第63—64页。

② ［清］张廷玉等：《明史》卷309，列传第197，《流贼传》，北京：中华书局，1974年，第7951页。

③ ［清］卢安节编，［清］任启运校定：《明大司马卢公年谱》，清光绪元年重刻本，北京图书馆编：《北京图书馆藏珍本年谱丛刊》第62册，北京：北京图书馆出版社，1999年，第298页。

④ ［清］卢安节编，［清］任启运校定：《明大司马卢公年谱》，清光绪元年重刻本，北京图书馆编：《北京图书馆藏珍本年谱丛刊》第62册，北京：北京图书馆出版社，1999年，第298—299页。

⑤ ［清］陈鼎：《东林列传》卷5，《卢象昇传》，扬州：广陵书社，2007年，第94页。

⑥ ［清］张廷玉等：《明史》卷261，列传第149，《卢象昇传》，北京：中华书局，1974年，第6760页。

以西，卢象昇率军骑驰而往，再获全胜。不久，义军屯驻武安（今隶属于邯郸市）。武安并非卢象昇的辖区，但卢象昇仍"移师连战，前后斩其豪十一人及其支党甚众，收回男女二万人"①。卢象昇在西山及周围接连大捷，使军心振奋。卢象昇倾力攻掠义军，结果，"三郡之民，安堵者数岁"②。义军只好渡黄河南下，进入中原，《明史》称"贼惧，南渡河"③。对于卢象昇畿南平叛的表现，清初武进人邵长蘅有简短而确切的评价："公深沉有大略，即之温温儒者。顾独精悍，便骑射，性能劳苦。蹋阵雄呼，万骑辟易，虽古名将无以过。贼詟公威名。"④

从此，卢象昇擅长军事的名声迅速传开，"象昇以是有能兵名"。⑤

卢象昇于乱世中重武备倡文治，坚持以民为本。据载，卢象昇曾追杀义军至广平，百姓闻知，便纷纷涌向广平郡城避难。守官惧怕义军混入百姓进城，闭关不纳，结果，"民数万悲号动野"。卢象昇急忙赶到，与守官交涉，才放入避难百姓。卢象昇对守官说："民为国本，何得闭户弃之？寇来，我为尔扞。"⑥结果，卢象昇"彻夜巡行城外，不下马解带。明晨贼遁，广民以安"⑦。卢象昇临危不乱，既保护了百姓，又亲自巡城御敌，消除了广平守官的顾虑。

卢象昇深受当地百姓爱戴，以至于崇祯七年（1634年）卢象昇离任时，出现了畿南三郡万人恸哭相送的感人场面，"七年甲戌，……畿南三郡士民相向恸哭。谋伏阙上书留公，而公已单车就道，数万人遮道啼呼，骑不得前。公慰谕良久，士民伏地，哭不能起，公为之动容，众乃具肩舆请公坐乘。群牵挽之，左右执香炉，送至五百里外，临河乃返"⑧。明末清初的孙承泽，在

---

① ［清］卢安节编，［清］任启运校定：《明大司马卢公年谱》，清光绪元年重刻本，北京图书馆编：《北京图书馆藏珍本年谱丛刊》第62册，北京：北京图书馆出版社，1999年，第300页。

② ［清］张廷玉等：《明史》卷261，列传第149，《卢象昇传》，北京：中华书局，1974年，第6759页。

③ ［清］张廷玉等：《明史》卷261，列传第149，《卢象昇传》，北京：中华书局，1974年，第6760页。

④ ［清］邵长蘅：《明大司马卢忠烈公传》，［清］徐景曾纂修：《顺德府志》卷16，《艺文下》，乾隆十五年刻本。

⑤ ［清］张廷玉等：《明史》卷261，列传第149，《卢象昇传》，北京：中华书局，1974年，第6760页。

⑥ ［清］陈鼎：《东林列传》卷5，《卢象昇传》，扬州：广陵书社，2007年，第94页。

⑦ ［清］陈鼎：《东林列传》卷5，《卢象昇传》，扬州：广陵书社，2007年，第94—95页。

⑧ ［清］卢安节编，［清］任启运校定：《明大司马卢公年谱》，清光绪元年重刻本，北京图书馆编：《北京图书馆藏珍本年谱丛刊》第62册，北京：北京图书馆出版社，1999年，第300—301页。

《四朝人物考》中也论及畿南百姓对卢象昇的崇敬情形："公两官畿南，惠施三郡。生之日，家设一坛，岁时瞻礼；死，合谋叩阍，除地为祠，岁时伏腊奉祀，不分少长男女皆为流涕，甚有痛其亡发狂疾死者。"[①] 以上记载或许有夸张之处，但也足以说明卢象昇于大名兵备任上，颇得民心。

第五节　抚治郧阳

崇祯七年（1634年）四月，卢象昇赴任郧阳巡抚，直到崇祯八年（1635年）六月调任湖广巡抚，历时一年多。此间，卢象昇负责安定郧疆，平定义军，受到明廷的肯定。

一、郧阳抚治的设置

郧阳，多山林而交通闭塞，成为周边流民谋生之地。据《明史纪事本末》载，郧阳位于"荆、襄之上游"，古称"麇国"，"春秋时为楚附庸"。此处历来多叛乱，"元至正间，流贼作乱，终元世，竟不能制"。明初，邓愈率大军赶走当地屯民，"禁流民不得入"，以防民变。然而，该地"界湖广、河南、陕西三省间，又多旷土。山谷阨塞，林箐蒙密中有草木，可采掘食"。可见，此地资源丰富，可以谋生。正统年间，"岁饥，民徙入不可禁"。各地流民常屯聚此处叛乱，锦衣千户杨英便奏请及时遣散流民，但没得到明廷批准。[②] 明成化元年（1465年），荆（荆州）、襄（襄阳）流民首领刘千斤和石龙、刘长子、苗龙等聚众起兵，他们以郧阳山区为据点，四处攻掠。不久，提督湖广军务白圭率兵平定了这次起义。接着，荆、襄另支流民首领李胡子也起兵，很快也被官兵镇压。成化十二年（1476年）二月，"命都御史原杰经略郧阳，抚定流民"。[③] 在官员文会、原杰等人的奏请下，明廷决定对荆、襄、郧（郧阳）一带实行有效的管辖。成化十二年（1476年）十一月，"开设湖广郧阳府，即其地设湖广行都司、卫、所及县"，当地流民"其愿留者九万六千余户，许各自占旷土，官为计丁力限给之，令开垦为永乐，以供赋役，置郡县统之"。经过湖广、陕西、河南三省交界地方重划区界，确定郧阳府"以统郧

---

① ［清］卢安节编，［清］任启运校定：《明大司马卢公年谱》，清光绪元年重刻本，北京图书馆编：《北京图书馆藏珍本年谱丛刊》第62册，北京：北京图书馆出版社，1999年，第301页。
② ［清］谷应泰：《明史纪事本末》卷38，北京：中华书局，1977年，第561页。
③ ［清］谷应泰：《明史纪事本末》卷38，北京：中华书局，1977年，第566页。

（郧阳）、房（房县）、竹山、竹溪、郧西、上津六县"。①明廷命吴远为首任郧阳知府，吴道宏代替原杰为第二任郧阳抚治。

郧阳抚治以抚绥荆襄流民为要，其地位与各省巡抚相当。对此，明中期的陆容，在概述督抚之设时有云："内署衔不同者……郧阳等处曰抚治，盖主流民也。"②明末清初的文秉也说："奉宪、孝二宗敕旨：抚旨管辖地，三省巡抚不得干预。"③然而，郧阳抚治的辖区前后略有调整，其具体范围在抚治赴任之时的敕书里往往都有明确说明。一般来讲，郧阳抚治所辖范围，包含湖广、陕西和河南三省各一部分，甚至有时还包括四川夔州一部。因此，郧阳抚治所辖之地，更像是依地理形势而粗略划定的军事辖区。从以下两幅地图中，我们可以窥见不同历史时期郧阳抚治辖区的差异：

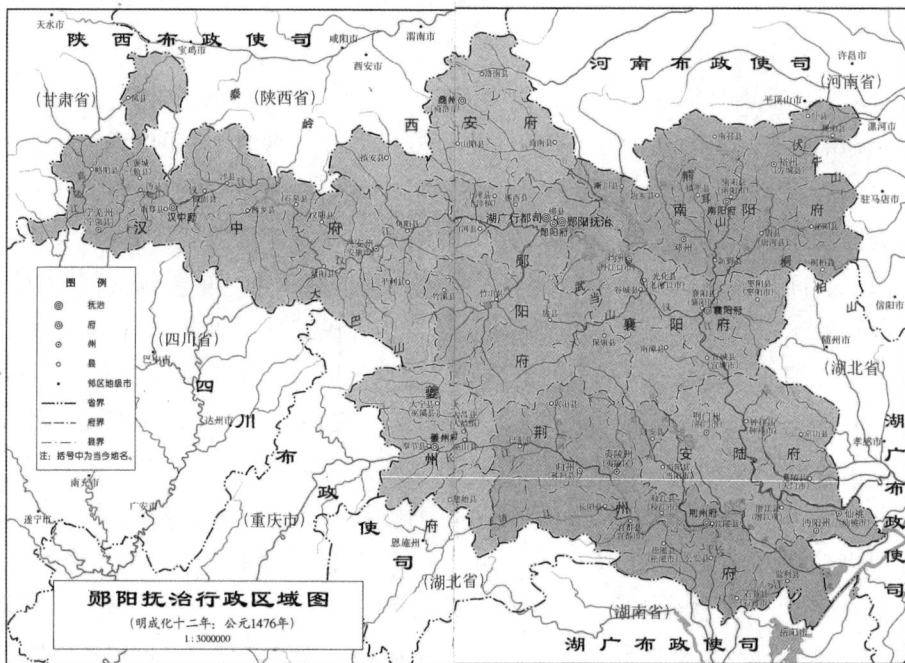

图 2-4：明成化十二年（1476 年）初设郧阳府时的抚治行政区域图④

---

① ［清］谷应泰：《明史纪事本末》卷 38，北京：中华书局，1977 年，第 567—568 页。

② ［明］陆容：《菽园杂记》卷 9，北京：中华书局，1985 年，第 107 页。

③ ［明］文秉：《烈皇小识》（外一种），《明代野史丛书》，北京：北京古籍出版社，2002 年，第 92 页。

④ ［明］裴应章、彭遵古等著，潘彦文等校注：《郧台志》卷首封面一，南京：长江出版社，2006 年。该地图为湖北省地图院于 2006 年 7 月编制，收录于潘彦文等的校注本《郧台志》中。

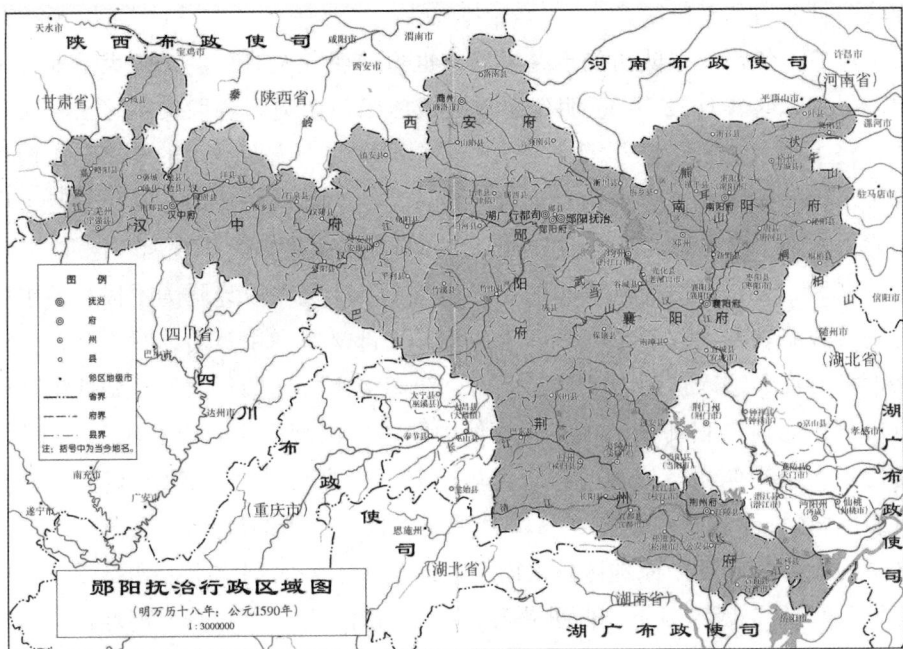

图 2-5：明万历十八年（1590 年）郧阳抚治行政区域图^①

　　我们仅以成化十二年和万历十八年两个时期郧阳抚治辖区的区域图作比较，可以看出，它们共有的辖区有：郧阳府、襄阳府、荆州府、汉中府、西安府和南阳府，但郧阳抚治初设时的辖区更广，还包括安陆府和夔州府。

　　二、平定辖区内义军

　　崇祯七年（1634 年）三月，卢象昇因畿南政绩卓异，升迁为郧阳抚治，其职衔全称为"钦差提督军务兼抚治郧阳等处地方都察院右佥都御史"^②。

　　接旨后，卢象昇迅速料理交接事务，于二十六日兼程赴任，单骑经南阳府叶县，于四月十五日抵达襄阳府。卢象昇被调往郧阳重镇，执掌此地军政要务，有两个重要的原因。其一，卢象昇在畿南三郡的卓越政绩引起了朝廷的注意。他"靖寇"、绥民皆有成效，这使得由山西流入畿南的义军无法立足，只好渡黄河南下。义军从此开始活跃于河南北部、西部，甚至一部肆虐

---

　　① ［明］裴应章、彭遵古等著，潘彦文等校注：《郧台志》卷首封面二，南京：长江出版社，2006 年。该地图为湖北省地图院于 2006 年 7 月编制，收录于潘彦文等的校注本《郧台志》中。

　　② ［明］卢象昇：《卢象昇疏牍》卷 1，《到任谢恩书》，杭州：浙江古籍出版社，1985 年，第 1 页。

于陕西、四川和湖广交界。

其二，各路义军队伍的迅猛发展，也迫使明廷及时拣选干练大员前往平定。崇祯六年（1633 年），明廷派重兵镇压了山西境内各股义军之后，又调集各路重兵云集晋、豫和畿辅三地之交，围堵流入山西境内的义军。山西各股义军曾一致推举"紫金梁"王自用为首，统一行动。然而，同年五月王自用死去，义军又各自为战，时分时合，亦有几股义军辗转于畿南和豫北一带。总的来说，义军此时受到官军的严厉镇压。不少义军以诈降为手段，暗中联合进行战略转移。同年十二月二十四日，大部义军利用黄河冰封之际，分三路大举渡河，进入豫西渑池县。此时，河南境内接连四年大旱，到处出现严重饥荒，而地方官却催征不止，致使中原一带出现大饥荒，贫民为了生存，纷纷加入义军队伍。崇祯时诗人姜垓，有不少描写民生疾苦的诗篇，"避乱饥馑填城野，余生仅免谁知者"[①]，道出了人民所遭受的战乱饥荒之苦。从此，义军的势力蔓延到中原地区。河南境内的义军，一路部众十万在首领"扫地王""满天星"等率领下，西进陕西，南下四川。另一路由首领高迎祥、李自成、马守应、张献忠等率领，进入豫西的卢氏山区，许多当地贫穷的矿工争先加入义军，并引导义军经内乡、邓州、浙水南下，攻入湖广的郧阳、襄阳地区。崇祯六年底至七年正月，该路义军接连攻陷郧西、上津、房县、保康诸县，"直走空虚无人之地"。义军的这次军事行动，震动了明廷。当时抚治郧阳的官员正是卢象昇的同乡、宜兴人蒋允仪，他只有标兵 500 名，兵寡饷乏，"束手无策，上书请死而已"[②]。

如前文所述，郧阳山区位于楚、蜀、豫、陕四省交界，榛莽丛生，人烟稀少，交通闭塞。卢象昇也曾多次提及郧阳之穷，"郧属地方古称天狱，盖甚言其凄凉困苦险阻艰难也。况遭寇患，情景愈益不堪"[③]。然而，郧阳后有大片丛林可退守，前有汉江水道可通往江汉流域，在战乱时期则为兵家必争之地，所以极易遭受战火的破坏。

崇祯时期，义军主力多次进入郧阳山区，与官军周旋作战。郧阳抚治，要在朝廷临时委派的军政要员（如陈奇瑜、熊文灿、杨嗣昌等）的统筹下，

① ［明］姜垓：《流览堂诗稿残编》卷 1，《丹阳雪中逢黄正色》，高洪钧编：《明清遗书五种》，北京：北京图书馆出版社，2006 年，第 4 页。

② 顾诚：《明末农民战争史》，北京：光明日报出版社，2012 年，第 64—70 页。

③ ［明］卢象昇：《卢象昇疏牍》卷 2，《募军开屯疏》，杭州：浙江古籍出版社，1985 年，第 23 页。

协同湖广巡抚和总兵官，联合进行军事行动。① 卢象昇这次抚治郧阳的辖区范围，如其所言"照得督属郧、襄、荆、南、汉五郡，及兴、商二州，襟带万山，控扼三省"②，《明大司马卢公年谱》也称："郧无专辖，以湖广之郧阳、荆州、襄阳，河南之南阳，陕西之汉中及商雒二州属焉。"③ 明廷命卢象昇抚治郧阳，望其能配合新任"五省总督"陈奇瑜，镇压辗转于此的各地义军。

陈奇瑜，从崇祯五年（1632 年）至七年（1634 年）任延绥巡抚，因征剿义军有功，为明廷重用。崇祯七年（1634 年），由于民变蜂起，各省、镇官员各自为战，明廷急需一位有名望的大员，统一各地官员征"剿"之权。据《明史》载："廷议诸镇、抚事权不一，宜设大臣统之，多推荐洪承畴。以承畴方督三边，不可易，乃擢奇瑜兵部右侍郎兼右佥都御史，总督陕西、山西、河南、湖广、四川军务，专办流贼。"④ 当时，专事"剿"杀义军的陕西巡抚练国事、河南巡抚玄默（即元默）、湖广巡抚唐晖和郧阳抚治卢象昇皆受其节制。后来，陈奇瑜所纳降之陕南义军复叛，他便委罪于练国事等人，自己亦终遭弹劾而获罪。

五省总督，专为统一各省镇压义军之事权而设，陈奇瑜为首任五省总督。明代总督之初设则为正统年间事，"正统六年正月，以兵部尚书王骥总督军务"⑤。最迟至明宪宗时期，总督即有节制巡抚之趋势。如《明宪宗实录》载："敕左都御史王越专居固原，总督诸路军马。……左都御史王越通达有奇，可提督军务兼理钱粮，仍乞假以便宜之权，使陕西、甘、宁、延绥等处总兵、巡抚等官悉听节制。"⑥

明代巡抚的权力，正如卢象昇所言："在各省抚臣，以兵马钱粮为职掌，

　　① 徐永安：《郧阳抚治历史阶段的划分》，《三峡大学学报》（人文社会科学版），2013 年第 2 期。

　　② ［明］卢象昇：《卢象昇疏牍》卷 3，《郧寇初平十议》，杭州：浙江古籍出版社，1985 年，第 39 页。

　　③ ［清］卢安节编，［清］任启运校定：《明大司马卢公年谱》，清光绪元年重刻本，北京图书馆编：《北京图书馆藏珍本年谱丛刊》第 62 册，北京：北京图书馆出版社，1999 年，第 301 页。

　　④ ［清］张廷玉等：《明史》卷 260，列传第 148，《陈奇瑜传》，北京：中华书局，1974 年，第 6730 页。

　　⑤ ［清］龙文彬：《明会要》卷 34，《职官六·总督总制》，北京：中华书局，1956 年，第 596 页。

　　⑥ 《明宪宗实录》卷 124，成化十年春正月癸卯，台北："中央研究院历史语言研究所"校印本，第 2375 页。

以居重驭轻为事权，以臂指相承为调度。"① 可见，明末抚臣的职权，重在军政和财政方面。卢象昇抚治郧阳，亦应相仿。加强地方军事防御，配合他部官兵甚至主动出击镇压义军，就成了他此时最重要的任务。

卢象昇初到郧阳，便与义军遭遇，双方进行了一系列的激战。崇祯七年（1634 年）五月，大肆劫掠郧阳之后进入四川的一部义军，遭到官军堵截后又折回湖广，并屯驻于房县、竹山一带（一说黄龙滩）。这应该为张献忠、李自成两部汇合后的一股义军。新任总督五省军务的陈奇瑜，檄调各路官军于陕州（今河南陕县）南下郧阳地区镇压义军。卢象昇配合总督陈奇瑜，分道进山林夹击义军，"时诸路兵集，而郧属无饷，且自郧至竹皆巉岩绝磴，转运甚艰。公百计筹画供亿无缺，而所将士卒连战皆捷，斩馘五千六百有奇，贼遂窜汉中"②。《明史》也记载这次大会战的硕果："自乌林关、乇家沟、石泉坝、康宁坪、狮子山、太平河、竹木矼、箐口诸处，连战皆捷，斩馘五千六百有奇，汉南寇几尽。"③ 之后，卢象昇赶至上津，继续搜捕逃亡至津、郧一带的义军。他此时作有《梅归山》绝句一首："披星介马身虽顿，拂水捎云意自闲。历落层崖最幽处，支公不用买山钱。"④ 卢象昇进攻义军，尽管"披星介马层崖最幽处"，但还是充满了"拂水捎云"般的乐观和自信。

遭到陈奇瑜和卢象昇夹击而大败的张献忠等部义军，又西进陕西南部，却误入汉中栈道地区的高山险峻之地，此时阴雨天连绵 70 余日，出口又被官军堵死。崇祯七年（1634 年）六月，义军决定接受招抚。这次招抚由崇祯帝批准、兵部尚书张凤翼赞同并由陈奇瑜全权负责。然而，义军受降是一种策略，走出困境的张献忠等部继续联络各部义军，迅即又发动了叛乱，从陕南四处攻伐，"始纵横不可制矣"。⑤ 陈奇瑜因此被参劾下狱，受到辅臣温体仁

---

① ［明］卢象昇：《卢象昇疏牍》卷 1，《投阁部揭》，杭州：浙江古籍出版社，1985 年，第 15 页。

② ［清］卢安节编，［清］任启运校定：《明大司马卢公年谱》，清光绪元年重刻本，北京图书馆：《北京图书馆藏珍本年谱丛刊》第 62 册，北京：北京图书馆出版社，1999 年，第 304 页。

③ ［清］张廷玉等：《明史》卷 261，列传第 149，《卢象昇传》，北京：中华书局，1974年，第 6760 页。引文所述之地名，笔者未能逐一查到其归属情况，但可以大体判断：皆位于秦楚之交的汉南地区，相距不甚远；其中，乌林关属于今日之平利县，其余位于今旬阳县以北。

④ ［明］卢象昇：《忠肃集》卷 1，《文渊阁四库全书》影印本，集部 6，第 1296 册，台北：台湾商务印书馆，1983 年，第 595 页。

⑤ 顾诚：《明末农民战争史》，北京：光明日报出版社，2012 年，第 71—72 页。关于此次义军被围困之事，顾诚认为，被围困之义军，有张献忠、蝎子块和张妙手部，有无李自成和高迎祥部还有待证实；被围困之地，在汉中地区无疑，但车箱峡一地实无法考证。参见顾诚：《明末农民战争史》，北京：光明日报出版社，2012 年，第 73—75 页。

庇佑而谪戍边地，《明史》称其"诏除名，锦衣卫逮讯，九年六月谪戍边"①；《明通鉴》亦称"奇瑜罪当死，以体仁庇之，未几，仅谪戍边"②。

　　同年（1634年）十月，据塘报奏称，义军攻打陕南商雒等处。卢象昇仅有标兵500人，加新募毛兵600人共1100人，便派标下中军都司李玉华，裹饷督兵1000人驰援商雒；之后又派镇篁营副将杨正芳从上津入洛南驰援。商雒战役历时一月，虽取得诸多胜利，甚至斩杀一义军头目"飞天虎"，但卢象昇的爱将杨正芳及麾下领兵指挥张上选也战死沙场。卢象昇悲痛不已，上疏为表其叙功并表达了惋惜愧疚之情。十二月，"贼二十万犯郧阳"，卢象昇所部仅有数百人，但他坚守城堡以待敌。义军迫近城池时，遭遇到官军事先埋伏的火雷。结果，"歼其精锐无算，贼乃绕西北角尽力攻之"。卢象昇沉着冷静，决计以奇制胜。待到夜深时刻，他仅率手下数百人马，全巢出动袭击义军大营，并令城中老弱百姓呐喊助威，"老弱乘城呼声震山谷"，城外的义军也不知城中人马多寡，"贼惊骇，弃辎重走"。义军渡江北逃，为预先布置于江中的铁蒺藜所阻，进退两难，又遭沿途乡勇的袭击和卢象昇所率郧兵追杀，"贼大恐，三日夜走宛叶"。卢象昇进驻南阳以防义军再次侵扰，不久又回到郧阳，"正月，公自南阳还"。③然而，卢象昇离开南阳之后，义军再次卷土重来，他们绕过卢象昇的防区，从豫西南一带经河南汝宁府（治所为汝阳，即今汝南县）东入安徽，攻克颖州。义军一路势如破竹，不久即攻破中都凤阳，使明廷大为震惊。④为此，崇祯帝惊悚不已，"下诏罪己，减膳撤乐。随命逮凤阳巡抚杨一鹏、巡按吴振缨下之狱"⑤。

---

　　①　［清］张廷玉等：《明史》卷260，列传第148，《陈奇瑜传》北京：中华书局，1974年，第6732页。

　　②　［清］夏燮撰，王日根、李一平、李珽、李秉乾等校点：《明通鉴》，卷84，长沙：岳麓书社，1999年，第2320页。

　　③　［清］卢安节编，［清］任启运校定：《明大司马卢公年谱》，清光绪元年重刻本，北京图书馆编：《北京图书馆藏珍本年谱丛刊》第62册，北京：北京图书馆出版社，1999年，第307页。

　　④　中都凤阳乃朱明王朝的"龙兴"之地，明初即定为中都，明太祖朱元璋之父母即安葬于此。朱元璋称帝后在家乡凤阳大兴土木，高规格为父母重修陵墓，还按照京师标准修建了诸多宫殿，可谓富丽堂皇。同时，还在此处设置中都留守司，常驻重兵守陵。另外设置了凤阳巡抚和镇守太监，足见明代统治者对凤阳皇陵的重视。农民军在遭受明官军镇压后，共议攻打凤阳城，也是为了振奋军心，破坏"龙脉"，从心理上打击明统治者。事实上，农民军攻克凤阳，掘毁皇陵，焚烧皇陵享殿和龙兴寺，给明廷极大震动，崇祯帝也异常惊悚，下"罪己诏"，并逮捕责任人。关于这次参与攻掠凤阳皇陵的起义军所属，晁中辰认为是高迎祥、李自成和张献忠部为主。参见晁中辰：《李自成大传》，济南：山东人民出版社，2000年，第61—66页。

　　⑤　［明］文秉：《烈皇小识》（外一种），《明代野史丛书》，北京：北京古籍出版社，2002年，第111页。

总之，由于受到良好的家庭和学校教育，卢象昇自青少年时期就树立起宏大志向。中进士后，他逐步进入仕途，为官清廉奉公，政绩斐然；平定地方叛乱，屡受明廷嘉奖。尤其在大名和郧阳任上，他积累了丰富的政治军事经验，为以后为官奠定了坚实的基础。

第三章　卢象昇的生平（下）

本章专述卢象昇后期为官之事。从崇祯八年（1635年）六月卢象昇奉旨巡抚湖广，到崇祯十一年（1638年）十二月战殁于巨鹿贾庄，历时三年半时间。此间，卢象昇又先后任五省总理和宣大总督，甚至加衔兵部尚书，他由一名专治一府一省的官员旋即升迁为兼管数省军政大权的朝廷重臣，进入了他宦海生涯中的巅峰时期。崇祯十一年（1638年）秋，清兵再度破关而入，卢象昇奉命总督天下援兵入卫，最终孤军奋战，殒命疆场。

第一节　由巡抚湖广到总理五省

崇祯八年（1635年）六月，卢象昇奉旨巡抚湖广，三个月后又迁为五省总理，之后约三个月，身兼楚抚和五省总理两职。该年底，他才辞去楚抚一职而专任五省总理之职。直到崇祯九年（1636年）九月下旬，他又奉旨总督宣大、山西军务。卢象昇在楚抚和五省总理任上，历时一年多的时间。此间，卢象昇仍致力于镇压义军，一度使义军遭受重创。

崇祯八年（1435年），"五月，天子以公守郧功，进右副都御使，巡抚湖广，驻兵襄樊，以防秦寇"。此处所记五月，笔者以为应为六月。① 卢象昇由郧抚迁任楚抚乃至五省总理，正是义军攻掠陕西和河南势头猛烈之时，同月，

---

① ［清］卢安节编，［清］任启运校定：《明大司马卢公年谱》，清光绪元年重刻本，北京图书馆编：《北京图书馆藏珍本年谱丛刊》第62册，北京：北京图书馆出版社，1999年，第308页。关于卢象昇任湖广巡抚的时间，该引文称为五月，张廷玉的《明史·卢象昇传》亦如此记载，笔者以为欠妥。《卢象昇疏牍》卷4《到任谢恩疏》提及下旨巡抚湖广的时间为六月："崇祯八年六月十四日，准吏部咨，为缺官事，该本部等衙门会推，奉旨：是，卢象昇迁都察院右副都御史，巡抚湖广等处地方，兼提督军务，写敕与他，钦此。"卢象昇本人的疏牍应该比后人编写的年谱和传记更具有可信度，所以本文采用六月之说。

"贼连胜秦兵,分部出关,官吏望风逃奔,郡县皆没,遂长驱入中州,三楚震动"。① 义军还进一步危到楚地的安全。卢象昇因为在郧地御敌有功,再次被明廷拣选,责以镇压义军更重的事权。

一、明代"总理"称谓

崇祯八年(1635年)九月,卢象昇奉旨就任"五省总理"。"总理"之职,多出现于近代以后。咸丰十一年(1861年),清政府于《北京条约》签订后,专设涉外机构"总理衙门",其长官为总理各国事务衙门王大臣。② 这大概是近代中国有"总理"之称的开始。晚清新政时,清末责任内阁的首领也称总理大臣;1905年,孙中山先生在日本东京创建中国同盟会,被推为总理(同盟会首领)。民国时期,北洋政府国务院的首领称国务总理。其实,在古代亦有"总理"之谓。卢象昇之前即有"总理河道"之职。张艳芳认为,此职在于管理京杭运河的河道和漕运,她指出,"明代的总理河道,又称总督河道、总管河道大臣、总河、督河等,专门负责运河事务的管理,是中央设立的管理运河的最高官职,对明代的运河发展及漕运畅通起着举足轻重的作用"。③ 王柠则认为,"总理河道"之职除了管理河道和漕运,还兼有治军、治民、治吏的职责。总理河道从成化年间的首设到正德年间成为常设职官,经历了一个曲折的发展过程,由临时性的差遣逐步走向制度化。④ 笔者查考《崇祯实录》,也屡屡发现"总理"一词,但多数指总理河道之职。总兵官马世龙和满桂等武将虽多次冠以"总理"之名,但也仅仅表示"总领理率"之意。与卢象昇同期的孙传庭,曾被任命陕西三边总督,在《崇祯实录》中,有时冠以"总督",亦有时冠以"总理",所以,孙传庭的总理之称不算是新职名。

而卢象昇新任之职"总理",不同于以前之"总理河道",属于明廷临时性的差遣官职,专为总数省之军权以镇压义军而设。卢象昇是第一位五省总理。对此,清修《明史》有载:"总理南直隶、河南、山东、湖广、四川军务

---

① [清]卢安节编,[清]任启运校定:《明大司马卢公年谱》,清光绪元年重刻本,北京图书馆编:《北京图书馆藏珍本年谱丛刊》第62册,北京:北京图书馆出版社,1999年,第308页。
② 吉正芬:《晚清外交体制研究(1861—1901年)——总理衙门与外交大臣》,四川大学2006年硕士论文。
③ 张艳芳:《明代总理河道考》,《齐鲁学刊》,2008年第3期。
④ 王柠:《试论明代总河的产生》,《中国水利》,2007年第4期。又见王柠:《明代总河研究》,湘潭大学2008年硕士论文。

一员。崇祯八年设，以卢象昇为之，与总督或分或并。"①明末清初人张岱亦有载："本朝无总理官，有之自卢忠烈始。"②连卢象昇本人也说："惟是总理之设，首自臣始。"然而，新设之五省总理，并无衙门和人员编制，"当日苦无一兵一马，并衙门官吏人役"③。自崇祯八年九月初设五省总理，到崇祯十二年八月杨嗣昌以大学士督师湖广，之间曾有三任五省总理：卢象昇、王家桢和熊文灿。之后五省总理即被废止。笔者以为，明廷新设五省总理之职，有三个突出特征：临时差遣，不常设；为镇压蔓延于中原一带义军而设；总揽数省军权，避免各地征"剿"事权不统。可见，明廷设置"五省总理"的军事意图是非常显明的。

二、督"剿"中原义军

崇祯八年（1635年）上半年，洪承畴在关中"围剿"义军，屡战屡败，义军的力量重新发展起来。八月，数十万义军由陕西转入河南，标志着洪承畴关中消灭义军的计划彻底破产。而从此，河南一带，也开始成为各股义军纵横驰骋的战场。至此，义军便拥有两个活动中心，即关中陕西和中原河南一带。镇压义军的明军主力在关中，而河南恰好是明军军事力量薄弱地带。崇祯帝有鉴于此，决定加强中原地区的征"剿"力度。于是，明廷决定，委派干练重臣卢象昇统领中原诸省官兵，与掌控西北官兵的督臣洪承畴，"分工协作"，合力征讨各地义军。④

崇祯八年（1635年）九月初九日，卢象昇接到五省总理的委任旨，"卢象昇着以巡抚职衔，加总理直隶、河南、山东、川、湖等处军务，统领各兵"⑤。但是该旨却是在八月份下达的，"八月，……命巡抚卢象昇总理直隶、河南、山东、四川、湖广等处军务"⑥。从此，镇压义军的两位明廷重臣，密

---

① ［清］张廷玉等：《明史》卷73，志第49，《职官二》，北京：中华书局，1974年，第1775页。

② ［清］张岱：《石匮书、石匮书后集》卷15，《卢象昇列传》，《续修四库全书》影印本第320册，上海：上海古籍出版社，2001年，第522页。

③ ［明］卢象昇：《卢象昇疏牍》卷6，《恭报理标兵马疏》，杭州：浙江古籍出版社，1985年，第114页。

④ 段超：《明代韬略》，武汉：（长江出版传媒）崇文书局，2018年，第250—251页。

⑤ ［明］卢象昇：《卢象昇疏牍》卷4，《辞总理五省军务疏》，杭州：浙江古籍出版社，1985年，第72页。

⑥ 《崇祯实录》卷8，崇祯八年八月己亥，《明实录》附录2，台北："中央研究院历史语言研究所"校印本，第260页。

切配合，调动关内各路军马，专门征讨，"洪承畴督剿西北，卢象昇督剿东南。如贼入秦，卢象昇督兵进关合围扫荡"。[①]卢象昇就任五省总理后，辖区和权力扩大了许多，这便于他整合五省官军，施展其平叛大计。

（一）入豫征讨

卢象昇总理五省一整年，为朝廷攻打义军立下战功。卢象昇是在崇祯八年（1635年）十月初八日才正式赴总理之任的。赴任以前，正逢河南的洛阳、汝州遭受义军进攻，卢象昇便率大军背道入豫征讨义军，"以关宁总兵祖大乐、援剿总兵祖宽、东协副总兵李重镇隶戏下，督兵入豫"[②]。十一月，闻知南阳一股义军欲袭击楚地皇陵，卢象昇不敢怠慢，又紧急返回击溃义军。而此时，"豫贼南营八大王招引西来大贼高迎祥、李自成等所称闯王、闯将、闯塌天、顺天王、扫地王、一字王者共十三营，大者二三万，小者六七千，屯据汝城西南"。卢象昇只好又折回汝州，督率部兵五千，"命副将李重镇、雷时声、周元汝等合营进剿"。[③]激战一夜，胜负未决，卢象昇遣都司朱文进、陈其美等，"赍干糒分赍将士"，结果官军士气大振，"众闻咸愤踊"。卢象昇的官军终于大败义军，斩敌首数百级，生擒义军头目"自来虎、涌虎、公山虎、张新儿"等，夺得大炮二门，缴获战利品无数。致使"贼奔鲁山（今河南汝阳东南部）东南"。十二月，高迎祥、李自成攻陷光州之南城，卢象昇追敌至信阳，又在确山（今河南汝南西南）取得大捷，"总理卢象昇次信阳，遣副将祖宽破贼高迎祥、李自成，大败之于确山，斩五百六十四级"。[④]此时的五省总理卢象昇，与五省总督洪承畴，分别负责镇压义军于东南和西北，互相配合。史籍对卢象昇有如此评论："而公尤精白任事，抚循将士，能得其死力，故所向有功，及连破巨寇，威震海内，天子于是益知公可属大事。"因

---

① ［明］卢象昇：《卢象昇疏牍》卷4，《辞总理五省军务疏》，杭州：浙江古籍出版社，1985年，第72页。

② ［清］卢安节编，［清］任启运校定：《明大司马卢公年谱》，清光绪元年重刻本，北京图书馆编：《北京图书馆藏珍本年谱丛刊》第62册，北京：北京图书馆出版社，1999年，第308页。

③ ［清］卢安节编，［清］任启运校定：《明大司马卢公年谱》，清光绪元年重刻本，北京图书馆编：《北京图书馆藏珍本年谱丛刊》第62册，北京：北京图书馆出版社，1999年，第310页。

④ ［清］夏燮撰，王日根、李一平、李珽、李秉乾等校点：《明通鉴》卷84，长沙：岳麓书社，1999年，第2339页。

而，同年底，卢象昇"进兵部右侍郎加督山陕，赐尚方剑，便宜行事"，[①] 成了"七省总理"。此时的卢象昇，集全国七省军权于一身，深受明廷和崇祯帝的倚重。

由于"流寇"始终未能平定，崇祯帝忧郁不已，便"斋居武英殿，素服减膳撤乐"。崇祯九年（1636 年）正月元旦，卢象昇与诸臣上表称："臣等暴师，经年不能摧殄凶丑，贻君父宵旰忧，罪万死。请大驾还宫，御常服，尝法膳。"结果，"上优诏答焉"。[②]

（二）滁州大捷

不久，义军诸部纷纷联手，合力进犯中原地区。从崇祯九年（1636 年）的正月到七月，在长达半年的时间内，闯王高迎祥为首的义军劲旅，从围困长江北岸的庐州（今安徽安庆）始，接连征战于江北、南直之广大区域，攻打位于今鲁苏皖豫四省交界的诸多城池，转战于广阔的河南省内，最后又隐退于楚豫陕三省之间的郧阳一带大山中。各地官军也分路围攻，前堵后追，虽有不小的胜利，但也元气大伤。广大人民饱受兵燹之灾，无以为生，继续加入义军队伍，这无疑又加强了义军的军事实力。

关于这次转战江淮地区的义军首领和人数，许多传记语焉不详或相互抵牾，据参与镇压义军的卢象昇所奏："除闯将、混天星等已经督臣剿抚并用，歼散奔逃。而闯王于去年十二月内，自秦中突汝洛，自汝洛奔江淮，其众不下四五万人。又有曹操、摇天动、满天飞、南营八大王等附之，为数几于十万。"[③] "自秦中突汝洛，自汝洛奔江淮"的义军中，主要是"闯王"高迎祥

---

① ［清］卢安节编，［清］任启运校定：《明大司马卢公年谱》，清光绪元年重刻本，北京图书馆编：《北京图书馆藏珍本年谱丛刊》第 62 册，北京：北京图书馆出版社，1999 年，第311—312 页。

② ［清］陈鼎：《东林列传》卷 5，《卢象昇传》，扬州：广陵书社，2007 年，第 97 页。

③ ［明］卢象昇：《卢象昇疏牍》卷 5，《剿荡愆期听候处分并陈贼势兵情疏》，杭州：浙江古籍出版社，1985 年，第 108 页。

部。① 另外，"曹操"罗汝才和"八大王"张献忠、"闯塌天"刘国能等部众也依附于"闯王"部，却都不包括"闯将"李自成所部。此时的李自成一部，已被"督臣"（西北总督洪承畴）"歼散奔逃"。

崇祯九年（1636 年）正月，"丁未朔，总理卢象昇大会诸将于凤阳"②，部署"围剿"中原义军的方略。高迎祥诸部义军围困庐州，继而攻陷含山、和州（今安徽和县），并围困滁州城，并直接威胁到陪都南京和南京、凤阳等处皇陵的安危。卢象昇自然不敢怠慢，决定与义军进行决战。《明通鉴》有载："而总理卢象昇在西沙河，闻警，遣副将祖宽将边军为前锋，游击罗岱以火器三营为后劲，躬率麾下三百骑居中督战。"③ 关于滁州会战的战况，许多史籍记载颇详，虽然内容互有抵牾，但可以肯定的是，战况十分惨烈。据《明史》载，滁州大会战第一大战即是城东五里桥之战，"象昇率总兵祖宽、游击罗岱救滁州，大战城东五里桥，斩贼首摇天动，夺其骏马。贼连营俱溃，逐北五十里，朱龙桥至关山，积尸填沟委堑，滁水为不流"④。明末义军经常数股甚至数十股合伙作战，至少"摇天动"一支义军也参与了这场会战。高迎祥的精锐部队遭受官军重创，明人文秉称"五里桥之战，祖宽杀贼近万人"⑤。由《明史》所载"朱龙桥至关山，积尸填沟委堑，滁水为不流"来看，在朱龙桥（属于滁州，在今安徽省滁县西北 50 里）一带亦应有战事发生。另据《东林列传》载，卢象昇闻警，"命祖宽、罗岱等分两翼杀贼，追败之于朱龙桥，横尸枕藉，水为填咽不流。象昇复躬援枹鼓，大呼直前搏贼。贼披靡，再斩首

---

① 然而，之后的不少史籍，甚至现代流行的部分教材却认为，"自秦中突汝洛，自汝洛奔江淮"的义军队伍就是李自成部。之所以造成这种错误认识，可能与研究者对一手史料的掌握不够全面有关，或可能误把"闯王"当成"闯将"。高迎祥被捕杀之前，"闯王"还是他的专有称号，李自成此时号为"闯将"，李自成称"闯王"则是高迎祥死后的事情。对此，《明季北略》亦有载："时李自成方依闯王高氏，与刘良佐自结一队，号闯将，名不大著。"（计六奇撰，魏得良、任道斌点校：《明季北略》卷 9，《贼首名号》，北京：中华书局，1984 年，第 143 页）卢象昇是这次镇压农民义军的主要指挥者，他的这份奏议写于事发时的崇祯九年五月，所以，其真实性应是毋庸置疑的。

② ［清］夏燮撰，王日根、李一平、李珽、李秉乾等校点：《明通鉴》卷 85，长沙：岳麓书社，1999 年，第 2342 页。

③ ［清］夏燮撰，王日根、李一平、李珽、李秉乾等校点：《明通鉴》卷 85，长沙：岳麓书社，1999 年，第 2343 页。

④ ［清］张廷玉等：《明史》卷 261，列传第 149，《卢象昇传》，北京：中华书局，1974 年，第 6761 页。

⑤ ［明］文秉：《烈皇小识》（外一种），《明代野史丛书》，北京：北京古籍出版社，2002 年，第 138—139 页。

六百七十余级，夺获骡马无算。"① 可见，在五里桥和朱龙桥一带，均曾发生过惨烈的战斗。滁州会战，官军取得大捷，这与卢象昇亲临战场、鼓励士气不无关系。

先前在大名时，卢象昇曾因杀敌手段之狠博得了"卢阎王"之名，我们也可以从此次战役中窥见一斑。滁州大战之后，义军残部向北、向西突围，卢象昇乘胜追击，义军一路损兵折将，"乃北趋凤阳，围寿州，突颍、霍、萧、砀、灵璧、虹，窥曹、单。总兵刘泽清拒河，乃掠考城、仪封（今河南兰考东）而西。其犯亳者，折入归德。永宁总兵官祖大乐邀击之，贼乃北向开封。陈永福败之朱仙镇，贼遂走登封，与他贼合，分趋裕州、南阳。象昇合宽、大乐、岱兵大破之七顶山（属南阳府，今南阳市方城县境内）。"② 卢象昇便令部将祖大乐和祖宽陈兵汝宁和邓州，自己殿后追击，希望彻底剿灭这股义军。卢象昇此时还遣使告知湖广巡抚王梦尹、郧阳抚治宋祖舜说："贼疲矣，东西邀击，前阻汉江，可一战歼也。"③ 然而，这两位官员疏于防范，致使义军残部再次由光化（今湖北老河口）渡汉水逃入郧阳山区。卢象昇深知，义军一旦入山，则无异于纵虎归山，必将贻害无穷。他的战略目标很清楚：杀敌务尽，不留后患。此时楚、豫两省的义军及高迎祥主力部队都隐藏于秦楚豫三省间的丛山中，卢象昇积极部署，令总兵秦翼明、副将雷时声由南漳、谷城克期入山征讨。秦、雷两人在山道里抄敌人后路袭击时，遭到敌军的激烈反扑，雷时声战死。此时，官兵欲进山征讨也遇到了许多现实问题：义军藏匿于万山丛林中，难觅踪迹；官兵有不少骑兵，不善于山地游击战；天气转暖，"山气熏蒸，（官兵）多染疾疫"④；官军长期逗留，徒縻粮饷，甚至有哗变可能。卢象昇也深知"楚贼阻山石木，难以制胜"，⑤ 决定部署部分将士

---

① ［清］陈鼎：《东林列传》卷5，《卢象昇传》，扬州：广陵书社，2007年，第98页。

② ［清］张廷玉等：《明史》卷261，列传第149，《卢象昇传》，北京：中华书局，1974年，第6761页。

③ ［清］张廷玉等：《明史》卷261，列传第149，《卢象昇传》，北京：中华书局，1974年，第6761页。

④ ［清］卢安节编，［清］任启运校定：《明大司马卢公年谱》，清光绪元年重刻本，北京图书馆：《北京图书馆藏珍本年谱丛刊》第62册，北京：北京图书馆出版社，1999年，第315页。

⑤ ［清］卢安节编，［清］任启运校定：《明大司马卢公年谱》，清光绪元年重刻本，北京图书馆编：《北京图书馆藏珍本年谱丛刊》第62册，北京：北京图书馆出版社，1999年，第315页。

于郧阳、襄阳一带，以扼制义军反扑，自己统领"关宁劲卒"[①]入河南继续征战。

(三)征讨高迎祥部

滁州会战后，官兵在战事上处于较为主动的位置。但此时河南出现大饥荒，民变蜂拥而起，官兵粮饷也十分贫乏。洪承畴和卢象昇商议军情大计，认为豫、楚一带的义军主力皆已逃往郧阳一带丛林中，暂时无法根除；秦地义军又来势汹汹，在关中平原一带有剥肤之患，而关中地势平旷，利于卢象昇的关宁军队纵横征剿。所以他们决计合兵西向，专讨秦地义军。卢象昇便督祖宽、李重镇挥师西进入关，配合洪承畴的秦军镇压义军。在洪承畴、卢象昇密切配合下，官军取得一系列大捷，其中值得一提的就是俘获义军劲旅首领、闯王高迎祥。

在明末大小数百股义军中，高迎祥部应该说是最为强悍的。他率军长期在西北、中原和江淮一带作战，部众作战彪悍异常，许多股义军都曾与之协同作战，屡屡打乱官军的围攻部署，他也被称为"闯王"。明代兵科给事中常自裕和五省总理卢象昇，在奏议中都称高迎祥部为义军诸部中最强者，"至各股大寇，惟闯王、闯将、闯塌天最强"[②]。崇祯九年初，高迎祥部曾在江淮地区被卢象昇部击溃。最后，高迎祥余部逃回豫西南，并会合闯塌天、蝎子块所部义军转入秦南汉中、兴安（今陕西安康）一带，伺机袭击官兵。洪承畴把征讨的目标也锁定了高迎祥部。崇祯九年（1636年）七月中旬，高迎祥部出师盩屋（今陕西周至县）黑水峪，屯驻仙游寺。洪承畴和陕西巡抚孙传庭率大军尾随而来，双方展开激战。此时，卢象昇所部配合洪、孙所部官军，负责防备于豫西一带，截断了高迎祥等部出潼关进入中原的去路。[③]结果。高迎祥部遭到孙传庭部的袭击，加之官兵对义军进行诱降瓦解，致使高迎祥为部下出卖而被捕。高迎祥被捕，对明末各地义军都是一个沉重的打击。之后，

---

① 关宁劲卒："关"是指山海关，"宁"指宁远，山海关、宁远、锦州等辽土是明军防御后金的屏障，关宁劲旅是明廷在辽东地区组建的一支战斗力颇强的部队，其建制为步、骑兼有，以骑兵为主，因而有人也笼统地称之为"关宁骑兵"。它是明末最精锐的部队之一，堪与后金骑兵正面交锋。明廷曾令祖宽、李重镇督率数千关宁军队入内地镇压义军，并一度充任卢象昇的五省总理标兵，卢象昇称之为"关宁劲卒"。

② ［明］卢象昇：《卢象昇疏牍》卷5，《剿荡愆期听候处分并陈贼势兵情疏》，杭州：浙江古籍出版社，1985年，第108页。

③ 顾诚：《明末农民战争史》，北京：光明日报出版社，2012年，第91—92页。

许多义军首领纷纷受抚变节，甚至包括当时著名的义军首领张妙手和"蝎子块"等。

关于闯王高迎祥被俘杀的问题，还有另一说法。据《明大司马卢公奏议十卷》附传和《明末忠烈纪实》所载，闯王高迎祥为卢象昇标下骁将祖宽所杀，卢象昇从朝廷"围剿"义军大局考虑，决定将杀高迎祥之功让于西北总督洪承畴。这两书所载，内容极其相似，而前者所载尤详。文中记载，崇祯九年（1636 年）夏，卢象昇入秦地，会同洪承畴共商"围剿"大计。卢象昇行军至潼关时，侦知被围困的高迎祥部正在野外觅食，于是派出部将祖宽，袭杀了高迎祥。此时，洪承畴正被朝廷严旨切责，"时承畴三被诏责，夺五阶，罪且不测"①。倘若洪承畴被朝廷逮捕，就会破坏好不容易形成的洪承畴于西北、卢象昇于东南联合"围剿"义军的良好局面。于是，卢象昇请祖宽让功于洪承畴，以赎洪承畴之罪。起初，祖宽不乐意，卢象昇于是晓之以理："麾下称宿将，何忧尺寸。今让之，获全朝廷右臂，免天子西顾忧，他日必有忠义之报。"②卢象昇还向祖宽下拜，直到祖宽应诺，"公（卢象昇）下拜，宽急掖公，公不起。宽曰：惟命。公乃起。"③结果，洪承畴以杀高迎祥之功奏报，才得以复官职，并再获朝廷恩宠。这种说法，还散见于其他一些史籍中。④然而，孙传庭在《鉴劳录》中，载有献俘疏文，疏末还有诏旨回复。⑤所以，高迎祥应视为被孙传庭所俘，而非为祖宽所杀，卢象昇恳请祖宽让功于洪承畴之事，实属子虚乌有。当代学者也普遍认为，孙传庭不停地对高迎

---

　　①　［明］卢象昇：《明大司马卢公奏议十卷》，《四库未收书辑刊》第 2 辑第 25 册，清道光九年刻本，北京：北京出版社，2000 年，第 262 页。

　　②　［清］徐秉义著，张金正校点：《明末忠烈纪实》卷 10，杭州：浙江古籍出版社，1987年，第 128 页

　　③　［明］卢象昇：《明大司马卢公奏议十卷》，《四库未收书辑刊》第 2 辑第 25 册，清道光九年刻本，北京：北京出版社，2000 年，第 263 页。

　　④　记载卢象昇部将祖宽阵前杀死高迎祥的史籍还有：许德士的《荆溪卢司马殉忠实录》；康熙二十九年《信阳州志》卷 5，《王星璧传》；同治五年《郧县志》卷 10 所收录的储欣《明卢忠烈公传》等。

　　⑤　《孙传庭疏牍》有载："（崇祯九年七月）二十七日，总督洪承畴会同臣题为抚臣标兵先战挫贼，狡贼穷遁山中，臣等再督官兵肆图力战，仰仗天威，生擒大贼头闯王，剿党散协，恭报奇捷事。奉旨：已有旨了。……贼渠解京，著择的当员役，沿途拨兵严防，毋致疏虞。该部知道。"参见［明］孙传庭：《孙传庭疏牍》附录一，《鉴劳录》，崇祯九年七月，杭州：浙江人民出版社，第 154 页。

祥追击设伏，瓦解义军，才导致了高迎祥被俘牺牲。^① 然而，孙传庭能生擒闯王高迎祥，自然离不开卢象昇所部明军的密切配合。

然而同年六、七月份，义军又乘虚冲出山丛，攻破竹西、竹溪、郧西诸县，郧阳、襄阳驻防的官兵竟无力抵御。义军甚至焚毁武当太和宫，襄阳城岌岌可危，楚抚王梦尹告急。卢象昇闻警，急速渡淅河而南，经南阳至襄阳追击。义军再次遁逃，返回郧阳丛山中。直到九月，卢象昇依然在郧阳、襄阳一带追杀逃亡于楚地的义军，"九月，追贼至郧西"^②。

崇祯九年（1636年）夏，官军镇压义军颇有成效，各股义军的军事活动随着高迎祥的被捕瞬时沉寂下来。不仅陕西诸部义军先后被镇压或者招抚，连豫、楚一带各部义军，也因卢象昇不懈的追杀而纷纷流亡于楚西北的深山之中，"凡临潼、邠州、渭南、韩城、华州诸处，承畴随地严兵阻贼，象昇又屡获奇胜，（义军）期旦暮可平"。^③

然而，就在各路官兵相互配合，即将把各部义军平定之时，辽东的清兵再次破关入侵，京师戒严。卢象昇只好奉命入京师勤王。从此，卢象昇离开了征讨义军的战场，开始致力于防备清兵入侵的北疆边防事务。卢象昇的调离，对陷入低谷的各地义军自然是个特大喜讯。史籍对卢象昇离职造成的后果，多有评述，如《明史》载"既行，贼遂大逞，骎骎乎不可复制矣"^④；《东林列传》亦称"自象昇归朝，关兵回镇，贼亦大举入秦，中原不以珍贼为事矣"^⑤。从此，各股义军又东山再起，并渐次席卷整个中部、北部和西部中国，直到明朝灭亡。清代文人汪有典的评论更是直接："公赴宣云，贼复蔓延，秦、晋、豫、楚，在在糜烂。继公者，为熊文灿，迎合中朝，一意主抚，盗玩弄若婴儿傀偏，饲虎豢狼，咆哮突出，连衡并部，卒以亡明。悲哉！"^⑥ 汪有典不仅指出卢象昇调离导致义军迅即蔓延的严重后果，还批评了继任者实施招

---

① 王天有和崇晁中辰等即持此观点，参见王天有，高寿仙：《明史》，北京：中信出版集团，2017年，第475页。又参见晁中辰：《李自成大传》，济南：山东人民出版社，2000年，第81—82页。

② ［清］张廷玉等：《明史》卷261，列传第149，《卢象昇传》，北京：中华书局，1974年，第6762页。

③ ［清］陈鼎：《东林列传》卷5，《卢象昇传》，扬州：广陵书社，2007年，第99页。

④ ［清］张廷玉等：《明史》卷261，列传第149，《卢象昇传》，北京：中华书局，1974年，第6762页。

⑤ ［清］陈鼎：《东林列传》卷5，《卢象昇传》，扬州：广陵书社，2007年，第99页。

⑥ ［清］汪有典：《史外》卷4，《卢忠烈传》，周骏富辑：《明代传记丛刊》综录类31，台北：明文书局，1991年，第458页。

抚政策的荒谬，甚至导致了明朝的灭亡。明王朝覆灭的原因较为复杂（根本还在于明末政治的腐败），不能单纯归为招抚政策，但该评论也足以说明卢象昇在征剿义军中的重要作用。

第二节 总督宣大山西军务

崇祯九年（1636年）十月，卢象昇正式赴任宣大山西总督。在两年半的时间里，卢象昇从郧阳抚治到湖广巡抚，再到五省总理，最后迁为宣大总督，职权渐次加重。宣大总督的职责重在防范蒙古和女真各部游骑的侵犯，当然在崇祯朝，随着内患加重，有时也要分兵镇压义军。

从崇祯九年（1636年）十月初北上赴任，到崇祯十一年（1638年）十月初入京勤王，卢象昇在总督任上恰好两年。从此，他的主要对手，已由腹地的义军转换为北部边外的各游牧民族，主要是蒙古各部和辽东的女真各部。而已经强大起来并与明廷为敌的清政权，更成为卢象昇防备的重点对象。他此间的职责就是加强北部边疆的军事防务，随时防范来自辽东清兵的进攻。为此，他殚精竭虑，致力于为明王朝寻求江山永固的良策。卢象昇任职约两年，所上奏议共127篇，平均不到六天就上疏一次，足见他有多么勤政！奏议内容也包罗万象，涉及边镇防务、兵营建设、民族关系、军事策略和屯政建设等等，其中不乏真知灼见。卢象昇忠君爱国之情可见一斑。

宣大总督，全称为"总督宣大、山西等处军务兼理粮饷一员"[1]。对宣大总督从正统至隆庆年间的置设沿革情况，清修《明史》亦有所论述："正统元年，始遣金都御史巡抚宣大。景泰二年，宣府、大同各设巡抚，遣尚书石璞总理军务。成化、弘治间，有警则遣。正德八年设总制。嘉靖初，兼辖偏、保。二十九年，去偏、保，定设总督宣大、山西等处衔。三十八年令防秋日驻宣府。四十三年，移驻怀来。隆庆四年，移驻阳和。"[2] 隆庆以后，宣大总督便辖宣府、大同、山西三抚（巡抚）三镇（总兵）。三镇历来常遭受外族的侵扰，"山西故代北，大同古云中地，素称难守。宣府于汉时为上谷，其地坦

---

① ［明］李东阳等撰，申时行等重修：《大明会典》卷128，《镇戍三·督抚兵备》，扬州：广陵书社，2007年，第1828页。

② ［清］张廷玉等：《明史》卷73，志第49，《职官二》，北京：中华书局，1974年，第1773—1774页。

平，南逼陵京，尤为要害，频年敌骑蹂躏，迄无宁日"①。明末边患日益加剧，担任宣大总督实在不是一个好差事。

崇祯九年（1636年）九月二十二日，卢象昇奉旨"仍以兵部左侍郎兼都察院右佥都御史，总督宣大山西等处地方军务兼理粮饷"，替代前任总督梁廷栋，并赐尚方剑以便宜行事。同时，崇祯帝催他"星速到任料理，不得少延"。②此时的卢象昇，正在中原一带和洪承畴配合默契，忙于围攻陷入低谷的义军。崇祯帝如此急迫地调离卢象昇，与不久前的清兵再次大举进攻有关。同年六月底，清兵由长城要塞喜峰口毁关而入，暴露了明朝北部边防空虚的弱点。虽然清兵早于八月底即已退出山海关，但明廷仍认为，急需拣选一干练大员即刻上任，负责宣大一带防务，以阻止清军再次破关而入。军功卓著的卢象昇便成了最佳人选。

就卢象昇新晋宣大总督的职责与权限，敕书里都有较为明确的界定。卢氏宗谱里有收录的朝廷下达的特敕原文："今特命尔总督宣大山西等处地方军务兼理粮饷，在于适中紧要地方驻扎，经略一应边务。不时往来调度各镇将，官兵相机战守，务要声势联络，彼此应援。各该镇封疆巡抚以下官员，悉听节制；官军临阵不用命者，自都指挥而下，许以军法从事。诸凡事情，有应与各镇巡官计议者，从长计议而行。"③可见，在诸多封疆大吏中，宣大总督一职，位高权重。但卢象昇对升任宣大总督之事，并非欣然接受。

关于卢象昇被拣任为宣大总督一事，清人汪有典以为，内阁首辅温体仁忌恨卢象昇，故意将宣大总督这一苦差事留他。汪有典所著《史外》有云："是时，当国者温体仁忌公功，以公南人，不习边塞，改置重地，增其担负，缓则背之，急则杀之，其本谋也。"④然而，此论却在其他较有影响的史籍中未见记载，我们也未发现有卢、温结怨的史料。当然，以明末官场险恶之实情来看，卢象昇很可能受到了他人的排挤，虽然未必是温体仁。就调任宣大总督一事，卢象昇确实深感不满，他曾向好友倾诉官场之险恶："后得宣云，中外皆为某称苦。曾几何时，而忽有为不情之语者，此不足有无轻重，但世

① ［清］卢安节编，［清］任启运校定：《明大司马卢公年谱》，清光绪元年重刻本，北京图书馆编：《北京图书馆藏珍本年谱丛刊》第62册，北京：北京图书馆出版社，1999年，第317页。
② ［明］卢象昇：《卢象昇疏牍》卷6，《谢恩到任疏》，杭州：浙江古籍出版社，1985年，第113页。
③ 《茗岭卢氏宗谱》卷1，《恩纶志》，宣统年间报本堂重修。
④ ［清］汪有典：《史外》卷4，《卢忠烈传》，周骏富辑：《明代传记丛刊》综录类31，台北：明文书局，1991年，第457页。

道人心至此，岂不太欹险哉。"①

一、屡阅边口与整顿防务

卢象昇是一位质朴务实的将官。他接旨后，请求陛见皇上，献计献策。然而，崇祯帝却没有允许，仍催其即刻上任。卢象昇便于崇祯九年（1636年）十月初一日在居庸关恭设香案，行礼谢恩，以表忠心。之后10余日，他开始巡防沿途的边口，了解宣府各地的驻防实情，"径从居庸历岔道、怀隆、宣府各边口，以便经营条奏"②。卢象昇行事低调，他摒弃了地方官迎接的惯例，独自骑马巡阅边境，向当地老兵百姓调查边口防务和民生疾苦，获得了治边的一手资料。关于卢象昇这次赴任宣大总督的情形，史载："故事大督行塞，分马蠹左右翼，传呼飞斾蔽空，十里外行人屏匿，裨师以下亲属橐鞬伏谒道旁。公至，尽撤之。控骑行六百里，日呼堡上老兵询人民疾苦，官吏贤否，及边塞失事状。老兵意公为偏裨也，狎公言甚悉，自是公得备知宣东情势。"③卢象昇在他的奏议中，提及这次巡查的大小关口有40余处，列举出的关口名字就有19处之多。卢象昇总督宣大时的奏议，皆源于对客观实际的调查分析，所以能较为真实的反映明末宣大边镇的现状。

卢象昇回到治所，根据所调查的边口情况，初步制定了边镇防务条例，公示于所属将官，并许以三个月为期试行。同时以边镇条例规范部属，并进行考核奖惩。崇祯十年（1637年）二月，卢象昇再次巡阅边备，整饬防务。他罢免了疏于防务的将领，如副将张韬、守备王国栋、闾师周等，对于其他副将以下的边将，视其功过分别奖惩有差。卢象昇为官带兵，作风雷厉风行、奖罚严明，因此各所属边镇将士争相称颂，军容振肃。

卢象昇屡屡巡阅边口，整顿各边镇的防务工作。如上文所述，卢象昇于赴任伊始，便大规模巡视各边镇。崇祯十年（1637年）五月中旬，卢象昇接到来自关宁、蓟辽及宣大等多处塘报，称在宣府以东数百里外蓟镇一带，"有大营兵马，烟尘屯聚"，"□（应为虏等字样，因清初文网严密，原书即如此，

---

①　［明］卢象昇：《忠肃集》卷2，《与少司成吴葵庵书八首》，《文渊阁四库全书》影印本，集部6，第1296册，台北：台湾商务印书馆，1983年，第617页。

②　［明］卢象昇：《卢象昇疏牍》卷6，《谢恩到任疏》，杭州：浙江古籍出版社，1985年，第113页。

③　［清］卢安节编，［清］任启运校定：《明大司马卢公年谱》，清光绪元年重刻本，北京图书馆编：《北京图书馆藏珍本年谱丛刊》第62册，北京：北京图书馆出版社，1999年，第317—318页。

下同）骑从老河沿西行，踪迹有三四里宽，看系大举之形，入犯蓟宣之路"。① 可以推测，清兵正伺机攻掠辽东边疆。卢象昇驻守宣镇，职在护卫东边的京师和帝陵重地，自然不敢怠慢，随即派部将"前营游击朱尚义领兵一千二百五十员名，于初十日分驻永宁；后营游击李昌龄领兵一千二百五十员名，于初七日分驻怀来"②。他本人也于同月十一日，"自阳和东驰，十五日至怀来，十七日至柳沟，谨将南山主客战守之兵亲为阅视简练，指授防援"③，"抵宣东，安插标兵于怀来、永宁等处，仍偏历柳沟、岔道、灰岭口、张家口、大山口一带"。④ 这一次巡边驻防，卢象昇率督各路兵马严阵以待，以防清兵进攻。宣镇以东直到南山一带，实为京师和皇陵屏障，一旦有失，后果十分严重。这不仅关系到明王朝的安危，就连卢象昇等官员也会因护卫不利而被论罪。所以，卢象昇的总督衙门驻地和巡防重心却一直在宣镇及以东。就如卢象昇本人所言："微臣一身既须兼顾三镇，犹欲紧护南山。"⑤ 崇祯十年（1637年）六月，他又一次巡视边镇，重点仍在宣东一带，"二十七日亲督步骑标兵，激励将士，从新平、新河、膳房、张家等口沿边而东，力图战守"。⑥ 从中我们也能体会到卢象昇致力捍卫京师重地的良苦用心。另外，清（后金）骑兵也有时由其他边口内犯，如在卢象昇总督宣大以前，"崇祯七年，□由大同边入，崇祯八年，□亦由大同边入"⑦。当然，作为宣大山西三镇总督的卢象昇，也要兼顾所有辖区边口的防御，"微臣一身，不敢不虑周三镇，兹于（崇祯十年）八月十六日仍督节制中、左、右三营骑兵，自东而西，沿边巡饬，且以兼顾晋云"⑧。又如，卢象昇"十一月由大同巡山西各边，奏成兵缺饷情形，

① ［明］卢象昇：《卢象昇疏牍》卷8，《塘报紧急□情疏》，杭州：浙江古籍出版社，1985年，第207页。

② ［明］卢象昇：《卢象昇疏牍》卷8，《标旅分防南山疏》，杭州：浙江古籍出版社，1985年，第208页。

③ ［明］卢象昇：《卢象昇疏牍》卷8，《标旅分防南山疏》，杭州：浙江古籍出版社，1985年，第208页。

④ ［明］卢象昇：《卢象昇疏牍》卷8，《南山修筑墩台疏》，杭州：浙江古籍出版社，1985年，第208页。

⑤ ［明］卢象昇：《卢象昇疏牍》卷8，《边情疏》，杭州：浙江古籍出版社，1985年，第216页。

⑥ ［明］卢象昇：《卢象昇疏牍》卷8，《边情疏》，杭州：浙江古籍出版社，1985年，第216页。

⑦ ［明］卢象昇：《卢象昇疏牍》卷6，《密陈边计疏》，杭州：浙江古籍出版社，1985年，第140页。

⑧ ［明］卢象昇：《卢象昇疏牍》卷9，《申报现在军情疏》，杭州：浙江古籍出版社，1985年，第231—232页。

奉旨谴责抚臣"①。

卢象昇为官一向宽和驭下，只要部属能改过自新，他也多能包容。然而，对于屡教不改、严重违纪之部属，他也毫不宽贷。《玩弁正法疏》里便记载了卢象昇严惩部属的一次经历。崇祯十年（1637年）七月下旬，卢象昇骑马巡视永宁路靖胡边堡，此处系屏卫南山最紧要之处，他"介马戎衣，驰至其地，查东河口守军六十名，止二十七名在焉，怠玩异常，不胜痛恨。靖胡守备张燮、提边把总费自强，百般支饰，词穷而后伏辜"。费自强拒不认错，"全不以信地为事"。经查实，费自强向不以边事为念，屡犯军法，于是，卢象昇"将费自强斩首号示"，对其他犯法者也一并责罚，"守备张燮捆打一百棍，革任究拟，另招具奏。离信军丁三十三名，亦各捆打一百，取军令状在案，再有违犯，尽行正法"。②其实，卢象昇一生杀敌无数，却很少处死部属，"两奉尚方，未尝敢轻戮一人"。然而，他身处岩疆危时，若不严惩屡犯重罪之部下，就无法严明军纪、整饬边防。所以卢象昇以为，这是"戮一人以全千万人"。③

卢象昇新任宣大总督时，宣大边镇边防颓废，军民穷不聊生，这些弊政都不是短期内就能改变的。其前任梁廷栋，任事半年来，"素谙边情，自知无下手处，遂至惊忧吐血，病骨支离"④。可见，梁廷栋面对边地危局竟"无从下手"。卢象昇对宣大边防之难还是很清醒的，但他有一股拼劲，更有一颗忠君报国之心。所以，尽管在任上时艰辛，卢象昇还是"事事实做，以报皇上简任之隆恩"⑤。他总督宣大两年，致力于三镇各边口的屯政、练兵和防务，边镇防务能力大有提高。而此时，有两件意外的事变，却彻底改变了卢象昇的心境和命运。这两件事变是：卢象昇之父突然病逝，清兵再次进攻京师。

————————

　　①　[清]卢安节编，[清]任启运校定：《明大司马卢公年谱》，清光绪元年重刻本，北京图书馆编：《北京图书馆藏珍本年谱丛刊》第62册，北京：北京图书馆出版社，1999年，第326页。

　　②　[明]卢象昇：《卢象昇疏牍》卷9，《玩弁正法疏》，杭州：浙江古籍出版社，1985年，第226页。

　　③　[明]卢象昇：《卢象昇疏牍》卷9，《玩弁正法疏》，杭州：浙江古籍出版社，1985年，第226页。

　　④　[明]卢象昇：《卢象昇疏牍》卷7，《请恤故督梁廷栋疏》杭州：浙江古籍出版社，1985年，第170页。

　　⑤　[明]卢象昇：《卢象昇疏牍》卷6，《谢恩到任疏》，杭州：浙江古籍出版社，1985年，第113—114页。

二、五疏乞"丁忧"

关于父亲崑石公的病逝及其对卢象昇的影响,一般史籍记载较为简略,即便《明大司马卢公年谱》亦载之不详:"(崇祯十一年)五月,公丁外艰。崑石公于十年秋视公于阳和,二月自阳和归里,公遣王夫人随侍,遂终于旅次。时四月十八日也。讣闻,公辟踊投地,几不欲生。"①《卢象昇疏牍》记载卢父之死的文字则较多。卢象昇将父亲去世的经过介绍得很清楚,更表达出自己的极度悲伤眷念之情。卢象昇是一位崇尚孝道的儒士,但由于多年来为官在外,军务繁忙,而无法尽人子之孝。崇祯十年(1637年)秋,卢象昇便接父亲到总督治所阳和生活。次年二月,崑石公因水土不服开始返乡,四月十八日,病逝于济宁途中。五月初一日,卢象昇闻悉噩耗,悲痛万分。他接连上疏五道,恳求皇上允许他离职丁忧。

"丁忧"之制,是我国古代的一种居丧礼制。它自西汉草创以来,历经无数朝代之更替,几乎与整个封建社会相始终。由于该制度的规范对象是古代官员,因而与中国古代选官制度有着密不可分的关系。②我国诸多王朝统治者皆倡导以"孝道"立国,官府甚至制定了许多守孝的礼仪规定。明代尤其重视以孝立国,特别强调有父母丧的官员必须丁忧,且不得轻易被夺情或起复。记载"丁忧"之制颇详的《大明会典》有云:"国初令:百官闻丧,不待报即去官。"③《明会要》亦有载,"正统十二年,令:内外大小官员丁忧者,不得夺情起复";"景泰二年九月,禁诸司起复";"(正德十六年)命:自今丧亲不得夺情"。④并规定文官丁忧时间为27个月(从"闻丧"时计算,不计闰月)⑤。但在明末,由于军事形势的严峻,文武官员被夺情或起复继任,也是常有的事情。

卢象昇疏请丁忧的言辞令人悲惋不已,他在《闻讣乞奔丧第一疏》讲道:

① [清]卢安节编,[清]任启运校定:《明大司马卢公年谱》,清光绪元年重刻本,北京图书馆编:《北京图书馆藏珍本年谱丛刊》第62册,北京:北京图书馆出版社,1999年,第328页。
② 马国华:《从"哀毁"到"匿丧"——论古代官员对丁忧态度的变化》,《河北经贸大学学报》(综合版),2000年第1期。
③ [明]李东阳等撰,申时行等重修:《大明会典》卷11,《丁忧》,扬州:广陵书社,2007年,第205页。
④ [清]龙文彬:《明会要》卷18,《礼》13,"夺情",北京:中华书局,1956年,第302—303页。
⑤ 赵克生:《明代丁忧制度述论》,《中国史研究》,2007年第2期。

临终之日，含视无一亲人，止三四家僮相随答应，衣衾棺椁，百事不周，去臣家乡尚千七百余里，凄其旅衬，情景难堪，行道闻之，亦皆泪下，伤心哉！臣此时既立就死地，以幽魂随父于九原，犹恨其晚。乃尚苟延性命，视息人间，止以亡灵待殡，寡母在堂耳。徒跣奔葬，万难姑待。封疆大事，伫望新臣。……先于就近各抚臣中钦命一员署理总督事务，俾臣得早一日奔赴父丧，臣子子孙孙均戴圣恩罔极矣。①

卢象昇在奏疏里除了叙述其父病逝之情形外，还谈及三层意思：其一，为父亲的离世而极度伤心；其二，只为殡送父亲和侍奉寡母才"苟延性命"；其三，恳求皇上拣选新臣代己署理总督。应该说，卢象昇与父亲的感情是极深的。因此，父亲的去世对他的身心健康的摧残是很大的。卢象昇又在《乞奔丧第四疏》论及自己因此而患重病时说："今日大故在身，含悲饮血，忽于十二、十三两日发晕三番，昏迷不省人事，日夜怔忡。……乃十四、十五两日，饮食难进，腹胀气冲胸膈之间，如石如火，医官仆从叹息，谓无人形，臣之命旦暮未可知矣。"②

当然，卢象昇上疏的最终目的是尽快奔丧，以尽人子之孝。而卢象昇也是一位真性情的士大夫，他的疏牍内容应该能较真实地反映他当时的心境实情。卢象昇连续五次上疏专请丁忧，在之后的边务奏疏中也不时地恳辞皇上，"俾臣照旧以左侍郎原秩候代奔丧"。结果，崇祯帝不仅没有应允，反而于七月初一日，下旨准卢象昇"著着加兵部尚书职衔，照旧总督候代"。③《明大司马卢公年谱》亦载："七月进公兵部尚书，衰墨防秋，赠公祖父尚书官，赠祖母元配，封母妻皆夫人，予崑石公祭一坛。"④这说明，朝廷一面对卢象昇及家人恩典有加，另一面仍需他继续效命边疆。笔者以为：卢象昇之所以未能丁忧返乡，缘于时值秋防之际，辽东清兵随时会叩关而入。崇祯帝从军事全局考量，认为卢象昇总督宣大的作用至少暂时是无可替代的。

①　［明］卢象昇:《卢象昇疏牍》卷10,《闻讣乞奔丧第一疏》,杭州:浙江古籍出版社,1985年，第283页。

②　［明］卢象昇:《卢象昇疏牍》卷10,《乞奔丧第四疏》,杭州:浙江古籍出版社,1985年，第286页。

③　［明］卢象昇:《卢象昇疏牍》卷11,《辞尚书职衔疏》,杭州:浙江古籍出版社,1985年，第294页。

④　［清］卢安节编,［清］任启运校定:《明大司马卢公年谱》,清光绪元年重刻本,北京图书馆编:《北京图书馆藏珍本年谱丛刊》第62册,北京:北京图书馆出版社,1999年,第329页。

此间，尽管卢象昇在任上仍恪守职责，谨慎如常，但从他诸多奏议内容进行分析，他已经没有了之前那种面临困境仍泰然处之的积极姿态。例如在《请饬秋防疏》中说："防秋大事，勉力任之。"①

笔者以为，即使后来卢象昇不入京勤王，他在宣大任上也似乎难有较大作为。毕竟，卢象昇为父丧之事所纷扰，已经勉为其难了。而此时的卢象昇，似有一种油尽灯枯、生命将尽的预感。他在入卫抗清的生命最后时刻，始终抱着必死的决心，这种置生死于度外的悲壮情怀令人扼腕感叹！可见，卢象昇对待生命由积极进取到消极避世态度的转变，应该缘于其父之死而引发的连锁反应。

三、再次入京勤王

如果说，父亲之死使卢象昇精神上深受打击的话，那么之后不久的清兵犯境事件则彻底改变了他的命运。

在卢象昇总督宣大之前，清兵就曾多次由此处攻入内地，"崇祯七年，□由大同边入，崇祯八年，□亦由大同边入；崇祯九年，□由宣府边入，内地不胜其蹂躏，陵京因此以震惊"②。总督宣大期间，由于卢象昇十分重视各关口的防御，清兵再未有从宣大各边口大规模内犯。然而，小规模的清兵游骑也不时地出击侵扰。卢象昇在崇祯十一年（1638年）六月的两份奏疏中，也提出清兵将于秋季大举犯境的可能性。他在《请饬秋防疏》里，称"日来频见关宁塘报，谓□于七月间大举西行"③；在《饬防援明战守疏》中，又称"据关宁塘报，□上紧喂马，其为大举无疑"，并结合宣边独石口、大同威远边外的塘报内容分析，提出"秋来草茂，□□易于长驱"。④以后的形势发展证明，卢象昇的判断还是很正确的。

崇祯十一年（1638年）九月，皇太极派多尔衮、岳托为大将军，分统左、右翼清军十余万伐明。清兵"入墙子岭、青口山，杀总督吴阿衡，毁正关，

① ［明］卢象昇:《卢象昇疏牍》卷11，《请饬秋防疏》，杭州:浙江古籍出版社，1985年，第292页。

② ［明］卢象昇:《卢象昇疏牍》卷6，《密陈边计疏》，杭州:浙江古籍出版社，1985年，第140页。

③ ［明］卢象昇:《卢象昇疏牍》卷11，《请饬秋防疏》，杭州:浙江古籍出版社，1985年，第292页。

④ ［明］卢象昇:《卢象昇疏牍》卷11，《饬防援明战守疏》，杭州:浙江古籍出版社，1985年，第293页。

至营城石匣，驻于牛兰"。①墙子岭位于北京密云东80里，岭上筑石城，城楼为砖石结构，坚固无比。附近山顶上有烽火台，可以将敌情迅速传达给明军。清兵突破墙子岭，自然震动了明廷。

关键时刻，崇祯帝又想到了卢象昇。他即刻下诏，第三次赐卢象昇尚方宝剑，令其总督各地勤王之援兵。卢象昇接旨后驰疏京城，请辞所任："臣才非军旅，愚戆任事，谊不辞难。但自臣父奄逝长途，哀乱回惑，五官非复昔时。兼以苦由之身临三军上，金鼓不灵，观瞻不耸，恐非国家之利。"②结果，恳请被驳回。卢象昇只好仍领兵部尚书衔，率宣、大、山西三镇总兵杨国柱、王朴、虎大威入卫京师，十月初三日夜抵达京郊昌平镇。此时，他已身处抗清前线，除了与清兵奋力厮杀，似乎别无选择。

第三节　倾力主战殒命疆场

这是卢象昇一生中第三次、也是最后一次入京勤王。崇祯二年、九年两次入京时，后金（清）兵在肆掠一番后已经退出京畿地区，所以他没有参与战事。这一次则不同，清兵来势凶猛，而他的宣府驻地离京师颇近，一场恶战似乎难以避免。从崇祯十一年（1638年）十月初三日赴京勤王，到十二月十二日战殁沙场，卢象昇在京畿一带两个多月。此间，卢象昇不管是觐见崇祯帝，还是会晤权臣杨嗣昌和权监高起潜，面对清兵压境之危局，态度始终是"主战"。然而，由于明廷主和避战，亦处处掣肘，卢象昇被迫与清兵精锐孤军奋战，最终以身殉国。

一、与杨嗣昌的战和之争

卢象昇一向反对与清兵议和，此般议论在其疏牍里并不少见。他在疏中强调："夫他夷可抚，□□断断不宜轻抚。何也？顺逆之形，真伪之故应权也。"③在卢象昇看来，其他边疆民族部落是为了一时利益才偶尔犯边，可以通过开市封赏等办法安抚之，而清兵则是欲图谋明廷疆土，所以只有以武力

---

① ［清］张廷玉等：《明史》卷261，列传第149，《卢象昇传》，北京：中华书局，1974年，第6762页。

② ［清］卢安节编，［清］任启运校定：《明大司马卢公年谱》，清光绪元年重刻本，北京图书馆编：《北京图书馆藏珍本年谱丛刊》第62册，北京：北京图书馆出版社，1999年，第329页。

③ ［明］卢象昇：《卢象昇疏牍》卷10，《密报边情筹控御三著疏》，杭州：浙江古籍出版社，1985年，第268页。

手段应对之。卢象昇这次督兵勤王，就是抱定与清兵决战的信念赴京的。

（一）明廷与清（后金）议和试探

崇祯十一年（1638年）十月初四凌晨，崇祯帝在武英殿召见了卢象昇。崇祯帝急切问及对清方略，卢象昇所答甚为明了："臣意主战不主抚。"崇祯帝为之一动，稍作沉默后，低声说："外廷有是言，朕未之许也。"①卢象昇正言进谏："臣有战而已，慎勿中枢掣肘臣。"②他所言之中枢，即指当时执掌兵部事的大学士杨嗣昌。之后，崇祯帝仍让卢象昇与杨嗣昌和监军太监高起潜相商军务。

崇祯帝战和方略未定，这次平台召见并未取得实质性成效。《明通鉴》分析了崇祯帝此时对清战和的矛盾心态："上心知大清兵锐甚，力不敌，而耻言和，故委廷议以答象昇。"③此时崇祯帝倾心于与清和议，但却羞于启齿，便将战和之策推给臣下解决。

崇祯帝继位以来，对后金（清）多采取敌对之策，不少对后金有议和倾向的大臣，都遭到崇祯帝的严厉斥责甚至处死。崇祯二年（1629年），"己巳之变"之后，蓟辽督师袁崇焕因为有与后金议和通敌之嫌疑，所以被逮捕磔杀。其实，绝大多数大臣也都以儒家正统自称，他们坚持"华夷之辨"，对后金（清）政权极为敌视。所以，若有人提出议和之策，必然遭到众臣僚的围攻。然而，实力不断增强的后金对关内虎视眈眈，蔓延全国的起义也直接威胁到明朝的统治秩序，这种外患内忧的局面，是极度虚弱的明王朝难以同时应对的。崇祯十年（1637年），崇祯帝"夺情复起"丁忧在家的杨嗣昌为兵部尚书，以应对国内危局。杨嗣昌所上之《敬陈安内第一要务疏》，正式向崇祯帝提出他的"安内方可攘外"之策："流寇祸腹心之内，中之甚深。……以

---

① ［清］卢安节编，［清］任启运校定：《明大司马卢公年谱》，清光绪元年重刻本，北京图书馆编：《北京图书馆藏珍本年谱丛刊》第62册，北京：北京图书馆出版社，1999年，第330页。对于这次平台召见，《明史·卢象昇传》第6763页亦有相似的记载："帝召对，问方略。对曰：臣主战。帝色变，良久曰：抚乃外廷议耳，其出与嗣昌、起潜议。"可见，一向对清主战的崇祯帝此时已经有主和的倾向了。

② ［清］查继佐撰，倪志云、刘天路点校：《明书》（《罪惟录》），列传卷9（上），《卢象昇传》，济南：齐鲁书社，2014年，第1615页。

③ ［清］夏燮撰，王日根、李一平、李珽、李秉乾等校点：《明通鉴》卷86，长沙：岳麓书社，1999年，第2381页。

故臣言必安内方可攘外。"①其奏疏之核心，就是认为明廷不能对清兵和义军同时作战，镇压内乱才是解除明廷的心腹之患。一向以边患为急务的崇祯帝，也对杨嗣昌连称"恨用卿晚"②。

此时，辽东的皇太极也有向明廷议和的倾向。对于皇太极的议和目的，史家亦有多种不同说法。由于议和都是秘密进行的，所以清代以后所修正史中自然不会详论此事。或许，皇太极是出于战略考虑，认为短期内灭掉明朝实在是力不从心，也想通过议和麻痹明廷，从而悄悄地积蓄实力，并伺机再发兵入关。但事实上是：皇太极曾经三次同意与明廷派来的使臣磋商议和条款。第一次发生在天启末崇祯初年，皇太极和明廷代表袁崇焕进行了多次磋商，并商谈了议和条件，最终因明廷没有积极的回应而和谈失败；第二次发生在崇祯十一年（1638年）春季，也就是在这次清兵大举进攻前的数月；最后一次则发生在崇祯十五年（1642年）。

内阁大学士、兵部尚书杨嗣昌向崇祯帝上《敬陈安内第一要务疏》，委婉地提出与清政权和议的主张，崇祯帝也颇为认同。为了减少朝野官员的反和议阻力，此次议和（明廷称之"和款"）是在极为隐蔽的情况下进行的。杨嗣昌授意驻锦州监军太监高起潜、辽东巡抚方一藻，委派瞽者周元忠等人前往沈阳向皇太极进行议和尝试，皇太极也派大学士和周元忠进行商谈。之后，杨嗣昌屡屡上疏，请崇祯帝定夺。崇祯帝始终没敢应允，他一是惧怕朝臣无休止的反议和抗争；二是无法放下天朝皇帝的尊严；三是不敢承担议和所衍生的所有后果。所以，这次议和尝试又胎死腹中。

议和失败后，崇祯十一年（1638年）秋，清兵大规模攻掠明廷边境，并很快深入到京畿一带和山东内地。卢象昇倾力主战并战死沙场，就发生在此次清兵大举进攻期间。

（二）因主战而受制

但这次明廷"请款"的消息还是泄露出去了。在觐见崇祯帝前，卢象昇已经风闻杨嗣昌、高起潜与清兵主和之事。他顿足而叹，愤恨不已，但对崇祯帝的和战态度并不知情。崇祯帝虽然有议和倾向，但还是顾虑重重，他亟

---

① ［明］杨嗣昌著，梁颂成辑校：《杨嗣昌集》卷9，《敬陈安内第一要务疏》，长沙：岳麓书社，2005年，第201页。

② ［清］张廷玉等：《明史》卷252，列传第140，《杨嗣昌传》，北京：中华书局，1974年，第6510页。

需获得文武大臣，尤其是卢象昇等重臣的支持。当他得知卢象昇坚决主站的表态后，颇有些失望，对议和更没有信心了。

十月初四日，卢象昇觐见结束，杨嗣昌便邀请他如密室，商谈对清军务。杨嗣昌直接提出对清议和之策，遭到卢象昇训斥："城下之盟，《春秋》耻之，此语不可使天下闻也。"① 次日，崇祯帝命卢象昇再次与杨嗣昌、高起潜磋商军情于安定门，卢象昇仍不讳己见："敌人强来而不能困，使得意去，后日益轻中国，宋事可鉴也。愚意唯以一战决之。"② 初六日，崇祯帝命人携内府帑金，到昌平驻地犒师，至深夜，内臣又"昇金数万，银花三千，币五百犒师"。初八日，又赐"御马百、太仆马千，银铁鞭五百"。获得皇上的如此厚重的犒军赏赐，卢象昇以为崇祯帝是支持自己的抗清主张的。他感叹道："圣君神武。纷纷言抚者何为也？庸臣误国一至此乎？"③ 他认为，主和之策仅为部分大臣的决定，便更坚定了对清主战之决心。

卢象昇和杨嗣昌在对清和战问题上各执一词，矛盾逐渐激化。卢象昇在以后的作战过程中，处处受杨嗣昌掣肘。在杨嗣昌的影响下，明廷决定：一是把数万关宁精锐调归监军太监高起潜统管，这就严重削弱了卢象昇的兵力④；二是命卢象昇移兵与高起潜会合于通州。《国榷》对此记载较详："（因总监高起潜种种阻挠）象昇请分兵，杨嗣昌以宣府、大同、山西兵属象昇，号二万。象昇克期誓师于巩华城，慷慨涕下如雨。嗣昌不能平，思阻之，拟旨令赴通州就总监高起潜，象昇不赴。"⑤

① ［清］卢安节编，［清］任启运校定：《明大司马卢公年谱》，清光绪元年重刻本，北京图书馆编：《北京图书馆藏珍本年谱丛刊》第 62 册，北京：北京图书馆出版社，1999 年，第 330 页。

② ［清］卢安节编，［清］任启运校定：《明大司马卢公年谱》，清光绪元年重刻本，北京图书馆编：《北京图书馆藏珍本年谱丛刊》第 62 册，北京：北京图书馆出版社，1999 年，第 330—331 页。

③ ［清］卢安节编，［清］任启运校定：《明大司马卢公年谱》，清光绪元年重刻本，北京图书馆编：《北京图书馆藏珍本年谱丛刊》第 62 册，北京：北京图书馆出版社，1999 年，第 331 页。

④ 对于分兵一事，《明季北略》有不同于《明大司马卢公年谱》的解释："观军使（应为监军太监高起潜）遗书泥之，谓：闻雪夜下蔡州，未闻以月夜，且奇师尤宜用寡。种种阻挠。象昇疏请分兵，嗣昌拨宣、云、晋三镇属之，号称二万，以短兵气，象昇刻期用战，誓师巩华，淋漓慷慨，涕泣如雨。"卢象昇决计夜袭清营驻地，高起潜闻知，对卢象昇冷嘲热讽，并不配合他的夜袭行动。卢象昇感觉和太监高起潜无法合作，担心自己的决策受其阻挠，遂决定与之分兵行动。杨嗣昌也支持分兵方案。所以，卢象昇感叹："枢部不过欲总监挠我师期耳。"参见［清］计六奇撰，魏得良、任道斌点校：《明季北略》卷 14，《卢象昇战死》，北京：中华书局，1984 年，第 245 页。

⑤ ［明］谈迁著，张宗祥校注：《国榷》卷 96，思宗崇祯十一年，北京：中华书局，1958 年，第 5820 页。

对于杨嗣昌的分兵之策，卢象昇曾经表示过强烈的质疑："敌若留兵辍我，而分众南下，则我反在其后，不救不可，救之不及，奈何？"杨嗣昌的回答有些武断："京师重兵所在，敌必不敢越而南。"卢象昇仍不相让："敌既南下，蔓延滋长，为忧方大，京师虽有重兵，不能邀截使不下也。"卢象昇面对清军这次强大的攻势，应该说是很清醒的。他认为兵力分散会导致对清作战出现两线应对的困境，并预言清军可能会以部分兵力牵制明军，而另部绕京师南下侵略。杨嗣昌虽未能有效反驳卢象昇，但还是分其部众。事实证明，卢象昇的预言是正确的，"大清兵果于廿五日从顺义开营南向，廿六日发精骑由坝上大马房直指东直门"。①

对杨嗣昌的策略，卢象昇很无奈，他仰天长叹："彼不过欲总监挠我师期耳。"② 真是一语中的。卢象昇受命以兵部尚书衔督师天下勤王兵，军事指挥权却大受限制。杨嗣昌如此钳制卢象昇，其目的就是逼其放弃主战立场。另外，杨嗣昌的做法也应该得到崇祯帝的默许，"嗣昌于是劾奏公不先计而后战，遇大敌无持重，非庙胜之册，不可从。上由是不施公议，而督师之权分矣"。③ 由于杨嗣昌的暗中弹劾，卢象昇也逐渐失去了崇祯帝的信任。

卢象昇的一向战术是：集中优势兵力，出奇制胜。这一战术的实现需要两个条件：指挥权由本人掌握，有相对足够的兵力。此时的卢象昇，不仅军事指挥权受制于人，而且掌握的兵力十分有限。卢象昇所统率之兵，只有宣大三镇的不足两万兵马，而之后又两次分兵："会陈新甲至，复分兵与之"④；"又以云、晋警，趣出关，王朴竟引兵去"⑤。最后，钦命总督天下勤王兵马的卢象昇，仅仅"提五千残卒"⑥。

卢象昇的处境是极为艰难的。他早已向崇祯帝承诺主战，退兵自保是不可能的。手中老弱残兵仅有五千，难以抗衡数万清兵铁骑；战略决策，又受

① ［清］卢安节编，［清］任启运校定：《明大司马卢公年谱》，清光绪元年重刻本，北京图书馆编：《北京图书馆藏珍本年谱丛刊》第62册，北京：北京图书馆出版社，1999年，第332页。
② ［清］陈鼎：《东林列传》卷5，《卢象昇传》，扬州：广陵书社，2007年，第102页。
③ ［清］卢安节编，［清］任启运校定：《明大司马卢公年谱》，清光绪元年重刻本，北京图书馆编：《北京图书馆藏珍本年谱丛刊》第62册，北京：北京图书馆出版社，1999年，第332页。
④ ［清］夏燮撰，王日根、李一平、李珽、李秉乾等校点：《明通鉴》卷86，长沙：岳麓书社，1999年，第2382页。
⑤ ［清］张廷玉等：《明史》卷261，列传第149，《卢象昇传》，北京：中华书局，1974年，第6764页。
⑥ ［清］夏燮撰，王日根、李一平、李珽、李秉乾等校点：《明通鉴》卷86，长沙：岳麓书社，1999年，第2384页。

制于人，“事无不中制”①。卢象昇当时的苦闷与绝望之心境，是可想而知的。他当然不敢指责崇祯帝，但一见杨嗣昌便火冒三丈。卢象昇十五日率军“至顺义，袭牛栏”，十七日值杨嗣昌到军营，“公责以阻师养祸之罪”。杨嗣昌羞愤交加：“公直以尚方剑加我矣。”卢象昇反唇相讥：“既不奔丧，又不力战，身当齿剑何暇加人？”②卢象昇拥有崇祯帝所赐尚方宝剑，有对犯法的一般文武官员先斩后奏之权。杨嗣昌当然非同一般官员，卢象昇也不可能随意诛杀朝廷重臣。他们只是以尚方宝剑表达各自的情绪而已。卢、杨皆为被皇上“夺情复起”之重臣，既然不能尽孝，就应移孝作忠，为朝廷分忧。卢象昇认为，现在唯有矢志抗清才是尽忠于皇上，而杨嗣昌一意主和，干预军务，就是不忠不孝。卢象昇当面指责和讽刺杨嗣昌，结果，“嗣昌益恨之”③。

二、孤军战殁

（一）唯求一战而死

卢象昇尽管举步维艰，但从不避难怯阵。多年来，他征战沙场时，都身先士卒，毫不退却。卢象昇的英勇斗志是令人钦佩的，这也是他不同于明末多数文臣武将之处。恰如清人邵长蘅所论：“顾独精悍，便骑射，性能劳苦。蹋阵雄呼，万骑辟易，虽古名将无以过。”④

对于卢象昇抗清的情况，几乎所有涉及卢象昇传记的史籍，都记载甚详，然其内容却多有抵牾。笔者对各种史料作一大致的梳理，以明卢象昇抗清之经过。崇祯十一年（1638 年）十月十四日，卢象昇誓师巩华（位于今北京昌平区），十五日，率师至顺义，并袭击了驻守在牛栏山（今属北京顺义）一带的清兵。“十四日，公誓师巩华，十五日率师至顺义，袭牛栏。”卢象昇夜袭牛栏一事，在《明大司马卢公年谱》和《明史》《罪惟录》《忠义录》《东林列传》等本传中，几无记载。在《明季北略》和《卢大司马纪实》《青门簏稿》及《崇祯实录》中虽有载，然所载内容大同小异，似乎源于同一史料。卢象昇是一位善于使用奇兵奔袭之术的官员，他决计对驻守于牛栏一带的清军实

---

① ［清］陈鼎：《东林列传》卷 5，《卢象昇传》，扬州：广陵书社，2007 年，第 102 页。

② ［清］卢安节编，［清］任启运校定：《明大司马卢公年谱》，清光绪元年重刻本，北京图书馆编：《北京图书馆藏珍本年谱丛刊》第 62 册，北京：北京图书馆出版社，1999 年，第 331 页。

③ ［清］陈鼎：《东林列传》卷 5，《卢象昇传》，扬州：广陵书社，2007 年，第 102 页。

④ ［清］邵长蘅：《明大司马卢忠烈公传》，［清］徐景曾纂修：《顺德府志》卷 16，《艺文下》，乾隆十五年刻本。

行夜袭。卢象昇"召诸帅约曰：刃必见血，人必带伤，马必喘汗，违者斩。令各选劲卒，期八月十五夜分四路袭营"①。总监太监高起潜却遗书阻之，讥讽卢象昇月夜袭敌之谋，"闻雪夜下蔡州，未闻以月夜，且奇师尤宜用寡"②。更有甚者，高起潜还将卢象昇的袭敌之计泄露出去，有关记载似有些含糊其词，"令甫下，起潜遗书尼之，且漏师明"③；"兵以高监泄其谋，于牛栏旁，昼即遇□"④。我们从诸多记载中，可以查到或推断出，这次夜袭应发生于十月十五日。虽然，《崇祯实录》载"期八月十五夜分四路袭营"，但笔者以为实属传抄或刻印之误，因为此记载存于"崇祯十一年冬十月甲午"之条目下。这次夜袭行动，因没有得到高起潜的配合，所以收效甚微。

十月二十五日，清兵一部由顺义南下，兵锋直指东直门，"大清兵果于廿五日从顺义开营南向，廿六日发精骑由坝上大马房直指东直门"。卢象昇面对清兵的频繁进攻，"日夜督兵力战"。十一月三日夜，清兵移兵土城以北（今北京市德胜门西北），卢象昇与之"战于土城关"。⑤初四日，"又战于西直门，获巨炮十数"。结果，"大清兵拔营而退"，卢象昇请求乘胜追击，然而，"公卿首鼠两端，或言追或言守，日中奏上，至初五日晡时始报，从公议"。可见，清兵劲旅所向披靡，明廷的文武官员都被打怕了，无人敢迎战。即使清兵战败，明军也不敢追击掩杀。明军这次又丧失了追击歼敌的时机。接着，清兵分三路南下，形成犄角攻势，"一由涞水略易州（今河北易县），一由新城略雄县，一由定兴俱会于保定"。敌兵来势汹汹，卢象昇临危不惧，初九日，"进据保定，命诸将分道出击，大战于庆都（今河北望都），获级三百"。此战大捷给鼓舞了明军士气，"公自将马步卒屡战有功，军声甚振"。⑥

① 《崇祯实录》卷11，崇祯十一年冬十月甲午，《明实录》附录2，台北："中央研究院历史语言研究所"校印本，第344页。
② ［清］计六奇撰，魏得良、任道斌点校：《明季北略》卷14，《卢象昇战死》，北京：中华书局，1984年，第245页。
③ ［清］邵长蘅：《青门簏稿·卢忠烈公传》，［清］王文焘修，［清］张志奇续修：《宣化府志》卷24，《宦迹志下·明》，清乾隆八年修、二十二年订补重刊本。
④ ［明］卢象昇：《明大司马卢公奏议十卷》，附录之《卢大司马纪实》，《四库未收书辑刊》第2辑第25册，清道光九年刻本，北京：北京出版社，2000年，第268页。
⑤ ［清］卢安节编，［清］任启运校定：《明大司马卢公年谱》，清光绪元年重刻本，北京图书馆编：《北京图书馆藏珍本年谱丛刊》第62册，北京：北京图书馆出版社，1999年，第332页。
⑥ ［清］卢安节编，［清］任启运校定：《明大司马卢公年谱》，清光绪元年重刻本，北京图书馆编：《北京图书馆藏珍本年谱丛刊》第62册，北京：北京图书馆出版社，1999年，第332—333页。关于清兵三路南下路线，《明史·卢象昇传》则载"一由定兴攻安肃（今河北徐水）"，与《年谱》稍有不同，盖因安肃在明代属于保定府。

　　卢象昇取得小规模战役的胜利，在很大程度上缘于他的人格魅力。他作战时总是一马当先，毫不避让，这必然会鼓舞将士的作战勇气。他也习惯与部属患难与共，比如，由于杨嗣昌等人的阻挠，"时军中绝粮五日矣，公亦不食，士卒以公素有恩纪，至饥饿不能起，终无叛志"①。而且，这支军队还是卢象昇从宣大任上带来的旧部属，将士们也乐意与之生死相随，所以卢象昇所率之军，战斗力相对较强，"冲锋陷阵，军律甚整"②。

　　然而，卢象昇矢志于忠君报国，却没有换来明廷君臣的理解与支持。卢象昇总督天下兵马之衔也名不副实。他所掌管的全部兵马不足五千，其中还有不少老弱残兵；由于中枢重臣杨嗣昌的干预，他自己的军事指挥策略也不能得到有效贯彻。除此以外，某些朝野大臣也从中作梗，甚至不足五千人的军饷都成了大问题。《明大司马卢公年谱》对此记载颇详，"嗣昌以政府兼兵部事数挠公权，有司又希指绝公饷，使不前"③。看来不止杨嗣昌本人，连同"有司"也希望断绝卢象昇的兵饷。十一月十七日，卢象昇进兵完县（今河北顺平县），粮饷缺乏。但是，"清宛令左其人，馈饷不前，转战至真定（今河北正定），真督张其平（偃师人，崇祯十二年以罪伏法）闭阛遏饷，公移书兵部告急，不应，时军中绝粮五日矣"，以至于士卒都"至饥饿不能起"④。《明史·卢象昇传》也提到"巡抚张其平闭阛绝饷"⑤。对于不足五千人的抗清队伍，杨嗣昌及所掌管的兵部、清苑县令、真定巡抚张其平等，却不愿满足其基本的兵饷之需，着实令人寒心。即便如此，诸臣僚还争相弹劾卢象昇，"总监方某密疏，公縻饷逗留，抚按守臣争诬公按兵不救，于是奉诏切责公"⑥。由于某些臣僚的参劾，不明真相的崇祯帝对卢象昇颇有些不满。

　　此时，京畿地区已经连续失守真定、河间等十几处州县，清军所到之处

---

　　① ［清］卢安节编，［清］任启运校定：《明大司马卢公年谱》，清光绪元年重刻本，北京图书馆编：《北京图书馆藏珍本年谱丛刊》第 62 册，北京：北京图书馆出版社，1999 年，第 334 页。

　　② ［清］张廷玉等：《明史》卷 261，列传第 149，《卢象昇传》，北京：中华书局，1974 年，第 6764 页。

　　③ ［清］卢安节编，［清］任启运校定：《明大司马卢公年谱》，清光绪元年重刻本，北京图书馆编：《北京图书馆藏珍本年谱丛刊》第 62 册，北京：北京图书馆出版社，1999 年，第 333 页。

　　④ ［清］卢安节编，［清］任启运校定：《明大司马卢公年谱》，清光绪元年重刻本，北京图书馆编：《北京图书馆藏珍本年谱丛刊》第 62 册，北京：北京图书馆出版社，1999 年，第 334 页。

　　⑤ ［清］张廷玉等：《明史》卷 261，列传第 149，《卢象昇传》，北京：中华书局，1974 年，第 6764 页。

　　⑥ ［清］卢安节编，［清］任启运校定：《明大司马卢公年谱》，清光绪元年重刻本，北京图书馆编：《北京图书馆藏珍本年谱丛刊》第 62 册，北京：北京图书馆出版社，1999 年，第 334—335 页。

烧杀抢掠，明军多数一战即溃。在此种形势下，困境中的卢象昇所能取得的胜利都是非常有限的，他再怎么英勇和睿智，恐怕也难以扭转明军整体惨败的局势。时任内阁首辅的刘宇亮却主动请缨，愿去前线督察军情，为皇上分忧。崇祯帝大喜过望，即刻下令将阵前的卢象昇免职，由刘宇亮代之总督天下兵马。刘宇亮闻之大惧，他只是打算象征性地到前线"督察"军事而已。他不懂军事，难堪御敌重任，于是便求助于杨嗣昌。杨嗣昌说服崇祯帝，称阵前换将为兵家大忌，还应由卢象昇总督军事，刘宇亮可前往督察军情。崇祯帝虽然收回成命，但仍认为，正是卢象昇的失职，才导致十余州县惨遭兵燹之灾。他于是下诏斥责卢象昇，令其戴罪立功，[①]"遂落象昇尚书衔，以侍郎督师"[②]。

可以说，此时的卢象昇，正面临着生死考验，其处境，已经相当险恶，恰如他曾在《答陆筠修方伯》中所言："今日居官，何啻堕于九渊！"[③]他现在有三个敌人：一是外部的敌人，即强大的清兵精骑；二是朝野臣工的暗中掣肘，甚至还有崇祯帝的猜忌；三是饥饿，将士严重缺粮。对于卢象昇来说，每个敌人都是致命的。"移孝作忠"的卢象昇，已被"夺情"而无法尽孝，此时却又难于尽忠。对于一位忠臣来说，最大的打击恐怕就是源于皇帝的不信任。或许，崇祯帝对他的猜忌和"切责"，才是他的最大敌人。他以后的奋勇杀敌其实就是以死明志，其惨烈的结局也是在他的预料之中的。

对于难以改变的困境，卢象昇还有一条路：正如多数明末抗清将领一样，逃或降。然而，这都有悖于他的个性和价值观。卢象昇在疏牍里，屡屡表明心志：一心尽忠，不计荣辱是非，置生死于度外。他在《与某书》中说："昇今日亦惟肝脑涂地，以自附于纯臣之末而已，成败利钝，毁誉是非，久已置之度外。"[④]毫无疑问，卢象昇宁死不降；若战败或逃跑，就怕也难免一死。所以说，卢象昇毫无退路，只有奋力杀敌，战死沙场。至少这样可以获得身后美名扬。

戴罪立功的卢象昇心灰意冷，只求与清兵一战，死而后已。他率领仅有

① 樊树志：《大明王朝的最后十七年》，北京：中华书局，2007年，第203页。
② ［清］陈鼎：《东林列传》卷5，《卢象昇传》，扬州：广陵书社，2007年，第102页。
③ ［明］卢象昇：《卢象昇疏牍》卷12，《答陆筠修方伯》，杭州：浙江古籍出版社，1985年，第321页。
④ ［明］卢象昇：《卢象昇疏牍》卷12，《与某书》，杭州：浙江古籍出版社，1985年，第322页。

的"宣镇杨国柱、晋镇虎大威手下残卒五千","次宿三宫野外"。① 卢象昇驻军确切地点不详，但应属于畿中、畿南一带。他曾兵备大名，在畿南三郡理刑狱掌军事，颇得民心。三郡百姓得知卢象昇驻军于此，纷纷赶赴军营，并良言相劝：

> 天下汹汹且十年，明公出万死不顾一生之计为天下先。乃奸臣在内，孤忠见嫉。三军捧出关之檄，将士怀西归之心，栖迟绝野，一饱无时。脱巾狂噪，云帅其见告矣。明公诚从愚计，移军广顺，召集义师。三郡子弟喜公之来，皆以昔非公死贼，今非公死兵，同心勠力，一呼而裹粮从者可十万，孰与只臂无援，立而就死哉！②

显然，三郡百姓已清楚卢象昇的艰难处境，都自愿应征入伍，随同官军杀敌。其言辞之恳切、斗志之激昂，令卢象昇感动不已。然而，卢象昇非常清醒，他认为若弃地而移兵三郡，有逃跑之嫌疑，再被朝臣纠劾，后果亦不堪设想；即使移兵南下募兵，也无法根本改变这次明军惨败的大局。更何况，卢象昇也不愿意连累三郡百姓。他泣然流涕，答道："父老意甚厚，虽然，自与贼抗大小数十百战，未尝挫衂，今者分疲卒五千，大敌西冲，援师东隔，败亡立见，若委而去之，贻君父忧吾弗为耳。食竭力尽有死而已，毋徒累父老为也。"③ 结果，三郡百姓"众号泣雷动"，纷纷为卢象昇募捐助饷，"各携床头斗粟饷军，或遗枣一升，曰：公煮为粮。"④

畿南三郡万民的拥戴，给身处绝境中的卢象昇些许慰藉。此时，竟还有一位官宦知己也在关注着他的命运。杨廷麟，时任庶吉士编修及经筵直讲官，冒死上疏崇祯帝，斥责杨嗣昌、高起潜误国，请求委卢象昇以军事指挥全权。他上疏道："南仲在内，李纲无功；潜善秉政，宗泽殒恨。臣愿陛下赫然一怒，

---

① ［清］卢安节编，［清］任启运校定：《明大司马卢公年谱》，清光绪元年重刻本，北京图书馆编：《北京图书馆藏珍本年谱丛刊》第62册，北京：北京图书馆出版社，1999年，第336页。
② ［清］张廷玉等：《明史》卷261，列传第149，《卢象昇传》，北京：中华书局，1974年，第6764页。
③ ［清］卢安节编，［清］任启运校定：《明大司马卢公年谱》，清光绪元年重刻本，北京图书馆编：《北京图书馆藏珍本年谱丛刊》第62册，北京：北京图书馆出版社，1999年，第336—337页。
④ ［清］卢安节编，［清］任启运校定：《明大司马卢公年谱》，清光绪元年重刻本，北京图书馆编：《北京图书馆藏珍本年谱丛刊》第62册，北京：北京图书馆出版社，1999年，第337页。

专命督臣卢象昇集诸路援师，不从中制，社稷幸甚，天下幸甚。"①

杨廷麟以两宋时期之故事，来暗喻时政：内有权臣当道，外无将帅之功。杨嗣昌闻之大怒，以杨廷麟知兵事为借口，疏请崇祯帝"改廷麟兵部主事，赞画行营"。②杨嗣昌明知卢象昇危在旦夕，此举就是要杨廷麟去军营送死。从杨嗣昌对待臣僚的诸多做法中，可以看出：杨嗣昌的心胸的确不够宽广。杨嗣昌当时是崇祯帝最信任的权臣，竟不能协调文武官员的矛盾，充分发挥其才能，却党同伐异、睚眦必报，必然会使朝政更加糜烂，加速明王朝的灭亡。

卢象昇很清楚，他和杨廷麟以及部属的生命都危在旦夕。他很欣赏杨的品格和才气，不希望杨也死于乱军之中，便告诉杨廷麟："子同死，亡益。"③刚巧此时军中粮饷用尽，卢象昇便派杨廷麟去真定乞粮，"（崇祯十一年十二月）初十，遣杨廷麟乞粮于陕抚孙传庭（振武卫人，时入援，驻兵真定）"。十二月十一日，卢象昇进驻巨鹿贾庄。当地生员姚东照，"助粮七百斛，士气稍振"。而此时的监军太监高起潜，就驻兵 50 里之外的鸡泽（今河北鸡泽县），拥有数万关宁军队。卢象昇派人联络，期望次日清晨合兵一处，与清兵决战。然而，高起潜不应，"起潜得檄，东走临清"。④高起潜避敌而逃，更使卢象昇处于孤军奋战的境地。

（二）贾庄决战

卢象昇兵寡粮乏，因而力求尽早与清军决战。他的部队是少数几支抗清官军中的一支，因此，寻求与卢象昇所部作战并歼灭之，也就成了清兵作战的目标之一。这也决定了这场决战的必然性和残酷性。崇祯十一年（1638 年）

---

① ［清］卢安节编，［清］任启运校定：《明大司马卢公年谱》，清光绪元年重刻本，北京图书馆编：《北京图书馆藏珍本年谱丛刊》第 62 册，北京：北京图书馆出版社，1999 年，第 334 页。

② ［清］张廷玉：《明史》卷 261，列传 149，《卢象昇传》，北京：中华书局，1974年，第 6764 页。

③ ［明］朱溶：《忠义录》卷 3，《卢象昇传》，高洪钧编：《明清遗书五种》，北京：北京图书馆出版社，2006 年，第 532 页。

④ ［清］卢安节编，［清］任启运校定：《明大司马卢公年谱》，清光绪元年重刻本，北京图书馆编：《北京图书馆藏珍本年谱丛刊》第 62 册，北京：北京图书馆出版社，1999 年，第 337页。关于杨廷麟乞粮一说，还见于《罪惟录》《东林列传·卢象昇传》等史籍，甚至《明史·杨廷麟传》也有记载："象昇喜，即令廷麟往真定转饷济师。"但唯有《明史·卢象昇传》未记载杨廷麟乞粮真定之事，而只载杨乞援师于高起潜："起潜拥关、宁兵在鸡泽，距贾庄五十里而近，象昇遣廷麟往乞援，不应。"（张廷玉等：《明史》卷 261，列传第 149，《卢象昇传》，北京：中华书局，1974 年，第 6765 页）

十二月十一日晨，卢象昇"自誓必死"，便走出营帐，"四面拜"，向部众正言道："吾与将士同受国恩，患不得死，不患不得生。"众官兵"皆泣，莫能仰视"。① 之后，卢象昇率师出征，"师至蒿水桥，遇大清兵。象昇将中军，大威帅左，国柱帅右，遂战"②。激战一天，双方伤亡人数相当。深夜，卢象昇回营帐。十二日晨，清兵以优势兵力将明军的贾庄大本营层层包围，"吏士殊无人色"，而卢象昇明知此战必死无疑，仍冷静布阵，誓与清兵决战。他"气弥励，周视整兵，查夷伤，治战具，易麾帜，为圜陈"，"南、北、中布巨炮，挟以弩矢，隔中开壁迎敌，士皆殊死战。至日昳，炮尽矢穷，公命去备，以短兵薄战。大清兵纵精骑夹攻之，士卒多死。大威挽公马出围，公按剑曰：'将军死，绥有前无却'。遂跃马驰入阵，中四矢三刃乃仆"。③

关于卢象昇战死的经过，有关史籍记载颇为详细。这场战役从十一日晨到次日午后，几乎没有间歇。战争中，卢象昇先是动用了火炮、弓弩，直到炮尽矢穷，后又短兵搏战，部众皆殊死厮杀，清兵纵铁骑夹击。可见战斗之惨烈！部将山西总兵虎大威曾劝卢象昇突围，遭到拒绝，卢象昇反问道："男子不死疆场，乃死西市耶？"④ 可以想象，卢象昇在生命的最后，应该能预见：即使能突围，自己也会遭受朝廷的严惩。卢象昇是一位无畏的斗士，屡屡在极其艰险的条件下深入敌阵，即使面对清兵精锐也毫无畏惧。然而，他却害怕朝中某些官员，常借用忠君报国的名义，随意弹劾他人，使许其他多文官武将行事屡遭掣肘甚至罢官下狱。他更畏惧的则是喜怒无常的崇祯帝，不少文武官员瞬间就失宠被杀。卢象昇在临死前，或许会忆起抗（后）金名臣、蓟辽总督袁崇焕的悲惨下场。袁崇焕曾屡次被明廷委以军事重任，却最终遭到崇祯帝的猜忌而死。所以，卢象昇认为，自己若不战死，下场也可能会和袁崇焕相似。与卢象昇同时代的李清也推论："若象昇不死，必为肆市之魁矣。"⑤

武人爱骏马，似乎也天经地义。在卢象昇战死之时，有文献提及他胯下

---

① ［清］陈鼎：《东林列传》卷 5，《卢象昇传》，扬州：广陵书社，2007 年，第 102 页。

② ［清］张廷玉等：《明史》卷 261，列传第 149，《卢象昇传》，北京：中华书局，1974 年，第 6765 页。

③ ［清］卢安节编，［清］任启运校定：《明大司马卢公年谱》，清光绪元年重刻本，北京图书馆编：《北京图书馆藏珍本年谱丛刊》第 62 册，北京：北京图书馆出版社，1999 年，第 338—339 页。

④ ［明］朱溶：《忠义录》卷 3，《卢象昇传》，高洪钧编：《明清遗书五种》，北京：北京图书馆出版社，2006 年，第 533 页。

⑤ ［明］李清：《三垣笔记》，《笔记上·崇祯》，北京：中华书局，1982 年，第 11 页。

战马"五明骥"，见卢象昇战死后仍悲鸣不已，一时不愿离去，"是夜所乘马，嘶鸣气萧瑟"①。这在正史里却未见记载。然而，卢象昇天生酷爱良马确是无疑的。对此，《明史》有载："象昇好畜骏马，皆有名字。尝逐贼南漳，败。追兵至沙河，水阔数丈，一跃而过，即所号五明骥也。"②这匹"五明骥"，为卢象昇平定义军立下诸多战功。卢象昇征战劳苦，自然离不开战马。他在征战期间，自购5匹良马，加上御赐宝马5匹，刚好10匹。卢象昇对骏马的酷爱之情，也渗透于在其诗作《十骥咏》中，他为这10匹马各自赋诗一首，以示怜爱。卢象昇在诗作《十骥咏》的诗首就讲明了这点："余频年征讨，盖以马为足者也，顷帅师入卫。两足俱苦，湿毒裹疮，而驰解鞍即卧，更以马为性命者也。间遇良驹，倾囊购之，得骏凡五。今上复赐以御厩，五十选其最者什一从余，朝夕以拜君恩。每当铁骑长嘶，辄想书生故业，聊为东家施作《十骥咏》，敢就正登坛作者。"③

关于卢象昇战死的原因，《明季北略》有较为令人信服的概括："象昇所以死有六。一与嗣昌相左，二与起潜不协，三以弱当强，四以寡击众，五无饷，六无援。然后五者，皆嗣昌奸谋所致，虽然杀象昇之身于一时者嗣昌也，成象昇之名于千载者亦嗣昌也。君子正不必为人咎矣。"④计六奇的分析极有见地，同时认为，杨嗣昌与卢象昇不和是卢象昇败亡的首要原因。其实，卢象昇败亡，根源还在最高决策者崇祯帝。他对卢象昇的猜忌促战和战略失当，才将卢公逼上了以死殉国的不归路。

三、死后余波

贾庄之战，卢象昇所部官军几乎全军覆没，他也身负四箭三刀而死。他的部属掌牧官杨陆凯（卢象昇为大名道，将其拔置幕下，杨从军捍贼，积功至游击将军）为保护其尸体，竟伏于尸体后背，也身中24箭而死。卢象昇的部将张岩与侍仆顾显也一同阵亡，部将虎大威、杨国柱突围逃脱。对此，《明

---

① 白一瑾：《明清鼎革中的心灵史——吴梅村叙事诗人形象研究》，《附录一：吴梅村部分叙事诗注释》，天津：天津人民出版社，2008年，第180页。诗文中的"所乘马"，即卢象昇所拥有的十匹良马之一"五明骥"。

② ［清］张廷玉等：《明史》卷261，列传第149，《卢象昇传》，北京：中华书局，1974年，第6766页。

③ ［明］卢象昇：《忠肃集》卷1，《文渊阁四库全书》影印本，别集类，第1296册，台北：台湾商务印书馆，1983年版，第595页。

④ ［清］计六奇，魏得良、任道斌点校：《明季北略》卷14，《卢象昇战死》，北京：中华书局，1984年，第247页。

通鉴》有载："（卢象昇）身中四矢三刃，遂仆，掌牧杨陆凯惧众残其尸而伏其上，背负二十四矢以死。仆顾显者亦殉，一军尽没。宣府参将张岩陷阵死，惟大威、国柱得脱。"① 三天后，已突围的副将刘钦返回战场寻找卢象昇的尸首。刘钦仔细查找，"尸残缺，血污不可辨，独两尸重累，上负二十四矢，就而视之，则杨陆凯也。伏地一尸，麻衣衷甲衣，有督兵祩篆"②，虽然血肉模糊，但从甲衣内的丧服和随身总督印信，就可知是卢象昇的尸首。刘钦大恸，将尸首抬到新乐县。杨廷麟闻讯赶来，将尸首迎入真定城东关，"为公盥面刮发，忧怒目瞋视，凛凛如生"③。然而，当地守臣却装不认识卢象昇，杨廷麟大怒，"集兵民视之，皆号泣曰：'此我卢公也。'"④ 卢象昇之死震惊了畿南三郡的百姓，"三郡之民闻之，哭失声"⑤，"雨泣曰：'卢公死，谁恤我者？'竟除地立祠，每有疾病辄此祷祀求福。甚有痛其亡，发狂疾死者。"⑥ 卢象昇生前为三郡百姓尊崇，身后竟也被奉为神灵。

卢象昇府中有位同乡幕客，名叫许德士，当时因病滞留于保定，闻知卢象昇死讯后，"力疾趋赴，堕马折指不前"。崇祯十二年（1639 年）年春，许德士抱病赶至真定，"攀公棺而哭之，至不能起"。真定守臣一向畏惧杨嗣昌，不同意为卢象昇殓尸的请求，许德士主动承担殓尸的政治后果，他愤慨地说："倘诃，请以我说。"终于，卢象昇的尸体在他死后两个月，"以二月八日大殓"。⑦

卢象昇殉难后，却没有赢得明廷应给予的赏恤，甚至连尸骨都未能及时入殓，这缘于以杨嗣昌为代表的明政府的态度。卢象昇生前抗清，遭到杨嗣昌的非难；他死后，杨嗣昌还要嫁祸于他。杨嗣昌的态度使得多数官员对卢象昇之死避而不谈。顺德知府于颖曾将卢象昇的死讯奏陈，也遭到杨嗣昌的

① ［清］夏燮撰，王日根、李一平、李珽、李秉乾等校点：《明通鉴》卷 86，长沙：岳麓书社，1999 年，第 2385 页。

② ［清］卢安节编，［清］任启运校定：《明大司马卢公年谱》，清光绪元年重刻本，北京图书馆编：《北京图书馆藏珍本年谱丛刊》第 62 册，北京：北京图书馆出版社，1999 年，第 339 页。

③ ［清］卢安节编，［清］任启运校定：《明大司马卢公年谱》，清光绪元年重刻本，北京图书馆编：《北京图书馆藏珍本年谱丛刊》第 62 册，北京：北京图书馆出版社，1999 年，第 340 页。

④ ［清］卢安节编，［清］任启运校定：《明大司马卢公年谱》，清光绪元年重刻本，北京图书馆编：《北京图书馆藏珍本年谱丛刊》第 62 册，北京：北京图书馆出版社，1999 年，第 340 页。

⑤ ［清］张廷玉等：《明史》卷 261，列传第 149，《卢象昇传》，北京：中华书局，1974 年，第 6765 页。

⑥ ［清］陈鼎：《东林列传》卷 5，《卢象昇传》，扬州：广陵书社，2007 年，第 103 页。

⑦ ［清］卢安节编，［清］任启运校定：《明大司马卢公年谱》，清光绪元年重刻本，北京图书馆编：《北京图书馆藏珍本年谱丛刊》第 62 册，北京：北京图书馆出版社，1999 年，第 341 页。

冷落。杨嗣昌希望的奏报内容是：卢象昇未死。这样，他就会把明军兵败的
责任推及于卢象昇，从而减轻自己应承担的责任。有大臣诬陷卢象昇逃跑或
者降清，杨嗣昌闻之则喜。杨嗣昌决定深入调查卢象昇的下落，于是，锦衣
卫旗尉俞振龙等奉命前往侦伺。诸多史籍都或详或略地记载了俞振龙宁死不
从杨嗣昌的故事。如《明大司马卢公年谱》载："振龙等还，白公死事状，且
言公忠精，宜加褒恤。嗣昌闻之不喜，以振龙契勘不实，下于理穷治，死狱
中。振龙临死，无一言佪，呼'天可欺，卢公不可欺'而绝，闻者皆为陨
涕。"①《明通鉴》亦有载："（俞振龙）归言'象昇实死'。嗣昌怒，鞭之三日
夜，且死。张目曰：'天道神明，无枉忠臣'。于是天下闻之，无不歃歔恚嗣
昌矣。"②

　　与卢象昇同时期的抗清文人、嘉兴人高承埏在《自靖录考略》中也有类
似的记载。卢象昇阵亡后，千总张国栋以事情报至兵部，杨嗣昌以加刑相逼，
令其称卢象昇逗留不战。张国栋不肯，为卢象昇大呼鸣冤："刑则愿刑，死亦
愿死，忠臣而以为逗留，力战而以为退怯，上天难欺也！"杨嗣昌最后只好
把张国栋释放。③俞振龙、张国栋仗义实奏，却惨遭迫害，也凸显了杨嗣昌心
胸狭窄的一面。

　　高起潜和刘宇亮，本应与卢象昇协同作战，他们又是怎样抵御清兵和对
待卢象昇的呢？监军太监高起潜，分领关宁军队数万人，得到卢象昇乞援的
消息后，立即拔师离去，移驻于临清与济宁间。《国榷》有载："高起潜闻之，
欲西遁，皇遽仍东行二十里，值敌伏，师溃……起潜仅以身免。"④当闻知卢
象昇战殁后，高起潜却秘而不言。不久，清兵围攻济南，高起潜仍不发援兵，
结果济南城陷，德王被俘。高起潜为逃避责任，竟诬陷已自杀殉难的守城御

　　① ［清］卢安节编，［清］任启运校定：《明大司马卢公年谱》，清光绪元年重刻本，北京
图书馆编：《北京图书馆藏珍本年谱丛刊》第62册，北京：北京图书馆出版社，1999年，第340
页。除了《明大司马卢公年谱》，《明史·卢象昇传》《史外·卢忠烈传》《忠义录·卢象昇传》《东
林列传·卢象昇传》以及《罪惟录·卢象昇传》等皆载有俞振龙之事，虽然详略有差，细节或有
抵牾，但基本内容无大出入。
　　② ［清］夏燮撰，王日根、李一平、李珽、李秉乾等校点：《明通鉴》卷86，长沙：岳麓
书社，1999年，第2385页。
　　③ ［清］卢安节编，［清］任启运校定：《明大司马卢公年谱》，清光绪元年重刻本，北
京图书馆编：《北京图书馆藏珍本年谱丛刊》第62册，北京：北京图书馆出版社，1999年，第
340—341页。
　　④ ［明］谈迁著，张宗祥校注：《国榷》卷96，思宗崇祯十一年，北京：中华书局，1958
年，第5826页。

史宋学朱，称宋学朱仍未死，其行径与杨嗣昌对待卢象昇之做法相类。真相暴露后，宋学朱仍未受朝廷抚恤，而高起潜依旧受到明廷重用。崇祯十七年（1644 年），高起潜仍为监军，却又弃关而走。南明福王在江南建政时，他又被召为京营提督，不久便投降清兵。① 首辅刘宇亮，仅是为了讨好崇祯帝才请缨督察军事的，其实也是贪生怕死之辈，"甫至保定，闻象昇战没。侦者报，大清兵将至，相顾无人色，急趋晋州避之"。晋州知州陈弘绪闭门不纳，遭到刘宇亮驰疏弹劾，然晋州百姓却"诣阙讼冤"，"帝自是疑宇亮不任事，徒扰民矣"。崇祯十二年（1639 年），"九卿科道金议宇亮玩弄国宪，大不敬"，刘宇亮终被"削籍，卒于家"。② 高起潜和刘宇亮一味避战，根本不施援于卢象昇；卢象昇战死后，他们又都漠然视之，高起潜仍受到明廷的重用。由此，我们不难理解，明军为何会屡屡败于清兵。

清军这次入关之战，进一步拖垮了虚弱的明王朝。清兵攻掠畿辅、山东等地达半年之久，直到崇祯十二年（1639 年）三月，清兵才由青山口出长城北归。清军这次入塞，大获全胜。据多尔衮、杜度等疏报："自北京至山西界，复至山东，攻济南府破之，蹂躏数千里，明兵望风披靡，克府一州三县五十七，总督宣大卢象昇战死，擒德王朱由□、郡王朱慈□、奉国将军朱慈党、总督太监冯允升等，俘获人口五十余万，他物称是。"③《明通鉴》亦有载："是役也，凡深入二千里，三十三战皆捷，下畿辅州县城四十有三，……下山东府州县十八，……俘获人口四十六万有奇，乃自青山口旋师。"④ 崇祯帝也意识到东北防务实在空虚，于是便诏令洪承畴统率西北精锐留防蓟辽前线。山西巡抚孙传庭因对抗诏令而被猜忌下狱。西北地区的两位重臣洪承畴、孙传庭离开驻防地后，使得西北防务十分薄弱。这为西北和中原战场上沉寂多时的义军东山再起创造了条件。崇祯十年（1638 年）四月，曾巡抚福建平倭有功的熊文灿，为杨嗣昌所荐，被任命为兵部尚书兼右副都御史，代王家祯总理中原五省军务。杨嗣昌和熊文灿软硬兼施，专力对付各地义军。杨嗣昌还

———————
　　① ［清］卢安节编，［清］任启运校定：《明大司马卢公年谱》，清光绪元年重刻本，北京图书馆编：《北京图书馆藏珍本年谱丛刊》第 62 册，北京：北京图书馆出版社，1999 年，第337—338 页。
　　② ［清］卢安节编，［清］任启运校定：《明大司马卢公年谱》，清光绪元年重刻本，北京图书馆编：《北京图书馆藏珍本年谱丛刊》第 62 册，北京：北京图书馆出版社，1999 年，第 335 页。
　　③ ［民国］赵尔巽等撰：《清史稿》卷 3，《本纪三·太宗二》，北京：中华书局，1977 年，第 67 页。
　　④ ［清］夏燮撰，王日根、李一平、李珽、李秉乾等校点：《明通鉴》卷 86，长沙：岳麓书社，1999 年，第 2389 页。

提出了"四正六隅"①的策略，积极剿杀义军。崇祯十一年（1638年）五月，熊文灿招抚了张献忠、刘国能所部义军，各地起义暂时陷入低潮。但是，张献忠休整一年后，又在谷城起兵反明，并与李自成等义军首领，再次在西北和中原战场上掀起起义的高潮。熊文灿因招抚之策的彻底失败而下狱，举荐者杨嗣昌担心受惩治，只好主动请往湖广督师镇压。然而，杨嗣昌征讨一年半也毫无效果。官军却被张献忠、罗汝才、李自成等部义军，采用"以走致敌"的战术，在湖广、蜀、秦、豫战场上将官兵拖得筋疲力尽。同时，杨嗣昌依然和在朝中一样，没有处理好与部属的关系，导致明军将领左良玉、贺人龙、郑崇俭等或称病避战，或隔岸观火，没有很好的助攻义军。崇祯十四年（1641年）正月，李自成占领洛阳，处死福王朱常洵，二月，张献忠用计攻陷襄阳城，处死了襄王朱翊铭。本已"忧劳病瘁"的杨嗣昌闻讯，惊悸万分，不久去世。②

四、扬名身后

杨嗣昌之死，使得卢象昇身后正名有了可能。崇祯十二年（1639年）二月八日，卢象昇的尸骨得以收殓，其弟卢象晋伏阙上书请恤，无果；同年秋，卢象昇的灵柩回归故乡。崇祯十三年，卢象昇之妻王氏向明廷请恤，又不许；不久，卢象昇弟象晋、象观又请，仍不许。崇祯十四年三月，杨嗣昌死于湖广任上，之后不少朝臣纷纷上疏，为卢象昇鸣冤。之后，卢象昇的历史地位才逐渐获得朝廷的认可。据《明大司马卢公年谱》载，时为左都御史刘宗周，上疏言辞颇为激愤，称"公（卢象昇）死由嗣昌，嗣昌误国，罪不容诛，宜

---

① 《廿二史札记》有载："及崇祯中，流贼充斥，杨嗣昌则建四正六隅之说，以陕西、河南、湖广、江北为四正，四巡抚分剿，而专防延绥、山西、山东、江南、江西、四川，为六隅，六巡抚分防而协剿，是谓十面之网，而总督、总理二臣随贼所向，专征讨，其后竟不能灭贼。"参见［清］赵翼：《廿二史札记》卷36，《明史》"四正六隅"条，北京：中国书店出版社，1987年。

② 樊树志：《大明王朝的最后十七年》，北京：中华书局，2007年，第104—116页。关于杨嗣昌之死，很多人认为是畏罪自杀，有服毒、自缢不同说法。其中明人王世德"自缢死"之说影响较大，"（十三年庚辰）闯贼陷雒阳，福王遇害。献贼陷襄阳，襄王遇害。督师杨嗣昌自缢死。"（杨嗣昌著，梁颂成辑校：《杨嗣昌集》附录，王世德：《崇祯遗录》节录，长沙：岳麓书社，2005年，第1532页）然而，杨嗣昌临死前两个月时，给崇祯帝汇报军情，忧心忡忡，自感"奄奄垂毙"。他长期督师剿敌，劳而无功，忧心忡忡导致重病在身。两王被杀，最终使他心力交瘁而死。其子杨山松、监军万元吉也皆称其病死，似乎"病死"之说则更为合理。

戮尸都市，以为人臣不忠者戒"，于是，"朝廷乃复公官，赠太子少师"。①《明史》亦有类似记载："嗣昌败，廷臣多为言者，乃赠太子少师、兵部尚书，赐祭葬，世荫锦衣千户。福王时，追谥忠烈，建祠奉祀。"②《崇祯实录》并没有述及如何追赠和恤典卢象昇，但也透露出明廷对其态度已经有了根本性的变化。崇祯十五年（1642 年）四月，礼科都给事中沈胤培上疏："欲求事功之臣，不若先求节义之士。如傅宗龙已恤，而卢象昇优典未沾，汪乔年忠魂莫问。事同恩义，何以使诸臣不为巧避也？"结果，"上是之"。③崇祯十六年（1643 年）七月，"议恤故总理卢象昇并核各死事文武官"④。有关崇祯朝和南明弘光朝对卢象昇历史地位的认可，《东林列传》和《忠义录》本传也均有记载："象昇死四年，（象观）上书讼兄冤，得赠户部尚书、太子少师，予祭葬。又三年，改赠兵部尚书，谥忠烈，特荫。荫一子锦衣卫，世袭百户。"⑤"弘光改元，赠原官，谥忠烈。"⑥以上诸史籍记载虽有一些差异，但可以大体上看出，崇祯帝和南明弘光帝为了抗清斗争的需要，已经承认了卢象昇的抗清斗争是忠君报国之为。在恤录崇祯朝殉难死节之诸臣时，弘光朝还追谥卢象昇为"忠烈"。⑦

明朝历史上，有不少大臣，曾为国家立功至伟却遭到政治迫害，而后代君主在遭遇国家危难时，又想起前朝功臣，并为其鸣冤正名、复官复荫。卢象昇的生前死后的经历便是最好的佐证。由此，笔者不由得想到另一位大臣的遭遇。曾经变法富国、死后身败名裂后又被恢复名誉的张居正，其命运不也是如此么？张居正的改革，在很大程度上使财政匮乏、弊政丛生的明王朝

① ［清］卢安节编，［清］任启运校定：《明大司马卢公年谱》，清光绪元年重刻本，北京图书馆编：《北京图书馆藏珍本年谱丛刊》第 62 册，北京：北京图书馆出版社，1999 年，第 341—342 页。

② ［清］张廷玉等：《明史》卷 261、列传第 149，《卢象昇传》，北京：中华书局，1974 年，第 6765 页。

③《崇祯实录》卷 15，崇祯十五年夏四月丙午，《明实录》附录 2，台北："中央研究院历史语言研究所"校印本，第 429 页。

④《崇祯实录》卷 16，崇祯十六年秋七月丙辰，《明实录》附录 2，台北："中央研究院历史语言研究所"校印本，第 485 页。

⑤ ［清］陈鼎：《东林列传》卷 5，《卢象昇传》，扬州：广陵书社，2007 年，第 104 页。

⑥ ［清］朱溶：《忠义录》卷 3，《卢象昇传》，高洪钧编：《明清遗书五种》，北京：北京图书馆出版社，2006 年，第 533 页。

⑦ 多数文献记载，卢象昇被追谥"忠烈"的时间为南明弘光帝在位时，但《国榷》认为仍在崇祯朝："（卢象昇死后）踰四年，予祭葬，赠户部尚书，谥忠烈。"参见 ［明］谈迁著，张宗祥校注：《国榷》卷 96，思宗崇祯十一年十二月庚子，北京：中华书局，1958 年，第 5826 页。

出现了较大的转机，但是由于万历帝的贪婪和张居正生前政敌的攻讦，导致了张居正死后家人处境悲惨、本人声名狼藉的结局。可是到了明末天启、崇祯年间，内忧外患纷来沓至，朝廷才想到了往日之功臣。明熹宗天启二年，朝廷为张居正复原官、予祭葬，并发还没有变卖的张家房产；明思宗崇祯年间，甚至为张家后人荫封官位。正如学者朱东润所言，整个万历一朝，无人称道张居正；天启、崇祯朝遭遇政治危急时刻，却为他复职复荫，实质上就是为了激励当日臣工们，然而一切都太迟了。① 末代帝王们对张居正、卢象昇们的这种正名，自然无法重振朝纲、挽救明王朝覆灭的命运的。

　　能得到敌人敬仰的英雄才是真正的英雄。卢象昇为明王朝抗清殉难，竟屡遭当权者的漠视；已成为胜利者的清朝贵族，却对昔日劲敌卢象昇，表现出了难得的尊崇。清定鼎天下后，一方面残酷镇压抗清义士，另方面也设法笼络各民族尤其是汉人民心。清初，统治者为宣示满汉一家、皇恩浩荡，甚至对已逝之前明抗清义士，亦追谥立祠，褒颂有加。顺治十七年（1660年），卢象昇得以厚葬于"溧阳惠德区芥字号西窑岕"②。《卢忠肃公集》记载稍详："忠烈公坟坐落溧阳西窑岕山。八十亩办粮，左青龙山，右白虎山，及坐身山完备外，祭田五亩二分，坟前地二亩六分。"③ 朱再平为著名的宜兴文史作家，对宜兴地方志研究较为着力，他在《卢公祠记》中，也提及卢象昇祭葬之地，"公（卢象昇）枢南移，归濑上辰山西陶（陶，古读窑，两字音义相通）岕新迁卢家坟地，傍父而葬"。④

---

　　① 朱东润：《张居正大传》，西安：陕西师范大学出版社，2009年，第344页。
　　② ［清］卢安节编，［清］任启运校定：《明大司马卢公年谱》，清光绪元年重刻本，北京图书馆编：《北京图书馆藏珍本年谱丛刊》第62册，北京：北京图书馆出版社，1999年，第342页。
　　③ ［明］卢象昇撰，［清］卢豪然、卢安节辑《卢忠肃公集》卷首，"坟墓坐落"，清光绪元年会稽施惠刻本。
　　④ 路边：《烟雨龙窑·卢公祠记》，北京：团结出版社，2016年，第106页。2017年10月，笔者访卢象昇故乡宜兴茗岭时，卢氏后人称，他们现在已经无法查找到卢象昇坟墓的具体位置了。根据现有史料，基本可以断定，当时卢象昇的坟冢应该是衣冠冢。

图 3-1：卢象昇的墓地

康熙二十七年（1688 年），清政府在宜兴当地为卢象昇建祠奉祀，"奉旨建祠于邑东，以特牢祀"，是为忠烈祠。①乾隆四十一年（1776 年），清廷赐卢象昇谥号"忠肃"，忠烈祠又改称忠肃祠。咸丰四年（1854 年），祠堂遭兵燹之灾，同治九年（1870 年）又由当地乡绅和卢象昇后人募资重修。

除了卢象昇的故乡宜兴，在他殉难地巨鹿贾庄亦曾建有卢公祠。贾庄卢公祠属于私人兴建，以纪念他曾屯兵保卫贾庄。据《明大司马卢公奏议十卷》所附《贾庄建祠纪略》有详载："国朝乾隆八年，先祖杰夫公讳豪然令威县，曾经巨鹿之贾庄，见有先忠肃公专祠，询知两年前有孀妇姚郭氏，同伊侄孙姚成，追念公当日屯兵保护之恩，致命遂志之烈。捐宅基三亩建祠以祀，在地居民争剧金置田十余亩，作春秋祭费，至今报赛不辍。"②另外，"乾隆皇帝又命祀广平、大名、顺德三府名宦，赐谥忠肃"③，所以，在贾庄和畿南三郡

① ［清］卢安节编，［清］任启运校定：《明大司马卢公年谱》，清光绪元年重刻本，北京图书馆编：《北京图书馆藏珍本年谱丛刊》第 62 册，北京：北京图书馆出版社，1999 年，第 342 页。

② ［明］卢象昇：《明大司马卢公奏议十卷》附录，《贾庄建祠纪略》，《四库未收书辑刊》第 2 辑第 25 册，清道光九年刻本，北京：北京出版社，2000 年，第 273 页。

③ 参见中国人民政治协商会议江苏省宜兴县委员会文史资料研究委员会：《宜兴文史资料》第 6 辑，《关于卢公祠的回忆和联想》，宜兴：政协宜兴文史资料研究委员会出版，1984 年，第 45 页。

等地，也应有卢象昇专祠或与当地乡宦之合祠。遗憾的是，由于长期战乱和某种特殊因素的影响，这些祠堂遗址都没有保留下来。我们现在能寻找到的较完整的卢公祠堂，即为2001年宜兴政府重建的忠肃祠。

五、《临江参军》等文艺作品中的卢象昇形象

在历史文献、地方志和某些史著中，对于卢象昇生平事迹的介绍，还是较多的。当然，这些作品多记载卢象昇抗清平叛的事迹，且内容大同小异。对此，前文已多有所述，此处不再赘述。后代的文艺作品，也有不少叙述卢象昇的生平，尤其是抗清阵亡的经历。笔者以为，近代的蔡东藩所著《明史通俗演义》第95回"张献忠伪降熊文灿，杨嗣昌陷殁卢象昇"，对卢象昇与杨嗣昌不和、抗清战殁的叙述和评论皆颇得要领。现代历史小说家姚雪垠的长篇历史小说《李自成》第一卷本，《北京在戒严中》和《卢象昇之死》，着墨五万余字，讲述了卢象昇入京以后的经历。它们虽属小说类别，但却不同于以塑造人物性格和构造扣人心弦的故事情节为目的的普通小说，其文学、史学价值都较高。笔者以为，这些小说作品，值得历史爱好者阅读；自然，它们绝不可当作历史文献来对待。

除此以外，还有一些涉及卢象昇事迹的小说，如当代网络写手"当年明月"所著《明朝那些事儿》，其第7部之《一个文雅的的人》和《选择》，就卢象昇"剿贼"和抗清战死的经历（尤其是后者），记叙较为详细。该著作虽为网络小说，语言风格网络化鲜明，但是能给读者提供了某些重新审视历史的视角。另外如《大明龙腾》等小说，其记叙与史实悬殊太大，对于我们了解卢象昇和明末历史，几无裨益。

关于卢象昇的影视书画类文艺作品，不仅数量较少，而且迄今为止还没有有影响力的大作出现。1979年，山东人民出版社曾制作了《卢象昇抗清》的连环画册，算是较早的普及历史知识的文艺作品。《中华上下五千年》大型卡通历史故事系列视频即有《卢象昇战死巨鹿》一节（连环画册和视频配套），其受众者主要是少年儿童。可喜的是，近年来，随着网络传媒的发展，卢象昇的宣传也出现了新的迹象。2015年，无锡广播电视台发现栏目制作了《悲情战神卢象昇》节目，介绍了卢象昇短暂的一生，视频在腾讯、优酷、新浪等视频网站皆可观赏。2018年，窟眩视频制作的《全面战争纪录片》系列视频，其中有一节《巨鹿之战》，专门介绍卢象昇。

这些文艺作品，对卢象昇的介绍，有着较大的共性：重点记述卢象昇抗

清殉国，以突出赞美卢象昇的英勇正直和精忠报国之精神。这对于当今加强对青少年进行爱国主义思想政治教育都有着重要的现实意义。

就历代诗词戏剧类的文学作品，以卢象昇入文的篇目更是罕见。笔者偶然间找到了一篇诗作，即明清之际的著名学者吴梅村所作《临江参军》。这是一篇长诗，专记杨廷麟和卢象昇两人在巨鹿之战前后事，其文文学、史学价值都很高。作者吴梅村，为杨廷麟之友人，被时人称为文坛魁首。他满怀激情，将对卢象昇和杨廷麟的敬佩与赞叹之情融入《临江参军》诗文的字里行间。在国家危难时，卢、杨所表现出的爱憎分明、视死如归的英雄现象，即跃然于纸上；同时，我们对他们的不幸遭遇，亦不禁感叹不已。这篇诗文为时人专记卢象昇血战巨鹿前后事，作者吴梅村在《梅村诗话》中也称此诗堪为"诗史"[①]；同时，该诗作也不为诸多卢象昇研究者们所熟知。因此，笔者将该诗文摘录于此，希望能为历史爱好者和卢象昇研究者提供某些参考。[②]

临江参军

吴梅村

临江髯参军，负性何贞栗。上书请赐对，高语争得失。左右为流汗，天子知质直。公卿有阙遗，广坐忧指摘。鹰隼伏指爪，其气常突兀。同舍展欢谑，失语辄面斥。万仞削苍崖，飞鸟不得立。予与交十年，弱节资扶植。忠孝固平生，吾徒在真实。

去年羽书来，中枢失筹策。桓桓尚书公，提兵战力疾。将相有纤介，中外为危慄。君拜极言疏，夜半片纸出。赞画枢曹郎，迁官得左秩。天子欲用人，何必历显职。所恨持禄流，垂头气默塞。主上忧山东，无能恃缓急。投身感至性，不敢量臣力。

受词长安门，走马桑乾侧。但见尘灭没，不知风惨栗。四野多悲笳，十日无消息。苍头草中来，整暇见纸墨。唯说尚书贤，与语材挺特。次见诸大帅，骄懦固无匹。逗挠失事机，倏忽不相及。变计趣之去，直云战不得。成败不可

---

① 《梅村诗话》有云："余与机部相知最深，于其为参军周旋最久，故于诗最真，论其事最当。即谓之诗史，可勿愧。"参见［清］吴梅村：《梅村诗话》，上海扫叶山房，宣统三年石印。《梅村诗话》中的"机部"，指杨廷麟，吴梅村之好友，字伯祥，又字机部，临江清江人。所以"临江参军"亦指杨廷麟，《明史》有其传。

② ［清］吴伟业著，李学颖集评标校：《吴梅村全集》卷1，《临江参军》，上海：上海古籍出版社，1990年，第2—3页。又参见白一瑾：《明清鼎革中的心灵史——吴梅村叙事诗人形象研究》，《附录一：吴梅村部分叙事诗注释》，天津：天津人民出版社，2008年，第175—181页。

知,死生予所执。

予时读其书,对案不能食。一朝败问至,南望为於邑。忽得别地书,慰藉告亲识。

云与副都护,会师有月日。顾恨不同死,痛愤填胸臆。先是在军中,我师巳孔亟。剽略斩乱兵,掩面对之泣:我法为三军,汝实饥寒极。诸营势溃亡,群公意敦逼。公独顾而笑,我死则塞责。老母隔山川,无繇寄悽恻。作书与儿子,无复收吾骨。得归或相见,且复慰家室。别我顾无言,但云到顺德。

犄角竟无人,亲军惟数百。是夜所乘马,嘶鸣气萧瑟。椎鼓鼓声哀,拔刀刀芒涩。公知为我故,悲歌壮心溢。当为诸将军,挥戈誓深入。日暮箭镞尽,左右刀铤集。帐下劝之走,叱谓吾死国。官能制万里,年不及四十。

诏下诘死状,疏成纸为湿。引义太激昂,见者忧谗疾。公既先我亡,投迹复奚恤。大节苟弗明,后世谓吾笔。此意通鬼神,至尊从薄谪。生还就耕钓,志愿自此毕。匡庐何巀嶪,大江流不测。君看磊落士,艰难到蓬荜。犹见参军船,再访征东宅。风雨怀友生,江山为社稷。生死无愧辞,大义照颜色。

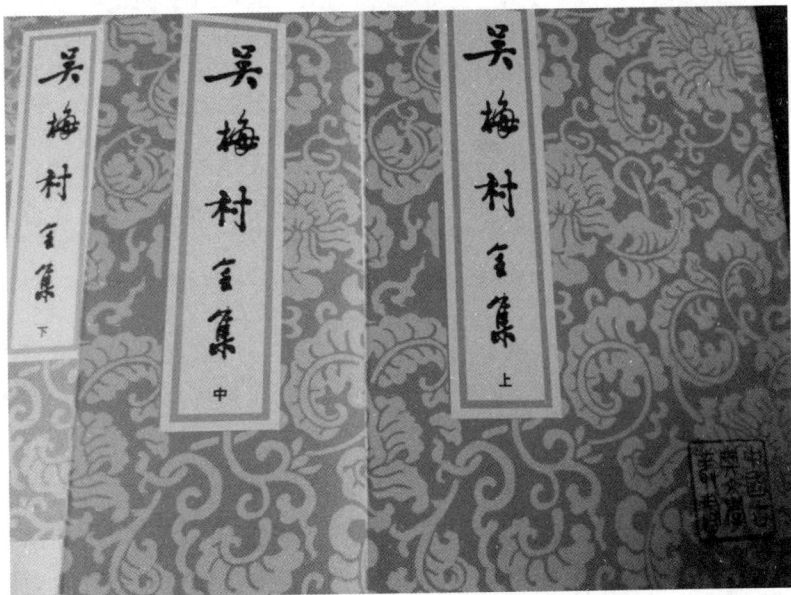

图3-2:《吴梅村全集》(选有《临江参军》)

需要说明的是,该诗文虽然是直接赞美杨廷麟,但同时也突出了卢象昇的历史地位。甚至可以这么理解:诗文明褒杨廷麟,暗赞卢象昇。为什么这么说呢?笔者如此分析:其一,该诗作描述的中心事件即是巨鹿之战。诗文所述为顺序写法，从战前卢象昇与杨嗣昌失和、杨廷麟因直谏而被贬职去卢象昇营参画军务，到卢象昇遭受杨嗣昌、高起潜排挤而孤军奋战，再到最后卢象昇血战巨鹿而亡，所有人物和事件的介绍都是离不开巨鹿之战的。而卢象昇则是这场战役的明军一方的直接指挥者。其二，杨廷麟和卢象昇有诸多共性，如凡事以国事为重，爱憎分明且有担当精神，耿爽直率又视死如归，等等；杨廷麟为弹劾杨嗣昌并支持卢象昇而遭报复后才参赞卢象昇军营，且两人志趣相投、互相欣赏；从官品级别看，杨廷麟就是卢象昇的部属。所以褒扬杨廷麟也意味着是盛赞卢象昇。其三，从诗文写作时间看，应为崇祯十二年（1639 年），此时卢象昇刚刚战死，崇祯帝和当政的权臣杨嗣昌却一直在打击同情卢象昇之人，结果导致卢象昇的尸体未能及时入殓，家属得不到抚恤。所以，此时吴梅村作诗，也不敢明褒卢象昇，但可以通过赞誉杨廷麟来实现。其四，从篇幅来看，有三分之一以上的文字在直接讲述卢象昇，间接写卢象昇的文字也不少。其五，从写作技巧看，诗文中大量运用了烘托和反衬之手法。比如，以杨嗣昌等对卢象昇的排挤和忌恨来反衬卢象昇的英勇正直；以夜战时战场上紧张而肃杀的气氛来烘托卢象昇孤军奋战的悲壮场景；以杨廷麟的秉性耿直、与卢象昇友善来烘托卢象昇识人惜才、勇于担当的优秀品质。

长诗最末一句，可谓是全诗点睛之语：生死无愧辞，大义照颜色。此言是在褒扬杨廷麟为大义而置生死于度外的高贵品格，同时不也是在讴歌卢象昇舍生取义的英雄气概么？

总之，自巡抚湖广到总理五省乃至总督宣大，卢象昇对内保境安民，对外御边抗清；他能文兼武，"移孝作忠"，最终战死疆场。可以说，卢象昇是明末官员的楷模。值得我们深思的是：他赤胆忠心，却为当权者逼迫而死；他矢志抗清，却受到清廷的敬仰。卢象昇的经历告诉我们：在君主高度集权制度下，即便是矢志报国的忠臣孝子，也极有可能成为无辜的政治牺牲品。卢象昇留给我们后人的宝贵财富，除了诸多具有丰富的史料价值的洋溢着人道主义精神的诗词疏牍等作品外，还有提出的诸多军事策略，更有他致力于的官制、军制改革。

第四章　卢象昇的军事策略

在近十年的戎马生涯中，卢象昇积累了丰富的军事经验，提出了诸多有价值的军事策略，甚至有的已付诸作战实践中去。对此，笔者将重点从用兵筹饷和"靖寇绥民"两方面，对卢象昇的军事策略进行分析说明。

第一节　用兵筹饷之策

兵与饷的问题是战争中的大事，"足食足兵"是制胜之关键，对此，卢象昇是深谙其道的，正如他在致阁部书牍里所言："所谓胜著，足食足兵是已。"[①] 无论是抚郧期间，还是在楚抚、五省总理乃至宣大总督任上，卢象昇都强调增兵和加饷的重要性。而在兵员和粮饷难以增加的现实情况下，卢象昇尤强调如何用兵和筹饷。笔者以为，"精兵合兵"与"因粮输饷"，是卢象昇分别在楚抚和五省总理任上，总结长期作战经验而提出的有效之策。

一、精兵与合兵策略

（一）精兵思想

卢象昇在就任楚抚期间，提出精兵思想绝非偶然。可以说，这与楚地特殊的政治军事地位是密切相关的。

明代之楚地或楚省，即湖广行省，地域广阔，约相当于今湖南、湖北两省地域总和。卢象昇初任楚抚，正值西北诸省义军攻掠中原，并向东、向南

---

① ［明］卢象昇：《卢象昇疏牍》卷 4，《致阁部及楚中诸老启》，杭州：浙江古籍出版社，1985 年，第 70 页。

方向蔓延之时，而楚地亦恰位于义军进兵所必经之地。因此，楚地一省之得失，影响甚至决定了整个明王朝政权的安危。但是，在卢象昇看来，楚地防守极为薄弱，宜攻难守。增加楚省驻兵以加强防御实为当务之急，其原因还可概括为三点：其一，从楚地历史上看，楚省深处内地，多年无战乱，所以此地未有常驻兵员和额饷，没有形成有效的军事防御和应急体系。正如卢象昇疏中所言："楚系腹地，前此原无额兵。……兹臣接管，方将竭泽是忧，巧炊无术。"① 其二，从围攻义军中所处的现实重要性来考量，楚省与郧镇地处腹里地区，地域宽广，与邻省绵延相接，确实难以处处驻兵防御。尤其北部楚豫交界，"所过应山、安陆、云梦、孝感一带，皆豫楚接壤之境"，"大贼有犯信阳、真阳者，有犯光山、罗山者，有犯商城、固始者，处处皆与楚中接壤，且平原四达，路径烦多"。② 可以说，各要冲路径皆须分兵驻防。其三，楚省是皇陵藩封之重地，这可是皇族和明廷所极为关注的方面。在君主专制时代，皇陵宗庙和皇亲藩王的安危荣辱，要远高于国家和人民的利益。因此，确保皇陵藩封的安全，一直是明廷军事政策的重心。

明代的皇家陵墓，在全国有五处。其中有：位于今南京的明孝陵，"（朱元璋和皇后马氏）葬在南京城外钟山山下，名曰孝陵"③；位于今北京天寿山麓的明十三陵；分别位于今安徽凤阳和今江苏洪泽湖西岸的明祖陵。还有一处，就是位于今湖北省钟祥市东郊的明显陵，为嘉靖皇帝朱厚熜的父亲恭睿献皇帝朱祐杬和母亲章圣皇太后蒋氏的合葬墓。④ 除了显陵之外，湖广行省（楚省）内还有多处封藩。湖广行省成为明代分封藩王数量最多的行省之一，他们多分布于江汉地区。⑤

楚地的江汉荆襄之地实为皇陵封藩重地，一旦战事发生，此处必然派驻重兵把守。卢象昇就任楚抚，虽然当时楚兵有限，但在部署防御力量上，仍优先皇陵重地，"通计全楚主客官兵一万八千人，除防陵之三千势难他调"⑥。

---

① ［明］卢象昇：《卢象昇疏牍》卷4，《封疆大利大害疏》，杭州：浙江古籍出版社，1985年，第68页。
② ［明］卢象昇：《卢象昇疏牍》卷4，《恭报防御协剿疏》，杭州：浙江古籍出版社，1985年，第74页。
③ 吴晗：《朱元璋传》，天津：百花文艺出版社，2000年，第323页。
④ 李斌，万中一：《试论明显陵在明代帝陵中的地位》，南京大学文化与自然遗产研究所：《世界遗产论坛》，2009年。
⑤ 张大海：《明代湖广宗藩浅述》，《理论月刊》，2008年第3期。
⑥ ［明］卢象昇：《卢象昇疏牍》卷4，《恭报防御协剿疏》，杭州：浙江古籍出版社，1985年，第74页。

当要调兵北上，协助征攻打进入豫地的义军时，他颇为纠结，最终还是决心确保陵寝安全，"今贼大势在豫，而苗头皆向楚，则楚兵宜迎贼以往，先须步步回顾楚疆，尤须步步回顾陵寝，势不能舍楚而豫，示贼以瑕也"①。随后疏辞楚抚时，卢象昇又指出楚地为藩、陵重地，"顾臣楚抚也，楚地之广倍于他省，且十藩封在焉，而皇陵所系，尤非他省可侔"②。他对皇陵的重视，体现了大臣对皇帝的忠诚和对皇权的敬畏，这在君主专制社会里是可以理解的。倘若地方大员失职或无能，导致皇家陵寝宗庙或封藩被毁，往往会遭受皇帝的严厉惩罚。比如，崇祯八年（1635年）正月，一部义军攻陷中都凤阳，毁皇陵挖祖坟，令明廷大为震惊，崇祯帝随即下罪己诏，并派重兵前往镇压；同时严惩负责该地防务的文武官员，"（六月）戊戌，诛故总督尚书杨一鹏，巡按御史吴振缨论死，既而减戍。时振缨巡视皇陵，反得末减，温体仁内援力也"③。再如，崇祯十四年（1641年）正月，李自成所部攻陷洛阳，处死福王朱常洵；同年二月，张献忠所部又占领襄阳，杀掉襄王朱翊铭。以大学士身份督师镇压义军的杨嗣昌闻讯，自知罪责难逃，结果病情恶化，不久死去（一说自杀）。④

综上所述，楚省地广兵寡，还要分重兵专防皇陵和藩封，其军事防务尤显薄弱。卢象昇在《封疆大利大害疏》里说："此时主客官兵，大约一万八千有奇，分布勋楚要地以供会剿，已经另疏会题。夫此一万八千者，现今捍御郧阳，并镇臣秦翼明统帅之以剿贼郧境，听新治臣宋祖舜调度，已去九千余。此外防护承天陵寝者三千，分扼德黄要隘者三千，微臣亲督于襄、光境上会剿者亦仅三千。"⑤他提出，兵员太少，难以御敌，所以恳请增加楚省兵员数额。那么，到底需要增加到多少兵员呢？卢象昇多次提到，楚地马步兵至少

①　[明]卢象昇：《卢象昇疏牍》卷4，《恭报防御协剿疏》，杭州：浙江古籍出版社，1985年，第75页。
②　[明]卢象昇：《卢象昇疏牍》卷5，《恳辞楚抚疏》，杭州：浙江古籍出版社，1985年，第101页。
③　《崇祯实录》卷8，崇祯八年六月戊戌，《明实录》附录2，台北："中央研究院历史语言研究所"校印本，第258页。
④　樊树志：《大明王朝的最后十七年》，北京：中华书局，2007年，第112—116页。
⑤　[明]卢象昇：《卢象昇疏牍》卷4，《封疆大利大害疏》，杭州：浙江古籍出版社，1985年，第69页。

要"二万四五千"①，而且所募之兵，必须是精兵，"尤非兵皆精选，有一名即得一名之用"②。

卢象昇的这种"精兵"思想，是建立在两个现实基础之上的：一是，明廷和地方财力困窘，无力承担增兵之饷，所以卢象昇请求增兵的愿望往往很难得到满足。如他抚楚时，请求增兵也多"求十而不得五"。在给亲友的书信中，卢象昇所言应更为真实："顷如停征，如留饷，如修城，如设兵，无非一字一血，乃请十得一，岂非杯水舆薪！"③因此，既然明廷没有足够的财力养兵，卢象昇就只好减少请兵数额，同时严格训练现有军士，以求所得之兵尽为精兵。二是，卢象昇颇通文韬武略，且善于练兵用兵。他一生征战，常出奇制胜，以少胜多，便是明证。卢象昇练兵，与部下同甘共苦，作战时，身先士卒，赏罚严明。所以，即便一群乌合士卒，经他训练一番后，也颇具战斗力。

（二）合兵策略

关于"合兵"策略，卢象昇抚楚时所上《陈会剿大端并量请马匹疏》中有专门论述，并在其他奏议中亦有相关阐释。楚省兵寡，难以抵得住数万甚至十数万义军进攻。所以，他提出"兵宜急筹其合"的策略。

有关合兵之策的依据，卢象昇在诸多奏议里屡有叙述，现简单总结为如下几点：楚地辽阔，多处要冲；官兵寡少，分而更弱；义军势大，来去无常。这实为同一问题不可分割的几个方面。关于地广兵寡，前文已有论及；至于义军势大，卢象昇的描述较为模糊，但所言却为实情，"标下战兵不过二三千耳，……贼来数十倍于我"④。卢象昇在总结"贼寇"多年为害时，感叹道："夫大寇纵横七年，奔突七省，经练已成劲敌，到处皆其熟窥。而党类之多，

---

① ［明］卢象昇：《卢象昇疏牍》卷4，《封疆大利大害疏》，杭州：浙江古籍出版社，1985年，第69页。又见《卢象昇疏牍》卷4，《致阁部及楚中诸老启》，杭州：浙江古籍出版社，1985年，第71页。

② ［明］卢象昇：《卢象昇疏牍》卷4，《封疆大利大害疏》，杭州：浙江古籍出版社，1985年，第69页。

③ ［明］卢象昇：《卢象昇疏牍》卷12，《与少司成吴葵庵书八首》，杭州：浙江古籍出版社，1985年，第323页。

④ ［明］卢象昇：《卢象昇疏牍》卷4，《致阁部及楚中诸老启》，杭州：浙江古籍出版社，1985年，第70、71页。

又实不止数十万计，每分出以诱我师。"①在辞五省总理时，他再次谈到义军人数之多及其作战特色："此时群寇披猖，岂特非数年前比，即方之昨冬今春，其势更倍。所在分股狂奔，以大股，则每股二三万不止也；以小股，则每万余不止也。"②

从这些文字中，我们可以看出，七年来义军势力发展迅速，为患甚大，卢象昇估算其数量不下数十万。他们分大小支股，在秦、豫、楚三地突奔无常，进行流动作战。卢象昇认为：敌众我寡，官兵难以处处设防，必须集中各部官兵，统一指挥，主动围攻较大股敌军，再逐一歼灭。这就是卢象昇所提出的"合兵"之策。他还从以往征剿不力的教训和现实情况两方面，屡屡强调兵宜合不宜分，"顾前此剿贼未能制胜，大率在于兵分，则今日宜急筹其合"③；"今豫楚遍地皆贼，合剿万不容迟"④。卢象昇认为：以前官兵征讨未能制胜，乃分兵所致；而敌人众多，偏以小股军队引诱官兵出战，其他股则乘虚而入。今后切不可再犯分兵之错。在即将就任五省总理时，他又上疏总结征战经验："总之，谈剿贼于今日，当合计全局，不当分计零局；当合剿大股，不当分剿小股。"⑤这里进一步谈到合兵征讨方略：应当专力对付大股"贼寇"；"剿贼"亦须从大局出发，不可急求。笔者认为，卢象昇有一套整体性的军事策略，这都是基于对当时政治、军事、经济等社会问题进行全局性分析之后总结出来的。他的每一条军事策略都是从属于这一整体性策略的，"合兵"之策也不例外。

"合兵"之策实施情况如何？卢象昇在以后的两次奏疏中，皆称已获得明廷批准，"近准部咨，奉有剿兵不得分派之旨。仰见圣虑渊远，已洞彻兵机贼

①［明］卢象昇：《卢象昇疏牍》卷4，《陈会剿大端并量请马匹疏》，杭州：浙江古籍出版社，1985年，第78页。
②［明］卢象昇：《卢象昇疏牍》卷4，《辞总理五省军务疏》，杭州：浙江古籍出版社，1985年，第73页。
③［明］卢象昇：《卢象昇疏牍》卷4，《陈会剿大端并量请马匹疏》，杭州：浙江古籍出版社，1985年，第78页。
④［明］卢象昇：《卢象昇疏牍》卷4，《请差风力科臣监军疏》，杭州：浙江古籍出版社，1985年，第79页。
⑤［明］卢象昇：《卢象昇疏牍》卷4，《请敕各路援兵疏》，杭州：浙江古籍出版社，1985年，第83—84页。

情"①,"剿兵不得分派,明旨业已屡颁"②。在五省总理任上,卢象昇集中各路兵马,合击"贼寇",屡屡大捷。尤其是滁州会战的胜利,证明他的"合兵"之策还是非常符合实际情况的。

二、"因粮输饷"之计

(一)"足食"为"胜著"

解决好粮饷问题,是作战制胜的前提与关键。正所谓:兵马不动,粮草先行。每次新任一职,卢象昇总是先屡屡奏请粮饷。在湖广巡抚任上时,卢象昇在奏疏和公牍中,反复强调粮饷之重,并请求明廷给楚地加饷。卢象昇极度重视粮饷的态度是一贯的,此前抚治郧阳和此后总理五省乃至总督宣大时也是如此。抚楚之初,他在《到任谢恩疏》中说"而目前最急无如兵马钱粮"③,在《致阁部及楚中诸老启》里也明确指出:"所谓胜著,足食足兵是已。"④对于兵、食之关系,卢象昇有很精辟的论述:"乃通计各省情形,大率寇多于兵,兵多于食。夫兵不足以剿寇,安用糜食以养兵;食不足以供兵,岂不驱兵而为寇。"⑤在卢象昇看来,足兵与足饷皆为制胜的要素。他在奏疏中具体阐述了兵与饷的数额和来源:

微臣熟计深筹,马步兵非二万四五千不可,马步兵一岁所需之饷,非三十七八万不可。……计惟有搜刮、设处、捐输三事,可少佐公帑之穷。……除前奉旨,防兵派米十万石,约可抵银八万两,此外合全省而搜处一番,不病民,不损国,如可得十四五万金,并钱米银岁足二十三万,……其余十五万之数,势不容不呼籲于圣明。"⑥

① 〔明〕卢象昇:《卢象昇疏牍》卷5,《剿寇第二要策疏》,杭州:浙江古籍出版社,1985年,第89页。
② 〔明〕卢象昇:《卢象昇疏牍》卷5,《剿荡三大机宜疏》,杭州:浙江古籍出版社,1985年,第105页。
③ 〔明〕卢象昇:《卢象昇疏牍》卷4,《到任谢恩疏》,杭州:浙江古籍出版社,1985年,第67页。
④ 〔明〕卢象昇:《卢象昇疏牍》卷4,《致阁部及楚中诸老启》,杭州:浙江古籍出版社,1985年,第70页。
⑤ 〔明〕卢象昇:《卢象昇疏牍》卷4,《封疆大利大害疏》,杭州:浙江古籍出版社,1985年,第68页。
⑥ 〔明〕卢象昇:《卢象昇疏牍》卷4,《封疆大利大害疏》,杭州:浙江古籍出版社,1985年,第69—70页。

卢象昇从镇压义军的现实出发，认为在楚的主客兵仅 1.8 万人，实在不堪征讨。他提出保持楚兵 2.4 至 2.5 万人、年兵饷 37 至 38 万两银的目标。其实，依其所议，楚兵每名月饷仅仅 1.2755 两，这明显低于明末普通士兵的月饷额（《卢象昇疏牍》和《皇明经世文编》多有月饷超出 1.3 两银的记载）。然后，卢象昇进一步指出措饷的途径：可得防兵派米折银 8 万两；全省搜刮、设处、捐输或得 14 至 15 万两；请朝廷措饷 15 万两。卢象昇所论述的重心就是最后所请的 15 万两。他认为，年饷 37 至 38 万两已是"刻意节啬"后的数目①。其中，折银 8 万两相对容易得到，全省搜处 10 余万两已经极为困难，倘若剩下 15 万两的请饷不能满足，则将无法使 2.4 至 2.5 万楚兵足食足饷，楚省的防御必然会面临严重问题。

事实上，明末政府财力匮乏，卢象昇求兵饷有时"请十得一"。既然明廷不能直接拨付足够的粮饷，卢象昇只有自己另辟蹊径了。一方面，他在郧阳、宣云等地实施屯田，生产自救（屯田问题将在后面专章论述）；另方面，他也通过捐助之法，依靠明廷的政策支持，获取部分粮饷以资军用，"因粮输饷"即是一种较为有效的捐助之法。

（二）"因粮输饷"

"因粮输饷"之计，是指卢象昇出任五省总理时，为筹措粮饷，针对"有衣冠职役"者，采取的带有一定强制性的捐助措施。

卢象昇就任五省总理后，连上五道"剿寇要策疏"，《剿寇第一要策疏》就是专议粮饷问题。疏文一开始，再次谈义军凶猛与粮饷缺乏之关系："熟计八年来强寇愈剿愈横，所在攻城掠野，大率皆由兵民从贼作贼，是以党类日繁。民从贼，多起于饥寒；兵从贼，多缘于缺饷。"②那么，如何筹措粮饷呢？卢象昇认为，强迫性的要求捐助恐怕引发更多矛盾，不若"因粮输饷"。何谓"因粮输饷"？他先以自家事说起，一直谈到"助饷银"的缴纳：

---

①　卢象昇在《致阁部及楚中诸老启》中有云："兵至二万四五千，如在边关，岁需月饷行监，约费金钱六七十万。不肖刻意节啬，止以三十八万计。顾与地方官搜处十五万，遵旨防兵派米可得八万，此外但以十五万仰给朝廷。如以供边方战卒及客旅调援，止当六七千兵饷额耳。"参见［明］卢象昇：《卢象昇疏牍》卷 4，《致阁部及楚中诸老启》，杭州：浙江古籍出版社，1985 年，第 71 页。

②　［明］卢象昇：《卢象昇疏牍》卷 5，《剿寇第一要策疏》，杭州：浙江古籍出版社，1985 年，第 86 页。

因粮输饷，积少成多，最为简便直截。臣南直人也，祖父以来世受国恩。今臣父、臣叔及臣兄弟四人，共有薄田二十余顷，愿为省直之倡，查照每年应纳本折粮银再输一倍。其余五省乡官，不论在朝在邑，俱止十输其一，如应纳粮银一两，外助饷银一钱。其举、监、生员、商民人等，未食天禄，仍减等论，查其地土钱粮，不及十两者免出，十两以上亦如乡官例，每两纳助饷银一钱，此断不为厉。……此项钱粮，专责州县印官，按籍而稽，如数催纳，俱类解各府，充兵饷正项支销，以藩臣道臣总司查复会报，臣与督抚按诸臣按季册报皇上，寇平即止，庶公私两便，朝野共知。盖加派累民，恐累贫民耳，田多者自是不贫，何累之有？①

卢象昇为解决粮饷匮乏，先以身作则，提出自己和父、叔、兄弟们的赋税将按规定的数量翻番。然后，他向崇祯帝提出"因粮输饷"之法，即要求有一定经济基础的各色人等，视其具体经济条件，向官府缴纳数目不等的"助饷银"。缴纳的办法，对食俸禄之乡官②，原则是"课什加一"，即应该纳粮银一两者须外加助饷银一钱；对举、监、生员、商民人等，则根据其土地钱粮是否过十两为据而定，过者如乡官之例，不过者则免征税课。卢象昇认为此标准并不高，并获得楚省缙绅耆老的认同，"臣质之楚中缙绅，佥曰宜也；更质之楚中耆老，佥曰宜也"③。最后，卢象昇提出征缴的办法和期限：由地方官专门负责，自己和督、抚、按官员造册汇报皇上；为平叛而行之法，乱平即止。

此外，卢象昇还提出两条利于筹饷之法。因粮输饷"并内库折色，及事例广开，合此三项"④，实为筹饷之良策。关于"事例广开"，他没有阐述，只

<hr />

① ［明］卢象昇：《卢象昇疏牍》卷5，《剿寇第一要策疏》，杭州：浙江古籍出版社，1985年，第86—87页。

② 乡官：作为在野官员的明代乡官是官僚统治集团的一部分。随着明代社会政治形势的变迁及官僚集团内在构成的变化，乡官在明代的政治生活中的地位和作用日益显露，并逐渐成为明代政治生活中一支不能忽视的政治力量。明代乡官的政治活动一般集中于地方，在积极地辅佐地方官员治理地方的同时，也表现出把持地方官府、左右地方政府政策的倾向；且明中叶后乡官利用地方官员来对抗中央政权中某些势力的倾向也在增强。参见张兴吉：《乡官与明代政治生活》，《东北师大学报》，1999年第1期。

③ ［明］卢象昇：《卢象昇疏牍》卷5，《剿寇第一要策疏》，杭州：浙江古籍出版社，1985年，第87页。

④ ［明］卢象昇：《卢象昇疏牍》卷5，《剿荡三大机宜疏》，杭州：浙江古籍出版社，1985年，第104页。

是称"奉旨已开"。然后，卢象昇论及内库折色一法。他认为每年起运到内库的钱粮 600 余万两，除了白粮① 不便折色，"其余皆量折三分之一，以济军需，事平即止"。当然，最重要的一项即"因粮输饷"。该法后来又有所变通，卢象昇在《剿荡三大机宜疏》里说道：

> 独士民输助，以其未食天禄，难比乡官，酌理原情，凡地粮过十两以上者，方议输助。……不若简明直截，除大小文武乡官每两各输银一钱外，各省直举、贡、监、生员，及武举、武生、吏员、承舍，以至各衙门快、壮、皂、吏，凡有衣冠职役者，每地粮一两，各输银五分。其余无告之乡民百姓，一概免之，似于情理攸当。②

在《卢象昇疏牍》里，笔者没有查到卢象昇所上《剿寇第一要策疏》和《剿荡三大机宜疏》两篇奏疏上达的具体时间，笔者据疏文内容估算，前疏应为他初任五省总理时的崇祯八年十月，后疏应为两个月之后（崇祯八年底至九年初）。卢象昇在前疏里提出"因粮输饷"之法，在后疏中又对该法进行了某些变通。对变通后的"因粮输饷"，有两点需要说明：其一，文武乡官不属于变通税法的范围之内，"除大小文武乡官每两各输银一钱外"他们的课税比例仍为十分之一。其二，扩大了课税的群体——针对所有"衣冠职役者"③，但课税比例有所降低（由十分之一降至二十分之一）。这样，在不增加普通百姓课税负担的情况下，该法又使政府多募集了一些粮饷。

上文所述的"因粮输饷""内库折色"及"事例广开"三项筹饷之策，其实施范围，最初应是针对卢象昇所属五省辖区而言，但他希望能推行到全国，以获益更大，"若通天下行之，犹可扩充其数"。④ 由于疏请合情合理，结果

---

①　明清时期，向江南五府征收的粳糯米，为专供宫廷和百官用的额外漕粮。据《明史》载："苏、松、常、嘉、湖五府，输运内府白熟粳糯米十七万四十余石，内折色八千余石；各府部糙粳米四万四千余石，内折色八千八百余石。令民运，谓之白粮船。"（张廷玉等：《明史》卷79，志第55，《食货三》，北京：中华书局，1974 年，第 1923 页）

②　［明］卢象昇：《卢象昇疏牍》卷5，《剿荡三大机宜疏》，杭州：浙江古籍出版社，1985 年，第 104—105 页。

③　"衣冠"，指古代士以上戴冠，此处借指世族、士绅；"职役"：封建国家按照户等高下，轮流征调乡村主户担任州县公吏和乡村基层组织某些职务，也称差役。"衣冠职役者"，泛指有些社会身份的人。

④　［明］卢象昇：《卢象昇疏牍》卷5，《剿荡三大机宜疏》，杭州：浙江古籍出版社，1985 年，第 104 页。

得到了崇祯帝的肯定，"合此三项，……已蒙皇上俯俞"①。值得一提的是，"因粮输饷"一项，之后不久，又在输助的标准、比例上或有些变动，卢象昇又在疏中说："乡绅每地粮一两助银二钱，士民地粮五两以上每两助银一钱，其自一钱二钱而外，及士民地粮不及五两，与夫兵荒应免之地，不得混征分毫。并以一年为止，向后不得借题科派。"②如果按照此法，最有利的就是政府，收入自然会大为增加。这也不增加一般贫民的负担，因为他们的地粮是超不出 5 两的。

　　崇祯十年（1637 年）四月，即实施"因粮输饷"之法约一年半之后，杨嗣昌为了实施其镇压义军的"十面张网"大计，提出了增兵加征的计划。为了完成加征 280 万两饷银的任务，他又改"因粮"为"均输"之法："因粮输饷，前此卢象昇奉行一年，不能应手。……如今欲分贫富，其事甚难，只分得个巧拙而已。"③于是，崇祯十年（1637 年）闰四月，崇祯帝下诏加征剿饷，"廷议改因粮为均输"。④

　　关于这次加征方式的改变，《明季北略》也有叙述："群盗盘踞江北，廷议大发兵。计臣苦于无饷，兵部尚书杨嗣昌建议，因改粮为均输，以济军食。因加赋二万两。下诏曰，暂累吾民一年，除此腹心大患。"⑤杨嗣昌和卢象昇加征的目的显然都是为了增加军士的粮饷，但是征收的方式和效果却有所不同。杨嗣昌称，卢象昇的"因粮输饷"之策已实行了一年，并承认该法是建立在"分贫富"基础之上的。但他认为"分贫富"甚难，干脆来个易行之策，即以田亩数加征的"均输"之法。这样，广大人民便包含于纳征者范围之内了。这种饮鸩止渴的加征之法，必然加重人民负担，驱使更多的贫民加入义军的队伍。所以说，"因粮输饷"还是虑及贫民之苦境的，因而有利于稳定明末的社会政局。

　　总之，"足食足兵"方为"胜著"，而"足食"尤重，卢象昇自然深谙其道。然而，明末国家财力枯竭，内忧外患交错出现，政府很难满足他"足食

　　①　［明］卢象昇：《卢象昇疏牍》卷 5，《剿荡三大机宜疏》，杭州：浙江古籍出版社，1985 年，第 104 页。
　　②　［明］卢象昇：《卢象昇疏牍》卷 5，《定止输饷疏》，杭州：浙江古籍出版社，1985 年，第 106—107 页。
　　③　［明］杨嗣昌著，梁颂成辑校：《杨嗣昌集》卷 43，《召对纪事·戊寅四月十二日召对》，长沙：岳麓书社，2005 年，第 1044 页。
　　④　顾诚：《明末农民战争史》，北京：光明日报出版社，2012 年，第 100 页。
　　⑤　［清］计六奇著，魏得良、任道斌点校：《明季北略》卷 13，《杨嗣昌建议均输》，北京：中华书局，1984 年，第 219 页。

足兵"之需。卢象昇只能因地因时，在尽力争取明廷援助的同时，也充分发挥有限的"兵食"效用。他提出和实施的一系列军事策略，如"精兵合兵"和"因粮输饷"等，应该说是符合当时实际的。然而，随着明末社会局势的恶化，各地起义发展迅速。官兵不停地奔赴各地，忙于镇压起义，却败多胜少。在敌强我弱的情况下，许多官员多由积极进攻改为防御甚至招降之策。卢象昇则适时提出和实施了积极防御和"绥民裕民"相结合的军事策略。

第二节 "靖寇绥民"之措

从卢象昇兵备大名到他抚郧、抚楚乃至总理五省，正值明末义军迅猛发展之际。此时，各地义军开始逐步打破地域界限，有逐步席卷全国之势。他们往往相互配合，且流动作战，因而易于形成一股难以预测的强大军事力量。负责镇压起义的官兵甚为头疼，卢象昇也自感力量不支。所以说，卢象昇提出和实施的"靖寇绥民"之策，是基于敌强我弱的军事形势之上的。

一、兵备三郡时的"扦御"之策

卢象昇颇有些文治武功，与镇压义军的一般官员相比，他更注重寓战于守的策略。卢象昇认识到：起义皆由饥饿引起，义军为逃避镇压被迫流动作战；义军队伍在辗转流动途中，当地饥兵也纷纷加入。这正是民变难以肃清的根本原因。正如卢象昇所言："而兵民之相继从贼作贼，其故皆起于求生。夫生死之关，则居食两字尽之。"[①]卢象昇的对策是：寓战于守。崇祯三年（1630年），卢象昇兵备畿南三郡伊始，鉴于"太行、恒山之盗往往啸聚，所过杀掠"，为防义军向畿南三郡蔓延，他"乃抽集民壮，练乡勇，讲什伍，豫筹扦御"。[②]卢象昇把辖区内的百姓，以什伍之法组织起来，平时教授他们如何防御；并抽调部分壮丁组建乡勇，平时勤于训练，以备战时配合军队作战。当然，卢象昇的这些守疆之策并非首创，而他的可贵之处，就是脚踏实地地做到了闲时抚民备战与战时奋勇征战的有机结合。

崇祯五年（1632年），"时寇氛日甚"，卢象昇视察完辖区后，主动构建

① ［明］卢象昇:《卢象昇疏牍》卷2,《立寨并村清野设伏增兵筹饷疏》，杭州：浙江古籍出版社，1985年，第35页。
② ［清］卢安节编，［清］任启运校定:《明大司马卢公年谱》，清光绪元年重刻本，北京图书馆编:《北京图书馆藏珍本年谱丛刊》第62册，北京：北京图书馆出版社，1999年，第296页。

和完备了针对义军的防御工事，具体措施有：

第一，在城镇地区，"缮城郭，修守具"①。卢象昇认为，城池坚固、器械完备是"靖寇"之关键。于是，他令各辖区属郡，务必修缮城池，加固城墙；并铸造兵器和守城器械，加强防备。

第二，在乡村山区，"相形势，高立堡，洼为池"②。卢象昇因地制宜，在辖区内根据地势的高低险夷情况，在高处险要之地，建立山寨城堡；在水洼之处，挖地为池，也可辅助"扞御"。他还为山寨装备充足的守备工具，如铅子、火药、铳炮等物。若敌来，则鸣炮为号，民众皆上山迎敌。

第三，战时财物的集中管理。鉴于普通村落难以抵御义军的肆虐，家里积蓄往往充当了敌人的战利品，卢象昇规定每家存留可供十日使用的财物，"计使民自为守，度可相距十日"③。这是一种战争时期的临时应敌之策：官府统一贮存各家户余财，以后再按量配给发放。此策实际就是对义军实行坚壁清野，以期实现令敌不战而退的目的。

抚郧时，卢象昇亦曾回忆说："本院昔备兵畿南，躬自入山，相度形势，择各山之顶平而四面陡峻，但有窄路可攀缘以上，及水泉可汲者，令附近三五里或十里内居民编成十家牌规则，将粮食赀财搬运其上，于中再选壮丁，各备器械，仍给以火药、铅子、铳炮，贼来即放炮为号，各上山寨防御。至于平地村集，则小村归并大村，掘深沟，筑堤堡，合力以守。行之数月，贼既不能杀掳人民，不能抢掠食用，然后以官兵随处奋击之，群贼望风他遁，保全三郡生灵，此已试之成效也。"④清人计六奇也提及卢象昇兵备大名时的防御举措："迁天雄兵备，寇兴，驰行郡内，严檄州县缮城治具。"⑤

卢象昇在畿南三郡的御敌之策，是一种"寓战于守"的措施，有效阻止了义军对辖区的侵扰。崇祯六年（1633年），西山义军被卢象昇击溃，"贼

①　[清]卢安节编，[清]任启运校定：《明大司马卢公年谱》，清光绪元年重刻本，北京图书馆编：《北京图书馆藏珍本年谱丛刊》第62册，北京：北京图书馆出版社，1999年，第298页。

②　[清]卢安节编，[清]任启运校定：《明大司马卢公年谱》，清光绪元年重刻本，北京图书馆编：《北京图书馆藏珍本年谱丛刊》第62册，北京：北京图书馆出版社，1999年，第298页。

③　[清]卢安节编，[清]任启运校定：《明大司马卢公年谱》，清光绪元年重刻本，北京图书馆编：《北京图书馆藏珍本年谱丛刊》第62册，北京：北京图书馆出版社，1999年，第298页。

④　[明]卢象昇：《卢象昇疏牍》卷3，《立寨并村七款》，杭州：浙江古籍出版社，1985年，第49—50页。

⑤　[清]计六奇著，魏得良、任道斌点校：《明季北略》卷11，《卢象昇战功》，北京：中华书局，1984年，第170页。

别入大名南，民皆守堡，贼无所得"①。从而，"邑聚赖以安全"②。这说明，义军在战败后为修缮的坚固城堡所阻，无处抢掠。这些措施确实起到了对义军坚壁清野的良效，也使饥民从叛现象大为减少。值得一提的是，卢象昇此间所实施的积极防御措施，为以后抚郧和总理五省时，积累了丰富的"靖寇"经验。

二、抚郧时的"安民保民裕民"之计

崇祯八年（1635年）正月到五月间，由于官军与义军征战的主战场在河南、陕西和皖北一带，在郧阳的卢象昇度过了一段相对平静的岁月。他在战事之余，也没有懈怠，积极加强了辖区的军事防务。

卢象昇是位能文兼武的官员，他的非凡之处，就在于能实现战屯结合，战守并重。这是他与一般文武官员单纯依靠军事手段治军理政所根本不同之处。在郧阳抚治任上，卢象昇发展了曾在畿南三郡时实行的"扞御"之策，积极实施"安民保民裕民"之计，以实现境内"靖寇绥民"之根本目的。

面对屡遭兵燹之灾的郧镇，卢象昇认为：当务之急就是招抚流移，加强军事防御，使郧民能安居乐业。为此，他通过奏议申诉郧地郧民之穷苦，请求明廷给予郧镇以经济上的扶持；同时他颁布法令，将安民保民裕民之计化为具体的措施和行动。

（一）安民之计

对于郧镇屡遭兵燹之灾后的悲惨景象，卢象昇提出了"补救急著"三条，其中两条都是从经济上体恤郧民：一是减缓郧民的赋役，让灾民休养生息；二是积极贮积谷粮，以备荒年之需。此"补救急著"，实在是安抚战后残民之必须。

关于蠲恤灾民一条，卢象昇认为，为了避免饥民起义，官府应及早抚恤郧民，蠲免其部分赋役。他又根据山西、陕西两省部分州县因战乱而停征钱粮的先例，恳请官府对郧镇以半数相征。他在疏中说："凡被陷州县，京边钱粮停征，俱有成例，况郧民穷苦离散更甚他方……（郧镇）亦当一视同仁，

---

① ［清］卢安节编，［清］任启运校定：《明大司马卢公年谱》，清光绪元年重刻本，北京图书馆编：《北京图书馆藏珍本年谱丛刊》第62册，北京：北京图书馆出版社，1999年，第298页。

② ［清］卢安节编，［清］任启运校定：《明大司马卢公年谱》，清光绪元年重刻本，北京图书馆编：《北京图书馆藏珍本年谱丛刊》第62册，北京：北京图书馆出版社，1999年，第298页。

酌免其半。"卢象昇此奏，并没有得到明廷的批准，但他仍然坚持再次疏请，并严令所属官吏视郧民具体情况征解，不得以"耗余"等名目肆意勒索。对此，卢象昇在《靖寇绥民八则》第一条款，即"酌缓征之宜以延民命"一则有云："本院疏请蠲赈，朝廷方以公帑告竭难之。今被寇州县，全在良有司大家拿出实实爱民之心，择钱粮之万不容已者，量行征解，其余姑缓催科，俟本院再疏定夺。仍禁绝耗余及收头勒索之敝，违者收役提究，印官听参。"①卢象昇此举实际上是对所奏未准之策的变相实施，说明他的施政风格是务实而灵活的。

至于贮粮备荒之"补救急著"，亦为急需实施之策。郧地处于万山之中，衣食供给皆依仗千里之遥的荆襄诸郡，但因战争频仍，商贾断绝，物价飞涨，郧民生活无以为继。卢象昇认为，需要在楚地境内未遭战乱之郡县借粮若干，存贮于郧地，解救郧民，待到丰年时期，再相继偿还。他在《停征修城积谷疏》中说：

> 郧介万山，布帛菽粟，取给荆襄诸郡，千里而遥。自剿寇用兵，商贾断绝，米每石贵至二两一钱，近且二两四钱矣；豆每石贵至一两，近且一两二钱矣。……官民两穷，何计存活？非急储仓谷二三万，以备缓急凶荒，此土终于危窘。今与抚臣唐晖悉心筹画，将全楚郡邑未遭兵火者，量其大小各借仓谷，多则三四百石，少则一二百石，各输之郧城，以延积贮之命脉，待时和年丰，生理稍裕，仍令郧属设处谷价补还。②

卢象昇认为，全楚和郧地唇齿相依，本应相互救恤，望明廷能"早赐允行"。③在《郧寇初平十议》里，他也将"议积贮"作为重要一款："各属仓谷，专备兵荒。今地方多事之时，务宜设法稽查，多方储积，以备缓急。"④卢象昇一方面奏请朝廷施以援手，另方面也颁布公文以征求同僚们的建议，那么

---

① ［明］卢象昇:《卢象昇疏牍》卷3，《靖寇绥民八则》，杭州：浙江古籍出版社，1985年，第42页。
② ［明］卢象昇:《卢象昇疏牍》卷1，《停征修城积谷疏》，杭州：浙江古籍出版社，1985年，第12页。
③ ［明］卢象昇:《卢象昇疏牍》卷1，《停征修城积谷疏》，杭州：浙江古籍出版社，1985年，第13页。
④ ［明］卢象昇:《卢象昇疏牍》卷3，《郧寇初平十议》，杭州：浙江古籍出版社，1985年，第40页。

结果如何呢？疏牍中未有相关记载，但在《明大司马卢公年谱》里却有只言片语的说明，"又疏请借楚省仓谷分贮郧属"，"疏上，廷议以二分借郧"。①对于"二分借郧"，笔者理解，似应为楚地以卢象昇所求借谷粮总数的十分之二给郧地。也就是说，明廷对所求借粮之请，给予了部分支持。

（二）保民之计

卢象昇一向重视地方防御工事的建设。在战事无多之时，他便致力于郧地的军事防御工作，"公遍历郧津，练习火攻，分布要害，复巡视襄宛、光均诸地，鼓练乡勇，检阅村寨，申严守备"②。卢象昇遍巡郧阳、上津、襄阳、宛（今河南南阳）、光州（今河南潢川）和均州（今湖北丹江口）等辖区，鼓励各地训练乡勇民兵，检阅寨堡防务情况，并鼓励习练火器，以备战时所需。卢象昇还令所属辖区严加戒备。总之，卢象昇因地制宜，或修城堡，或立寨并村，并施以坚壁清野、设伏疑敌等法，在敌强我弱的情况下，积极实施保民"靖寇"之计。

1. 修城、立寨、并村之法。如前文所述，卢象昇守备大名时，就加强辖区的城郭防御建设。郧地城堡残破不堪，更需修缮城郭，但苦无资金来源，所以卢象昇奏请明廷出资援助。笔者没有查到明廷最终拨款的情况，估计奏请不了了之。

那么，在没有城堡的广大山区、平原地带，卢象昇又是如何防御呢？郧地多山地，亦有少数平原地区，他把兵备大名时的许多防御措施也应用到了郧阳地区，并有所创新。在多山地带，仍采取"立寨"之法，"就千岩万壑中，因高设险，令附近壮丁老稚妇女聚而居焉，授以火药炮石，统以团保练长，给以仓谷杂粮，使之有所栖，有所恃。贼去不至展转沟渠，贼来不至身膏锋镝也"。而在平原旷野之地，则实施"并村"之法，"凡十数里内乡村，择居民众多者，将零星村落，编入其中，无事各归本家，遇警合力以守。更令掘深壕，筑堤堙，责成团练长督率防巡，而平原旷野之民亦少可自固矣"。③

山涧沟壑险要之地，在古代往往成为官府、乡民等各方势力结寨御敌的

①　［清］卢安节编，［清］任启运校定：《明大司马卢公年谱》，清光绪元年重刻本，北京图书馆编：《北京图书馆藏珍本年谱丛刊》第62册，北京：北京图书馆出版社，1999年，第302页。

②　［清］卢安节编，［清］任启运校定：《明大司马卢公年谱》，清光绪元年重刻本，北京图书馆编：《北京图书馆藏珍本年谱丛刊》第62册，北京：北京图书馆出版社，1999年，第307页。

③　［明］卢象昇：《卢象昇疏牍》卷2，《立寨并村清野设伏增兵筹饷疏》，杭州：浙江古籍出版社，1985年，第35—36页。

重要地区。郧地处于陕、川、楚三省交界，何时开始有立寨，并无确切考证，但卢象昇抚郧期间，大力推动当地山区立寨"靖寇"却是不争的事实。张建民认为，郧地立寨即始于卢象昇抚郧时，"郧立寨自前明始……卢象昇抚治郧阳，念郧郡诸山绵亘，有险可凭，用守畿南法守之，立寨并村。郧人惩前毖后，踊跃奉行，吾乡夹山等寨亦从此起"①。在卢象昇的诸多疏牍中，如《立寨并村清野设伏增兵筹饷》《立寨并村七款》及《鼓练乡勇》等，都有郧地立寨的记载。不管是山地"立寨"还是旷野"并村"，皆属于因地制宜、积极防御之策。在山寨和大村内，乡民群聚而居、合力"靖寇"；在周围掘深壕筑堤堑，并以团保练长统领乡民。这说明，山寨、大村都成为军事化的战时组织。

2. 清野、设伏之法。为了更有效地遏制义军来袭，卢象昇在"立寨"和"并村"的基础上，更实施"清野""设伏"之法：

> 臣于是设为清野之法。山民凡有升斗积贮，俱令运入寨中。而平地村落一切粮米赀财，悉寄顿于大村大镇可守之处，并马赢牛畜。亦皆授以收敛之方。……于是设为埋伏火器之法。兵家如地雷、石炮、火鼓、钢轮等类，暗布山谷，触机而发，随地可以歼贼，其用甚广，其费甚多，臣力不能。乃少变其制，而以竹木为之"②

"清野"之法，实质上就是将乡民所有财物都集中于山寨和大村中，使来犯之"寇"既无力攻取山寨、大村，又无乡民、财物可掠，自然就会溃逃而去。"设伏火器"之法，就是在兵力十分有限的情况下，在敌人进犯之必经之地，埋伏火器，有效歼灭伺机入侵之敌。由此可见，"清野""设伏"之法，是以"立寨""并村"之法为依托的，而村民、乡勇亦兵亦民，守为本战为辅。卢象昇所构筑的积极防御体系，在兵寡饷乏的实际情况下，基本实现了"保民御寇"的目的。

---

① 张建民：《环境、社会动荡与山区寨堡——明清川陕楚交边山区寨堡研究之一》，《江汉论坛》2008 年第 12 期，第 78 页。
② ［明］卢象昇：《卢象昇疏牍》卷 2，《立寨并村清野设伏增兵筹饷疏》，杭州：浙江古籍出版社，1985 年，第 36 页。

（三）裕民之计

安民、保民之计的实施，给了郧民一个相对安全、安定的生存环境，但若不改变郧民极度贫困的生活状态，饥民从叛现象仍有增无减。所以，鼓励郧民生产，改善其生活则是"靖寇绥民"之根本。卢象昇从镇压义军的角度，在疏牍中屡屡论及改善民生之必要性："臣姑以郧论……悯兹孑遗，贼来而藏身无地，则从之；糊口无资，则从之；既难藏身，又难糊口，而白刃在前，尤不得不从之。"①

卢象昇认为，解决郧民的"居食"大计，才能实现剿敌之目标。他在《靖寇绥民八则》中，提出"通山泽、广招垦、恤行户"的"裕民"之策：

通山泽之利以济民穷。郧属瘠土，……闻各山之中，绝磴穷崖深沟大泽之内，或产铜砂，或产铅铁，或产石绿、石青，纵令所产无多，亦是小民生路。官府姑听其便，采取贸易以为生，不必禁阻，庶免弱者饥寒坐困，强者横起盗心。②

广招垦之术以裕民计。……属印官须广悬示约，将境内逃故土地逐一清厘，召人耕种，先尽原业主之亲支族党；如亲支族党无承认者，则尽亲戚里邻；如亲戚里邻无承认者，则招壮丁流寓。其初种之年，量出课程三分之一，以后递年酌量升科。③

恤行户之苦以资民用。……嗣后通行郡邑，尽革官价，一照平价行之。仍令各行俱设二簿，将时估及各衙门买用价值登记于上，本院及各道府州县不时调查。此则物价得平，胥役无弊，商贾渐集，民用可资矣。④

以上三条款的规定，分别从采矿业、农业和工商业三个方面，对郧民的经济生活给予关注，以实现"济民穷""裕民计"和"资民用"。这对于郧民

---

① ［明］卢象昇:《卢象昇疏牍》卷2,《立寨并村清野设伏增兵筹饷疏》,杭州：浙江古籍出版社，1985年，第35页。

② ［明］卢象昇:《卢象昇疏牍》卷3,《靖寇绥民八则》,杭州：浙江古籍出版社，1985年，第42页。

③ ［明］卢象昇:《卢象昇疏牍》卷3,《靖寇绥民八则》,杭州：浙江古籍出版社，1985年，第43页。

④ ［明］卢象昇:《卢象昇疏牍》卷3,《靖寇绥民八则》,杭州：浙江古籍出版社，1985年，第43页。

尽快安心生产、发展经济甚至活跃市场，有着较为积极的意义。

三、总理五省时的"阻贼疑贼饿贼"之计

崇祯八年（1635 年）十月，卢象昇赴任五省总理，面对义军越剿越多，无数生灵涂炭之现状，他忧心忡忡，将曾在畿南和郧地实施的"靖寇"绥民之策，加以权变发展，形成了"阻贼疑贼饿贼"之计。

（一）"立团寨，筑壕堑以阻贼"

卢象昇概述了如何立寨设团、筑壕堑布伏之法："凡居民近山险者立寨，多村落者聚团，寨必有泉可汲，并择其路窄而陡峻，贼不能攻者。团必大村镇，人力众多，周围挖深壕，布密箐，筑牛马墙。其近团路径，用荆棘树枝木石累断，再张毒弩等项于内，使贼难近。"① 此法重在保全自身实力，利用地理天险或人工设险布伏进行积极防御，让敌人不得近身。

（二）"挑乡勇，设游兵以疑贼"

义军常借助老弱妇幼之众壮声势，并窥察官兵虚实，伺机侵扰。卢象昇也针锋相对，制定"扰贼疑贼"之策："募各乡居民勇敢当先者，州县印官时时犒赏鼓励，使其父母妻子安置寨团，或远避他所，止留敢死百余辈，多则数百辈，名曰游兵。各持闷棍、板斧、长短枪、库刀四样军器，昼伏高山深林，侦贼来往，多则避之，少则狙击，夜则衔枚匍匐，或劫其营，或窃其马骡衣服器械，或伺其醉梦而歼之，使贼不知所从来。"② 官兵先由民间招募百名乡勇敢死队，也称"游兵"，令其各持兵器以山林为掩护，夜间劫掠义军营寨，使义军不明虚实而惊慌失措。此法于积极防御之外，还伺机进攻义军。

（三）"收资粮，敛头畜以饿贼"

卢象昇认为，义军之所以势众，全靠"因食于民"。义军掠民财为生，饥民却从之求生，这是义军愈"剿"愈众之根源。官兵只是一味追"剿"，必然胜寡败多。如何应对呢？他提出清野"饿贼"之法："凡近城三十里以内士民，

---

① ［明］卢象昇：《卢象昇疏牍》卷 5，《剿寇第五要策疏》，杭州：浙江古籍出版社，1985 年，第 95 页。

② ［明］卢象昇：《卢象昇疏牍》卷 5，《剿寇第五要策疏》，杭州：浙江古籍出版社，1985 年，第 95 页。

急将粮食赀财搬移入城；三十里以外，或运至山寨，或收入大村聚团固守。牛羊马骡鸡畜等项，多方收敛，务使贼无所掠。"①这是一招对付义军的釜底抽薪之策。各地乡村民众，将所有粮食、牲畜等财物，全部藏于官府就近所设之城邑、寨堡及大村中，使义军无法获得基本生活资料。说到底，该措施就是对义军坚壁清野，同时也对当地百姓进行有效保护。

由此可见，在畿南、郧阳和五省任职时，卢象昇各自实施的"靖寇"绥民之策，其间有着较为密切的继承和发展关系。比如，兵备大名时之"缮城郭修守具""高立堡洼为池"等措施，与抚治郧阳时之"修城立寨并村""设伏火器"等举措，再与总理五省时之"立团寨筑壕堑"之法，皆为积极御敌之策，其间的前后继承性是不言而喻的。又如，在大名时集中管理民间财物的做法，亦与在郧阳时的"清野"之法以及与在五省时的"饿贼"之法，皆有着异曲同工之妙。卢象昇在每个时期，都根据当地实际情况，对御敌之策加以变更，从而有效地抵御敌人。当然，后期的"靖寇"绥民之策亦有发展创新之处。比如，总理五省时的"疑贼"之法，就是在有效防御的前提下，由官府招募"游兵"，还伺机袭杀敌人。这与之前的单纯防御之策已有所不同，这也说明卢象昇的各项御敌之策，构建了一个有机的积极防御体系。再如，卢象昇在抚郧时期，还制定了有效的裕民之计，就是希望从采矿业、农业和工商业诸方面刺激当地经济发展，从根本上解决民生问题，杜绝"民贫从贼"现象的出现。当然，这种裕民之计是有着一系列安民保民措施的切实保障的。所以说，卢象昇的裕民之计，体现了他为官时较强的政治才干。

第三节　其他军事策略

除了前文所述的用兵筹饷和"靖寇"绥民之策，卢象昇还提出甚至实施了其他一些军事策略。譬如在购买营马、谋练奇兵以及修筑边墙、台、堡诸方面，他都有自己独到的见解。

一、"剿贼急需营马"

在明末战争中，骑兵力量的强弱，影响甚至决定了某一军事集团的整体作战水平的高低。而战马数量的多寡和质量的优劣，是骑兵力量强弱的决定

---

① ［明］卢象昇：《卢象昇疏牍》卷5，《剿寇第五要策疏》，杭州：浙江古籍出版社，1985年，第95页。

性因素之一。卢象昇抚楚之初，就明显意识到"营马"与骑战的重要性，总督宣大时，他更把"马政"作为军政的重要内容。他对营马的重视，源于对敌我骑兵力量悬殊的深刻认识：义军多骑兵，官兵堵追皆不能及。为此，他不由得感叹："贼骑如云，每至则漫山遍野，尽意驰骤，倒损即随地抢骑。我兵十不一马，性命相依，既不便舍步兵而先驰，又不敢穷马力以致毙。"①当然，这种认识也是在他在长期战争中逐步形成的。为了增强骑兵力量，楚抚卢象昇奏请营马银以购买营马：

> 目前剿贼急需营马。……臣自治郧以及抚楚，多方设处，买马三百余匹，约费三千六百余金，未动丝毫公帑。留百匹以与新治臣应用，而以二百匹自备骑征。乃奔驰半年，亦多伤损，纵使二百皆壮骑，犹与无马同，将何杀贼乎？臣身日在行简，即欲捐赀市骏，设处已穷，缓急无恃。顷者镇臣秦翼明疏请马匹，蒙皇上俯允。部议动支湖广节裁驿站银三千两与之。臣身膺讨贼之役，不敢多求，伏乞皇上敕部，准再动前银五千两。所不足者，臣当另为设法。臣标下若有马骑八百，庶可供一臂之用，而备督剿之资也。②

卢象昇奏称，他曾买马 300 匹，自己标兵留用 200 匹，并希望援引湖广总兵秦翼明之旧例，拟申请 5000 两银买马 500 匹，以供征战。5000 两营马银，对财力匮乏的明廷来说，或许也是一个不小的经济负担；卢象昇不久后即已赴任五省总理，之后亦未再坚持奏请，因而他的奏请并未见批允。

二、谋练奇兵与修筑边墙台堡

总督宣大时，卢象昇十分重视选练奇兵，主张奇正结合，以奇制胜。为此，他曾专疏《选用奇兵疏》，从多个方面论及选练奇兵事宜。首先，他谈及奇兵之作用："每到三四更时熟睡，诚得勇敢兵丁，身躯矫健，举步轻捷，善于登高涉险，昼伏夜行者，潜入其营，奋力砍杀，并暗取其马匹弓矢，此制口良策。"其次，他指出所选奇兵的标准："手足利便，胆气充足，心志坚强，呼吸灵应。"再次，他论及选奇兵之法："牌仰该道官吏，即便转行协路将领

---

① ［明］卢象昇：《卢象昇疏牍》卷5，《剿寇第二要策疏》，杭州：浙江古籍出版社，1985年，第88页。

② ［明］卢象昇：《卢象昇疏牍》卷4，《陈会剿大端并量请马匹疏》，杭州：浙江古籍出版社，1985年，第79页。

及守备操防管官，各照本管军兵，每百人中精择一二名，开具姓名年貌籍贯，限文到十日内，由道类报前来。道丁亦百人选一，同将备等官所选，一并册报。"最后，他谈到对奇兵从优体恤："以偷营劫寨，能夜杀口及暗取其弓箭马匹，一照功级升赏。其有被口损伤者，分别重轻，从优恤录。"另外，他还强调，选奇兵要遵循自愿的原则，"尤在各军兵自愿承认，方为得力"。①

对于宣大边墙修筑一事，卢象昇也有着独到的看法。前任宣大总督梁廷栋曾上疏，请求在宣府镇陵后220里地修筑边墙，以加强边防。此事引起朝臣们较为激烈的论争。卢象昇认为此策万不可行，原因之一就是颇费钱财，"计直一百六十万以上"；另一原因，是宣大三边镇边防数千里地，敌兵可绕道进攻皇陵重地，"宣东至大同、山西延袤二千三百里，随处可达皇陵，若止于三百里议筑，犹无边也"。卢象昇以为，"夫士卒用命，众心成城，道在守御，不在边墙"，因而，修边墙之事"事遂寝"。② 其实，对于边地的防御工事，卢象昇还是极为重视的。但迫于财力的匮乏和边境线的漫长，只好在重要地方修筑烽台和墩堡，加固加高土堡。当时宣府巡抚刘永祚，就力主修筑烽台，卢象昇则"以其地平衍，水草少，其势不屯，乃浚壕凿井，增筑土台数十所，使相委属"③。

总之，在近十年的军事生涯中，卢象昇积累了十分丰富的军事经验，尤其在用兵筹饷和"靖寇绥民"等方面，他适时提出、实施了不少有价值的军事策略或军事思想。然而，卢象昇所任诸职，任期都比较短暂：久者三四年，短者不足一年。更何况，在任职期间，由于各地战事频仍，卢象昇常年征战在外。所以，本章所述之军事策略或军事思想，有的实施效果较好，有的亦未能很好地实施，但都反映了卢象昇在治军方面较丰富的政治军事智慧。

———————

① ［明］卢象昇：《卢象昇疏牍》卷8，《选用奇兵疏》，杭州：浙江古籍出版社，1985年，第189页。

② ［清］卢安节编，［清］任启运校定：《明大司马卢公年谱》，清光绪元年重刻本，北京图书馆编：《北京图书馆藏珍本年谱丛刊》第62册，北京：北京图书馆出版社，1999年，第322页。

③ ［清］卢安节编，［清］任启运校定：《明大司马卢公年谱》，清光绪元年重刻本，北京图书馆编：《北京图书馆藏珍本年谱丛刊》第62册，北京：北京图书馆出版社，1999年，第323页。

第五章　郧阳和宣云屯田

卢象昇大兴屯田，根本目的就是要解决明末粮饷匮乏的现实问题。明末国家财政吃紧，卢象昇屡屡请饷亦多不能如愿，便求助于捐助之法。然而，"因粮输饷"实为募粮饷之权宜之计，因为它既不能创造物质财富，又对捐助者带有一定的强制性，在实施过程中极易产生弊端。"因粮输饷"实施不久后，即逐渐被杨嗣昌所倡导的"均输法"所取代，也说明"因粮输饷"还是具有某些局限性的。因此，卢象昇在抚郧和总督宣大期间，便恢复和发展了明初以来的屯田，这的确是一种生产自救式的增加粮饷的有效措施。

第一节　郧阳屯田

卢象昇于宣大总督任上大兴屯田的情况，史书中多有记载。而他实施屯田，早在抚治郧阳时即以开始，其目的就是部分地解决郧兵严重缺饷的现实问题。当然，这次郧阳军屯，也为以后的宣云屯田积累了丰富的经验。

一、明代屯田制度的兴衰

屯田，乃屯聚垦田之意，它是中国历代封建官府，组织劳动者在官地上进行开垦耕作的农业生产组织形式。屯田之事，由来已久。我国古代官府开始实行屯田，可以上溯至秦汉时期，其目的是满足边地军粮之需。金朝在灭辽以后，为了统治境内的汉、契丹等族劳动人民，在腹里也遍设"猛安谋克"；与之相对应，亦设置军屯，所以金朝的屯田（包括军屯）边腹地皆有。随着元代军屯大兴，民屯也发展起来并逐步军事化，并成为军屯的积极辅助。① 元代和金朝相似，皆是少数民族政权，为了镇压境内各民族尤其汉族人民反抗，也是边腹内外皆设屯，终元一代形成定制。正如《元史》所云："国初用兵征讨，遇坚城大敌，则必屯田以守之。海内既一，于是内而各卫，外而行省，皆立屯田，以资军饷。"②

明代的屯田形式大体上分为民屯、商屯和军屯三种，而以军屯最著。边腹地屯守军比例略异。《明史》有载："其制，移民就宽乡，或招募或罪徙者为民屯，皆领之有司。而军屯则领之卫所。边地，三分守城，七分屯种；内地，二分守城，八分屯种。"③ 明代的卫所军制，实质就是寓兵于农、守屯结合的军事制度。卫所屯田的目的就是尽力满足军粮所需，正如明太祖朱元璋所言"以军隶卫，以屯养军"④。以屯养军是检验卫所成绩的重要内容，也是卫所兵制的基本特点。⑤ 有明一代，军屯是历时最久、影响也最大的一种屯田方式。各卫所平时除了屯田任务外，还有守御地方之责。朱元璋曾自夸道："朕养兵百万，不费民间一粒米。"⑥ 此言虽过，但也说明，明初屯田，为解决军粮供应确实起到了较为积极的作用。

从宣德到正统年间，军屯制开始衰落下去。从屯田亩数的大量减少，可以窥见军屯衰落的事实。《明史》载："万历时，计屯田之数六十四万四千余顷，视洪武时亏二十四万九千余顷。"⑦ 李三谋曾总结军屯衰落之原因：其一，生产力低下，屯军的赋税过重。有的军屯之田处于偏远地区，尤以是北方边镇，这些贫瘠之田产量较低，往往导致屯军劳而无获，难以承担正粮、余粮的赋税重担。其二，生产资料的缺乏和生产条件的恶化。一方面是主要的生产工具耕牛的供应严重不足；另方面是政府无力进行必要的水利工程的修建。其三，地方武官、监军太监、地方豪右等占田占役状况，到明代中后期愈来愈严重，这是破坏军屯制度的最为致命因素。⑧

———————

　　① 王毓铨：《明代的军屯》，北京：中华书局，1965 年，第 11、16 页。

　　② ［明］宋濂等：《元史》卷 100，《兵制三·屯田》，北京：中华书局，1976 年，第 2588 页。

　　③ ［清］张廷玉：《明史》卷 77，志第 53，《食货一》，北京：中华书局，1974 年，第 1884 页。

　　④ ［清］张廷玉：《明史》卷 90，志第 66，《兵二》，北京：中华书局，1974 年，第 2196 页。

　　⑤ 《中国军事史》编写组：《中国军事史》卷 3，《兵制》，北京：解放军出版社，1987 年，第 411—412 页。

　　⑥ ［清］傅维鳞：《明书》卷 67，志第 11，《土田志》，清康熙三十四年本诚堂刻本。

　　⑦ ［清］张廷玉：《明史》卷 77，志第 53，《食货一》，北京：中华书局，1974 年，第 1886 页。

　　⑧ 李三谋：《明代边防与边垦》，《中国边疆史地研究》，1994 年第 4 期。

除了军屯外，商屯和民屯也是两种重要的屯田形式。商屯其实也是一种特殊形式的民屯。明初，为解决边地军粮，政府利用所垄断的食盐专卖权，规定商人可输粮到边地以换取"盐引"，作为贩卖食盐之凭证，到指定盐场支盐并到指定区域销售，此项制度称为"开中"法。后来，有些商人为节省输粮成本，干脆雇人屯垦于边地粮仓附近，将收获之粮就近缴纳换取盐引，这就是商屯之来历。① 商屯对边粮供给有一定的补充作用。时人刘应秋对商屯评价较高："商人自募民耕种塞下，得粟以输边，有偿盐之利，无运粟之苦，便一；流亡之民，因商召募，得力作而食其利，便二；兵卒就地受粟，无和籴之扰，无浸渔之弊，便三；不烦转运，如坐得刍粮，以佐军兴，又国家称为大便者。"② 随着商品经济的发展，弘治年间兵部尚书叶淇实行了"开中"盐法改革，使得巨商豪富可以纳银代军粮换取盐引，使得商人以屯田补给军粮的兴趣大为减弱，商屯也渐趋衰亡。

民屯也是明代一种较为重要的屯田形式，由地方政府负责管理。明初，相对军屯来说，民屯的规模和影响是十分有限的。民屯有三种组织形式，如《明史》所载："移民就宽乡，或召募或罪徙者为民屯，皆领之有司。"③ 一是移民到人少地多的"宽乡"屯种，这在明初时较为常见；二是招募人民屯种，虽说自愿，但和移民屯种一样，具有明显的强迫性；三是徙罪犯到某地屯种。民屯的是以屯为基层单位，一屯即一里，下分十甲，类于里甲制度。④ 李三谋认为，弘治以后，军屯和商屯已经衰落，但民屯却稍有发展。⑤

明末，由于国内起义频繁和辽东边患不断，军粮缺乏十分严重。此时，恢复和整顿各种形式的屯田尤其是军屯，具有较强的迫切性。卢象昇就是在这样的时代背景下，多次大举屯田的。

二、郧阳屯田的组织体系、物质保障和制度约束

郧阳官府实施屯田，可以上溯到成化十二年（1476 年），首任郧阳抚治

---

① 汤纲，南炳文：《明史》，上海：上海人民出版社，1991 年，第 120—121 页。

② ［明］陈子龙辑：《明经世文编》卷 431，《刘文节公集》之《盐政考》，北京：中华书局，1962 年，第 4718 页。

③ ［清］张廷玉：《明史》卷 77，志第 53，《食货一》，北京：中华书局，1974 年，第 1884 页。

④ 汤纲，南炳文：《明史》，上海：上海人民出版社，1991 年，第 118—120 页。

⑤ 李三谋：《明代边防与边垦》，《中国边疆史地研究》，1994 年第 4 期。

原杰经略郧阳之时，"郧屯则自原公始"①。明末郧阳地区，地僻民穷，军队缺粮极为严重。卢象昇上《募军开屯疏》，指出："今日之郧，极困苦之地"，改变的根本办法，"惟有屯田一著。"并在奏议中，从抽军余、委卫官、清田课成、行奖惩四个方面，向明廷阐述屯政方略。②

卢象昇奏请郧阳屯田是否得到批复了呢？我们虽然没有找到明确的批文，但可以由以下两方面判定，明廷确实同意了该疏请。一是，《募军屯田十议》里有"为此牌仰本官备照宪牌并册开款项"一语，可以作为佐证。二是，我们可以结合历史背景，从常理上进行推论。崇祯帝驭臣甚严，督抚所行大事，事先是须向皇帝奏明的。卢象昇是一位行事谨慎的忠臣，他绝不敢擅自实施屯政的，况且，他兴屯务还须明廷给予一定的物质支持。③

获得明廷准奏后，卢象昇在《募军屯田十议》中，将《募军开屯疏》中所阐述的屯政方略，转化为具体的屯田措施并公之于众。该"十议"罗列兴屯之法十条款，笔者归纳为三个主要方面，即：构建军屯的组织体系，为屯军提供物质等保障，与屯军的某些权责约定。

（一）构建军屯的组织体系

为了有效地进行屯田，需要建立起屯田的组织机构，卢象昇随即在"选卫官""抽军余"和"定编派"三方面进行筹划，奠定了军屯的组织基础。

1. "选卫官"，即是遴选卫所军官对屯田进行督率管理。卢象昇认为，"募军屯田，首须择官统率"。择官仍旧从原卫所中进行，"仍于本卫（荆襄等卫）指挥千百户中，选忠实廉干官十员，统领各军，听刑官点验毕，即赴该道过堂起送至郧镇，赴本院过堂，以凭分派安插"。遴选标准是"年力精强，身家殷实，忠诚廉干"。他还提到：若开屯有功，还会专门奏疏题叙。④

2. "抽军余"，军余即指正军之余丁，抽军余就是抽调荆、襄等卫中可堪屯垦之军余壮丁，赴郧地安插屯田。卢象昇认为，既然郧地"查得房、竹、

---

① ［明］裴应章、彭遵古等著，潘彦文等校注：《郧台志》卷8，《储饷·屯田》，南京：长江出版社，2006年，第291页。

② ［明］卢象昇：《卢象昇疏牍》卷2，《募军开屯疏》，杭州：浙江古籍出版社，1985年，第24页。

③ 卢象昇曾奏请搜借一万两银作为屯田所需牛具子种之费用，"而募军屯田所需牛具子种，召商鼓铸所需铜本工料，又非各得万金，断难措手"。参见［明］卢象昇：《卢象昇疏牍》卷2，《借本屯田鼓铸修城疏》，杭州：浙江古籍出版社，1985年，第28页。

④ ［明］卢象昇：《卢象昇疏牍》卷3，《募军屯田十议》，杭州：浙江古籍出版社，1985年，第47页。

西、津、保、郧等县，人民死亡大半"，而荆、襄等卫军余甚多，恰好可"鼓而用之"，如此，"庶几足以救郧"。他要求各官员"通查该卫食粮正军若干名，不食粮余军若干名，不许一毫漏隐，即将军余中选择年力壮健堪以业农者，多则五千，少则三千，开具年貌，并取各官军结状，限文到一月内报院，以凭措给牛具子种"。文中提及选择屯田的军余，须是"年力壮健堪以业农者"。抽调军余人数为三千到五千①，其比例为"大约以三丁抽一为率"。为防范屯田军余逃亡，"仍令本所本伍千百户及正军各具保结"。卢象昇又进一步解释，所抽调的对象为卫所军余而非正军的原因："卫所正军，虽有月粮屯地，诸如守城、团操、运粮等役，亦自苦累多端。"②

3．"定编派"，是指如何组织所征调的各卫所屯田军余。卢象昇说："所抽军余，通计若干名，某卫官名下领军若干，依照一甲、二甲规则派编。每十名为一甲，中择一人为甲长，以防混乱，以便责成。"③卢象昇所构建的军余屯田组织体系，其详情因资料缺乏而无法叙述清楚，笔者以为，似应借鉴了明代盛行的卫所军制和乡村里甲（或保甲）制的管理模式。

（二）为屯军提供物质等保障

为了让军余和军屯管理者能安心屯种，卢象昇议定了"给官粮""设房舍""借子种""资牛具"及"便舆情"等条款，为其提供粮饷、子种、牛具、居住、省亲等方面的资助或便利。这为军屯的开展提供了必要的物质甚至情感上的支撑。

1．"给官粮"，就是对于初到郧地的外地军余，提供生活必需的粮食，给卫军官廪粮银。卢象昇议定："各军初往开屯，离家颇远，难以裹粮糊口。每名每日各给米一升，以三月为率，向后屯种可以资生，不烦官府过计矣。其统率屯军卫官，除月支俸粮外，每日加给廪粮银八分，俟开屯成熟再议。"甚至屯军原有的别项差役也"概行豁免"。不过，屯军每日应得一升米的优待，

---

① 笔者认为，此人数并非荆、襄诸郡所有被抽调的屯田军余总人数，而是每卫的屯田军余总人数。有两点可以说明：其一，卢象昇在《募军开屯疏》说"若余军，每卫不下万人"；其二，在《募军屯田十议》又规定抽调军余比例"大约以三丁抽一为率"。由此可见，抽调的屯田军余的人数三千、五千，皆应为每卫军余的实际抽调人数。

② ［明］卢象昇：《卢象昇疏牍》卷3，《募军屯田十议》，杭州：浙江古籍出版社，1985年，第47—48页。

③ ［明］卢象昇：《卢象昇疏牍》卷3，《募军屯田十议》，杭州：浙江古籍出版社，1985年，第48页。

期限仅为开屯初的前三个月。①

2."设房舍",就是官府为屯军提供居住之所。卢象昇甚至带头捐银出资、由各县印官于屯地近处建房,"各军屯种资生,须有栖身之所,今议每军二名,用草房一间,本院自捐俸银,行各县印官查照地亩坐落处所,如式盖造,多则三四十间,少则一二十间为一村"②。将来屯田收获后,"乃听自行添设,以便家属共居"。③然而,开屯之初,家属无法前来同住,官府允许屯军回家探亲,"耕种之暇,仍听其归省父母妻子","但往返之间,近者以半月为率,远者以一月为率","如某屯官名下军余若干,分作几班,更番给假,不得迁延日时,自废农业"。④省亲是有期限要求的,并以不误农时为原则。此即为"便舆情"之议。笔者以为,尽管郧地生产生活条件艰苦,卢象昇还是尽力关注青壮年屯军的家庭生活,这些举措给了屯军以亲情上的慰藉。

3."借子种、资牛具",是指官府在开屯之初借给屯军必要的生产资料和生产工具。卢象昇称,耕种所需子种,"俟承种之日,本院多方设处,照地亩应用之数以给之"。官府借给的牛具,是按照田亩数配给屯田者的:"每地一顷,用军三名,给牛二只。其犁锄等项,每军各给银三钱。如各军不便打造,仍发银各州县制办,赴郧给领。以上牛具等银,本院设处。"⑤子种、耕牛和各种生产工具,全都由官府措办,这就能保证屯田的顺利进行。当然,官府所筹措之子种、牛具诸项,仅作借用,待收获后还须偿还。

(三)与屯军的权责约定

卢象昇议定"禁争扰"和"立田规"两条款,申明所屯之田的归属权和明确屯军收获后的利益分成。"禁争扰"一款再次强调,所屯之田皆为无主民田,原主人逃亡或故绝,且无亲族认领。若屯种期间,"有豪民刁棍,冒名告争",官府则"即重治以法";而各屯军也不得越地界相争,"各军亦务要安

① [明]卢象昇:《卢象昇疏牍》卷3,《募军屯田十议》,杭州:浙江古籍出版社,1985年,第48页。
② [明]卢象昇:《卢象昇疏牍》卷3,《募军屯田十议》,杭州:浙江古籍出版社,1985年,第48页。
③ [明]卢象昇:《卢象昇疏牍》卷3,《募军屯田十议》,杭州:浙江古籍出版社,1985年,第48页。
④ [明]卢象昇:《卢象昇疏牍》卷3,《募军屯田十议》,杭州:浙江古籍出版社,1985年,第49页。
⑤ [明]卢象昇:《卢象昇疏牍》卷3,《募军屯田十议》,杭州:浙江古籍出版社,1985年,第48页。

心农业，尽力耕锄，不许扰越争竞取罪"。① "立田规"一款则规定：屯田分三等，"其子粒亦照三等起科，官取三分之一，以还牛具、子种并先借月粮，其余尽归各军食用"。② 籽粒收成的三分之一纳于官府，原来是为了偿付先期从官府获得的牛具、子种以及借粮，余下的三分之二籽粒才归各屯军所有。

崇祯八年的郧阳屯田成效如何？笔者暂未查到相关文献的具体记载，卢象昇也只是在后来的奏疏中，提及曾屯田于郧阳一事，但也没有言及实效。笔者以为，卢象昇曾在郧阳实施屯田，是没有什么疑问的，这或许也部分地缓解了郧兵乏饷的问题。然而，卢象昇抚郧之初，恰好为崇祯七年（1634 年）四月下旬，正值他戎马倥偬之际，即便郧阳粗安，也须假以时日；此时再实行屯田，已误最佳农耕时节。而次年夏，卢象昇便已离任赴楚，屯田之效还未能显现出来。因此，我们可以推测，崇祯八年郧阳屯田的规模与成效是非常有限的。但这次郧阳屯田，却为不久后在宣大三镇实施大规模屯田积累了丰富的经验。

第二节　宣云屯田

宣府（治所今河北宣化）、大同（治所今山西大同）、山西（治所今山西宁武）三镇，习惯称之为宣大三镇，是明末北疆三大重镇。大同古称云州，因此宣大边镇的屯田，也称为宣云屯田。卢象昇任职宣大总督两年整，虽战事不多，但御边责任也极为重大。他不断巡边修边、屯田练兵。在宣大总督任上，卢象昇所上奏议共 127 篇，笔者发现专章论述屯政内容的就占 9 篇：《经理屯田种马疏》《屯政疏》《再陈屯牧事宜疏》《屯政告成疏》《经理崇祯十一年屯政疏》《叙兴屯有功官员疏》《回奏兴屯疏》《参豪奸孙光鼎抗屯疏》《报明屯田牛具以备核销疏》。其他奏疏亦有间或论及屯政者，这也足以说明，卢象昇非常重视屯田事宜。我们就以这些奏疏为依据，主要从策略、规模和效果等方面，对卢象昇在崇祯十年和崇祯十一年的宣云屯田状况作一初步的探讨。需要指出的是，崇祯十一年屯田规模已大为缩小，卢象昇在秋收前也已卸任宣大总督，而《卢象昇疏牍》及其他史料中对该年屯田之记载甚少（屯

---

① ［明］卢象昇:《卢象昇疏牍》卷3,《募军屯田十议》,杭州：浙江古籍出版社,1985年, 第49页。

② ［明］卢象昇:《卢象昇疏牍》卷3,《募军屯田十议》,杭州：浙江古籍出版社,1985年, 第48页。

田之效亦无记载）。因此，本书对崇祯十一年的宣云屯田所论较略，该年的屯田之效更无从考究。

一、崇祯十年的宣云屯田

（一）兴起屯田的缘由

军屯，曾在明初军粮供应方面发挥了重要的历史作用，但自宣德以后逐渐败坏。卢象昇认为，对于兵饷奇缺的宣大边地，恢复与整顿军屯建设，则显得十分必要。为了说明实施屯田的合理性，他在奏议中简述了前朝对屯田的重视情况。崇祯九年（1636 年）十二月，卢象昇上《屯政疏》有云：

粤稽太祖高皇帝尝谕群臣曰：兴国之本在强兵足食，昔汉武以屯田定西羌，魏武以务农足军食。我仁宗皇帝曰：古寓兵于农，不夺其时，先帝所立屯种法甚善。后来所司数以征徭扰之，既夺其时，遂无其效。大哉王言，岂非祖宗金石之训乎！是以洪武元年即命诸将士屯种，开立屯所。永乐五年，令各省直增设按察司佥事一员，专管屯田。正统二年，令各省直巡按御史专管屯田。景泰三年，令南京仓场大臣并两直巡抚都御使兼提督屯种。正德三年，题准岁差御史一员，督理京省卫屯种。嘉靖二十九年，诏差风力重臣二员经理北直、山东、宣大等处屯牧。①

然而，伴随着明代中后期屯政的没落，明军的军事力量也渐趋衰落。崇祯时期，明代屯政已废怠百余年了，"谨照屯政废而不讲，百年于兹矣"②。甚至若有人再提及屯政，军民官等皆以为苦。"今饥馑荐臻，苍黎骨立，军需日耗，边计日蹙，终无补救之方，乃言及屯务，而中外或以为迂；询之地方，而军民亦以为苦。"③可见，军屯废弛百余年后，却出现了"军需日耗，边计日蹙"的状况，但军民仍不以屯务为然。卢象昇所疏言的状况，自然也适用于宣大三镇。那么，卢象昇为什么要在宣云边地实行屯田呢？

———————

①　［明］卢象昇：《卢象昇疏牍》卷 6，《屯政疏》，杭州：浙江古籍出版社，1985 年，第132—133 页。

②　［明］卢象昇：《卢象昇疏牍》卷 9，《叙兴屯有功官员疏》，杭州：浙江古籍出版社，1985 年，第 247 页。

③　［明］卢象昇：《卢象昇疏牍》卷 6，《屯政疏》，杭州：浙江古籍出版社，1985 年，第133 页。

卢象昇初任宣大总督，即已巡阅宣镇各边口，发现各处之军困民贫、土地荒芜、边防空虚、物价飞涨等情形，感到问题的严重性。正如他疏中所言："但见地土荒凉，居民寥落，米粮豆草涌贵异常。"① 由于国家财政匮乏，卢象昇疏请增饷多不能如愿，他便决定：实施军屯，生产自助。

卢象昇也预见到实施屯田之艰难，但他认为，"舍此别无良图"②，倘若边疆官员有报国之志，广为招募贫苦或流亡军民，给以屯种所需的种子和耕具等，并适应天时、地利与人和，则屯务必有成效。因此，实施屯政是可行的。况且，宣云一带有大量的抛荒土地，而且不少是熟田，这也为实施屯田提供了可能性，正如卢象昇在《屯政疏》中所云："卷查督属抛荒地亩，据宣云两镇所报共一万六千二百六十余顷。……凡荒地不出军田、民田二项，因无资本，遂至抛荒，每年纳粮拖累，官私交困。地方乏食，大率由斯。"③ 可见，宣云边地所抛荒之地总数十分可观，竟多达 16260 余顷。其中，很多荒田皆为军、民因战乱灾荒而不堪课税重负所抛弃的军田和民田，以此等荒田屯种也不容易引起田亩产权之争。

由此可见，实施宣云屯田，不但势在必行，而且还是可行的。卢象昇是一位务实能干而又积极乐观的官员，他认为唯有实施屯政，才能从根本上解决军民贫困的问题。他十分重视练兵措饷，但仍以为此属治标之策，而屯政、马政才是治本大计，"臣前疏练兵措饷为治标，今疏种马、屯田为治本。标本兼治，安攘可期"④。他有着在郧阳屯政的丰富经验，对宣云屯田计划始终充满自信。筹备屯田期间，卢象昇就对屯政的预期收益信心十足。他在《屯政疏》里说：

总之，屯本一万，岁可得银谷之息二千余金。然而计息其小者也，……今将弃土悉就耕耘，边地虽甚硗瘠，若时和年丰，上地每亩岁可得谷四斗，中地、下地可得三、二斗。查上中地无几，而下地居多，酌其盈虚，通计地一顷，岁

---

① ［明］卢象昇:《卢象昇疏牍》卷 6,《经理屯田种马疏》, 杭州：浙江古籍出版社, 1985 年，第 119 页。

② ［明］卢象昇:《卢象昇疏牍》卷 6,《经理屯田种马疏》, 杭州：浙江古籍出版社, 1985 年，第 120 页。

③ ［明］卢象昇:《卢象昇疏牍》卷 6,《屯政疏》, 杭州：浙江古籍出版社, 1985 年，第 133 页。

④ ［明］卢象昇:《卢象昇疏牍》卷 6,《经理屯田种马疏》, 杭州：浙江古籍出版社, 1985 年，第 120 页。

可得谷二十五石。百顷则二千五百石，千顷则二万五千石，万顷则二十五万石矣。夫此二十五万石者，不论其在官在民在军，总皆穷边至宝。……此之不可不力行也，宁待再计决哉？①

卢象昇认为，屯政之利，可得银谷之息，利率为百分之二十；更重要的是，屯田可以解决民生和军饷问题。尽管宣云边地土地贫瘠，但抛荒地较多，广种亦可多收。开屯万顷，至少可获谷粮25万石，这对宣大边镇的军民可谓"穷边至宝"。正是基于对兴屯之利的这种信心，卢象昇才奏请宣云屯田事宜。

（二）实施屯政的三种办法

卢象昇在《屯政疏》中详述了大兴屯政的三种方法，即借种具、募开垦、用屯军。此三种方法，针对的人群不同，屯田者与官方的权责关系亦有所差异。但三种办法也有某些相似之处。

1. "借种具"之法。"借种具"，是官府（宣大三镇军方）将所控制的土地，让贫穷军民人等耕种，并付给相应的种具银，并收纳谷息的一种办法。它有三个突出的特点：

其一，以田亩数给付屯种者（屯户）以种具银，秋收后收纳百分之二十的谷息银。《屯政疏》有云："每地一亩，约用雇倩耕牛银三分，籽种及粪土银三分，以一顷计之，共用银六两"；"俟秋成，每银一两，除还本外，纳谷息银二钱，本折随之，官私庶为两便。"②此处的种具银包括耕牛银、籽种及粪土银三部分。而种具银的发放须分三次，"第一次发十分之四，定于正月初旬；次发十分之三，定于二月下旬；次发十分之三，定于四月中旬"③。

其二，设立大小各级屯长，对屯种者进行有效管理，并催纳谷息。倘若屯种者懈怠于生产，导致秋收无获，别说谷息，就是本金也难以偿还。所以，对屯种者，官府并不是放任不问，而是采取积极有效的手段，督促其努力耕种，以取其谷息。《屯政疏》又有云："凡领官银开种，若概授之贫妻单夫，必有失

---

① ［明］卢象昇：《卢象昇疏牍》卷6，《屯政疏》，杭州：浙江古籍出版社，1985年，第135—136页

② ［明］卢象昇：《卢象昇疏牍》卷6，《屯政疏》，杭州：浙江古籍出版社，1985年，第133页。

③ ［明］卢象昇：《卢象昇疏牍》卷6，《屯政疏》，杭州：浙江古籍出版社，1985年，第134页。

误。须于附近地方，总立一大屯长，用义官①及各卫指挥之大有德行身家者；再分立小屯长，用义官及该卫千百户之有德行身家者。一切招徕贫民，散给籽种，巡省耕获，催纳种息，皆责成之。"这些大小屯长，皆由粮官从公选举。

其三，各路粮官，负责管理粮务。他们如内地之州县官，负责核查各地荒地数目，分发种具银，并征收谷息银。《屯政疏》称："（各路粮官）须确查本路有荒地若干，计亩给银，多方鼓舞，务使所属无游民旷土，……如某路有荒地百顷，即应发籽种银六百两，……秋成，即照银数征收本息。"②

"借种具"之法，所针对的对象是指缺乏资本屯种之贫军、穷民，这样既使屯种者避免民间高利贷的剥削，又能为官府创造经济效益，自己还得以为生，可谓"一箭三雕"之举。各级管粮官和屯长们则代表官府，直接负责管理屯务和粮务等事宜，避免了地方官吏对"屯种者"的滋扰盘剥。这种方法体现了屯种者和官府之间的一种借贷关系。

2. "募开垦"之法。"募开垦"之法，就是官府雇佣愿意代官耕种者，提供所有生产、生活资料，由官府督管耕种，收成全部充公。该法有两个特点：

其一，官府承担了所有屯田所需要的费用。屯种者皆为自愿代官耕种之人，亦称为"佃户"，不仅可以领取官府提供的所有生产工具，还有食米与工银待遇，甚至农忙时所需短工的食米、工银亦有官府提供。《屯政疏》以160亩地为例，对官府所付的生产成本进行仔细阐述："用佃户一人，用耕牛二只。……每月给食米三斗，工银五钱。牛每只十二月至三月每月给料草银一两，四月至十一月放青，农忙时应用。短工八十工，每工工银三分，该银二两四钱。每工食米一升二合，约该米九斗六升。籽种粪土照数给发。"③

其二，官府对屯种者的要求和管理较严格。相对"借种具"之法，"募开垦"之法所耗费的官府成本要高得多，所以官府要提高屯种者的准入门槛，

---

① 义官，为我国古代封建社会专设的一种编外官职，明朝时最为盛行，由官府直接任命或采用其他奖励形式向社会颁布。荣获义官称号后的人员拥有一定的社会地位，能直接参与当地官府、域内的管理事宜。这些义官往往家境富裕，不拿俸禄，并把为社会做贡献视为己任，因而各地方志多有"义官"的记载。学者向静通过对《金瓶梅》中有关捐纳为义官的乔大户描述之研究，并结合明代捐纳制度的历史背景，考证义官实为明代对特例捐纳者的专有称谓。明中期以后，义官身份日益呈现二重性，既能荣膺冠带或散官职衔，又普遍受地方官府差遣，逐渐固化为差役名目。参见向静：《〈金瓶梅〉乔大户纳义官考》，《明清小说研究》，2013年第1期。
② ［明］卢象昇：《卢象昇疏牍》卷6，《屯政疏》，杭州：浙江古籍出版社，1985年，第134页。
③ ［明］卢象昇：《卢象昇疏牍》卷6，《屯政疏》，杭州：浙江古籍出版社，1985年，第134页。

并严格管理佃户的屯种事宜。对于佃户，"须有妻室，加以邻佑保结"；各路粮官须"不惮辛勤，朝夕巡行督课"，也要选择可信之屯长管理屯务，"择殷实有德行，或指挥千百户，或省祭义官，为之稽查鼓励"；自然，秋收所得，"米粮草束，俱系在官，升合不许侵没"。①

"募开垦"之法所体现的，是官府与所招募之"佃户"之间的一种纯粹的劳动雇佣关系，这和"借种具"之法里所体现的借贷关系有所不同。

3. "用屯军"之法。"用屯军"之法，就是以部分军士进行屯种的制度。这和前面所述的"借种具""募开垦"之法大有不同，具有两个明显特点：

其一，屯种者皆为军士，由官府提供所有生产、生活资料，为官府屯种，秋收所获全部归公。屯种军士是专供守御的"营路边堡各军"，能有更多的时间从事生产。每顷需用"军二名，官牛一只"，"籽种粪土等费一如民佃"。由于军士原本有月粮，所以"每月止加给银四钱五分"。屯种所获，"俱属公家"。②

其二，屯军需要接受严格的管理和考核。官府对于屯军的要求是"忠实稍有身家"者；屯军既要接受守操官、卫所官和各路管粮厅官的管理，还要根据秋收丰歉情况，"定各军勤惰及守操卫所等官功罪，分别赏罚劝惩"。③

"用屯军"之法，是真正意义上的军屯。由于屯种者皆为所属军士，相对于民屯形式，"用屯军"更便于官府对屯军日常屯务的管理与监督。因此，它在边镇地区实行应该更具有某种优势。或许正缘于此，在崇祯十年宣云屯田结束后，卢象昇做总结说："原议用军屯、募开垦、借种具三款，历取而试之，惟用军屯一款事半功倍焉"。④

总之，卢象昇所言三种屯法——"借种具""募开垦"和"用屯军"，其中前两者，所屯种的主体为"民"（贫民），应属于民屯之范畴；"用屯军"的主体是军士（各营路边堡守军），纯属军屯之范畴。从官府和屯种者的关系来看，"借种具"体现的是一种借贷关系，而后两者则体现的是一种雇佣关系，

①　［明］卢象昇：《卢象昇疏牍》卷6，《屯政疏》，杭州：浙江古籍出版社，1985年，第134页。

②　［明］卢象昇：《卢象昇疏牍》卷6，《屯政疏》，杭州：浙江古籍出版社，1985年，第134—135页。

③　［明］卢象昇：《卢象昇疏牍》卷6，《屯政疏》，杭州：浙江古籍出版社，1985年，第134—135页。

④　［明］卢象昇：《卢象昇疏牍》卷9，《经理崇祯十一年屯政疏》，杭州：浙江古籍出版社，1985年，第240页。

甚至可能还具有某种强迫性。然而，这三种屯法，均为解决军粮短缺而设，皆受宣大军事指挥系统所控制，即屯种者直接受选出的卫所指挥、千百户和管粮官督率，之上又有新设之宣大监军屯牧道统领，最高领导则为宣大总督。

（三）屯田的规模与成效

1. 屯田规模。至于崇祯十年宣云兴屯的详细过程，由于资料的缺乏，我们难以得知。笔者找到了一段他专述官员劝课军民兴屯的文字，可以窥见当时兴屯之概况：

> 臣又于前四月间，行劝农栽值樵采等法，与屯政相参而行。搜乘之暇，偕道厅等官亲诣田间劝课军民，但见穷边绝塞蚩蚩之氓，有荷锄旁视者，有负耒相资者，有扶老携幼，自远而来，牵耕牛，备荷插，以为助者，臣皆量赏以红布铜钱，用好言抚谕。于是百犁齐动，千陌尘开，洵足观也。[①]

卢象昇是在崇祯十年（1637 年）闰四月初七日，上疏叙述官、军、民齐心屯耕的热闹场景的。这足以说明宣云屯田之策，得到了军民的热烈响应。

崇祯十年的屯田规模如何呢？首先，我们讨论一下崇祯十年宣云屯田的亩数。卢象昇在《屯政疏》里提及，"卷查督属抛荒地亩，据宣云两镇所报共一万六千二百六十余顷"，[②] 这些抛荒地其实就是无主之地，官府可以用之于屯田的。然而，这些抛荒地，是否全部用以屯种了呢？或者说，到底有多少被用于该年的屯种呢？笔者在《卢象昇疏牍》中没有找到确切数字，但是我们可以根据他奏报的屯政成果进行大致的推算。崇祯十年大兴屯政，其实是"借种具、募开垦、用屯军"三法并举的，但三者的内容规则大不相同。后两者规定给付屯种者的屯资很复杂，有的以银两计，有的以食粮计，没有统一的银两总数；况且此三者在屯田中所占比例也无法理清。所以笔者便以"借种具"之法的规则，来估算当年屯田的实际亩数。前文已经提及，在奏疏中，官府于崇祯十年派发的屯资有些叙述上的出入，或"七万余"，或"八万零"，为了计算上的方便，笔者取其平均数即 75000（两银）。"借种具"之法有云：

---

① ［明］卢象昇：《卢象昇疏牍》卷 8，《再陈屯牧事宜疏》，杭州：浙江古籍出版社，1985 年，第 201 页。

② ［明］卢象昇：《卢象昇疏牍》卷 6，《屯政疏》，杭州：浙江古籍出版社，1985 年，第 133 页。

"莫若听从军民之便，每地一亩，约用雇倩耕牛银三分，籽种及粪土银三分，以一顷计之，共用银六两，此借种具之大概也。"① 笔者按此计算，该年屯田亩数应为12500顷，这与卢象昇所奏报的宣云两镇抛荒地亩数16260余顷，有一些差异。造成这种差异的原因，可能是部分抛荒地亩并不适宜屯种，亦或许由于所筹屯资不足而减少了实际屯田亩数，等等。②

除了屯种的田亩数之外，我们还可以从奏疏中所叙录的有功官员的屯绩，从侧面来了解这次屯田的规模。卢象昇在《叙兴屯有功官员疏》中，以大量的数据，列举了数十名宣云边镇文武官员的屯政功绩。笔者现将有关内容摘引如下：

所有本年分兴屯各官，劳绩茂著，谨遵一体论叙之旨，据实陈之：分守口北道右参议贺鼎所属，共得屯田息谷一万九千一十七石五斗二升零；阳和兵备道按察使窦可进所属，共得屯田息谷一万二千九十六石八升零。两道屯息为最多，应听部覆从优论叙者也。分巡口北道佥事李仙风所属，共得屯田息谷二千石一斗零；分巡冀北道佥事樊师孔所属，共得屯田息谷二千二百二石二斗零，分守冀北道右参议朱家仕所属，共得屯田息谷二千九百八十二石三斗零；大同左卫道副使聂明楷所属，共得屯田息谷二千七百四十八石五斗零。四道屯息每道俱各在二千以外，三千以内，应听部覆，一体论叙者也。以各厅言之，大同东路同知，今升监军屯牧道佥事，该路所属，除标营及阳和道委官分屯，得屯息七千六百六十八石四斗零，亦系本官承行经理外，本官又自行借种具法，共得屯息四千四百二十七石六斗零，宣府下西路通判纂廷陈，该路所属，共得屯息三千八百二十七石八斗零；宣府上西路同知屈必昌，该路所属，共得屯息三千一百七十八石五斗零；宣府南路通判王文诰，该路所属，共得屯息二千七百二十八石四斗零；大同南路通判牛光斗，该路所属，共得屯息二千九百八十二石三斗零；大同西路同知魏知徵，该路所属，共得屯息二千二百四十四石六斗零；大同中路升任通判阴德显、现任通判赵邦彦，该路所属，共得屯息二千二百二石二斗零；宣府上北路同知阮维岳，该路所属，共得屯息七百九十八石零；宣府下北路通判赵世爵，该路所属，共得屯息

---

① ［明］卢象昇：《卢象昇疏牍》卷6，《屯政疏》，杭州：浙江古籍出版社，1985年，第133页。

② 以"借种具"之法代表屯田三法，来估算崇祯十年之屯田亩数，多少有些偏颇，因此该计算法仅作参考。

九百五十石七斗零；宣府中路通判刘光，该路所属，共得屯息一百五十一石四斗零；宣府在城同知胡士栋，该路所属，共得屯息一百八十二石七斗零；原任通判柯仲同，本官自募开垦，共得屯息九千一百石。在路厅各官分任各道之事，今年初试屯息逾三千石以上，即可言功，二千石内外者次之，一千石内外者又次之，并须参酌于军屯借种募垦之间以课劳绩。纂廷陈、屈必昌宜在优叙之列；王文诰宜在并叙之列；魏知徵、牛光斗、阴德显、赵邦彦、阮维岳、赵世爵宜在记录之列；胡士栋、刘光记名在案，系来岁兴屯有功前后类叙；柯仲同非现任之官，乃口北道臣贺鼎请详，臣等特为聘用者，以募开垦而得息九千余，亦足多也，似当查复其原衔，使终屯事，另行叙用。以各路将言之，每路将官自行开垦，屯息逾二千石以上者，即可言功，一千石内外者次之，五百石内外者又次之。各将急公勤事，寥寥其人，惟大同西协副将童朝仪得屯息五百三石八斗零，宣府西城路参将姜名武并其坐营张梦极得屯息六百二石二斗零，以上三官应各纪录论叙。至若边方州县，如大同县行取知县马刚中得屯息八百四十一石九斗零；山阴县现任知县张奇蕴得屯息八百五十八石六斗零；应州现任知县乐为栋得屯息八百二十九石六斗零；浑源州现任知县熊山得屯息五百四十石。四官俱宜纪叙。又如马邑县知县贺奎光，得屯息二百五十六石九斗零；怀仁县被论知县张献捷，得屯息三百四石零；朔州被论知州潘应宾，得屯息一百八十五石一斗零，虽各为数无多，谨并表而出之，用备查考。至于守备操防卫官等员，屯息最多者，如怀安城现任守备杨道亨、洗马林现任守备李元芝，皆在九百石以上。夫以一守备而胼胝经营得谷近于千石，非破格优叙，不足以励将来。此外，则新河口守备今升任甘良臣，西阳河守备今升任康四维，张家口现任守备周洪猷，新开口现任守备窦维辕，柴沟堡现任守备宁承芳，李信屯现任操守程宪，渡口堡现任操守侯大符，朔州卫现任掌印指挥周文浩，以上八员各得谷五百石内外，勤劳可嘉，均应并叙。又如宣府西城守备胡升、宣府膳房堡守备姚永芳、接管守备高捷、大同左卫指挥蒋三奇、刘学渊，各得谷四百石以上，应各纪录奖励。至阳和标兵屯田费本不过一千三百，得谷五千八百零，统率者为中军副将周元儒、前营游击朱尚义、后营游击李昌龄三官，应各并叙。承管者为坐营守备孙芳、蒋正秀，委官都司金书刘承惠，委官加衔守备俞化龙、梁仁、郑问奇，内梁仁因事犯已经究革，其孙芳、蒋正秀、刘承惠、俞化龙、郑问奇五员应纪录任用，候十一年屯政有功，一并优叙。阳和道委官升任中军守备申鼎鉴、把总张乾、巡捕张一魁，各应纪叙。分守口北道委官原任典史杨国柱同吴春等七员，并上西路同知屈必昌下委官指挥李进忠，臣皆量给以守备、千把总职衔札付，俟来岁兴屯有功，题叙实授。其余得屯息一二百石者，俱经分别奖励录名在案，不敢琐陈。……所有在事宣劳文武多官，通计不下八十余员，而仅拟从优论叙、破格优叙者共七员，仅拟并叙、酌叙者共十六员，其余不过纪录给札及量行奖励而已。……再照分守口北道臣贺鼎，除用屯军之外，其自募开垦者几五百顷，复开水田二十余顷，为百世之利。①

　　疏中所叙录者，仅具实名之官员便有 39 人。从他们于宣大三镇不同地区担任不同职务，并各自督率屯务所获屯息有差的情况来看，这次兴屯规模着实不小。更何况，卢象昇所列举之屯绩亦非全部，依他所言，有功于屯政的文武官员"通计不下八十余员"。卢象昇恳请明廷对他们分等级赏赐，以激励今后兴屯者，这足见他对该次屯政之重视。当然，我们也能管窥到崇祯十年兴屯的成效较为可观。崇祯十年屯田成效的高低，是考察卢象昇任职宣大之政绩的重要指标，也是他能否继续推行来年兴屯的重要因素。

　　2. 屯田的成效。有关此部分内容，笔者在相关学术论文中已有较为详细的论述，本书仅做简要的说明。卢象昇总结崇祯十年宣云屯政的成果时，多次奏疏中提及除屯本外，得仓斛息谷 4 万余石，但各奏疏所言具体数目也不尽相同，有云"共得仓斛息谷四万一千余石"②，或有云"得谷四万有奇"③，抑或有云"得谷四万三千零"④。虽说法不同，但也差异不大。这仅是官府给屯种者提供屯资所获得的谷息，屯种一年的收获当然远超出此数目。该年屯粮收获总数在疏牍里没有说明，但在《明史》《明通鉴》《史外》《东林列传》等文献中，皆称积谷总数 20（余）万石，只是在时间上有出入（或以为崇祯九年屯田所得，或以为崇祯九、十年两年所得）。

　　综合以上所列之文献史料，我们可以基本确定：宣云屯田的屯粮收获数额应为 20 万石上下，而问题的关键在于该收获数目为哪年所有。殷崇浩曾著文论及此问题，认为屯粮 20 万石应为崇祯十年（1637 年）一年的收获总数。⑤

---

① ［明］卢象昇:《卢象昇疏牍》卷 9，《叙兴屯有功官员疏》，杭州：浙江古籍出版社，1985 年，第 247—250 页。

② ［明］卢象昇:《卢象昇疏牍》卷 9，《屯政告成疏》，杭州：浙江古籍出版社，1985 年，第 240 页。

③ ［明］卢象昇:《卢象昇疏牍》卷 9，《经理崇祯十一年屯政疏》，杭州：浙江古籍出版社，1985 年，第 240 页。

④ ［明］卢象昇:《卢象昇疏牍》卷 11，《回奏兴屯疏》，杭州：浙江古籍出版社，1985 年，第 300 页。

⑤ 殷崇浩:《明末宣云屯田的几个问题》，《武汉大学学报》（社会科学版），1986 年第 1 期。

笔者亦深以为然。崇祯九年（1636 年）十月初，卢象昇才赴任宣大总督，此时秋收已经结束；同年十月十八日他上《经理屯田种马疏》，首次提出兴屯主张；十二月初六日，他才正式提出较为成熟的屯政之法。所以，卢象昇根本不可能在崇祯九年进行屯田，崇祯九年秋冬应为兴屯的筹备期，崇祯十年才是宣云屯田的有秋之年。而崇祯十一年（1638 年）九月，卢象昇即已接旨，准备入京勤王。他还没来得及对崇祯十一年的屯田收获情况进行总结，我们对该年的屯田收获情况并不知晓。所以，积谷 20 余万石，应为崇祯十年兴屯所获。因此，对崇祯十年的宣云屯田之经济收益，我们可以如是总结：积粟 20 余万石，息谷 4 万余石。

崇祯十年屯政所取得的成效，扩大了卢象昇和宣云屯田的政治影响，这是这次屯田所收获的另一成效。宣府、大同、山西三边镇在明末北方边镇中，地位举足轻重，卢象昇在宣云边疆大兴屯务，成绩斐然。崇祯帝更是对卢象昇进行了嘉奖，"天子谕九边皆式宣、大"[1]，"（崇祯十一年）三月（卢象昇）以兴屯政功进秩二品"[2]。宣云屯田的模式从此成为北部九边镇学习的样板。当然，这也增强了卢象昇下一年继续兴屯的信心。

二、崇祯十一年的宣云屯政

崇祯十年大兴屯务，初战告捷，卢象昇自然十分兴奋。面对积粟 20 余万石、息谷 4 万余石的丰硕成果，卢象昇更坚定了继续屯种的决心。

（一）屯田的筹备工作

崇祯十年（1637 年）十月十二日，他一日连上三疏，其中即有《屯政告成疏》和《经理崇祯十一年屯政疏》两疏。在述及来年兴屯计划之前，卢象昇从宣大三镇之实际出发，仍认为屯政乃"生聚之善术"，肯定了崇祯十年兴屯之功。同时他进一步指出，用军屯一法最佳，"原议用军屯、募开垦、借种具三款，历取而试之，惟用军屯一款事半功倍焉"。[3]

为了带动宣云军士屯田，卢象昇继续发挥其标兵的榜样作用。肖立军曾

① ［清］张廷玉等：《明史》卷 261，列传第 149，《卢象昇传》，北京：中华书局，1974年，第 6762 页。

② ［清］卢安节编，［清］任启运校定：《明大司马卢公年谱》，清光绪元年重刻本，北京图书馆编：《北京图书馆藏珍本年谱丛刊》第 62 册，北京：北京图书馆出版社，1999 年，第 327 页。

③ ［明］卢象昇：《卢象昇疏牍》卷 9，《经理崇祯十一年屯政疏》，杭州：浙江古籍出版社，1985 年，第 240 页。

撰文指出，明代标兵的四项职能（任务），其一即是"表率诸军"，如带头屯田等。[1] 卢象昇督率标兵，曾在崇祯十年的宣云屯田中发挥了重要作用，"臣亦自率标兵开屯万亩，以为各属榜样"[2]，对于崇祯十一年的兴屯，他"深思熟计"，"仍以标营为榜样，酌屯三万六千亩"。[3] 尤其值得注意的是，卢象昇计划在来年兴屯中，让标兵发挥比上年更大的示范作用。实际上，他很可能没有实现当初开屯 36000 亩的愿望，但是他的态度，足以说明：崇祯十一年的宣云屯田规模将会更大。他从兴屯的要求、屯牧官的设置和屯资的措办诸方面，为来年实施屯田进行了一番筹划。

1. 屯田的要求和屯牧官的设置。卢象昇督率标兵屯种，以期示范所属各部，虽未强制性要求，但仍然倡导各地兴屯，如在疏中提出："而道将厅官及守操卫所，则通行督饬，将利弊列款详开，便之各自体认，各自经营，讲求至当。"并指出适宜屯田的城堡条件：地僻、人多以及"将备中之有实心而才可用者"。[4]

值得一提的是，卢象昇奏请新设了宣大监军屯牧官，总负责三镇的屯政事务，并以原监军郑独复兼任。对此，卢象昇在《经理崇祯十一年屯政疏》有云："近蒙皇上允臣所请，设有宣大监军屯牧道。此一官者，无信地，无衙门，遇援剿则随营监军，在平时则专理屯牧，诚便计也。新升监军屯牧道金事郑独复，起家耕读，颇悉农畴，既荷朝廷特拔之恩，尤宜矢心报称。"[5] 宣大屯牧道的设置，加强了对今后屯务的有效管理。

2. 筹措屯资。开展屯政，足够的屯资自然是首要条件。对于兴屯者，卢象昇在《经理崇祯十一年屯政疏》中承诺："其行粮，其犒赏，其牛具籽种，臣即会同抚、监诸臣预行该道厅，一一为之经理备办。"[6] 对于所承诺之屯资，卢象昇也谈到了筹措之法：

---

① 肖立军：《明代的标兵》，《军事历史研究》，1994 年第 2 期。

② ［明］卢象昇：《卢象昇疏牍》卷 8，《再陈屯牧事宜疏》，杭州：浙江古籍出版社，1985 年，第 201 页。

③ ［明］卢象昇：《卢象昇疏牍》卷 9，《经理崇祯十一年屯政疏》，杭州：浙江古籍出版社，1985 年，第 241 页。

④ ［明］卢象昇：《卢象昇疏牍》卷 9，《经理崇祯十一年屯政疏》，杭州：浙江古籍出版社，1985 年，第 241 页。

⑤ ［明］卢象昇：《卢象昇疏牍》卷 9，《经理崇祯十一年屯政疏》，杭州：浙江古籍出版社，1985 年，第 241 页。

⑥ ［明］卢象昇：《卢象昇疏牍》卷 9，《经理崇祯十一年屯政疏》，杭州：浙江古籍出版社，1985 年，第 241 页。

至今岁奉旨派发屯本七万余金，查算原题款项，内中除借动辽赏、抚赏、棚椿、马价等银六万四百三十四两零一一归还正项外，其搜括设处捐助及抚货变价等银九千九百九十两零，并今秋屯田收获息谷杂粮四万一千余石。照仓斛时估算，约值银二万两，内该除还农器及标兵与屯行粮犒赏牛价等银三千两，实该银一万七千两，并前搜括捐助等银九千九百九十两零，共银两万六千九百九十两零，可充来年屯本。既不动朝廷正项，各属便可放瞻做去，得尺则尺，得寸则寸。①

可见，崇祯十一年的屯资至少来源于两个方面：一是崇祯十一年屯本中的所"搜括设处捐助及抚货变价等银九千九百九十两零"，即地方各方搜措之银两；二是已获谷息的折银剩余"实该银一万七千两"。两者累计"共银两万六千九百九十两零"，其中崇祯十年所获之屯息即占总数的百分之六十三。当然，这26990两银的屯本，显然不敷来年屯政所用，剩余的屯资怎么措办呢？后来，卢象昇在《回奏兴屯疏》中说："而今岁所用之屯本，即昨年所收之屯息，其或屯本不敷，暂借别项，类皆多方搜括，总于正饷不动秋毫。"②总之，崇祯十一年的屯资，皆为上年屯息收入和地方多方搜括所得，并未动用正项与公帑。

（二）屯田亩数骤减原因之初探

既然崇祯十年的屯政成效显著，卢象昇本应再接再厉，扩大来年的屯田规模，然而事实上，与崇祯十年相比较，崇祯十一年的屯田亩数却骤然减少。其原因是什么呢？

据前文所述，我们可以看出，卢象昇对崇祯十年之屯效比较满意，也有来年继续大兴屯务的意向。按照常理，所属各部的屯田亩数也应该不少于上年。然而，事实上，崇祯十一年的屯田亩数仅有30万亩，有卢象昇的奏疏为证，"照得崇祯十一年，臣标营及三镇兴屯共三十万亩，以遵旨具奏矣"③。30万亩即为3000顷，相比较笔者所估算的上年屯田数亩12000余顷，相差

① ［明］卢象昇:《卢象昇疏牍》卷9，《经理崇祯十一年屯政疏》，杭州：浙江古籍出版社，1985年，第241页。
② ［明］卢象昇:《卢象昇疏牍》卷11，《回奏兴屯疏》，杭州：浙江古籍出版社，1985年，第301页。
③ ［明］卢象昇:《卢象昇疏牍》卷11，《报明屯田牛具以备核销疏》，杭州：浙江古籍出版社，1985年，第307页。

悬殊。殷崇浩曾推算过崇祯十年的宣云屯田数为 8000 顷①，即便与此相对照，3000 顷的数目也实在是相形见绌。笔者以为，这种似乎不合常理的情况存在，绝非偶然，这可能有着诸多原因。

崇祯十一年（1638 年）七月二十日，卢象昇再上《回奏兴屯疏》，提出"十利十梗五易五难"之说，可以说是近两年来大兴屯田的经验之谈。或许，其中所言的"十梗五难"，是崇祯十一年屯田规模大为缩减的缘由。疏中有云：

> 何谓十梗？人情畏难，有得不偿失之说，一梗也；庸吏自便，未肯以乘轩策肥亲田畯之业，二梗也；贪弁役军，彼方事事科派，安有余力助耕公田，三梗也；獢军患胼胝非其所习，必出怨言，四梗也；豪右侵种，纳粮则指为抛荒，官垦又认为己业，五梗也；劣生把持，将备等官多不能与之为难，六梗也；卫所官工于影射，指东话西，四至难明，未免匿肥而报瘠，七梗也；各路各堡，文武多官，有一人不愿做，一处不能行者，未免生出浮言，转滋筑舍，八梗也；塞土砂碛，百里之内难得一线河流，惟水地三倍旱田，即不与民争田，势必至与民争水，九梗也；屯军专事耕锄，难以分身他顾，而功令所在，差操听点之际，宜加体恤，未必人有同心，十梗也……乃若所难亦有之：边方十年九旱，一经灾祲，籽种全抛，此天时之难；塞上五谷非宜，多系杂粮，布种苟违其性，终鲜刈获，此地利之难；农历三时，总以收成为主，秋高风劲，若胡马窥边，宜防收保不及，此人事之难；大凡任事者，必有利害、是非、得失、毁誉隐伏于其内，交伺于其旁，此任劳任怨之难；任事而期于有成，当局犹堪展布，乃从前疑畏易起，日后风波易生，此事前事后之难。②

笔者以为，此"十梗五难"就是屯政难为的主要因素，其内容可以概括如下：第一，自然地理条件差，表现为边镇地贫少雨，缺乏河流浇田等；第二，境外有少数民族的侵扰；第三，当局因屯务失误而事后责难；第四，地方文武官员或不愿苦于屯种，或占用屯军之力；第五，部分刁钻军士人等不愿安心屯务，抑或屯军难以屯务和军务两顾；第六，不法者把持屯务，或谣言惑众危及屯政；第七，地方豪强劣绅肆意侵占屯地，阻挠屯政。其实，这些因素都会影响屯政的顺利展开，也会导致兴屯规模萎缩。

---

① 殷崇浩：《明末宣云屯田的几个问题》，《武汉大学学报》（社会科学版），1986 年第 1 期。
② ［明］卢象昇：《卢象昇疏牍》卷 11，《回奏兴屯疏》，杭州：浙江古籍出版社，1985 年，第 301—302 页。

　　然而，笔者以为，在卢象昇看来，地方豪强侵田阻屯，则是兴屯萎缩之较重要的因素。为此，卢象昇专上《参豪奸孙光鼎抗屯疏》，恳请朝廷相助，亟须解决该难题。这是论述崇祯十一年屯田规模缩小之因，卢象昇所作的最具有针对性、措辞最激烈的一篇疏文。现把疏文的部分内容摘录于此：

　　……然是役也，非惟不便于慵懒之将吏，尤大不便于奸贪之土豪。何以言之？塞上民田少而军地多，因循日久，俱为豪右所占，是以屯日益窘，军日益贫，甚至当军者无地，种地者非军，豪强侵霸以肥家，公私因是而交困。官府才一为之清理，辄多方影射，捏造浮言，百计害成，终于论罢。……十梗五难之说，臣前疏略指大端。乃今偶阅邸报，见鸿胪寺序班孙光鼎者，籍口条陈边务，而于屯田一款，混淆黑白，变乱是非，必欲害成乃已。查孙光鼎系宣府柴沟堡人，居乡霸诈异常，奸恶无比，诸凡不法之事，款项甚多，占种军屯一节耳。……于是辩言乱政，利口欺君，官虽卑微，而罪则加少正卯三等。揆诸国法，应肆市朝。但臣寝苫处块之身，不宜复问除奸剪蠹之事，且此幺麽小辈，奚足污霜简，渎天听，姑将其累累恶迹立案未行，倘再不悛，听抚道从公究处。今止就屯田一说，少明光鼎之豪恶奸欺，仰祈圣明鉴察，使地方官可毕力经营，不至闻言蓄缩而已。……①

　　该疏文中，对孙光鼎责难并阻挠屯政的行为，卢象昇表达了极大的愤慨。卢象昇逐一批驳了孙光鼎污蔑屯政的言辞后，指出孙光鼎等地方劣绅的阻挠正是屯政不畅的重要因素；并恳求圣上决断，严惩孙光鼎。②

　　如果说，"十梗五难"即为崇祯十一年宣云屯田亩数骤减的必然原因，还

---

　　①　[明]卢象昇：《卢象昇疏牍》卷11，《参豪奸孙光鼎抗屯疏》，杭州：浙江古籍出版社，1985年，第305—306页。

　　②　卢象昇在《参豪奸孙光鼎抗屯疏》中，对柴沟堡地方乡绅代表孙光鼎阻挠屯政之言行大加鞭挞，并对其人品也极尽责备之能事。比如，卢象昇称他"居乡霸诈异常，奸恶无比，诸凡不法之事，款项甚多，占种军屯一节耳。……于是辩言乱政，利口欺君，官虽卑微，而罪则加少正卯三等"。卢象昇还在疏文中叙述孙光鼎数次企图私交自己以谋私利的经历，并进而恳求朝廷严惩孙光鼎。有关孙光鼎的历史资料的确较少，甚至他的生卒年月都无从考证。笔者仅在地方志里查到了他的简介："孙光鼎，居邑之柴沟堡。慷慨好义，崇祯初，官鸿胪寺序班。时武备废弛，鼎列牍条上十二款，皆严切时务，获下部议行县。堡之北城塌，首请兴修。又尝捐资募集义勇，为保御计，乡闾赖之。年七十卒。子三：长枝华太学生，次枝秀官浙江宁波巡海道。又次枝芳官副总兵。侄子孙枝茂，取武举，为顺治十二年（1655年）武进士，官至山东路都司金事。二孙：长三奇乙未进士，次三晋癸卯举人。"（张镜渊：《怀安县志》卷7，《孝义》，台北：成文出版社，1968年，第225页）由此记载看来，孙光鼎还算是一位慷慨好义、勇于担当的好官。

是有些牵强的，"十梗五难"应该是宣云屯田多年来共同的现象。那么，除了"十梗五难"这些常规因素外，崇祯十一年的屯政还面临着怎样的新困难呢？由于史料的匮乏，我们暂且还找不到更多的证据，以充分解析崇祯十一年兴屯田亩数骤减之原因。

值得一提的是，崇祯十年夏秋以后，卢象昇在疏牍中，屡屡述及北部三镇边口警报迭起的情形。与之前相比较，崇祯十年秋收之后，宣云边镇频频外调军队，忙于镇压义军和穷于应付北部边患的现象，似乎大为增加。由此可见，宣云军队如何有足够的劳动力和精力进行屯田呢？所以说，明王朝内忧外患的交替出现，已经深刻影响到崇祯十一年的宣云屯田了。

总之，大兴屯田是卢象昇官宦生涯中较为重要的政绩之一，也是他在郧抚和宣大总督任上极为关注的事情。由于郧抚任期较短和"剿寇"任务紧急等原因，崇祯八年郧阳屯田的成效是非常有限的；由于屯资不足以及劳力、畜力紧缺等因素，宣云十一年的屯田规模也大受影响。因此，相对来说，崇祯十年宣云屯田的成果较为显著。

然而，屯政建设，是一项循序渐进的系统工程。屯政的开展需要募集劳动力，筹措资金和生产工具，还要建立有效的组织管理体系，改进屯政的制度建设，等等。在自然条件较差的地方，还应发展相应的农田水利工程建设。这些工作都不是朝夕可就的事情。卢象昇也认为，屯田成效亦非短期可见，"其效在三年以后"[①]，更何况处于明末乱世之时。即使在宣大总督任上，卢象昇也刚好两年，所以，崇祯十年宣云屯田之效，也不可过于夸大。尽管如此，崇祯十年的宣云屯田，还是多少缓解了三镇乏饷的现实问题的。

---

① ［明］卢象昇:《卢象昇疏牍》卷 6，《经理屯田种马疏》，杭州：浙江古籍出版社，1985 年，第 119 页。

第六章　郧抚和宣督的标兵建设

卢象昇在军事制度方面的贡献除了大兴军屯以外，还有标兵方面的建设，后者主要表现为郧阳抚治和宣大总督任上标兵的增设与扩编。另外，在宣大总督任上，卢象昇还对总督标兵加强了训练。

第一节　督抚标兵的增设和扩编

明代标兵是文官武将等直辖军队。明代中后期，许多督抚纷纷建立起直接受自己掌控的标兵，以强化自己的军事地位。卢象昇就十分重视标兵的建设。

起初，明代巡抚及陕西、宣大总督并无直辖的兵马，受其节制的总兵将领们有时也未必听命，调兵遣将也未必如督抚所愿。这在战事紧张之时，就会贻误军机大事，而督抚往往要承担贻误军机所带来的后果。所以从督抚的角度，建立嫡系部队就成为迫在眉睫的事情。那么，督抚标兵何时才出现呢？肖立军指出，标兵的出现，不迟于嘉靖二十五年（1546年），这一年有宣大山西总督翁万达的奏疏可证："大率军门必得五千人，宣大见在旗军已有一千名。"疏中所言"旗军一千名"即是由各镇卫所、城堡守兵中所挑选的标兵。从所属的军士中选拔标兵，这是督抚标兵的主要来源。另外，标兵还有两种来源：临时招募之壮勇，免罪将领及其家丁。从此，标兵在九边、沿海地区甚至内地也都纷纷设立。肖立军还从军事制度发展的视角，论述了标兵的形成还深受明代盛行的营兵（明代总、副、参、游所亲统的一种镇戍兵）制的影响，并对明中后期的卫所兵制、镇戍兵制及募兵制等军事制度皆产生了深远的影响。① 陈宝良甚至还认为，镖局的出现有两大历史源头，其一便是明代的标兵，时间早则在嘉靖以后，晚则在隆庆、万历时期。② 不仅总督巡抚设有标兵，到明中后期，甚至许多督师、兵部尚书、守巡道臣、镇守、兵备道和分守监臣也设立标兵。③ 标兵出现后，督抚镇的标兵也逐渐成为所属军队的主力，在明末平叛和御边中起到了举足轻重的作用。卢象昇在抚治郧阳、总理五省和总督宣大任上，对于标兵制度的创建或扩编，始终用力较专，成效也较大。需要说明的是，卢象昇创建标兵，仅针对五省总理衙门而言，因为五省总理为新设之官职，还没有固定的衙门机构。由于此部分内容已在其他著述有专门的论述，本书不再予以介绍。而对于郧阳抚治和宣大总督而言，其衙门已设多年，所以对现有的标兵只能是充实或加强。本书将重点探讨卢象昇如何增设郧抚标兵和扩编宣督标兵营的问题。

卢象昇在疏请置设郧阳主兵时，曾称："臣昔备兵大名，尚有马步快壮千二百人，独郧兵止于五百。"④ 意指他任大名兵备时，曾有部从"马步快壮"1200 名。虽然 1200 人属于民兵范畴，但由于归兵备直辖，也可归入标兵之列。卢象昇任大名兵备时的两则书信也反映了这一点：其一，"今南北之贼为重兵所驱，俱聚于辽、顺、乐、平诸处，邢河一带到处可忧。不肖昇止率标兵步骑千余，身探虎穴⑤；其二，"不肖昇标下官兵无多，今陆续调至邯郸矣"⑥。书信中所言之"标兵步骑千余"与"标下官兵"，应该和前面所说"马步快壮千二百人"是一致的。由于史料的缺乏，我们无法对卢象昇兵备大名时的标兵情况进行探讨，这里重点考察他任郧阳抚治和宣大总督时期对标兵的扩充。他对标兵建设的突出贡献有二：增设郧阳抚治标兵，扩编宣大总督标兵。

---

① 肖立军：《明代的标兵》，《军事历史研究》，1994 年第 2 期。

② 陈宝良：《中国古代镖局的起源及其兴盛——兼及标兵与镖局之关系》，《西南大学学报》（社会科学版），2014 年第 5 期。

③ 陈宝良：《中国古代镖局的起源及其兴盛——兼及标兵与镖局之关系》，《西南大学学报》（社会科学版），2014 年第 5 期。并参见韩师：《明代宣大总督研究》，东北师范大学 2014 年博士论文，第 79 页。

④ ［明］卢象昇：《卢象昇疏牍》卷 1，《请设主兵疏》，杭州：浙江古籍出版社，1985 年，第 8 页。

⑤ ［明］卢象昇：《忠肃集》卷 2，《与豫抚某书》，《文渊阁四库全书》影印本，集部 6，第 1296 册，台北：台湾商务印书馆，1983 年，第 608 页。

⑥ ［明］卢象昇：《卢象昇疏牍》卷 12，《与某书二首》，杭州：浙江古籍出版社，1985 年，第 328 页。

一、增设郧阳标兵

郧阳虽位于湖广行省内，但由于它地理位置十分重要，郧阳抚治辖区包括楚、豫、陕三省之部分区域，郧阳抚治和湖广巡抚并无行政隶属关系，它们之间是平等或近似平等的关系。郧阳抚治同样设有标兵。郧抚标兵始设之时间，据《郧台志》载："(标兵)镇旧无之，有之自裴公。"[①]《郧台志》还对郧抚总镇之标兵数额及其来源有详细说明："总镇标兵　郧阳府：郧县六十名，房县六十名，竹山县六十名，郧西县六十名，上津县六十名，以上共计三百名。万历十六年，都御史裴公奏，将五县民兵改隶标兵，分班听中军官操练，每班一百五十名半年一换。"[②]此外，《郧台志》还载有郧阳抚治裴应章之疏论："然设中军官而不设标兵，则官徒设也！……臣查得郧阳府所属郧、房、上津、竹山、郧西五县，每县原有民壮六十名，五县共三百名，皆拣选强壮有武艺者，谓之精兵。每年春秋二季，齐赴郧镇操练。……今合无即将此三百民兵分为二班，每班一百五十名，半年一更，俱属中军官统驭。"[③]综合后两条史料，可以判断，疏中所言之"民壮""精兵"和"民兵"，实为标兵。

结合《郧台志》的三条史料，我们可以判断，裴应章之疏请应得到了明廷批准。陈宝良亦撰文称，郧抚之标兵，初设于都察院右副都御史裴应章抚郧时的万历十六年（1588 年），兵员共 300 名，来自所属各县。[④]标兵数额虽然不多，但在内地几无战事的万历朝，也可勉强维持社会治安。到卢象昇的前任蒋允仪抚郧时，郧抚仅有标兵 500 人。此时正值义军进攻中原并南进之时，郧阳也深受兵燹之害，区区 500 标兵实在难以御敌。郧阳只好借助客兵来应对义军，然而郧地却要付出较大的经济代价：为客兵提供粮饷。所以，卢象昇一到任上，就提出在郧地增设主兵之主张。

兵与饷是战争中要面对的重要问题。无论是抚郧抚楚，还是总理五省乃至总督宣大，卢象昇在他的疏牍中，论述最多的就是增兵筹饷的问题。卢象昇认为，打胜仗的前提，就是要有充足的兵员和粮饷，"所谓胜著，足食足兵

① ［明］裴应章、彭遵古等著，潘彦文等校注：《郧台志》卷7，《兵防·标兵》，南京：长江出版社，2006 年，第 277 页。引文中的裴公即为裴应章，万历十五年（1587 年）始抚治郧阳。

② ［明］裴应章、彭遵古等著，潘彦文等校注：《郧台志》卷7，《兵防·标兵》，南京：长江出版社，2006 年，第 278 页。

③ ［明］裴应章、彭遵古等著，潘彦文等校注：《郧台志》卷9，《奏议·条议善后事宜以图久安疏》，南京：长江出版社，2006 年，第 402—403 页。

④ 陈宝良：《中国古代镖局的起源及其兴盛——兼及标兵与镖局之关系》，《西南大学学报（社会科学版）》，2014 年第 5 期。

是已。有食不患无兵，有兵不患多贼"①。对郧阳之贫穷及所遭兵燹之重，卢象昇曾多有论述。他在疏中称，郧地之荒僻、郧民之贫穷以及郧地遭兵灾之重，都是世间罕见的。他认为，除了安定民生之外，当务之急就是要增加兵员和粮饷，以保证有足够的人力财力对付义军。况且，郧地向来并无专兵专饷，兵寡粮乏。卢象昇说道，"自入境来，问臣标下所设之兵，则以五百余名计；问兵终岁所需之饷，则以六千余两计。此在承平无事，不难因事补苴；今当强寇纵横，未免束手坐困"；"维是郧镇既无主饷主兵，势必全用客兵客饷"②。作为控扼陕、豫、楚、蜀四省的郧镇，如此缺兵少粮，实在是难以置信。而此时，郧地已成为义军进攻或潜伏的主要地区，因此加强此地的军事力量势在必行。但郧抚却仅有500标兵，遭逢战事，还要依赖客籍兵（即客兵，非郧地之兵）。卢象昇认为，战时依赖客兵终非常法，他力主在郧地专设主兵，这样既方便练兵统御，更利于节省财政支出。

需要说明的是，前文所提及的前任郧抚蒋允仪之标兵500人，其实就是郧地主兵，而他一再奏请增加的郧地主兵，其实也就是郧抚标兵。关于郧地驻兵来源情况。卢象昇疏言："蒙圣恩允增五百，又毛兵六百，暨旧额兵五百，已凑成千六百人矣。……将郧兵再增一千四百人，以足三千之数。……郧镇既有标兵三千，微臣躬亲训练，用壮师干，庶地方有磐石之安，而缓急不至张空拳以应矣。"③可见，在卢象昇看来，不管是旧额500名郧兵、新增500名郧兵，还是新募600名毛兵④，甚至是计划再增加的1400名新郧兵，皆属于郧抚标兵。他的目标，就是使郧抚标兵能达到3000名。

---

① ［明］卢象昇：《卢象昇疏牍》卷4，《附：致阁部及楚中诸老启》，杭州：浙江古籍出版社，1985年，第70页。

② ［明］卢象昇：《卢象昇疏牍》卷1，《兵食寇情疏》，杭州：浙江古籍出版社，1985年，第2页。

③ ［明］卢象昇：《卢象昇疏牍》卷2，《立寨并村清野设伏增兵筹饷疏》，杭州：浙江古籍出版社，1985年，第36—37页。

④ 关于毛兵，明清之交的文人如吴伟业、谈迁等人多有记载，但都语焉不详。一种说法是，毛兵是明末出现于河南山区一带的矿徒，被官府临时招募，用以镇压民变；另一种观点，明中期的邱浚认为，毛兵就是"毛葫芦兵"，源于河南唐、邓一带深山的猎户，但在明中叶还未成为一支武装力量。另外据《元史》记载，元末河南深山一带有大量猎户，被官府招募，号"毛葫芦义兵"，用以镇压元末民变。

在郧地的军队,除了卢象昇提及的 1600 人,还有石柱兵 ① 和篁兵 ②。篁兵虽多,但并非郧阳常驻兵,"盖篁兵,楚兵也" ③,要随时调出参与军事行动。另外,郧地遭遇大规模战事,还有川兵、晋兵等其他客籍兵驻入。如果没有战事,所有驻兵的兵饷还主要由当地来承担,这给地偏民穷的郧地造成了很大的经济负担。所以,卢象昇疏请增设郧阳主兵,并列举出如下理由:

主兵之不得不设者有三,臣深思熟计之矣。兵燹之后,多事之秋,流寇即计日剪除。而招抚流移,清搜伏莽,勤团操以壮军实,饬备御以安人心,此非客旅事也,不得不设者一。他省抚臣兵多者万余,少亦以五七千计。独至郧而贫卒寥寥五百,光景堪怜。……不得不设者二。郧虽僻壤,实控三隅,……况六城残破,一郡孤悬,东堵西防,关系甚重,不得不设者三。且主兵之饷稍厚者每月不过一两二钱,而客兵每名本折行坐等粮,通计月支之数约费三两六钱有奇,是三名主兵仅可抵一名客兵之饷。④

卢象昇从三个层面论述增设主兵之必要:战后练兵安民,与它省巡抚兵员数相比较,郧地的重要地理位置。他更一步指出,用主兵之费用远低于客兵,这应该是他力陈设主兵于郧镇的最主要原因。随后,卢象昇提出设主兵的人数以及粮饷的给取问题,"自今以后,急宜设常操兵五千,至少亦须三千,以将领一、二员统之,用资简练防御。各兵月饷,应照各省抚臣标兵之例。至于出师远剿,则临期量给行粮,此不特为郧疆计,实为全楚计"。⑤ 卢

---

① 石砫(今重庆石柱)兵,是源于明代川东石柱宣抚司的土著兵。明末石柱土司女首领秦良玉创立了一支土著特种兵——白杆兵,成为石柱土兵的精锐部队,在平定杨应龙叛乱、抗击清兵入侵以及镇压明末起义过程中战功显赫。参见龙腾:《明季抗清女杰秦良玉传论》,《兰台世界》2011 年第 25 期,第 17—18 页。

② 即镇篁兵。笔者未能找到有关镇篁兵的原始文献,据"中国百科网"等网站介绍,嘉靖三十三年(1554 年),于今湖南凤凰县南筑城"镇篁",此地属湘西边远落后县份,多外来商人屯丁和苗民混合居住,居民遭受周围人歧视,被称作"镇篁苗子"。镇篁兵骁勇善战,自明代闻名,在镇压明末起义中立有战功。晚清时期,镇篁兵于全国 66 镇绿营兵中,仍最为强悍,曾在镇压太平天国义军的战争中,为清廷立下战功。参见网页: http://www.chinabaike.com/article/96/jszs/2007/20071013579952.html。

③ [明]卢象昇:《卢象昇疏牍》卷 2,《应援汉商疏》,杭州:浙江古籍出版社,1985 年,第 30 页。

④ [明]卢象昇:《卢象昇疏牍》卷 1,《请设主兵疏》,杭州:浙江古籍出版社,1985 年,第 8 页。

⑤ [明]卢象昇:《卢象昇疏牍》卷 1,《请设主兵疏》,杭州:浙江古籍出版社,1985 年,第 9 页。

象昇希望郧镇所设的主兵人数不低于 3000 员，粮饷的供给亦参照它省实行，这样做不仅为了郧镇，更是为了全楚及周边三省的长远利益的考量。另外，卢象昇给内阁的揭帖中也谈及用主兵之利："增设额兵三千，每岁止须额饷四万余两，以客兵数月之饷，即可饷主兵经年矣。况兵就土著招募，郧民之壮健乏食者皆为我用，免生他心。"①有关扩充标兵至 3000 人的疏请是否得到朝廷批准的问题，笔者暂未找到明确的记载。然而，他在给友人，亦即前任郧抚蒋允仪的信中说："幸而奉旨新设之郧兵，陆续已有二千，已成一旅，贼来缓急尚有所恃。"②笔者以为，卢象昇所言新设郧兵 2000 兵，应当是他就任郧抚后新增的所有郧地主兵，包括他初任郧抚时新增的 500 名。再加之原来1100 名（旧额郧兵 500 名和新募毛兵 600 名），刚好凑足 3000 名。这说明，在卢象昇离任前，他几次增设郧抚标兵的疏请均已获准。

当然，要应对大规模的义军，3000 余郧抚标兵显然难堪重任，仍须借助大量的客兵相助。所以，增设郧兵的作用也不能高估。当然，增设郧镇主兵，毕竟体现了他扩充郧阳抚治标兵的努力。

二、恳请增加湖广巡抚和五省总理之兵员

崇祯八年（1635 年）六月，卢象昇奉旨改任湖广巡抚，同年底卸任。但这半年时间内，后三个月则是他任五省总理（兼任湖广巡抚）的时间，其主要精力在协调五省兵力，与洪承畴相配合征剿义军。所以说，卢象昇专任湖广巡抚仅有三个月时间。

在任湖广巡抚期间，卢象昇的标兵数额是多少呢？卢象昇曾三次提到。

在《封疆大利大害疏》中称"微臣亲督于襄、光境上会剿者亦仅三千"③。

又在《致阁部及楚中诸老启》提到，"楚郧备御不得不严，不肖遵旨驻师襄樊，扼剿境上，标下战兵不过二三千耳，又皆新经简阅者，猝难应手"④。

---

① ［明］卢象昇:《卢象昇疏牍》卷 1,《投阁部揭》,杭州:浙江古籍出版社,1985 年,第 16 页。

② ［明］卢象昇:《忠肃集》卷 2,《与蒋泽垒先生五首》,《文渊阁四库全书》影印本,集部 6,第 1296 册,台北:台湾商务印书馆,1983 年,第 613 页。

③ ［明］卢象昇:《卢象昇疏牍》卷 4,《封疆大利大害疏》,杭州:浙江古籍出版社,1985 年,第 69 页。

④ ［明］卢象昇:《卢象昇疏牍》卷 4,《致阁部及楚中诸老启》,杭州:浙江古籍出版社,1985 年,第 70 页。

另在《恭报防御协剿疏》中说："臣于九月十六日尽发标下战兵三千"①。

通过阅读这三条史料，可以推断出，卢象昇的巡抚标兵仅有"新经简阅者"大约 3000 人。因兵少难以应付危局，卢象昇便恳请增加标兵额，"臣熟计深筹，马步兵非二万四五千不可"②；"夫以全楚之广，孤郧之危，其战守诸兵，非得三万精强者不可。今不得已而议二万四五千，合之似见其多，分之仍见其少"。③卢象昇认为湖广至少需要"二万四五千"精兵。他并没有说明这两万余精兵是否为标兵，而只是称为全楚所用之战兵，甚至还提出，若秦地义军平定，楚兵可即刻撤除。所以，笔者以为，所请 20000 余精兵不可能全为楚抚标兵。但由于现有的抚标人少兵弱，并不排除拣选一部分充当标兵的可能性。但结果是，明廷并未允其所请。

类似的事情也发生在卢象昇的五省总理任上。从崇祯八年（1635 年）十月至崇祯九年（1636 年）七月，卢象昇实际任职五省总理时间约十个月，此间他更是军务繁忙，协调各路官兵征讨义军，创建五省总理衙门，并创设标兵 3500 余人。同时明廷诏令祖宽所部 3000 名步骑划归卢象昇标下，这也算是明廷对新设衙门的一种支持。卢象昇在《剿荡三大机宜疏》中，希望再增加兵员："臣与督臣（指总督洪承畴）需各得马步战兵三万，马三步七；每月各须饷银十万余金，尤必有饷，而后可安意调度。"④卢象昇所期盼的 30000 马步兵是否尽为标兵，疏中并未明确说明，但结局如同在楚抚任上，仍未能获得明廷的应允。

三、扩充宣大总督标营

在总督宣大任上，卢象昇的工作重心发生了转变，他已经脱离了征讨义军的战场，开始致力于防御北疆游牧民族尤其是辽东女真人的侵扰。战事相对减少，较长的任期（大约两年），使他有更多时间进行宣大三镇的军事整顿。此间，除了屯田外，卢象昇所做的较有成效的一件事，就是扩编宣大总

①［明］卢象昇:《卢象昇疏牍》卷4,《恭报防御协剿疏》，杭州：浙江古籍出版社，1985 年，第 75 页。
②［明］卢象昇:《卢象昇疏牍》卷4,《封疆大利大害疏》，杭州：浙江古籍出版社，1985 年，第 69 页。
③［明］卢象昇:《卢象昇疏牍》卷4,《致阁部及楚中诸老启》，杭州：浙江古籍出版社，1985 年，第 71 页。
④［明］卢象昇:《卢象昇疏牍》卷5,《剿荡三大机宜疏》，杭州：浙江古籍出版社，1985 年，第 105 页。

督标兵，并加强训练。

（一）卢象昇之前的总督标兵建置

关于宣大总督的标营建置和人数，有一个历史变革的过程。宣大标兵正式创建于嘉靖二十五年（1546 年），时任宣大总督的翁万达奏请增加标兵数额："大率军门兵马必得五千人，宣、大见在标下旗军已有一千名……共凑二千五百名。……凑前有马快手共二千五百名，通共足勾五千人之数。"① 这已有的 1000 名旗军就是当时标兵总额。但是，他将现有的标营编制，扩充到两个标营、共计 5000 名标兵的奏请并未得到批准。通过嘉靖年间的兵部尚书杨博的疏奏和明末茅元仪的记载，可知嘉靖中后期的宣大总督标兵，已有两营的编制了，并分别由一员参将和一员游击督领。纵观隆庆一朝，该编制几无变化。② 崇祯朝，曾任宣大总督的杨嗣昌，在追溯宣大督标三营制形成时有云："载考三营经制，定于万历四十五年。左掖营官军二千五百三十七员名，右掖营官军二千五百八十员名，东京营官军一千九百三十六员名。"③ 由此可见，在万历末年，宣大总督的标营建置为三个：左掖营、右掖营和东京营，总人数共计 7053 名。由于未见到天启朝的相关史料，根据崇祯时期杨嗣昌任宣大总督时的营制现状分析，万历末已形成的三营制格局可能一直延续到崇祯朝。

卢象昇多次疏称，目前的督标三营制和标兵数 5000 员，乃为前宣大总督杨嗣昌所定制，"窃照微臣标兵五千，经前任督臣杨嗣昌题定经制，分为节制三营，统以副、参、游、都等官"④；"谨照阳和节制三营，定于前督臣杨嗣昌"⑤。那么，杨嗣昌所定营制如何呢？崇祯七年（1634 年）秋，杨嗣昌始任宣大总督，在任一年多，即因父丧丁忧去职。在宣大任上，他曾计划将总督标兵三营制调整为五营制："名分中、左、右、前、后，每营马步各半，额

---

① ［明］翁万达：《翁万达集》卷 8，《条陈边务以裨安攘疏》，上海：上海古籍出版社，1992 年，第 234—235 页。

② 韩帅：《明代宣大总督研究》，东北师范大学 2014 年博士论文，第 71 页。

③ ［明］杨嗣昌著，梁颂成辑校：《杨嗣昌集》卷 7，《请定标营疏》，长沙：岳麓书社，2005 年，第 144 页。

④ ［明］卢象昇：《卢象昇疏牍》卷 6，《请留标将刘钦疏》，杭州：浙江古籍出版社，1985 年，第 124 页。

⑤ ［明］卢象昇：《卢象昇疏牍》卷 7，《买补标营马匹骡驼疏》，杭州：浙江古籍出版社，1985 年，第 154 页。

共二千，五营总成一万。"① 然而，此时义军已经风靡山、陕、豫、北直诸省，明廷财政吃紧，杨嗣昌的扩编计划便未实施，他便提出整编中、左、右三营。整顿后的三营，每营人数 2000 人，设有参将、中军、千把百总等武官统领之。这个中、左、右三营定制得到批准，但所提出的马匹骡驼和饷银没有得到满足。杨嗣昌之后，梁廷栋就任宣大总督，实际任期仅半年多。在任时，梁廷栋又对督标进行变革，将杨嗣昌所定三营制又改为两营制，"要将标下一营马步官兵四千员名，分为左、右二掖，设官统领，久任责成"②。之所以如此，是因为杨嗣昌的三营制本不满员，况且他率标兵作战多次，兵员有些损耗，待到梁廷栋到任时，三营标兵共计仅 4000 人。梁廷栋离任后，卢象昇继任，他开始在杨嗣昌的三营制基础上，按照杨的原计划进行了扩编，最终实现了督标五营建置。

（二）卢象昇的总督标兵编制计划

卢象昇任宣大总督，拟将原有的 5000 名标兵（梁廷栋初任总督时 4000 余人，可能之后又稍加增补到 5000 人）扩充至 10000 人，并改为左、右、中、前、后五营制，每营各 2000 人。其中，左、右、中三营为马兵营，前后两营为后设之步兵营。那么每营内的建置如何呢？卢象昇在《总督军门初次练兵规则》之"定营制"中叙述较为明确：

　　每营各兵两千，……每营分左右二部，每部分左右前后四哨。除将领而下，用坐营守备一员，千总二员，把总四员，百总五员。千总管每部战兵一千名，把总管每司战兵五百名，百总管每哨战兵一百名。外设塘拨千总一员，冲锋材官六十员。马兵以二十五人为一队，步兵以五十人为一队。百总队长，照数分派。中左右三营俱马兵，前后二营俱步兵……③

由于五营的建置是相似的，笔者以中营为例，列一图表以示意之。

　　① ［明］杨嗣昌著，梁颂成辑校：《杨嗣昌集》卷 7，《请定标营疏》，长沙：岳麓书社，2005 年，第 143 页。
　　② 台湾"中央研究院历史语言研究所"编：《明清史料·辛编》（上、下册），上册，《兵部题行〈推补宣大总督军门标下左掖营游击〉稿》，北京：中华书局，1987 年，第 461 页。
　　③ ［明］卢象昇：《卢象昇疏牍》卷 6，《总督军门初次练兵规则》，杭州：浙江古籍出版社，1985 年，第 143 页。

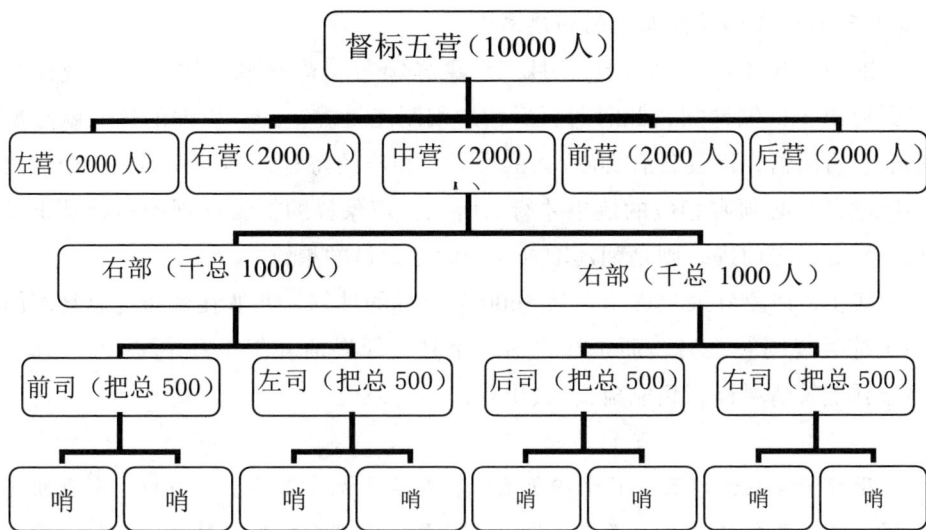

图 6-1：宣大督标五营编示意图（以中营为例）

　　每营分左、右两部，每部分前、后、左、右 4 哨。副、参将领以下，各营设坐营守备 1 员，千总 2 员，把总 4 员，百总 5 员。千总辖每部战兵 1000 员，把总辖每司战兵 500 员，百总辖每哨 100。此外五营各设塘拨千总 1 员，冲锋材官 60 员。骑兵以 25 人一队，步兵以 50 人一队，队之下 5 人为一伍。整个营制的结构是"营—部—司—哨—队—伍"模式，这不同于明代传统的卫所编制。肖立军认为，这种编制即为明中期以来所形成的营司队伍制，简称营制，它属于镇戍兵制的范畴。[①]

　　卢象昇拟定的总督标兵营制与前任总督杨嗣昌确有相似之处，但在马步兵的编制上，却大为不同。杨嗣昌是把马、步兵各半数融入每营中，而卢象昇则是将两者分营置设，这就大大增加了马兵的比重，这也有利于应对后金骑兵的进攻。而且，相对杨嗣昌的变革，卢象昇对马步兵的要求也相应提高了，步兵以使用火器为主，马兵重在骑射冲锋，但也强调使用火器，"今后该营马兵，每名除弓矢腰刀外，仍于马上各习一艺，或三眼枪，或闷棍，或八尺长枪，各随其便，务要精熟。步兵以火器为主"[②]。

────────

　　① 肖立军：《明代中后期九边兵制研究》，长春：吉林出版社，2001 年，第 99 页。
　　② ［明］卢象昇：《卢象昇疏牍》卷 6，《总督军门初次练兵规则》，杭州：浙江古籍出版社，1985 年，第 145 页。

（三）卢象昇督标五营制的建立。

崇祯九年（1636 年）十一月，卢象昇颁布《总督军门初次练兵规则》，只是提出了扩编计划，此时前、后营的编制还是虚空的。扩编的核心就是增加前、后两营，需要各有 2000 人的兵员和相应的将官人等。而其中一个最大的问题是，必须有相应的饷银才行。所以，卢象昇的扩编计划的实施基于募兵，而募兵之前提，则是朝廷增补所扩编之兵员的粮饷。

其实，卢象昇最早提出增兵 5000 名督标的计划，并非在颁布《总督军门初次练兵规则》之时，而是在之前一个月，即崇祯九年十月十二日。当时，卢象昇上《请增标营兵饷疏》，其中有云：

> 臣标营官兵仅以五千五十四员名计，在承平无事见其多，当口患剜剥肤苦于寡。盖臣虽备员总督，遇有边警，必不敢托言调度，安坐镇城……标营战兵至少亦非一万不可，刻下急宜增设马步五千，并求天语勒部，早措马步五千兵之饷。[①]

卢象昇上该疏时，正值他赴任宣大总督，并巡阅宣云边镇各关隘之时。在疏中，他又请求增补旧标月饷并按新标准拨付新募标兵 5000 人的饷银。同年十二月，明廷正式允增所请之饷时，他才进行新标兵的招募工作。同时，卢象昇也对初期募兵的情况进行了说明：

> 臣于去年十月疏请增练标兵，奉旨下部，因饷银未定，措手无从。至十二月内，仓场臣李遇知兼摄司农，念切危疆，新旧标饷，力认部发。臣方敢悬示募兵，广求精锐。经今半月矣，日与阳和道臣窦可进及标营将领，多方料理，随募随阅，随阅随收，而堪用者甚少。仍行各镇总兵官并协路等将，使各就近募选。适原任宣府总兵张全昌因奉文入援，诣臣辕门谒见，自言世受国恩，愿效一臂。臣复措发银两，令赴山陕等处招来战士。一面分立五营，以白安、刘钦、冯举、朱尚义、岳维忠各任其事。[②]

---

① ［明］卢象昇：《卢象昇疏牍》卷 6，《请增标营兵饷疏》，杭州：浙江古籍出版社，1985 年，第 116—117 页。

② ［明］卢象昇：《卢象昇疏牍》卷 7，《增练标营事宜疏》，杭州：浙江古籍出版社，1985 年，第 149 页。

卢象昇在疏中说，募兵、练兵其实是同步进行的，"随募随阅"；由于所募之兵往往堪用者甚少，他还令张应昌赴山陕之地招募；同时，五营建制的雏形已经形成，他还选定了五营的领兵官。由此可见，卢象昇对待练兵一事的态度是迫切的，而募兵、扩编都是为了早日实现练兵。

崇祯十年（1637 年）四月初七日，卢象昇所上《标兵如数募完并题营官疏》，标志着募兵顺利结束和五营正式形成。卢象昇在疏中谈到了自己募兵的艰辛：

> 募兵于今日之宣云尤难之难。且查往例，凡边方各镇募练营兵，皆有安家、行粮、衣装等费，而臣未敢请也；皆有年例、马价、犒赏等银，而臣未敢请也。数月来设法鼓励，随方料理，逐事支持，亲督道将厅官验军马，制器械，覆钱粮，复广示招来，严加选阅，随到随收，随收随练，孰宜于马，孰宜于步，孰宜于大小火器，孰宜于弓矢刀枪，以至衣甲器具，皆臣所经目经心者。①

不仅募兵之事本身甚难，募兵后还要为之配备器械钱粮等必备之物，更要考察个人的专长以充分施展其才能，这令卢象昇颇费精力。然后，对于所招募之人，卢象昇进行了细致的拣选，裁汰了三类人：一是类似"市井游棍"和"类串营猾军"者；二是"年未二十以上"和"年过四十以外"者；三是"身躯高大而臃肿痴肥"和"有膂力虽充而眼无神、面无骨"者。由于所募之兵，多为山陕健丁，所以被裁汰者，应妥善安置，"来时给以行粮，去亦量与路费，使之便于回籍，不至流聚一处，致生他端"。②

卢象昇在疏中，将所选定各营之坐营官 5 人、千总 15 人和把总 20 人，全部题叙。同时，他强调，中军营的地位应稍重于其他四营，既然将领白安为副总兵衔，坐营官也应相应提升官衔。所以希望将现任中营坐营官、加衔守备刘家声留作他用，而由守备李竹友实授都司佥事后代补中营坐营官。在疏中最后，卢象昇称，题叙标兵千把总之例前所未有，愿从自己始，以示慎重，"标营千把总随时委用，向不具题，今具题自臣始，总之出自慎重之本

---

① ［明］卢象昇：《卢象昇疏牍》卷 8，《标兵如数募完并题营官疏》，杭州：浙江古籍出版社，1985 年，第 182 页。
② ［明］卢象昇：《卢象昇疏牍》卷 8，《标兵如数募完并题营官疏》，杭州：浙江古籍出版社，1985 年，第 182 页。

心，于以昭功令，示激扬也"。[①]

宣大督标五营的正式建立，大大加强了宣大三镇的军事防御。

四、厘定宣大督营标将职衔和标兵饷额

在扩建宣大总督营制的同时，卢象昇还着手提高标将的职衔和标兵的月饷额，使之符合三镇的实际情况，以提高将士防边的积极性。

（一）厘定督营标将职衔

一般来说，督抚的标将、标兵要承担护卫督抚、出征剿伐等职责，是其他将士的楷模。所以，其待遇要优于其他将士，才能与其地位相称。卢象昇发现，督标的武官职衔和标兵月饷却低于总兵标兵，所以，他决定改变这一局面。

卢象昇认为，督标所辖左、右、前、后四营统兵官原来皆是游击职衔，实在不妥。理由有二：一是，督标各营皆是各镇榜样，而宣大、山西各总兵官的标下健兵营将早已为参将职衔。二是，左营游击刘钦早已升为宁武参将，因有才略而为卢象昇疏留，却因此降低职衔；右营游击冯举曾为路将加府衔（参将兼五府衔），今在标营实已贬其秩。所以，卢象昇建议，将四营全改为参将衙门。他在《请定五营将领疏》里说："合无将左、右、前、后四营俱改为参将衙门，刘钦、冯举各予以应得之秩，庶臣督三镇臣之标营，亦便于领袖三镇之标营也。"[②] 同时，中营副将白安，才能卓著，早在杨嗣昌任总督时即为副将，"（杨嗣昌）先发节制左营副将王忠……，臣量带中军副将王承胤……仍留右营副将白安马步官军俱驻阳和"[③]。这说明，当时白安和王忠同为杨嗣昌标营之副将，王忠不久升任山西镇总兵官。白安于崇祯九年（1636年）入京应援时，因"援兵骚扰"的莫须有罪名，被明廷降级处罚。卢象昇很赏识白安之才，他多次疏请为其开复。在《请定五营将领疏》里，他疏请将四营改为参将衙门后，又恳请设团练总兵官并由白安加总兵衔兼任。疏中云："宜设一团练总兵官，庶几号令归一。然于五营之外再议设官，恐多一番

---

① ［明］卢象昇：《卢象昇疏牍》卷8，《标兵如数募完并题营官疏》，杭州：浙江古籍出版社，1985年，第184页。

② ［明］卢象昇：《卢象昇疏牍》卷7，《请定五营将领疏》，杭州：浙江古籍出版社，1985年，第156页。

③ 转引自韩帅：《明代宣大总督研究》，东北师范大学2014年博士论文，第100页。

廪粮胥役之费，合无即将中营副总兵白安量加总兵职衔，责以总练之事实为便计。白安资次战功，与王忠相垺，业加府衔，原非躐等。"①

这次提升督标将领职衔的奏请，除白安的总兵职衔没有解决外，都得到了明廷批准。不久后的奏疏中，卢象昇便开始称刘钦、冯举为参将，白安虽为总练却仍为副将衔。疏中有云："目今五营将官，如中营白安、左营刘钦、右营冯举，俱已遵奉明纶，加秩任事。……至左右前后四营，业经题奉钦依改定参将衙门。"②

（二）重定督营马步标兵月饷额

卢象昇对手下标兵月饷较低很不满意，他还以宣大两镇总兵官的标兵月饷额作比较，请求朝廷重新厘定督标月饷标准。他在《请增标营兵饷疏》中有详细的论述：

> 宣大两镇总兵官各有马健丁五千，月支一两八钱，又加折米银四钱，每兵共月支银二两二钱。……臣标马兵月支一两五六钱，步兵月支一两二三钱，以视该镇健丁月支二两二钱，太相悬绝，非所以平情示劝，居重驭轻也。今当急议量加，以示鼓励。马兵以一两八钱为率，每月量加银二三钱不等。除将镇中千把总外，共马兵三千名，每月约该加银七百余两，每岁约该加银八千四百余两。步兵以一两五钱为率，每月量加银二三钱不等。共步兵二千名，每月约该加银五百余两，每岁约该加银六千余两。以上通共马步现额标兵五千名，除官不加外，每岁通共该加银一万三千余两。……以为定额。至应增马步五千，马三步二，其饷一照前额，每岁该银十万二千余两，并官廪马料，约略计之，每岁共该银十四万余两。③

卢象昇认为，总督标兵的粮饷标准不该低于各镇总兵标兵，但他考虑到朝廷的财政压力，便只谈缩小两者差距。他最后确立了一个标准：标兵月饷以马兵 1.8 两银、步兵以 1.5 两银为率。按此标准，卢象昇计算出目前标兵

---

① ［明］卢象昇：《卢象昇疏牍》卷 7，《请定五营将领疏》，杭州：浙江古籍出版社，1985 年，第 156—157 页。

② ［明］卢象昇：《卢象昇疏牍》卷 7，《更择标营将领疏》，杭州：浙江古籍出版社，1985 年，第 175—176 页。

③ ［明］卢象昇：《卢象昇疏牍》卷 6，《请增标营兵饷疏》，杭州：浙江古籍出版社，1985 年，第 117 页。

5000 人每年应补饷银 13000 两银（官员除外），而新增 5000 名标兵的月饷须 102000 余两银，再加上马料银，每年须增补 14 万两银。这些银两是保证标兵生活的基本费用，其实卢象昇所定月饷标准还是低于宣大两镇总兵标兵的月饷额的。一般来说，卢象昇请饷之疏很难批准，这次却得到了准复，"至（崇祯九年）十二月内，仓场臣李遇知兼摄司农，念切危疆，新旧标饷，力认部发"。①

　　一方面，卢象昇整顿督标营制，为练兵奠定了组织基础；另一方面，他又厘定标将职衔和标兵饷额，从物质和精神上鼓舞了士气。

第二节　总督标兵的军事训练

　　卢象昇扩充宣大总督标兵，并期望再以标兵练兵带动三镇各路兵马的训练，从而加强三镇的军事防御。

一、总督标兵训练的缘起和思路

　　崇祯九年（1636 年）十月初，卢象昇甫任宣大总督，即刻巡阅宣大一带边口 40 余处。他对边防懈怠的严重状况忧心忡忡，便决计整顿并严训标兵。卢象昇在疏中说：

　　臣自十月初二日出居庸关，由宣边以达宣镇，由宣镇以抵阳和，跋履兼旬，驰驱千里。诸凡协路将兵，边口冲要，以及城堡、墩台、钱粮、器械等项，逐事亲查一番，不觉忧心如焚，焦思欲绝。惊念宣云艰窘之状，所见更甚于所闻也。臣今于本月二十五日抵臣镇城，简练标营兵马，并以标兵练法次第通行宣大两镇，暨协路边堡大小诸弁。仍与之列款订期，明赏饬罚，痛洗从前虚应之习，力图向后振起之模。若其呼应不灵，督率罔效，即当先请国法，首正臣辜，断不敢粉饰因循，致令封疆一误再误也。……臣自出关来，阅视镇将营路等兵，观其武艺，无非花法死套，及令纵马驰骤，且多仆地跌伤。以甲胄，则色号参差不一，以营阵，则部伍混乱不齐。甚至一路将而营马不过百余匹者，一守操而战马不过十余匹者，且多羸瘦不堪，加鞭即倒。①

这次巡阅宣大边境时，卢象昇除了发现御敌的硬件设施不堪以用之外，还意识到士兵懈怠的情况极为严重，所以，他以为练兵事宜刻不容缓。从练兵的基本规律和宣大三镇的实际情况出发，卢象昇提出了两条练兵原则：其一，以督标为表率，练兵首从督标起，"并以标兵练法次第通行宣大两镇，暨协路边堡大小诸弁"；练兵限期定责，懈怠者将受到严惩。其二，练兵采取循序渐进、由易到难之原则，正如他在疏中所云："臣之练法又分为五等规则，正二、三月已颁初次规则，今前后两四月复颁二次规则，自本年五月至十月当续颁三次、四次、五次规则，以渐而进，由浅入深。"② "练兵之法分为五等，由浅入深，定以规则，程以日期。既成，依古追胥法"。③ 卢象昇如此练兵，不仅符合练兵常规，对于长期兵备懈怠的宣大边镇来说，更是相适应的。

二、整顿总督标兵的军容和军纪

（一）昭明士卒身份与营阵旗令

1.明示士卒身份。卢象昇认为练兵打仗，必须要清楚每位士兵的真实身份，以免他人冒名食饷，也可减少士兵私逃、闹事的现象发生。他在疏中说："边镇多五方杂处之人充兵食饷，又兼服色混乱，漫无查考，是以脱伍私逃者，离信生事者，纷纷见告。甚有彼营生事，冒名此营"④；"主、客之兵云集，此处告抢掠，彼处报杀伤，本营将帅莫辨为某队之兵丁，本地居民莫识为何营之士卒"⑤。所以，卢象昇在《总督军门初次练兵规则》中规定，每位士卒的号衣甲胄及大帽，必须明示个人身份信息，"今后各兵号衣甲胄，俱用白布一条，上书某营、某部、某哨、第几队、兵丁某人；大帽之上，仍用铁一片，

---

① ［明］卢象昇：《卢象昇疏牍》卷6，《用人修具饬法治兵疏》，杭州：浙江古籍出版社，1985年，第121、123页。

② ［明］卢象昇：《卢象昇疏牍》卷8，《回奏覆实边备疏》，杭州：浙江古籍出版社，1985年，第185页。

③ ［清］卢安节编，［清］任启运校定：《明大司马卢公年谱》，清光绪元年重刻本，北京图书馆编：《北京图书馆藏珍本年谱丛刊》第62册，北京：北京图书馆出版社，1999年，第321页。

④ ［明］卢象昇：《卢象昇疏牍》卷6，《总督军门初次练兵规则》，杭州：浙江古籍出版社，1985年，第144页。

⑤ ［明］卢象昇：《卢象昇疏牍》卷7，《预筹战守要务疏》，杭州：浙江古籍出版社，1985年，第151页。

上镌某营、某部、某哨、第几队字样，以便查考"①。士兵的衣帽信息倘若不明确，还将受到严惩。

除了衣帽甲胄，卢象昇还强调士兵须带腰牌，违犯者也要法办。他在疏中说："倘衣帽无记，腰牌不明者，重治以法，并及其本营百、队、中、千。行兵时如无记号腰牌，离伍他往，或入民间内房，许诸人执而送之官。如有抢掠生事，则许径执而杀之勿罪。如此，则营伍分明，举动知戢，一或离信生事，随处可查，业通行督属镇将矣。"他认为，腰牌和衣帽甲胄标识对于约束士兵意义重大，甚至建议"各边各镇，亦可仿而行之"。②

卢象昇始终重视腰牌标识的作用。早在抚郧时，他在郧阳设兵船巡江，就要求标下水兵必随身携带腰牌，以明所属。他在《兵船巡江十二则》专条规定："水兵腰牌，上书某字号兵船，甲长某人名下伍兵某人，年貌籍贯，一一注明。如遇巡江水操，即悬此牌。若在本镇及入山剿贼，仍用该管标兵腰牌，不许混错。"③后来，卢象昇为加强宣大各镇边外的侦查能力，疏请于边外设塘拨，并强调塘拨须带腰牌："塘兵仍各给年貌籍贯及马匹毛齿腰牌，上书某路循字号或环字号，第几拨塘兵，于某口以北某地方坐拨。仍用该道关防。如有脱逃，严拿正法。病故倒损者，即时选补，并责成该道时刻稽查。"④

2. 统一各营部司旗令。规定士兵练兵行军时须携带腰牌、衣帽甲胄标识，就如同给了每人一个"身份证"，这十分便于对士卒进行有效管理。对于各营伍，鉴于"近来各营旗帜，颜色混杂，长短参差，全无定则。平时操演尚难认识"之情形，卢象昇认为，"行兵全以旗帜、金鼓为耳目"，⑤遂决定将各营、部、司的旗帜加以整编，以统一号令。他规定如下：

今后中营将官用大旗，黄心黄边黄带；左营将官用大旗，蓝心蓝边蓝带；右营将官用大旗，白心白边白带；前营将官用大旗，红心红边红带；后营将官

---

① ［明］卢象昇:《卢象昇疏牍》卷6,《总督军门初次练兵规则》，杭州：浙江古籍出版社，1985年，第144页。

② ［明］卢象昇:《卢象昇疏牍》卷7,《预筹战守要务疏》，杭州：浙江古籍出版社，1985年，第151—152页。

③ ［明］卢象昇:《卢象昇疏牍》卷3,《兵船巡江十二则》，杭州：浙江古籍出版社，1985年，第45页

④ ［明］卢象昇:《卢象昇疏牍》卷10,《议设口外塘拨疏》，杭州：浙江古籍出版社，1985年，第273页。

⑤ ［明］卢象昇:《卢象昇疏牍》卷6,《总督军门初次练兵规则》，杭州：浙江古籍出版社，1985年，第144页。

用大旗，黑心黑边黑带。中营左部千总用中号旗，蓝心黄边黄带；右部千总用中号旗，白心黄边黄带；左部左司把总用次中号旗，蓝心蓝边黄带；左部前司把总用次中号旗，红心蓝边黄带，右部右司把总用次中号旗，白心白边黄带；右部后司把总用次中号旗，黑心白边黄带。左营左部千总用中号旗，蓝心蓝边蓝带；右部千总用中号旗，白心蓝边蓝带；左部左司把总用次中号旗，蓝心蓝边蓝带；左部前司把总用次中号旗，红心蓝边蓝带；右部右司把总用次中号旗，白心白边蓝带；右部后司把总用次中号旗，黑心白边蓝带。右营左部千总用中号旗，蓝心白边白带；右部千总用中号旗，白心白边白带；左部左司把总用次中号旗，蓝心蓝边白带；左部前司把总用次中号旗，红心蓝边白带；右部右司把总用次中号旗，白心白边白带；右部后司把总用次中号旗，黑心白边白带。前营左部千总用中号旗，蓝心红边红带；右部千总用中号旗，白心红边红带；左部左司把总用次中号旗，蓝心蓝边红带；左部前司把总用次中号旗，红心蓝边红带；右部右司把总用次中号旗，白心白边红带；右部后司把总用次中号旗；黑心白边红带。后营左部千总用中号旗，蓝心黑边黑带；右部千总用中号旗，白心黑边黑带；左部左司把总用次中号旗，蓝心蓝边黑带；左部前司把总用次中号旗，红心蓝边黑带；右部右司把总用次中号旗，白心白边黑带；右部后司把总用次中号旗，黑心白边黑带。[①]

　　为了更明晰各营、部、司的旗号大小和旗帜的心、边、带色彩，笔者根据以上所述，列表格如下。

	中营	左营	右营	前营	后营
领兵官（2000人）	大旗，黄心黄边黄带	大旗，蓝心蓝边蓝带	大旗，白心白边白带	大旗，红心红边红带	大旗，黑心黑边黑带
左部千总（1000人）	中号旗，蓝心黄边黄带	中号旗，蓝心蓝边蓝带	中号旗，蓝心白边白带	中号旗，蓝心红边红带	中号旗，蓝心黑边黑带
右部千总（1000人）	中号旗，白心黄边黄带	中号旗，白心蓝边蓝带	中号旗，白心白边白带	中号旗，白心红边红带	中号旗，白心黑边黑带
左部左司把总（500人）	次中号旗，蓝心蓝边黄带	次中号旗，蓝心蓝边蓝带	次中号旗，蓝心蓝边白带	次中号旗，蓝心蓝边红带	次中号旗，蓝心蓝边黑带

---

① ［明］卢象昇：《卢象昇疏牍》卷6，《总督军门初次练兵规则》，杭州：浙江古籍出版社，1985年，第144—145页。

左部前司把总（500人）	次中号旗，红心蓝边黄带	次中号旗，红心蓝边蓝带	次中号旗，红心蓝边白带	次中号旗，红心蓝边红带	次中号旗，红心蓝边黑带
右部右司把总（500人）	次中号旗，白心白边黄带	次中号旗，白心白边蓝带	次中号旗，白心白边白带	次中号旗，白心白边红带	次中号旗，白心白边黑带
右部后司把总（500人）	次中号旗，黑心白边黄带	次中号旗，黑心白边蓝带	次中号旗，黑心白边白带	次中号旗；黑心白边红带	次中号旗，黑心白边黑带

表6-1：宣大督营练兵各营、部、司旗号旗色识别图

注：前、后两营在《总督军门初次练兵规则》颁布之时还处于筹备状态，不久后正式设立。

卢象昇强调，督标官兵进行军事行动，须以旗帜的型号与颜色为指导，延误者将以军法惩处。他说："总按五方，而领兵官大小，即以号旗大小为差，各以心应，其分方而以边带应。其本营本部主将倘有连误者，军法从事。"[①]

（二）行连坐之法

如果说，明示士卒身份、统一营阵旗令，重在对官兵参与军事行动时的有效管理，那么，严束伍、行连坐之法，则更侧重于对违反军法者的惩治，当然这对每位官兵也有着重要的警示作用。在《总督军门初次练兵规则》之"严束伍"一条，卢象昇确定了"连坐"之法："近来百总犯法，千总不知；队伍长犯法，千百总不知；伍兵犯法；队伍长不知，成何法度？今后事无大小，各照本管连坐。至布阵扎营，阅操对垒，凡有进止不齐，部伍不肃，混乱喧哗者，一照本管以次究惩。"[②]那么，如何实施连坐之法呢？他在《议防剿机宜疏》中提到了两个可行之策：具保结、立军令。疏中谈到实施保结状和军令状的具体办法：

臣特行节制五营，每营各取职名保结状三张，各取职名军令状三张，保结

① ［明］卢象昇：《卢象昇疏牍》卷6，《总督军门初次练兵规则》，杭州：浙江古籍出版社，1985年，第145页。

② ［明］卢象昇：《卢象昇疏牍》卷6，《总督军门初次练兵规则》，杭州：浙江古籍出版社，1985年，第143页。

自上而下，将领保其坐营千把，坐营千把保其百总队长，百总队长保其伍兵是也。军令自下而上，百总队伍长具状与本管坐营千把，坐营千把具状与本管将官，各营将官具状与臣是也。其中马步战兵，但有老弱虚冒，临敌不前，大小将领，但有庸怯逗留，用命不力者，上下一体坐罪。①

可见，卢象昇所谈及的连坐之法，是针对督营的所有将士，适用于触犯有以下军法之情形者：虚冒老弱残疾者，临敌不前者，畏敌逗留者，作战不用命者，等等。该法分具保结和立军令两种，都须将士上下联名一体，一人犯法，关联者亦受牵连。其不同之处在于，保结之法由将领到士兵自上而下依次相保，而立军令状则恰恰相反。

明代以前，连坐之法，从民间社会到整顿吏治乃至行军打仗，曾一度实行过。卢象昇也称"此虽新行，实系古法"。他希望在督标中恢复保结（即连坐）之法，实现"臂指乃可相联，律令庶几共晓"；并以此整肃标营，更一步推广至各镇，"臣不敢宽标营，又何敢宽各镇乎"？② 实际上，卢象昇行连坐之法，并非始于任职宣大总督之时。以"保结之法"为例，他在抚郧时，曾实施"抽余军"屯田之法，为防屯军私逃便施以保结之法。他在《募军屯田十议》中说："通计合卫余丁，不许一名漏隐，大约以三丁抽一为率，以年力壮健为主。仍令本所本伍千百户及正军各具保结，以防私逃。"③ 在宣大总督任上，除了练兵以外，卢象昇实施屯田也借用了保结之法。他在"募开垦"之法中，提及对佃户须以"邻佑"保结，"佃户须有妻室，加以邻佑保结"④。由此可见，卢象昇治军理政，对保结（连坐）之法比较重视。

三、加强对弓箭和火器的习射训练

明末，随着"内忧"和"外患"的加剧，以及火器制作技术的提高，相对传统的冷兵器，具有更强杀伤力的火器愈加体现出在战争中的重要性。在

---

① ［明］卢象昇：《卢象昇疏牍》卷8，《议防剿机宜疏》，杭州：浙江古籍出版社，1985年，第187页。

② ［明］卢象昇：《卢象昇疏牍》卷8，《议防剿机宜疏》，杭州：浙江古籍出版社，1985年，第187页。

③ ［明］卢象昇：《卢象昇疏牍》卷3，《募军屯田十议》，杭州：浙江古籍出版社，1985年，第47—48页。

④ ［明］卢象昇：《卢象昇疏牍》卷6，《屯政疏》，杭州：浙江古籍出版社，1985年，第134页。

明末战争中，骑射技术发挥着越来越重要的作用。卢象昇总督宣大时，正值明末战乱之际，他当然需要顺应战争发展变化的要求，在练兵中充分体现出习射弓箭与火器技艺的重要性。

（一）弓箭与火器等战具的配置情况

在《总督军门初次练兵规则》中，卢象昇指出，弓箭和火器是战争中最重要的兵器，"军中俱利者，弓矢腰刀火器也。此外，则长短枪、闷棍为便。其他大刀、双刀、马叉等项，俱不堪用"①。为了适应战事需要，卢象昇对于每位马、步标兵所应熟习的兵器，以及每队步兵的兵器配备情况都做了要求。督标马兵，"每名除弓矢腰刀外，仍于马上各习一艺，或三眼枪，或闷棍，或八尺长枪，各随其便，务要精熟"；每位步兵，则"以火器为主"；每队步兵50人，须"用大炮手八名，三眼枪、鸟机神枪等手共十六名，长短枪、闷棍手共二十四名"，那么剩下两名，"除队长外，再用一队副，兼管书识，要识字者"。卢象昇最后还强调，以上所要求，要"永为定规"。②

两个月后，卢象昇上《措办标营盔甲器械疏》，对已初具规模的五营所需兵器及其他战具情况进行了说明：

中、左、右三营为马兵，急需铁甲六千副；前、后两营为火攻步兵，急需棉甲四千副，随营灭寇威远毒虎等炮二百八十八位，挨牌三百六十面，神枪、三眼枪三千杆。又五营急需帐房二千顶，锣锅二千口，锨镢一千把，拒马鹿角共三百六十架，铁蒺藜十万个，营灯四百盏，辎重车五十辆，水袋八百条，下营口袋四千条！皮裤五百七十六件，盛火药小口袋八千六百四十条，盛铅子小口袋八千六百四十条。此征剿必需之具，而弓、矢、刀、枪不与焉。③

无论是练兵还是打仗，以上所列战具是必须具备的，所以，卢象昇实施练兵计划时，同时也在加紧筹备所需兵器战具。

早在崇祯九年（1636年）十一月十四日，卢象昇上《请借马匹弓矢疏》，

---

① ［明］卢象昇：《卢象昇疏牍》卷6，《总督军门初次练兵规则》，杭州：浙江古籍出版社，1985年，第145页。

② ［明］卢象昇：《卢象昇疏牍》卷6，《总督军门初次练兵规则》，杭州：浙江古籍出版社，1985年，第145页。

③ ［明］卢象昇：《卢象昇疏牍》卷7，《措办标营盔甲器械疏》，杭州：浙江古籍出版社，1985年，第152—153页。

就提到了弓箭的来源问题。由于一时筹措银两不足，他恳请先向工部筹借部
分弓箭，以资使用，"再勅工部拣发堪用角弓三千张，箭六万支。待开局鼓铸
及屯田等务料理有绪，经年之内，前项马匹弓矢，俱可陆续买造解还朝廷"。①
这次请借的结果是，"近该工部覆奉旨解发到角弓二千张、箭三万枝，皆坚利
可用"②。虽然工部仅仅满足了一半的要求，但由于弓箭皆坚利可用，卢象昇
还算是满意的。

在《请借马匹弓矢疏》中，除了弓箭，卢象昇还谈到了火药、器械等战
具的筹措问题。他称不敢劳费朝廷公帑，自己可筹资于三个月内完成，"其余
一切盔甲、械器、号衣、旗帜、火药等项，臣呕心拮据，昼夜经营，约三月
可办。所需工料价值，皆当自行设处，不敢呼颙内廷"。③其实，卢象昇这次
所述及的内容，同两个月后于《措办标营盔甲器械疏》中所提及的五营所需
战具的内容，是大同小异的。此时，他仍坚持自力更生，不费公帑，如盔甲
一项"不敢再向内庭呼颙"；又如大炮一项"亦不敢再请工料等银"。然而，
卢象昇也感到了钱财匮乏的压力，他接着向崇祯帝诉苦道："至于三眼等枪、
镇帜、金鼓、布帐、锣锅锨镢、挨牌、拒马蒺藜、皮袴、大小口袋等项，尚
该银一万余两，色色皆须置备，件件俱费金钱。刻下鸠工集事，臣力靡遗，
无米而炊，臣心良苦。"④虽然未有明说，但卢象昇的意图很明显：请朝廷能
施以援手。由于卢象昇多方筹措，如铸息收入、朝廷抚赏物资等，加之明廷
的部分支持，督标的兵器等战具装备还是能基本满足需要的。

值得一提的是，在宣大任上，卢象昇还和其他官员一道，捐资自铸火炮。
为了保证兵器供应的质量和数量，也为了维护政权的稳定，明政府对兵器（尤
其是威力较大的火炮等）的制造和管理程序也相当严格。然而，至崇祯后期，
由于朝廷财源枯竭，无力制造足够的兵器；尤其北部边镇军情危急，一时得
不到必要的兵器供应。所以，边镇的文武官员只好奏请朝廷，自己就地铸造
兵器。地方督抚如王尊德、熊文灿、卢象昇和洪承畴等人，都曾捐资铸造火

① ［明］卢象昇：《卢象昇疏牍》卷6，《请借马匹弓矢疏》，杭州：浙江古籍出版社，
1985年，第129页。
② ［明］卢象昇：《卢象昇疏牍》卷7，《措办标营盔甲器械疏》，杭州：浙江古籍出版社，
1985年，第153页。
③ ［明］卢象昇：《卢象昇疏牍》卷6，《请借马匹弓矢疏》，杭州：浙江古籍出版社，
1985年，第129页。
④ ［明］卢象昇：《卢象昇疏牍》卷7，《措办标营盔甲器械疏》，杭州：浙江古籍出版社，
1985年，第153页。

炮。我们以考古发掘的实物为例，来说明卢象昇在宣大任上曾出资自造火炮的事实。石家庄市曾发现一门刻有"崇祯戊寅岁仲寅吉旦 捐助建造红夷大炮总督军门卢象昇……"等字样的火炮，这表明它是由宣大总督卢象昇等 17 名文武官员，于崇祯十一年（1638 年）捐资所造。另外在山西省博物馆中，也收藏了铭文内容与上述相似的两门红夷炮。[1] 这两门红夷铁炮，亦由宣大总督卢象昇等人于崇祯十一年捐助建造，其身管除铸有卢象昇等捐造者的姓名外，还有铭文："红夷大炮一位重五百斤，装放用药一斤四两，封口铁子一个重一斤，群子九个。"[2]

卢象昇筹备三镇所需弓矢、盔甲、火器等武器装备的奏疏内容以及他和同僚官员自铸火炮的事实，足以说明，在明末国家财政极为匮乏的情况下，地方督抚等官员也部分地承担起自筹武器装备的费用。

卢象昇加强对弓箭、火器等武器装备的配置，自然有利于督标练兵的顺利开展。

（二）操练弓箭和火器

卢象昇的练兵两原则是：以总督标兵为率，由易入难。卢象昇督率督标练兵多次，他在疏中只颁布了初次练兵规则。这次练兵的重点有二：其一，整顿五营营阵、严明军容、严肃军纪；其二，加强弓箭和火器的习射训练。卢象昇在《总督军门初次练兵规则》之"设操规"中，详述了弓箭和火器习射之法：

今后弓箭手步射，俱照本部院到任阅操例，用草把五大束，每束高六尺，围六尺，相离各三丈，以六十步为准，每五人认定一把，二十五人并射，挨次站立、举旗掌号毕，方控弦齐发，不许先后参差。仍刊定较射册式，册内书某营、某将官下某部、某千总下某哨、某百总下第几队、某队长下第一把某人某人、第二把某人某人。盖五人为一伍，五人同射一把，以伍对把，虽千百人同射，一看了然。仍于各官丁箭翎之下，楷书注明某营某部某哨第几队兵丁某人，以便认箭。至操练步兵火器，以五十人为一队，共列四队。掌号一声，五十人齐放，放毕即以头队作四队，二队作头队，更番迭放。如有放迟及误火信不响不发者，分

---

① 王兆春：《中国科学技术史·军事技术卷》，北京：科学出版社，1998 年，第 220 页。

② 杨毅、杨泓：《兵器史话》，北京：社会科学文献出版社，2011 年，第 171 页。

别究治。放完仍于每队抽点数人，照旧用铅子对把射打，以试其能否。……以上乃粗浅练法，初次只宜如此，待演习有条，由浅入深，另行教练。[①]

卢象昇所设计的习射之法，是一种有组织性的操练，它有两个特点：一是集体分组训练，有条不紊；二是考核其效，有迟误者，分别追究其责。除习射外，对于其他兵器，也同时进行演练。但由于练习之法只是口授相传，我们就难知其详了，"其余长短枪、闷棍、腰刀使法，临时口授，不能详载"[②]。另外，卢象昇还提及练兵之法共五个等级，这仅仅是初级，"臣之练法又分为五等规则，正、二、三月已颁初次规则"[③]。这说明，卢象昇至少已经按照所颁布的初等规则进行练兵了。但由于史料缺乏，我们对之后的练兵规则及其实行情况，也难明其详。

对于练兵之事，有一个很大的制约因素，就是钱粮的匮乏，这甚至制约着整个宣大边镇的军事防御能力的提高。卢象昇身为总督，掌管兵马、钱粮是他的重要职责。事实上，他时刻都在为兵马、钱粮的匮乏而忧心忡忡。钱粮匮乏，致使兵虚马乏，练兵难以为继，将士的战斗力自然无法提高。笔者举一个实例来说明此问题：钱粮匮乏导致战马奇缺。

骑兵作战已成为明末时期重要的战争方式，战马缺乏则是导致官兵战事失利的重要因素。昔时，卢象昇镇压各路义军，常依靠骑兵突袭制胜，他也屡屡艳羡于义军战马之多。在宣大边镇，边防线绵延两三千里，况且明军面对的主要敌人还是清兵。所以，骑兵更应是宣云地区最重要的兵种，卢象昇所建五营督标，马步兵比例即为马三步二，骑兵比步兵多两成。但是，有一个严重的问题是：由于缺钱，卢象昇的马兵（骑兵）根本没有足够的战马！卢象昇刚赴任宣大总督，在《买补标营马匹骡驼疏》便指出问题的严重性："臣于去年十月二十四日抵阳和任事，首问标营兵马，实在马骡二千七十一匹头。即照旧标营论之，兵该马骡驼四千二十匹头只，尚缺一千九百四十九匹头只。……目下增设五营，共该战马五千匹，骡驼一千头只，现缺战马三千八十五匹，现缺骡驼八百四十四头只，共约该价银八万五千余两。臣今日止

---

① ［明］卢象昇:《卢象昇疏牍》卷6，《总督军门初次练兵规则》，杭州：浙江古籍出版社，1985年，第145—146页。
② ［明］卢象昇:《卢象昇疏牍》卷6，《总督军门初次练兵规则》，杭州：浙江古籍出版社，1985年，第146页。
③ ［明］卢象昇:《卢象昇疏牍》卷8，《回奏覆实边备疏》，杭州：浙江古籍出版社，1985年，第185页。

张空拳耳。谨查各边镇俱有买马年例银两，不知臣标何以独无？"①卢象昇扩编总督标兵前，马、骡、驼比额定数目缺少一半。督标从三营扩为五营之初，马、骡、驼竟缺三分之二，折合银价为8.5万余两银。卢象昇还派阳和道臣窦可进，借银到杀胡口马市买马，结果为专给皇室购马的内臣所阻。卢象昇提出一个解决方案：将解京的马匹留出1000匹给宣大督营练兵所需。但竟没有得到准复。后来，他在《酌请标营马价疏》再次恳请兵部拨款4万两银买马，"恳祈皇上再给间银二万两，连前共四万两，抵充买过马骡价值，其余不敷银四万余两，容臣另为搜措"②。然而，此疏仍没有回复。由于银两缺乏，卢象昇的督营很可能始终都没有配备足够的战马，相当一部骑兵只能当作步兵使用。宣大军事防御力量的削弱，在某种意义上来说，源于财政力量的匮乏。其实，宣大边镇就是明末各边镇的一个缩影。

总的来看，标兵标营的建设，是卢象昇为官最显著的成就之一，而他在宣大总督任上对标兵的整顿用力尤专。他扩编宣大总督标兵并加强训练，一定程度上增强了宣云边疆的防御力量。而且，他在督抚任上的标营变革，对其后的官制（军制）发展亦不无影响。对此，卢象昇在给友人的信中，显得既十分自信又甚为忧虑："至若边事之危且难，更无有出宣云上者。……比来百事皆有头绪，若料理一两年，大敌即来，断非向年光景。此某所可自信者。但身轻如叶，担重如山，安能自主哉？"③他自信的是，若假以时日，自己便有能力治理好边务，即使清兵再犯亦毫无畏惧；他忧虑的是，自己位轻责重，有良策却不能自主实施。卢象昇确实有安邦定国之志之才，却得不到充分的施展，这才是他最感苦恼之处。明末诸多因素，尤其是国家财力的匮乏，使他的许多军事方案都无法得到有效实施。明末历史上，卢象昇可称得上是一位能文兼武的忠臣，生逢乱世却时时苦恼于无法实现自己的报国之志，终因崇祯帝和杨嗣昌等权臣的猜忌而被逼上以死明志的不归路，其悲惨的归宿着实让人扼腕叹息。明末乱世造就了一代名臣卢象昇，而他本人也最终被这无情的乱世洪流所淹没。

---

① ［明］卢象昇:《卢象昇疏牍》卷7，《买补标营马匹骡驼疏》，杭州：浙江古籍出版社，1985年，第154页。

② ［明］卢象昇:《卢象昇疏牍》卷9，《酌请标营马价疏》，杭州：浙江古籍出版社，1985年，第227页。

③ ［明］卢象昇:《忠肃集》卷2，《与少司成吴葵庵书八首》，《文渊阁四库全书》影印本，集部6，第1296册，台北：台湾商务印书馆，1983年，第618页。

第七章 卢象昇在官场的上下左右关系

前面主要对卢象昇的生平事迹，特别是在军事方面的努力进行了研究。下面将试图从卢象昇与上级、同僚和下属关系的角度，更深入地了解其为人做官之品之才，尽力还原这位不为太多人所知的历史人物一个相对鲜活的个体。卢象昇为政"清慎勤"，待人亦诚恳豁达，对上不谄媚，对下不骄横。正如他所言："臣束发通籍，久历郡守监司，以至治勋抚楚，每遇大小弁流，必为推诚折节。生平事上官，待僚属、将吏不识骄谄二字为何物。"[1] 他之所以如此，"无非为封疆所系，文武宜和，求济大事而已"[2]。否则，与同事关系不睦，则会"中梗旁挠，偾事不小"[3]。卢象昇曾自称其为官之道："臣生平本无别长，止是不爱钱、不惜死二语，梦寐服膺，勉图报称。"[4] 所以说，卢象昇"不识骄谄"，与周围僚属总体上能较好合作，但在明末险恶的官场上，他也难免与少数官员产生某些矛盾。

在《卢象昇疏牍》里，笔者估算了一下，卢象昇所提及的有完整姓名之同事不下百人，而与他相交过密者并不算太多。本书将从三个方面，论述卢象昇在官场的上下左右关系：其一，与上级的关系，着重论述他与崇祯帝和杨嗣昌的特殊关系；其二，与一般同僚的关系，先论述他在党争激烈的官场中的反应，进而探讨他与东林党官员的关系；其三，与下属的关系，主要就

---

[1] ［明］卢象昇：《卢象昇疏牍》卷5，《剿寇第四要策疏》杭州：浙江古籍出版社，1985年，第93页。

[2] ［明］卢象昇：《卢象昇疏牍》卷5，《剿寇第四要策疏》杭州：浙江古籍出版社，1985年，第93—94页。

[3] ［明］卢象昇：《卢象昇疏牍》卷5，《剿寇第四要策疏》杭州：浙江古籍出版社，1985年，第94页。

[4] ［明］卢象昇：《卢象昇疏牍》卷4，《辞总理五省军务疏》杭州：浙江古籍出版社，1985年，第72页。

卢象昇的用人之道和关爱下属两方面进行研究。

第一节　卢象昇与崇祯帝和杨嗣昌的关系

应该说，在卢象昇生命的最后阶段，崇祯帝和杨嗣昌是对他影响最大的人。据目前史料所示，在崇祯十一年（1638 年）十月奉旨入京之前，卢象昇因公务不停地上疏，而崇祯帝的答复也甚为简短，除此外他们之间并无实质性交往。卢象昇总督宣大时，与杨嗣昌确实有些书信往来，但多在探讨边政问题，主要论及对蒙古部和女真部的政策。后来在清兵压境的艰危时刻，他们三人之间却发生了复杂而微妙的关系，最终导致卢象昇孤军奋战、殒命疆场。

在天启末年，卢象昇还是一名六品职衔的户部主事，至崇祯十一年（1638 年），他便以天下援兵总督身份入京勤王，入京时曾加兵部尚书衔，品级为正二品。卢象昇既没有显赫的家族背景，亦无在京权臣援引的有利条件，"长安照管无人"①，能获得如此快捷的升迁，自然离不开他的突出政绩。除此以外，或许是卢象昇的某些特异之处，得到了崇祯帝的信任。

首先是卢象昇对崇祯帝忠诚。这在每篇奏疏里都表现得淋漓尽致。如果说，奏疏所言仅是一种客套形式的话，那么他在私人书信里所表现的情感应该是较为真实的。他在《家训三首》里有云："古人仕学兼资，吾独驰驱军旅，君恩既重，臣谊安辞？委七尺于行间，违二亲之定省，扫荡廓清未效，艰危困苦备尝，此于忠孝何居也？"②又有云："日惟国事苍生为念，不敢私其妻子，未尝有负军民。室鲜冶容，家无长物。今任讨贼，艰苦万端，成败利钝付之天，毁誉是非听之人，顶踵发肤归之君父。"③卢象昇所言与所行是一致的，即便是在人生之末，他仍忍着丧父而不能尽孝的悲痛，移孝作忠，主战抗清。任何一位君主，首先看重的就是臣下对自己的忠诚度。崇祯十一年（1638 年），清军再次兵临北京城，本意主和的崇祯帝于武英殿召见卢象昇，这可能也是卢象昇唯一一次与皇帝单独会面。对于这次平台召见，卢象昇坚

① ［明］卢象昇：《忠肃集》卷 2，《与蒋泽垒先生五首》，《文渊阁四库全书》影印本，集部 6，第 1296 册，台北：台湾商务印书馆，1983 年，第 611 页。
② ［明］卢象昇：《忠肃集》卷 2，《寄训子弟》，《文渊阁四库全书》影印本，集部 6，第 1296 册，台北：台湾商务印书馆，1983 年，第 607 页。
③ ［明］卢象昇：《忠肃集》卷 2，《寄训室人》，《文渊阁四库全书》影印本，集部 6，第 1296 册，台北：台湾商务印书馆，1983 年，第 607 页。

持"主战"，并提出御敌之策。在他看来，奋勇抗清就是为皇上分忧。虽然，崇祯帝对卢象昇的表态不满意，但还是两次派人送来马匹和金银等物，以示嘉奖。因为，崇祯帝很清楚，卢象昇对他是忠心耿耿的。

其次就是卢象昇为官之品能。无论是为人和做官，卢象昇都应符合中国传统士大夫的道德规范，可以说是古代官员的楷模。他以"清慎勤"严格要求自己，勤政节俭而不结党营私。在古代君王中，崇祯帝的勤政和节俭也是闻名的，也常常严惩结党营私之官员。所以，卢象昇和崇祯帝，倒有着某些相似之处。应该说，不仅是卢象昇的政绩，更重要的是他为人做官之品能，"最称上意"①。所以，也可这么认为：崇祯帝和卢象昇之间的诸多共性，使得他们俩之间产生了较大的信任，他们总希望通过对方实现自己的理想——崇祯帝渴望借助卢象昇成就重振明王朝的中兴大业，而卢象昇则期盼依托崇祯帝来实现报国之志。

那么"最称上意"的卢象昇，为什么最终沦落到被崇祯帝切责催战而殒命疆场的地步呢？这其中，杨嗣昌的作用不可小视。在清代私人著述里，亦有论及卢象昇入京以前与杨嗣昌关系不睦的内容。我们可由此两点加以推论。其一，崇祯十一年（1638年）三月，宣府边外有警，卢象昇亲督标兵出羊房口迎敌，敌人见无隙可乘，遂退兵。卢象昇以其智勇，不战而屈人之兵。但是，明廷并未叙功于宣云将士。《东林列传·卢象昇传》有载："当是时，敌十万临边，象昇以正言相折，一矢不加而去。乃当事者谓无血战，功竟不叙。"②文中所言"当事者"即指杨嗣昌，"是役也，嗣昌谓无血战，劳阀不行。将士愤愤……"③其二，本该丁忧的杨嗣昌入阁执事，竟身着绯袍。朝臣纷纷疏奏指责杨嗣昌违制而无人子之礼，其中黄道周言辞尤为激烈。宣大总督卢象昇也移书杨嗣昌，有云："变礼易制，诚非易事，但使相业特盛，无愧救时，亦一道也。惟公好为之。"④杨嗣昌对卢象昇的讥笑也作书相驳。从这两件事情

① ［清］卢安节编，［清］任启运校定：《明大司马卢公年谱》，清光绪元年重刻本，北京图书馆编：《北京图书馆藏珍本年谱丛刊》第62册，北京：北京图书馆出版社，1999年，第294页。

② ［清］陈鼎：《东林列传》卷5，《卢象昇传》，扬州：广陵书社，2007年，第102页。

③ ［明］卢象昇：《明大司马卢公奏议十卷》，附《卢大司马纪实》，《四库未收书辑刊》第2辑第25册，清道光九年刻本，北京：北京出版社，2000年，第265页。

④ ［明］卢象昇：《明大司马卢公奏议十卷》，附《卢大司马纪实》，《四库未收书辑刊》第2辑第25册，清道光九年刻本，北京：北京出版社，2000年，第265页。

来看，卢、杨之间似乎早已不睦。①需要指出的是，以上记载，并不见于《明实录》《明史》《明大司马卢公年谱》等重要史籍。笔者推测，在卢象昇入京前，卢、杨之间可能意见不一，但还谈不上结怨太深。

卢象昇入京后，坚决反对杨嗣昌对清和议之策，两人矛盾才逐步激化，这是不争的事实。卢象昇以杨嗣昌忠孝皆失为话题，对杨大加鞭挞："公等坚意言抚，独不闻城下之盟，《春秋》耻之乎？且某叨剑印，长安口舌如风，倘唯唯从议，袁崇焕之祸立至。纵不畏祸，宁不念衰衣引绋之身，既不能移孝作忠，奋身报国，将忠孝胥失，尽丧本来，何颜面立人世乎？"结果，"嗣昌色战"，②两人矛盾瞬间激化。卢象昇是当时"杨嗣昌与满族人讲和计划的最激烈的批评者之一"③，其实他不但触怒了杨嗣昌，也令崇祯帝对他心生不满。之后，杨嗣昌不断干扰卢象昇的作战计划，使其陷入困顿之境地，"益与象昇隙，事无不中制"④。尤为严重的是，杨嗣昌还背后纠劾卢象昇，通过崇祯帝打击卢象昇，"嗣昌于是劾奏公不先计而后战，遇大敌无持重，非庙胜之册，不可从。上由是不施公议，而督师之权分矣"⑤。然而，杨嗣昌正是崇祯帝此时期最为宠信的官员，可以说权势显赫一时，"（崇祯十一年）六月改礼部尚书兼东阁大学士，入参机务，仍掌兵部事"⑥。正是由于杨嗣昌的偏狭胸怀和他的重要影响力，才使崇祯帝对卢象昇产生了不满，卢象昇因此被夺兵部尚书衔，仅以兵部侍郎视事。卢象昇也明白，失去皇帝的信任，袁崇焕就是自己的前车之鉴。这或许是卢象昇宁可战死也不退缩的重要因素。

其实，卢象昇尽忠于皇帝的同时，对崇祯帝冷酷偏狭的一面亦有所认识。

①　对于卢象昇指责杨嗣昌绯衣入阁致使两人最终失和之过程，《史外》亦有详载："先是，杨嗣昌以墨衰视事，为众正所攻。已而，衣绯入政府。黄公道周廷诤，遭远谪。公驰书讽之曰：变礼易制，诚非细事，但使相业无愧救时，亦或一道。嗣昌曰：吾决不让南阳李也。公笑答之曰：罗伦复官，应在何日？盖指黄公云，嗣昌滋不悦。既奉命督师，则呼嗣昌曰：文弱，吾与公皆以夺情身，不孝莫解，只办忠耳。嗣昌恚益甚。"引自［清］汪有典：《史外》卷4，《卢忠烈传》，周骏富辑：《明代传记丛刊》综录类31，台北：明文书局，1991年，第460页。
②　［清］计六奇撰，魏得良、任道斌点校：《明季北略》卷14，《卢象昇战死》，北京：中华书局，1984年，第246页。
③　（美国）牟复礼、（英）崔瑞德编，张书生等译：《剑桥中国明代史》第10章，北京：中国社会科学出版社，1992年，第681页。
④　［清］陈鼎：《东林列传》卷5，《卢象昇传》，扬州：广陵书社，2007年，第102页。
⑤　［清］卢安节编，［清］任启运校定：《明大司马卢公年谱》，清光绪元年重刻本，北京图书馆编：《北京图书馆藏珍本年谱丛刊》第62册，北京：北京图书馆出版社，1999年，第332页。
⑥　［清］张廷玉等：《明史》卷252，列传第140，《杨嗣昌传》，北京：中华书局，1974年，第6513页。

袁崇焕也曾深受崇祯帝的信任，并被委以重任，但转眼间便被寸磔而死，这对卢象昇影响颇深。崇祯二年（1639年），后金骑兵入侵京畿，卢象昇曾率军入卫，袁崇焕就是在那次入卫北京后遭到逮捕的。终崇祯一朝，朝野臣工遭受贬戍甚至处死的现象时有发生，孟森在《明史讲义》中总结"崇祯朝之用人"：崇祯一朝，更易宰相50人、刑部尚书17人，处死兵部尚书2人，诛杀总督7人、巡抚11人。[1] 这个统计结果是很不完全的，更何况，还有无数被不明就里地遭受重责的臣僚呢！可见，除了勤政、节俭、不好酒色的一面，崇祯帝喜怒无常、猜忌嗜杀的另一面也是很突出的。对崇祯帝失败的用人政策及其危害，时人张岱亦有论及：

先帝用人太骤，杀人太骤，一言合则欲加诸膝，一言不合则堕诸渊，以故侍从之臣，止有唯唯否否如鹦鹉学语，随声附和已耳则是。先帝立贤无方，天下之人无所不用，乃至危急存亡之秋，并无一人为之分忧宣力，从来孤立无助之主又莫我先帝若矣。'诸臣误朕'一语，伤心之言，后人闻之真如望帝化鹃，鲜血在口，千秋万世绝不能干也。呜呼痛哉，呜呼痛哉！[2]

当得知何吾驺、文震孟因忤逆权臣温体仁，先后去职时，卢象昇惊叹道："奈何，奈何！圣意不测如此，……"[3]贾庄决战时，部下虎大威欲阻止卢象昇再战，遭到卢的拒绝："我不死疆场，死西市耶？"[4]卢象昇毅然赴死的悲壮做法，足以说明，他对崇祯帝冷酷嗜杀的本性认识得很透彻。应该说，卢象昇对崇祯帝的感情是复杂的：既忠贞不贰，又畏之如虎。

时人吴应箕，明末学者、抗清英雄，曾作《拟进策》十篇，对崇祯帝用人乏术、勤政毁政的做法有所论及，也可以作为考察崇祯帝与卢象昇等臣工关系的重要视角。吴应箕异于同时期一般文人对时政与崇祯帝的批评，他大胆而委婉，批判之余还提出富有建设性的改革措施，所论针砭时弊，发人深省。他在第一篇《持大体》中，提纲挈领的指出，明代高度集权的君主专制

① ［清］孟森：《明史讲义》，北京：中华书局，2006年，第353—355页。
② ［清］张岱：《石匮书、石匮书后集》卷1，《烈帝本纪》，《续修四库全书》编委会纂：《续修四库全书》影印本第320册，上海：上海古籍出版社，2001年，第445—446页。
③ ［明］卢象昇：《忠肃集》卷2，《与少司成吴葵庵书八首》，《文渊阁四库全书》影印本，集部6，第1296册，台北：台湾商务印书馆，1983年，第617页。
④ ［明］卢象昇：《明大司马卢公奏议十卷》，附《卢大司马纪实》，《四库未收书辑刊》第2辑第25册，清道光九年刻本，北京：北京出版社，2000年，第270页。

造成了政治低效和腐败，崇祯帝"手揽万机""躬亲庶政"，却没有改变朝政
腐败、奸佞丛生、朋党攻讦的现状，其根源在于"失体"，即崇祯帝没能"持
大体"。吴应箕在《谨信任》一篇中，指出人君对臣工既不能信任"不专"，
也不能信任"太笃"。他其实是影射崇祯帝对温体仁的过分笃信。吴应箕所
论，实质是对崇祯帝独断朝纲、疑信无常之行为的批评。20多年后，黄宗羲
在《明夷待访录》之《原法》中，对君主专制的批判与吴应箕如出一辙。[①]

　　所以说，大权独揽的崇祯帝对卢象昇骤然间失去信任，同时对杨嗣昌又
过度宠信，直接导致了卢象昇知死而前行、最终殒命抗清疆场的悲惨结局。

　　那么，杨嗣昌又是如何得到崇祯帝的宠信呢？杨嗣昌至少有两点颇受皇
帝器重。一是，杨嗣昌的孝道。其父杨鹤总督陕西三边时，因招抚义军失败
而遭到弹劾，结果下狱论死。杨嗣昌屡次"表请代父死"，结果崇祯帝便免杨
鹤死罪，"诏鹤减戍"。[②] 二是，杨嗣昌的才能。崇祯七年（1634年）秋，他
总督宣大，"嗣昌请开金银铜锡矿，以解散其党。又六疏陈边事，多所规画。
帝异其才"[③]。崇祯十年（1637年），被"夺情"后的杨嗣昌，提出镇压义军的
"四正六隅十面网"[④] 之策，并建言增兵12万人、增饷280万两银。他对自己
的献策也信心十足："今则网张十面，刻值千金，断断不容蹉过矣。臣计边兵
到齐，整整在十二月。正月二月为杀贼之期。……下三个月苦死功夫，了十
年不结之局。"[⑤] 崇祯帝闻之大喜，称："恨用卿晚！"[⑥] 不久，杨嗣昌被任为礼
部尚书兼东阁大学士，执政内阁仍执掌兵部事。对此，《明史》有评论："明

　　① 参见张宪博:《吴应箕实政思想略论》,《安徽史学》2007年第1期。又参见樊树志:
《晚明大变局》,北京:中华书局,2015年,第496—499页。
　　② ［清］查继佐撰,倪志云、刘天路点校:《明书》(《罪惟录》),列传卷25,《杨鹤传》,
济南:齐鲁书社,2014年,第2702页。
　　③ ［清］张廷玉等:《明史》卷252,列传第140,《杨嗣昌传》,北京:中华书局,1974
年,第6509页。
　　④ 是崇祯朝兵部尚书杨嗣昌制定的对付起义军的战略,其内容是"以陕西、河南、湖广、
江北为四正,四巡抚分剿,而专防延绥、山西、山东、江南、江西、四川,为六隅,六巡抚分防
而协剿,是谓十面之网,而总督、总理二臣随贼所向,专征讨"。该战略的实质就是将流动作战
的农民军堵截并包围,然后加以消灭。起初,该战略取得一定成效。不久后,李自成突围进入河
南,特别是张献忠采取"以走制敌"战略,并利用明军将领之间的矛盾,多次突破杨嗣昌的包围
圈,最后以奇袭的方式攻占杨嗣昌的大本营襄阳,杀襄王朱翊铭。最终导致"四正六隅十面网"
的战略全盘失败,杨嗣昌本人也因而羞愤而死。
　　⑤ ［明］杨嗣昌著,梁颂成辑校:《杨嗣昌集》卷19,《请旨责成剿贼第一事疏》,长沙:
岳麓书社,2005年,第470页。
　　⑥ ［清］张廷玉等:《明史》卷252,列传第140,《杨嗣昌传》,北京:中华书局,1974
年,第6510页。

季士大夫问钱谷不知，问甲兵不知，于是嗣昌得以才显。"①杨嗣昌确有一些政治才能，但也有不小的缺点：在处理与其他大臣的关系时，常夹杂着一些个人恩怨。《罪惟录》所论更是发人深省："贼胎于杨，亦烈于杨。前则恇怯图苟安，养寇是也，后则增饷敛怨，因而长乱。养寇在一方，长乱满中原矣。按鹤免死谢表有云：臣既负国，臣子不胜任，恐无以匡王。嗟！杨家父子自题世谱哉！虽然，鹤与嗣昌生不凡，是奇误也。夫既误，虽奇亦庸。庸而误，误小；以奇而误于庸，误大。"②杨家父子实有奇才，但才非所用，所以危害也大。

总之，卢象昇和崇祯帝、杨嗣昌之间有着极为微妙复杂的关系。崇祯帝对包括卢象昇在内的所有臣僚都有着相似的态度：对某臣属宠信时，便委之以重任；一旦对某臣属失信，便对其责罚甚至处死以泄己忿。如前文所述，崇祯初年袁崇焕的命运大逆转，就是最明显的例证。杨嗣昌身居高位却以私人恩怨为重，利用皇帝的信任对卢象昇等大臣睚眦必报。卢象昇不事谄媚、对清主战而开罪于杨嗣昌，但忠君意识却至死不渝。当遭受崇祯帝的误解、为杨嗣昌及众廷臣纠劾时，卢象昇却没有申辩的机会，最终陷入了人生的绝境。从这个意义上看，卢象昇与其说死于杨嗣昌的排挤和纠劾，还不如说是死于崇祯帝的猜忌与冷酷。其实，即使杨嗣昌之死，恐怕也难免存在这种因素的影响。

杨嗣昌深受崇祯帝的信任，全面布置他的"四正六隅十面网"的"剿贼"大计，开始确实取得了一定成就。然而，当崇祯十四年（1641年）张献忠破襄阳，杀襄王朱翊铭；同时，李自成也攻陷洛阳，诛杀福王朱常洵。这标志着他的"四正六隅十面网"计划彻底破产。杨嗣昌此时忧劳成疾，闻之惊怵不已，他自感有愧于皇帝的恩宠。当然，他很清楚：襄阳、洛阳失陷和"二王"被杀，崇祯帝必然震怒；更何况，朝臣们的交相弹劾也会影响到皇帝对自己的处置结果，自己最终也难逃一劫。杨嗣昌自然会想到：曾深受皇帝恩宠的袁崇焕、卢象昇等人的悲惨结局，未必不会发生在自己身上。不久，杨嗣昌去世。对此，《明季北略》有明确的记载："辛巳二月初二丙子，嗣昌在荆闻变，惭愤自缢于军。时，河南已陷，福王遇害，嗣昌度不免，遂自尽。

---

① ［清］张廷玉等：《明史》卷252，列传第140，《杨嗣昌传》，北京：中华书局，1974年，第6524页。

② ［清］查继佐撰，倪志云、刘天路点校：《明书》（《罪惟录》），列传卷25，《杨鹤传》，济南：齐鲁书社，2014年，第2702—2703页。

廷臣交章论劾，上下其议，礼部侍郎蒋德璟，谓其奸欺误国，请用嘉靖中仇鸾例，斫棺戮尸。然上竟不之罪。"①

崇祯帝的猜忌刻薄、刚愎自用等性格缺陷，导致了崇祯朝诸多优秀的朝野文臣武将，或被贬斥，或被屠戮，或被迫自杀，因此，朝纲秩序混乱，政治更加混乱。最终，崇祯帝落得形影相吊、自缢煤山的悲惨结局，朱明王朝亦寿终正寝。对此，不少学者都撰文予以阐明，如晁中辰即有如此一段精辟的论述："他个人品质不坏，但这不是评价他的主要标准，主要在于他对待人民群众的态度。崇祯帝不知恤民，加征不断，逼迫千千万万老百姓背井离乡，饿死沟壑。崇祯时的大饥荒实际上是三分天灾，七分人祸。崇祯帝用人多疑，赏罚颠倒，自作英明，委过臣下，终至亡国。"② 本书第一章就已阐明，明王朝的衰败，肇始于万历帝怠政。但是，崇祯帝用人失措无疑加速了明亡的历史进程，恰如祝勇所言："大明朝就像一辆沿着下坡奔向悬崖的马车，所有的势能都指向一个万劫不复的终点。这些势能是此前的几个世纪积累起来的。它的最后一任驭手——崇祯皇帝竭尽心力的努力更像一个苍白的手势，于事无补。相反，也许正是由于他的垂死挣扎，反而加速了这一进程。"③ 由此可见，在君主集权制度下，专制君主个人的秉性、才智和品格，对臣属乃至一个王朝的命运，是具有极其重要甚至决定性的影响力的。

第二节　卢象昇与同僚间的关系

一、受累于官场的纷扰

卢象昇为人做官，奉公忘私，"凡事只从天理王法公道良心做去，身家之计，梦中亦弗敢与闻"④。况且，他一生为官政务浩繁，戎马倥偬，比如，他"自郧移楚，于今又五阅月矣，始而驻襄兼顾，既而出境援剿，在臣衙门止住五日。楚境至繁之案犹如山积，诸凡沉阁之务不下百千，甚而钦件亦皆耽延，

　　① ［清］计六奇，魏得良、任道斌点校：《明季北略》卷17，《杨嗣昌自缢》，北京：中华书局，1984年，第301页。
　　② 晁中辰：《崇祯帝"君非甚暗"透析》，《文史哲》2001年第5期。
　　③ 张宏杰：《大明王朝的七张面孔》，广州：广东人民出版社，2016年，第291页。
　　④ ［明］卢象昇：《忠肃集》卷2，《寄外舅王带溪先生九首》，《文渊阁四库全书》影印本，集部6，第1296册，台北：台湾商务印书馆，1983年，第608页。

不遑经理，刻刻忧心如焚"①。可见，公务繁忙的卢象昇，无意亦无暇去结党营私。《明大司马卢公年谱》也赞扬他"刚正特立，不树党援"②。所以他在官场的人际关系相对单纯，也无暇忙于官场应酬。恰如在疏中所称："臣生平孤梗，绝鲜知交，未尝依傍一人，求全贾誉。"③他在给友人书信中也颇有感慨："自治郧抚楚以及今官，皆在兵革之中，人事应酬都废"④；"年来鞠旅陈师，血忱可对天日，是以身家弗问，人礼并捐，闻问久疏，惟勤企想"⑤。

卢象昇实心做事，但常受无端指责。在奏疏中，他不停地苦诉做事之难和为官之艰；给亲友的信中，也屡屡表达为官之险。譬如在给舅舅王带溪的信中，他倾诉道："甥以孑然一身，独处大风波患难之中，万死一生，为朝廷受任讨贼之事。海内竟无一人同心应手者。惟见虚谈横议之徒，坐啸书诺之辈，忘恩修怨，挟忿忌功，胸鲜隙明，喙长三尺，动辄含沙而射，不杀不休。若非圣天子明察贤奸，任人勿贰，则甥已早毙于刀锯鼎镬之下矣。天乎人耶！听之而矣。"⑥又如，在给友人吴葵庵的信里亦云："弟肩千斤之担，而过独木之桥，临百尺之渊，旁观不相怜而助之足矣，恣意任情，苛责如此，世界盗贼安得不横行哉？"⑦以上所引为私信内容，相对于奏疏，这更能真实反映卢象昇的内心世界。为摆脱官场纷扰给自己带来的苦恼，他还多次向友人吴葵庵和蒋允仪求教为官之道。譬如抚郧时，鉴于地偏民穷之郧镇，既要承担驻郧客兵的巨额粮饷，又要派兵配合他部官兵征剿的现实，卢象昇便请教于前任郧抚、同乡友人蒋允仪："只因郧镇奇苦奇穷，又代三省担荷重担，功不欲居，罪无可卸，尚祈老叔多方指教之。"⑧再如，某些官员曾非议初任宣

　　①　［明］卢象昇：《卢象昇疏牍》卷5，《恳辞楚抚疏》，杭州：浙江古籍出版社，1985年，第101页。

　　②　［清］卢安节编，［清］任启运校定：《明大司马卢公年谱》，清光绪元年重刻本，北京图书馆编：《北京图书馆藏珍本年谱丛刊》第62册，北京：北京图书馆出版社，1999年，第316页。

　　③　［明］卢象昇：《卢象昇疏牍》卷10，《请宥刑部尚书郑三俊疏》，杭州：浙江古籍出版社，1985年，第263页。

　　④　［明］卢象昇：《卢象昇疏牍》卷12，《与总河周在调书》，杭州：浙江古籍出版社，1985年，第327页。

　　⑤　［明］卢象昇：《忠肃集》卷2，《与某书》，《文渊阁四库全书》影印本，集部6，第1296册，台北：台湾商务印书馆，1983年，第614页。

　　⑥　［明］卢象昇：《忠肃集》卷2，《寄外舅王带溪先生九首》，《文渊阁四库全书》影印本，集部6，第1296册，台北：台湾商务印书馆，1983年，第610页。

　　⑦　［明］卢象昇：《忠肃集》卷2，《文渊阁四库全书》影印本，《与少司成吴葵庵书八首》，集部6，第1296册，台北：台湾商务印书馆，1983年，第617页。

　　⑧　［明］卢象昇：《忠肃集》卷2，《文渊阁四库全书》影印本，《与蒋泽垒先生首》，集部6，第1296册，台北：台湾商务印书馆，1983年，第611页。

大总督的卢象昇，认为他是为摆脱镇压义军之苦，才赴任战事无多的宣大边疆的。其中，吏科给事中陈启新所言最具代表性，他称卢象昇此举是"理臣卸理事而改边"。虽然，我们没见到陈启新的完整疏文，无法妄加揣测，但事实上，卢象昇却对"卸"字提出了反驳。在卢象昇看来，陈启新是在批评自己主动辞卸镇压义军之重任的。我们从卢象昇的奏疏内容，能明显感觉到他对陈启新所言甚为反感，他还向皇帝表白自己的忠心："臣昔剿寇中原，竭尽心力，反有为柔媚巧滑结纳要津之语以相诋者，蒙圣明洞见于上，臣且笑而置之。今启新之疏，未足有无，何庸置喙！但略陈梗概，对质大廷，使启新知三代之下亦自有纯臣焉。明微臣之心，广启新之见，臣安能无说而处此。"①对于这次非议，卢象昇很苦闷，他又求教于官场友人吴葵庵："豫楚江北士民，以弟在宣云为快望，而三镇之将吏兵民，又交口谓弟能请讨贼之非宜。身在局中，茫茫宦海，无处忖量，老年台何以教我？"②

在疏牍中，卢象昇曾多次提及被言官参劾或诬蔑的经历，对他本人影响最深的，则是发生于崇祯十年（1637年）三月的这次纠劾事件。

这次参劾事件由卢象昇曾委任侯宏文赴滇募兵引起。有关侯宏文赴滇募兵事件，我们将在下一节中详细叙述，此处只是简介其本末。卢象昇任五省总理期间，曾奉旨招募一万名士兵镇压义军，但楚地兵不堪用，于是便委请滇人侯宏文赴滇募兵。当侯宏文募兵告成返楚后，却被楚抚王梦尹纠劾以滇兵扰楚之罪。同年三月，巡按贵州监察御史冯晋卿，也上疏参劾卢象昇任人不当，导致所募滇兵骚扰楚境。卢象昇闻知，立即上《自检远调滇兵违宜疏》，首先以"五疏"自检，恳请朝廷降罪，并向朝廷解释募兵事件的原委。六月，礼科给事中刘安行也又上奏弹劾。此间，卢象昇也先后上《乞抚驭滇兵疏》和《再陈抚驭滇兵事宜疏》，谈及滇兵扰楚之事，并请求朝廷积极处置所募滇兵，以防生变，同时恳求赦免侯宏文之罪。对冯晋卿、刘安行等人，他在疏中表现得甚是宽宏大量，并对其赞誉有加："至于晋卿，臣未相识，观其肝胆、才情、议论、识见，此他日封疆有用之选，而臣愚尤切知己之焉为。"③

但这种赞扬似乎并非出于卢象昇的本意，他其实已经觉察到，有人要利

① ［明］卢象昇：《卢象昇疏牍》卷7，《驳吏科陈给事疏》，杭州：浙江古籍出版社，1985年，第164—165页。

② ［明］卢象昇：《忠肃集》卷2，《与少司成吴葵庵书八首》，《文渊阁四库全书》影印本，集部6，第1296册，台北：台湾商务印书馆，1983年，第618页。

③ ［明］卢象昇：《卢象昇疏牍》卷7，《自检远调滇兵违宜疏》，杭州：浙江古籍出版社，1985年，第172页。

用"滇兵扰楚"之事，欲重罪侯宏文，甚至借以倾轧自己。他在崇祯十年（1637年）九月下旬再上《申诉侯宏文疏》，表达了这种忧虑："滇之兵将见宏文受罪，相率寒心，加以事迫情穷，势将决裂，且安知无故激滇兵之变，以甚宏文之罪者。兴思及此，愈难言矣。"[1] 他甚至在疏中感叹："微臣愚不识时，艰危历尽，盖自勉任军旅以来，久以置功名身家于度外矣，何况寻常恩怨得失乎？世路险于山川，人心不同如面，臣皆不问，惟于志图温饱全驱保妻子之徒。"[2] 由于涉及诸多官员间的矛盾，卢象昇并没有道破真相。

研读《卢象昇疏牍》，我们会发现一个矛盾的现象。针对同一位同僚，比如唐晖，在奏疏和书牍中，卢象昇的评论竟会截然不同。抚治郧阳的卢象昇，为郧阳筹粮饷一事，在疏中对时任楚抚的唐晖极尽褒扬之能事，"楚抚臣唐晖亦殚心力以催解，多方协济"[3]；"自用兵以来，若非楚抚唐晖尽留饷之数以济郧襄，以供客旅，郧之命脉久断矣，尚言剿寇乎？"[4] 类似赞美之词，不一而足。然而，在给友人、前任郧阳抚治蒋允仪的书信中，因承担粮饷多寡的问题，卢象昇却对唐晖抱怨不已："至大督诸镇之兵，所用行坐粮不下十五六万，而唐中老（即楚抚唐晖）所布防襄主兵及郧之毛兵、标勇支给者，又不下数万。部中不肯销算，中老又以郧襄事欲某一力担承，渠止认荆承之役。通计全楚所用饷银已逾三十万，荆承数少，郧襄数多，中老处易，某处难。"[5] "销算钱粮，布政司所派协济之数，唐中老不肯认。"[6] 笔者以为，奏疏是呈给皇帝和大臣的，更多地体现了一种官方语言，相比较，私信所言则更真实地反映了卢象昇的内心世界。

卢象昇身处明末乱世，时值党争激烈、进退失据的政治大动荡时期，几乎任何一位官员都难以独行于党争的政治漩涡之外。那么，卢象昇到底有无

　　① ［明］卢象昇：《卢象昇疏牍》卷9，《申诉侯宏文疏》，杭州：浙江古籍出版社，1985年，第238页。
　　② ［明］卢象昇：《卢象昇疏牍》卷9，《申讼侯宏文疏》，杭州：浙江古籍出版社，1985年，第237页。
　　③ ［明］卢象昇：《卢象昇疏牍》卷1，《兵食寇情疏》，杭州：浙江古籍出版社，1985年，第3页。
　　④ ［明］卢象昇：《卢象昇疏牍》卷1，《投阁部揭》，杭州：浙江古籍出版社，1985年，第15页。
　　⑤ ［明］卢象昇：《忠肃集》卷2，《与蒋泽垒先生首》，《文渊阁四库全书》影印本，集部6，第1296册，台北：台湾商务印书馆，1983年，第611页。
　　⑥ ［明］卢象昇：《忠肃集》卷2，《与蒋泽垒先生首》，《文渊阁四库全书》影印本，集部6，第1296册，台北：台湾商务印书馆，1983年，第612页。

从属派系呢？据前文分析，他显然无意于结党营私。然而，由于任官职掌所系或者激于正义，他与一些朝野官员也有私交，他们或与东林党人相善，或本身即为东林党人。从万历末到天启朝，东林党一直是一个比较进步的政治派别。待到崇祯朝，东林党人势力大增，并逐步发生分化，但其中还是不乏忠直刚正之人，卢象昇所交往的官员即属于此类。至于卢象昇本人是否从属东林一派，笔者已经另有撰文详述，此处仅略论之。

二、同东林党关系之初探

卢象昇的少年时期，正是东林党形成的时期。万历三十二年（1604 年），被革职还乡的顾宪成在常州知府和无锡知县资助下，修复宋代杨时讲学的东林书院，与高攀龙等人讲学其中，并往往讽议朝政，其言论被称为清议。朝中一些士大夫也遥相应和。这种政治性讲学活动，形成了广泛的社会影响。苏南士绅、东南城市工商业者及某些在野、下野的官员，甚至与朝中要求革新政治的某些官员，时而聚议于东林书院，并评论时政。时人称之为"东林党"。据说，卢象昇 18 岁读书时的学校，就是东林书院设于宜兴的分校。东林党人活动的中心无锡，距离宜兴仅 100 多里，东林党人的学术思想和预政之风，应该会对早年的卢象昇有一定的影响。日本著名的中国学学者小野和子，在研究明末东林党和复社时也称："宜兴是东林书院网络下明道书院的所在地，他（卢象昇）是'弱冠与东林诸君子来往'、受其熏陶的人物。"[1] 由于史料的贫乏，我们很难从卢象昇早年的思想渊源出发，考证他与东林党派的关系。然而，通过对《卢象昇疏牍》及其他典籍所载的卢象昇入仕后有关活动或事迹的分析，笔者认为，卢象昇至少与部分东林人士有着较为密切的关系。

第一，《东林列传》内有卢象昇本传。研究明末东林党人的史籍不少，笔者认为，对东林党人进行个案研究的专著，尤以《东林列传》与《东林党籍考》为重。两部专著所列东林党人虽不尽相同，但却大体反映了明末东林党涵盖的群体范围及其重要的活动轨迹。与卢象昇同时代的文震孟、鹿善继、蒋允仪、黄道周、徐石麒等人就名列其中。[2] 卢象昇未被名列《东林党籍考》，

---

① （日）小野和子著，李庆、张荣湄译：《明季党社考》，上海：上海古籍出版社，2006 年，第 291 页。

② 参见［清］陈鼎著，《东林列传》整理委员会整理：《东林列传》目录部分，扬州：广陵书社，2007。又见［民国］李桢：《东林党籍考》，北京：人民出版社，1957 年，目录部分第 9—16 页。

却在《东林列传》里有本传，也说明他的为人治学和政治理念，与东林诸贤有某些相通之处。

第二，卢象昇同东林党和亲东林党官员，一道疏救东林党官员郑三俊。崇祯九年（1636年），户部尚书侯恂以"屯豆案"遭弹劾下狱，时任刑部尚书的郑三俊拟对其轻判。此时有朝臣称"三俊与恂皆东林契友，必将屈法徇私"[①]。崇祯帝认为他们结党徇私，也将郑三俊下狱。之后，"应天府丞徐石麒适在京，上疏力救，……讲官黄景昉称三俊至清，又偕黄道周各疏救。帝不纳"；"宣大总督卢象昇复救之，……乃许配赎"。[②]需要说明的是，进谗者称侯恂和郑三俊都是东林党人，其依据是阉党集团所编订的《东林点将录》（该书列东林党人108位，侯、郑二人皆名列其中）。侯恂和郑三俊二人在《东林党籍考》里均有列传。疏救郑三俊的徐石麒和黄道周也是东林党人，而黄景昉和孔贞运在天启朝就反对魏阉集团，黄、孔二人至少与东林党保持较为密切的关系。在崇祯十一年（1638年），卢象昇上《请宥刑部尚书郑三俊疏》，恳请对郑三俊轻判："乞皇上俯念清忠老臣，……俾全骸骨以归。"[③]

第三，卢象昇与东林党人蒋允仪私交密切。卢象昇与蒋允仪皆为宜兴人，卢代蒋抚治郧阳后，直到总督宣大，多有私信来往。在信中，卢象昇谈及许多私人话题，如对时局的看法，又如对楚抚唐晖的抱怨等。在天启朝，蒋允仪与东林党领袖冯从吾关系甚睦，二人在《东林列传》与《东林党籍考》中亦有本传，由于一向反对魏阉乱政而被列入《东林党点将录》中。

明末的东林党人并未形成一个严密的政党组织，所以有些非东林党人，可能因秉性相同亦与之友善。通过以上分析，可以说，卢象昇与部分东林人士（或亲东林人士）关系较为密切。可见，卢象昇的人格气节和为政之风，确实与东林精神相契合。

第三节　卢象昇与部下的关系

从天启四年（1624年）二月卢象昇入仕为户部贵州司主事，至崇祯十一

---

① ［明］文秉：《烈皇小识》（外一种），《明代野史丛书》，北京：北京古籍出版社，2002年，第150页。

② ［清］张廷玉等：《明史》卷254，列传第142，《郑三俊传》，北京：中华书局，1974年，第6565页。

③ ［明］卢象昇：《卢象昇疏牍》卷10，《请宥刑部尚书郑三俊疏》，杭州：浙江古籍出版社，1985年，第264页。

年（1638年）十二月战殁于畿南巨鹿，其间共约15年的时间，这是他仕宦生涯的全部时间。卢象昇曾云："臣束发通藉，于今十有六年。"①卢象昇从一位户部主事官员，渐趋迁为大名知府、大名兵备，又旋即擢为郧阳抚治、湖广巡抚、五省总理乃至宣大总督，甚至加兵部尚书衔。从表面来看，他的仕途可谓一帆风顺，但正值乱世的卢象昇，所经历的为宦艰辛也是非常人所有的。他为官十余载，主要任职于地方，须有非凡的驭下才智才行。卢象昇与部下密切交往的史料并不多见，而目前我们所发现的相关史料，也主要源于他本人的疏牍。就卢象昇驭下所表现出来的品格和才能，笔者将探讨他与部下间的关系。

一、唯才是用而不求全责备

唯才是用，本应是任用人才的基本准则，但要是完全做到这一点，也并非易事。卢象昇主张任人唯才，不求全责备。

（一）唯才是举

卢象昇是一位知人善用的官员。他早年兵备大名时，就折节下士，拜谒"达官贵人望尘不及"的洺川高士贾荫芳，"独造庐请谒，贾草书数帙为赠。时人以公履危乱而折节下士，比之皇甫义真焉"②。他还慧眼识俊杰，发掘了时年12岁的广平人申涵光，并"荐之督学使者袁公鲸，补邑诸生"③，后来申涵光亦成北方一代名儒。其实，我们下文即将提到的人物，诸如陶崇道、张全昌、窦可进、贺鼎、刘钦、白安、童朝仪、周元儒、侯宏文等，皆是因为具有某方面的才干，而受到卢象昇的荐举或重用的。尤其是张全昌和侯宏文，因有过错而被朝廷认定有罪，卢象昇却极力疏请，期望以其才赎其罪。虽力

---

① ［明］卢象昇：《卢象昇疏牍》卷7，《驳吏科给事疏》，杭州：浙江古籍出版社，1985年，第164页。关于卢象昇为官时间的问题，若从天启四年（1624年）二月他初入仕途任职户部主事算起，直到崇祯十年（1637年）二月上该疏时为止，他为官时间刚好13整年。卢象昇于疏中所言为官"十有六年"，似应从天启二年（1622年）中进士开始算起，到此时刚好为官15整年，也可以将崇祯十年看作卢象昇为官的第16年。

② ［清］卢安节编，［清］任启运校定：《明大司马卢公年谱》，清光绪元年重刻本，北京图书馆编：《北京图书馆藏珍本年谱丛刊》第62册，北京：北京图书馆出版社，1999年，第296—297页。

③ ［清］卢安节编，［清］任启运校定：《明大司马卢公年谱》，清光绪元年重刻本，北京图书馆编：《北京图书馆藏珍本年谱丛刊》第62册，北京：北京图书馆出版社，1999年，第296—297页。

请无效，但也足见卢象昇爱才惜才之心。

　　除此外，卢象昇还颁布公文和上疏，以各种途径延揽人才，为国效力。他抚治郧阳之初，郧地已屡遭兵燹荼毒，郧民非死即逃，官吏亦缺员甚众。他认为，此时正值征讨义军之非常时刻，急需拣选干练之才补缺。于是，他颁发《查取堪任官员》，征求堪用之人才："速查该属府首领县佐贰并教职中，某官堪当民社之寄？某官堪佐草旅之筹？文到，立刻查议详确，开列职名品评报院，以凭酌量具题，通融任用。"①

　　同时，卢象昇还移文所属各衙门，要求掌事官员将所属在职文武职官吏，进行细致考核，并逐项细列评语，汇报成册，以备查核。文中有云："牌仰官吏照牌事理，即将该属大小文武官员履历脚色，及曾经荐奖几次，文职开年貌、才干、操守、心术，武职开年力、胆略、骑射、心术，各列四柱，逐一备造清册，并咨访的确，事实务求淑慝，分明贤否必肖，详注切当散文考语，无拘对偶浮词，勿徇资格情面。"②文武官员的官评依据就是文中所各列的四项，看来，不管文职还是武职，才（才干、骑射）、德（操守、心术）都是至关重要的。

　　总督宣大时，卢象昇荐举人才的奏疏较多，甚至有时一次上奏，荐举多人。如他在《用人修具饬法治兵疏》中连举 6 人：柳沟怀隆道参议胡福宏，云州赤城道佥事李仙风，宣府口北道参议贺鼎，阳和兵备道副使窦可进、冀北道参议聂明楷、朔州道佥事朱家仕。卢象昇在巡阅边境时结识的这些有才之人，并在疏中陈述了他们的优点，认为他们皆为"封疆之选"："诸臣才品识见，皆足以有为。如贺鼎，则精敏而有胆当；胡福宏，则沈毅而有条理；窦可进之通才出以爽练，李仙风之干济出以详明；聂明楷见远而驾熟鞭轻；朱家仕心细而运斤迎刃，谓非封疆之选不可。"③

　　此外，卢象昇还疏请荐举两位"学识老练"的贫士，"其一则臣乡高淳县廪膳生徐一鹏，其一则臣邑宜兴县廪例监生周圣瑞也"。他们皆为卢象昇早年时的友人，贫而有学识，"二生学识老练，以文以行，直逼古人。二十年清修之士，贫不能举火，惟知下帷博览，与世介然无求。至居家孝友敦伦，尤目

---

　　①［明］卢象昇：《卢象昇疏牍》卷 3，《查取堪任官员》，杭州：浙江古籍出版社，1985年，第 59 页。

　　②［明］卢象昇：《卢象昇疏牍》卷 3，《取官评》，杭州：浙江古籍出版社，1985 年，第 57 页。

　　③［明］卢象昇：《卢象昇疏牍》卷 6，《用人修具饬法治兵疏》，杭州：浙江古籍出版社，1985 年，第 121—122 页。

中所仅见者"。卢象昇希望能请他们赴宣云担任教职，以教化"下流恶习"之
边地。①

　　就在卢象昇即将离任宣大总督之时，还疏荐了一代名士冯元飚："原任苏
松道参议冯元飚以听降到，本官系臣乡兵备，向未相识，而其担当干济，颇
习闻之，将来实可大用者。"②卢象昇深感于宣大边地人才尤为匮乏，便奏请
明廷，希望待宣大三镇官员有缺时，能拣选为官有令名的冯元飚任职于此。
冯元飚，为崇祯元年（1628 年）进士，原任苏松兵备道参议，与弟冯元飙皆
明末名士，德才兼备。结果，这次疏请可能没有批准。笔者查冯元飚任职履
历，并无其任职宣大的记载："十一年，济南被兵，摄济宁兵备事。十四年，
迁天津兵备副使。十月，擢右金都御史，代李继贞巡抚天津，兼督辽饷。"③
冯元飚虽未能赴任宣大，但于它任亦多有美名，终不愧一代名士之谓。而卢
象昇之善于识才举才，也由此窥见一斑。

（二）疏请起复两"废弁"

　　崇祯十年（1637 年）二月，时任宣大总督的卢象昇，疏请起复因战败而
被迫"候勘"的两位将官：尤世威和张全昌。奏疏说理透彻，言辞切切：

　　看得原任山海总兵官尤世威，凤将也，崇祯八年领关门铁骑兵援豫，彼时
臣尚抚郧，闻其部曲饶有节制，兼多战丁。朱阳关及兰草之失，以数千客旅，
久成荒山，水土失调，疾疫交作，故大寇乘而奔突，非战之罪也。……咸谓本
官善抚士卒，晓谙军情，迄今尚在候勘，不无可惜。至原任宣府总兵官张全昌，
出自世胄，三十登坛，先年奉督臣洪承筹调赴江北，剿贼沈邱……臣委赴山陕
募兵，前疏已经题明在案。此二弁者，皆愿集其战丁，自备鞍马，在臣军前立
功。……世威、全昌怀此忠义，臣安忍沦弃之。④

---

　　①　［明］卢象昇：《卢象昇疏牍》卷 9，《鼓动人才大破积习疏》，杭州：浙江古籍出版社，
1985 年，第 243—244 页。
　　②　［明］卢象昇：《卢象昇疏牍》卷 11，《预策兵机并荐边才冯元飚疏》，杭州：浙江古籍
出版社，1985 年，第 296 页。
　　③　［清］张廷玉等：《明史》卷 258，列传第 146，《冯元飚传》，北京：中华书局，1974
年，第 6642 页。
　　④　［明］卢象昇：《卢象昇疏牍》卷 7，《特举废弁疏》，杭州：浙江古籍出版社，1985 年，
第 161—162 页。

卢象昇在奏疏中，首先感叹良将难求，在宣云边地更是如此。他认为尤世威和张全昌两位武官确为难得之才，而他们又乐意赴宣大军前效命尽忠，所以他向明廷请求复起两将官。卢象昇还述及尤、张二人的优势，尤其大量列举了尤世威的诸多赫赫战功，并称二位战败实属迫不得已。为了获得朝廷的应允，卢象昇甚至提出两武官的待遇由他自己筹措解决。

尤世威果然没有辜负卢象昇。《明史·尤世威传》有载："乃命赴象昇军自效。及象昇战殁，自免归。"[①] 明末猛将尤世威随卢象昇征战于宣大边疆，直到后来卢象昇战殁于疆场。崇祯十六年（1643年），尤世威在李自成大军压境之下，仍拒不投降，督率驻守在榆林城的文武官员矢志抗敌，战况十分激烈。对此，《明史》记载甚详："贼益众来攻，起飞楼逼城中，矢石交至，世威等战益厉。守七昼夜，贼乃穴城，置大炮轰之，城遂破。世威等犹督众巷战，妇人竖子亦发屋瓦击贼，贼尸相枕藉。既而力不支，任死之，侯世禄父子及学书俱不屈死。贼怒廷杰勾套部，磔之，至死骂不绝口。世威、世钦、世国、昌龄并被执，缚至西安。自成坐秦王府欲降之，四人不屈膝。自成曰：'诸公皆名将，助我平天下，取封侯，可乎？'众骂曰：'汝驿卒，敢大言侮我！'……自成怒，皆杀之。"[②] 应该说，尤世威忠贞英勇，与卢象昇之长期影响亦不无关系。

张全昌同尤世威，皆为陕西榆林人，据《明史》所载，张全昌祖父张臣为隆庆至万历年间名将。父亲张承荫，荫官出仕，因抗击后金而死。张全昌和其兄张应昌及弟张德昌，皆有军功，张家可谓将门虎子。张全昌因功至宣府总兵官，但因清兵由宣府侵犯，张全昌所属城关多被陷而戍边。崇祯八年（1635年）春，经山西巡抚吴甡奏请，张全昌和曹文诏被任为援剿总兵官，入河南、陕西配合洪承畴合击义军。同年九月，张全昌追击义军首领"蝎子块"，结果于沈丘瓦店（今属于河南省周口市）战败被执。"蝎子块"便要挟他给时任楚抚的卢象昇写信，假意谋求招安。卢象昇严词拒绝张全昌，并责其丧师辱国之罪："贼果欲降，可灭其党示信。"[③] 卢象昇在疏牍中论及他对张全昌的诘责："如果悔过投诚乞降归命，目今犯楚之贼共有三股，即令蝎子

①　[清]张廷玉等：《明史》卷269，列传第157，《尤世威传》，北京：中华书局，1974年，第6925页。

②　[清]张廷玉等：《明史》卷269，列传第157，《尤世威传》，北京：中华书局，1974年，第6926页。

③　[清]张廷玉等：《明史》卷239，列传第127，《张臣传》，北京：中华书局，1974年，第6212页。

块剿彼二营之贼，将贼首及强壮贼徒，或斩级，或擒拿，一一解赴辕门。"①不久，张全昌逃脱。对于张全昌代"蝎子块"求抚之事，《明通鉴》亦有所载："蝎子块攻沈邱，全昌与之战，败，遂被执。贼携全昌攻蕲、黄。全昌因代贼求抚，总督卢象昇不许，责全昌丧师辱国，曰：贼果欲降，可灭其党示信。贼不听命。久之，全昌脱归。"②后来，张全昌到阳和，拜谒已任宣大总督的卢象昇。卢象昇认为张全昌世代忠良，就既往不咎。此时卢象昇正为增募5000标兵之事发愁，而张全昌恰好陕西榆林人，在当地颇有影响，于是便"复措发银两，令赴山陕等处招来战士"③。张全昌也不负重托，募兵成果卓著，"两月来新标官兵五千，全昌所募者一千三百余员名，皆山陕健卒也"。④卢象昇请求起复尤、张两待罪武官的奏疏，据后来的结果来看，明廷没有完全批准：起复尤世威之疏请准奏，但起复张全昌之请则被拒。《明史》有载："象昇令募兵山、陕。寻荐之朝，令赴军前立功，帝不许。十年四月，以杨嗣昌言逮付法司，谪戍边卫。"⑤由《起解罪帅疏》和《特举废弁疏》两疏所论，我们可以看出，卢象昇非常渴望能将张全昌留在宣大边镇，继续建功立业。遗憾的是，崇祯帝和权臣杨嗣昌非要逮治张全昌，卢象昇只有从命。

除了上述两位待罪武官，下文即将提及的文武将官，都是因为具有某些突出才干而得到卢象昇重用的。卢象昇唯才是任的实例在《卢象昇疏牍》中屡见不鲜。

可见，哪怕犯过错误的有用之才，只要能改过自新，卢象昇仍愿委以重任。正如他所言："即或偶有过愆，亦许原情折算。"⑥发现人才，还须善用人才，方得才尽其用。

---

① ［明］卢象昇：《卢象昇疏牍》卷4，《狡贼乞降疏》，杭州：浙江古籍出版社，1985年，第82页。

② ［清］夏燮撰，王日根、李一平、李珽、李秉乾等校点：《明通鉴》，卷84，长沙：岳麓书社，1999年，2333页。

③ ［明］卢象昇：《卢象昇疏牍》卷7，《增练标营事宜疏》，杭州：浙江古籍出版社，1985年，第149页。

④ ［明］卢象昇：《卢象昇疏牍》卷8，《起解罪帅疏》，杭州：浙江古籍出版社，1985年，第191页。

⑤ ［清］张廷玉等：《明史》卷239，列传第127，《张全昌传》，北京：中华书局，1974年，第6212页。

⑥ ［明］卢象昇：《卢象昇疏牍》卷9，《鼓动人才大破积习疏》，杭州：浙江古籍出版社，1985年，第245页。

二、"急思久任"与"为地择人"

卢象昇是一位知人善任的官员。他明确提出"为地择人，急思久任"的用人之道，即根据所任具体职务的实际需要，将适宜该地（职）的官员调任此处，使人之才能与具体职务所需相吻合，以便充分发挥人才优势；任用官员应注重任期的稳定性，以避免人浮于事，有利于才能发挥的可持久性。在《保任道臣请补要地守令疏》中，卢象昇最早提出这一用人之道："半年来臣所与同舟共济者，在楚为荆州道参政陶崇道、襄阳道副使苗胙土。二臣操持识略，种种过人，……臣故以驾轻就熟望之二臣，而急思其久任也。乃襄阳道臣苗胙土，近闻有江西参政之转……为地择人，无如加衔留任为便。"①

卢象昇抚治郧阳半年来，专事镇压义军和安抚郧民，认为陶崇道和苗胙土两臣"操持识略，种种过人"，并"急思其久任"，以便使战后的郧地能早日"起敝回枯"。其中襄阳道臣苗胙土可能会升迁为江西参政，卢象昇从襄阳地理的重要性考虑，"为地择人"，以为苗胙土"无如加衔留任为便"。在以后遇到部属的人事变动时，卢象昇对所信任的称职官员，总以"为地择人，急思久任"为任官之准则，甚至为此疏请朝廷留任。

（一）"急思久任"之道

关于"急思久任"，卢象昇在《剿寇第三要策疏》中有较为详细阐述：

若升迁无定，未免以官为传舍，人怀侥幸之心。鼓舞不宽，又未免以官为苦海，动有摧残之虑。除臣等及督抚按等官，功罪赏罚，用舍黜陟，听之廷议，取自圣裁，其各省直藩臬等司，守巡监军等道，以及府州县守令，凡属用兵之地，俱当与剿局相终始焉。……至于府州县守令，亦须以是为程。②

此时正值卢象昇初任五省总理之职，他上该疏专论用人之策。他认为：在镇压义军的非常时期，尤须使官职升迁保持相对稳定性，对才品卓越之人须以加衔久任。一年后，卢象昇任宣大总督，又上《用人修具饬法治兵疏》，仍有专论"用人"一节，疏中云："从来用人，必人与事相配，臂与指相联，

① ［明］卢象昇：《卢象昇疏牍》卷1，《保任道臣请补要地守令疏》，杭州：浙江古籍出版社，1985年，第20页。

② ［明］卢象昇：《卢象昇疏牍》卷5，《剿寇第三要策疏》，杭州：浙江古籍出版社，1985年，第92页。

上与下相信，而后可相需以有成。况乎起敝回枯，尤难旦夕责效。……（贺鼎、胡福宏、窦可进、李仙风、聂明楷、朱家仕）谓非封疆之选不可。但虞迁转无常，未免官为传舍。伏望圣明责成久任，仍乞稍宽文网，俾各展布所长，在诸臣不至以危地生畏避之心，在微臣亦得以群力效抒忠之益，诚便计也。"①

卢象昇从用人之道谈起，以为上下信任方可有成，但须上下职位稳定，方能安定人心。尤其在亟待"起敝回枯"的宣大边疆危地，唯有各官员"责成久任"，才不至于"生畏避之心"，而卢象昇也能"以群力效抒忠之益"。为此，他在疏中以巡边时所晤会的六道臣为例，恳请崇祯帝对有"封疆之选"的他们能"责成久任"。卢象昇"急思久任"的主张，有利于发挥部下的聪明才智，因而是值得肯定的。

（二）"为地择人"之道

在一次密集的总督标兵将领调整期间，卢象昇在疏中充分阐述了他另一用人之道：为地择人。"为地择人"，亦为"为职择人"，就是根据某地某职的实际需要，选择更适合的官员人选。笔者按照上达奏疏的先后顺序，将这次人事调度安排分为三起，逐次加以说明。

1. 疏请留任标将刘钦。第一起人事安排是由刘钦而起。为了挽留标将刘钦，卢象昇上《请留标将刘钦疏》，疏中有云：

近该兵部将游击刘钦推宁武健兵营参将，以八角所守备李云升补钦缺。……观钦才貌，俨然战将也。阅其营伍，且复料理有方。询之阳和道臣窦可进，亦备道本官贤能，该营夷汉兵丁素相习服。权衡于缓急之用，合无将刘钦以参将职衔，仍管标下节制左营事务，新推之李云即补宁武健兵营游击，亦两便之道也。②

卢象昇认为，刘钦作为标下左营将领，非常称职，所以不同意兵部升迁其为宁武健兵营参将之议。为了能使兵部接受自己的恳请，他并提出以八角

---

①　［明］卢象昇：《卢象昇疏牍》卷6，《用人修具饬法治兵疏》，杭州：浙江古籍出版社，1985年，第121—122页。

②　［明］卢象昇：《卢象昇疏牍》卷6，《请留标将刘钦疏》，杭州：浙江古籍出版社，1985年，第124页。

所守备李云径直补缺宁武健兵营游击一职。很明显，卢象昇的做法，就是"为地择人"。如果按照兵部的安排，刘钦升任宁武健兵营参将，而由八角所守备李云升补其缺，这样既使得刘钦去熟就生，也不利于总督标营的建设。因此卢象昇的建议是可行的。唯一不足的是，游击刘钦丧失了一次升迁为参将的机会，不久后卢象昇奏请，将标下左右前后四衙门全改为参将衙门，就解决了这一问题。刘钦甚至一直升至副将。从后来的奏疏来看，这次奏请获得了准复。这算是卢象昇在宣大任上第一次"为地择人"所取得成功。

就是这位标将刘钦，后来跟从卢象昇，在巨鹿贾庄与清军决战。崇祯十一年（1638年）十二月，卢象昇战殁，刘钦突围而出，三天后又返回战场找到了卢象昇的尸体。《明大司马卢公年谱》详载了刘钦寻尸的过程："十五日，刘钦屣积尸，尸残缺，血污不可辨，独两尸重累，上负二十四矢，就而视之，则杨陆凯也。伏地一尸，麻衣裹甲衣，有督兵砵篆，钦大恸，舁之新乐县。"[①]卢象昇知人善任，优待部下，自然深得部下的爱戴。

2. 有效选调诸将官。第二起人事调度涉及的官员较多。此起调度事件因卢象昇奏请保留中军官白安而发。崇祯九年（1636年）十一月二十日，因兵部欲调离中军官白安补大同西协副总兵官之缺，卢象昇上《请留中军疏》，对事件的原委和解决途径进行了说明：

> 窃照大同西协副总兵官侯拱极已迁山海总兵，所遗员缺，臣于十一月初六日准大同抚臣叶廷桂咨，称健兵左营副将童朝仪堪任，臣即时移咨兵部矣。朝仪在大同颇久，熟于边计口情，抚镇皆以为相宜，盖为地择人，非为人择地也。……白安，战将也，察其为人，忠实勇敢，而驭下复有恩信，分毫不苟，授以营阵之法，皆能领略传宜。……今反自近他移于西协，未必相宜，而臣标又失一臂臣，不得不据实请留也。如以中军不便带府衔，则臣节制抚镇者也，各镇总兵即带衔宫保者，亦在臣节制之内，况督臣中军体貌，原不在协将下。[②]

卢象昇所述与不久前恳留标将刘钦的情况极其相似。兵部推卢象昇的标

①　［清］卢安节编，［清］任启运校定：《明大司马卢公年谱》，清光绪元年重刻本，北京图书馆编：《北京图书馆珍藏本年谱丛刊》第62册，北京：北京图书馆出版社，1999年，第339—340页。

②　［明］卢象昇：《卢象昇疏牍》卷6，《请留中军疏》，杭州：浙江古籍出版社，1985年，第130页。

下中军副总兵白安补缺大同西协副总兵官，而卢象昇结合宣大总督标营建设和白安的优点，认为白安不应调离，希望健兵左营副将童朝仪就近补缺大同西协。卢象昇认为，白安同冯举、刘钦一样，是宣大总督标营难得的好将官，若调离白安，将不利于宣大边疆的军旅大计。他恳留白安而建议童朝仪补缺，实是"为地择人，非为人择地也"。对于童朝仪补缺大同西协之议，卢象昇又在一个多月后的《更置将领疏》里进行了详细阐述：

> 而副将童朝仪足智多谋，妙于驾驭，兹哈马之源来卜部之弥耳，本官之力居多。当此紧急之时，更以生手处之，恐事机稍乖，则疏虞不浅，比西协之必不可无朝仪也。然用朝仪于西协，将何以置白安乎？安骁勇逸群，素称敢战，东征西讨，久著威名，即近日入卫，无处不身先士卒。以本官而处冲地，人地未始不宜。第阳和增募标兵五千，目前召军买马，制器教练，非久于此者不能指挥如意。且节制营为应援之兵，闻警即当统兵四剿，白安真其选也。……职为封疆起见，……谓白勇童智，二弁一转移间，有益于封疆军旅不小。臣庄诵明旨，有云督标中军还着另行遴补，盖谓白安已带府衔，不便于中军，非不便于标营也。[①]

卢象昇坚持由童朝仪代替白安补缺大同西协，也是"为地择人"。在他看来，驾驭卜部（明末蒙古一部，与明廷关系时顺时叛），并导引哈马（蒙古一部哈部所产之马，以适作战马而闻名）来市，唯有童朝仪最为善长，亦出力颇多；而近来卜部陈兵边关，并导引哈马卖马，尤亟需"足智多谋，妙于驾驭"的童朝仪亲自料理。因此卢象昇一再强调，补缺大同西协，非童朝仪莫属。此外，卢象昇疏中又屡陈留任白安之由：皇上已经应允宣大增标兵 5000 人，增兵亦必增将，更需要白安留任。所以，卢象昇说，他与大同抚臣叶廷桂相商，还是坚持白安留任，童朝仪代补西协。同时疏中所言，廷臣或有言白安已加府衔而不便于任中军，卢象昇认为，白安不便于任中军，但可留职于标营内。那么，出现的中军空缺如何补缺呢？

不到一个月，卢象昇再次上《遴补中军疏》，提出了补任中军官的人选，"惟臣前任总理时标下中军参将周元儒清谨过人，习之军旅，足当传宣之寄"。

---

① ［明］卢象昇：《卢象昇疏牍》卷 6，《更置将领疏》，杭州：浙江古籍出版社，1985 年，第 138—139 页。

他指出，周元儒曾为五省总理标下中军官，业务熟练，可直接调任总督中军官。接着，卢象昇又为周元儒叙功，并疏请将他晋级为副将："本官随臣剿贼半载，历尽艰辛。如清泥湾、确山、滁州、汝州、裕州等处大捷，援剿将吏俱经叙功加级，而臣标自中军旗鼓以及冲锋随征等官，概未一叙者，实以流孽未平，尚有待也。今用人之际，本官似宜升补前缺。"最后，卢象昇提出了解决周元儒调任后所面临问题的办法："至于总理中军，或另行题补，或即以河南巡抚标下中军兼管，臣已咨会新理臣王家祯定夺。臣与理臣有同舟之谊，彼此通融用人，谅不以为嫌耳。"①

从童朝仪到白安，再到周元儒，卢象昇因才因地置将。而贯穿其中的用人之道就是：为地择人。从卢象昇后来的奏疏内容来看，他的奏请皆已得到明廷的批准。

3. 置换标将岳维忠。卢象昇出任宣大总督后，增加标兵数量，由原来5000增至10000人；扩充标下中、左、右三营建制为中、左、右、前、后五营建制。所以，前、后两营需要临时调任相应的各级将官。五营制初具规模时，他便上《更择标营将领疏》，提出置换后营参将岳维忠的建议：

目今五营将官，如中营白安、左营刘钦、右营冯举，俱已遵奉明纶，加秩任事。惟朱尚义、岳维忠二弁，新经委任，……岳维忠诚实不苟，与士卒相安，然欠机警，倘遇冲锋陷阵，恐非其所长，不得不议更置也。惟再四访求，有现任都司金书管新平堡守备事李昌龄者，骑射闲习，营伍熟知。本弁在新平五年，守御著劳，事事整办，该道厅亦极称其能，堪补后营将领。应将先委之岳维忠，权在标下听用。②

总督标兵五营全是精兵强将，战时必须做全军之表率，遇敌须勇往直前。所以，遴选标营之将领也相对严格些。卢象昇认为，岳维忠机警不足，亦不善冲锋陷阵，因而不适宜做后营主将。于是，他疏请暂留岳维忠标下听用，并以善骑射、悉营伍的李昌龄代掌后营事。此疏请不久后得到批准。卢象昇对更定后的五营领兵官也比较满意："至领兵职名，中营系总练副总兵白安，

————————
　　①　[明]卢象昇:《卢象昇疏牍》卷7，《遴补中军疏》，杭州：浙江古籍出版社，1985年，第157页。
　　②　[明]卢象昇:《卢象昇疏牍》卷7，《更择标营将领疏》，杭州：浙江古籍出版社，1985年，第175—176页。

左营系参将刘钦，右营系参将冯举，前营系新题游击管参将事朱尚义，后营系新题游击管参将事李昌龄。五弁虽非上选，而勇略俱自过人。"①

除了上述三起官员调度事件，还有不少"为地择人"的类似事例。比如，卢象昇还奏请"其操持才力，绰乎堪任监司"②的阳和城东路同知郑独复，加升按察司佥事并随行监军，不久也得到了批准。如此事例，不再一一枚举。

卢象昇能识人，善用人，而且还惜才，这是他为官的可贵之处，也是他能够获得部属爱戴、上下齐心的根本所在。

三、惜爱和佑护下属

卢象昇为官，一心为公，不谋私利，这是难能可贵的。他对待下属，除了一颗"公心"，还竭力维护他们的正当利益。

（一）疏请"开复"待罪官员

前文提到的陶崇道，乃卢象昇抚郧时的荆州道臣，因富有才干而被赏识，卢象昇希望他能久任其职。然而，陶崇道也是待罪之人，"以失事戴罪薄罚，著降二级照旧"，明廷"责令剿贼自效"。卢象昇认为，崇祯七年（1634年）五月前后的郧楚之地镇防之功，陶崇道实有"就中奉行区画指授厅将等官"之劳。因此，卢象昇进一步提出，恳请皇上恩威并用，对该道臣"亦当即赐开复，以励将来"；也希望将来陶崇道的晋衔受奖也不再受前罪影响，"至于覆秩之后，或本官瓜期已过，治状素优，仍晋以应得之衔，姑使之义安荆土"。③其实，正是卢象昇这种急部属之所急的做法，才真正赢得了部下的爱戴。此外，卢象昇还曾为其他有功官员请求开复，称白安、冯举"谋勇兼优""血战苦功"，入援京师时获骚扰地方之罪；郑独复"八载艰辛，事事刻励，赀深劳著"，也因驭下不严而获罪。卢象昇认为他们都是督营练兵的难得人才，疏请将三人"一并开复"。④

---

① ［明］卢象昇：《卢象昇疏牍》卷8，《议防剿机宜疏》，杭州：浙江古籍出版社，1985年，第188页。

② ［明］卢象昇：《卢象昇疏牍》卷8，《请监军监纪疏》，杭州：浙江古籍出版社，1985年，第217页。

③ ［明］卢象昇：《卢象昇疏牍》卷1，《保任道臣请补要地守令疏》，杭州：浙江古籍出版社，1985年，第20页。

④ ［明］卢象昇：《卢象昇疏牍》卷8，《题叙募练标兵官员疏》，杭州：浙江古籍出版社，1985年，第218、219页。

同郑独复同降三级留用的阳和兵备道副使窦可进，在边地 10 余年未得升迁，卢象昇还在《特举倬深贤能道臣疏》与《边吏劳深考满疏》两疏中，专为其叙功，并建议晋升其官职。此三人也不负卢象昇之厚望，白安、冯举在宣大标营建设过程中，不辞辛劳，颇有成就。窦可进在宣云屯田期间，为各道、厅官员获谷息最多者，他为此亦屡受卢象昇的称赞。

（二）盼求留用张全昌

值得一提的还有"废弃"原总兵张全昌。崇祯八年（1635 年），张全昌率大军援剿中原，因士兵遭遇大疫而兵败，身陷"蝎子块"营帐。"蝎子块"逼迫他给官军写信，以求招安。张全昌后虽逃脱认罪，但此事仍是他的一大污点。卢象昇总督宣大时，曾派他到山陕招兵，张全昌亦不负众望。卢象昇便疏请妥善安置张全昌，以使之安于效命朝廷。然而，张全昌终不被宽恕，仍被朝廷逮治。卢象昇明知结局难以挽回，无法直言相救，仍上《起解罪帅疏》，再次为他叙功："昨秋奉兵部起废勤王之檄，全昌领自寡家丁北上，因闻□退，暂止大同，此臣未督宣时也。及臣至阳和，遂诣辕门谒见。……委以募兵。……两月来新标官兵五千，全昌所募者一千三百余员名，皆山陕健卒也。当年失身是其罪，此日召募是其劳。"①从卢象昇的字里行间，我们能感受到他重情重义的一面。

（三）为侯宏文和"滇兵扰楚"正名

侯宏文是明末一普通官吏，既无显赫的家族背景，亦无称颂一时的政绩。他当时之所以能名噪一时，为朝野瞩目，就是源于他与卢象昇的关系。由于直接涉及侯宏文的现存史料极为有限，我们只好在有关卢象昇的文献中寻找对侯宏文的某些记载。述及侯宏文的史料主要有四种：陈鼎的《东林列传·卢象昇传》、张廷玉的《明史·卢象昇传》、吴伟业的《绥寇纪略》和卢象昇的《卢象昇疏牍》。②其中，《东林列传》《明史》和《绥寇纪略》记载简略而集中，且内容相类。兹将其皆摘引如下：

---

① ［明］卢象昇：《卢象昇疏牍》卷 8，《起解罪帅疏》，杭州：浙江古籍出版社，1985 年，第 191 页。

② 清代修撰的一些地方志，对侯宏文有零星记载，如［清］阙名撰：《嘉庆重修一统志》，清史馆进呈钞本。另外，（乾隆）《云南通志》、（雍正）《泽州府志》及（光绪）《襄阳府志》亦有载。这些文献记载内容都极为简略。

前高平知县侯弘文者，奇士也。侨寓襄阳，见象昇劳苦郧疆，愿散家财募滇军，随象昇讨贼，题授监纪。已而象昇移任宣、云，弘文率所募兵，重茧至楚，为后事者所陷，以扰驿上闻。有旨即讯，象昇不胜愤懑，……未几，弘文于十四年谴戍，天下咸痛，诔夫高张异才不用，而又叹象昇之能得士于阃外也。①

高平知县侯弘文者，奇士也，侨寓襄阳，散家财，募滇军随象昇讨贼。象昇移宣、大，弘文率募兵至楚，巡抚王梦尹以扰驿闻。象昇上疏救，不得，弘文卒谴戍。天下由是惜弘文而多象昇。②

荐侯宏文疏略曰：原任高平县知县侯宏文，以守制道阻，乔寓襄阳，见臣叱驭郧疆，遂投袂而起，散私财以募死士，介马从征。臣欲昌言其功，彼辄长揖告去。臣比叨总理，宏文以大义规臣，意气凛然。因言及中原步兵不能追贼，臣思得滇黔之人用之。宏文愿以孤身奔走万里，为臣奉檄往募。有臣如此，敢不闻于主上乎？上从其请，命为监纪。已而公移任宣云，宏文率所募兵重茧至楚，为后事者所陷，以骚驿闻，有旨即讯。公不胜愤懑，凡三上书，帝皆不允。③

综合以上三种史料，我们可以了解侯宏文本人及其募兵的大概情况：其一，侯宏文原为高平县知县，曾侨居襄阳，慕卢象昇之名而来，自愿散家财募滇兵，跟随卢象昇平定义军；其二，卢象昇为侯宏文忠义所感，委之以募兵重任；其三，明廷诏允募滇兵事宜，并命侯宏文为监纪；其四，卢象昇离任后，侯宏文以滇兵扰楚之罪名被参劾，明廷不加详究即予以惩办，卢象昇屡救未果。

卢象昇在奏疏中也两次记载侯宏文募滇兵的情况，内容亦与以上所载相似。由于这三种文献所载甚简，我们难以对侯宏文遭构陷而被谴戍的直接原因，即"滇兵扰楚"事件有深入的了解。所以，若要通晓事件之原委，感受卢象昇对侯宏文等人和滇兵的惜爱之情，我们还须从卢象昇的诸篇疏牍里去

① ［清］陈鼎：《东林列传》卷5，《卢象昇传》，扬州：广陵书社，2007年，第103页。
② ［清］张廷玉等：《明史》卷261，列传第149，《卢象昇传》，北京：中华书局，1974年，第6765—6766页。
③ ［明］卢象昇：《卢象昇疏牍》卷5，附《绥寇纪略》五条，杭州：浙江古籍出版社，1985年，第111页。

探究。

1.侯宏文募滇兵之缘起。在《乞抚驭滇兵疏》中，卢象昇追述了侯宏文募滇兵的缘起：

> 先是崇祯八年九月内，臣自郧阳移抚全楚，彼时豫寇正猖，楚省陵藩有剥床大患，节奉增募战兵一万之旨，何敢玩违？顾楚人脆弱，目不知兵，于是议调于黔蜀滇南，而军旅大事无敢任者。适原任高平知县侯宏文，先因监纪晋兵援楚，臣见其胆气可用，留之行间。本官慷慨愿行，随为具疏题请，该吏、兵二部覆议，加以南阳府推官职衔军前监纪，往滇募兵，明旨炳然具在也。……旧枢臣张凤翼复因关宁蓟密之师不便久于内地，前后公移手札，促臣召募者不一而足。至上年三四月内，□信愈迫，议撤边兵。于是庙堂之上，省直之间，若闽，若黔，若滇，若蜀，俱筹征调，且惟恐调之不来。"①

此段疏文，是卢象昇对侯宏文赴滇募兵之缘起的最详尽的介绍，我们将募兵之因归为四点：其一，从兵源角度考虑，湖广地处腹里，历史上战事较少，楚人长期不习兵事，难以就近招募；辽东边患日益加剧，驻于内地的边军可能撤离，当然不会征调边军入驻内地，因此，征调西南诸省壮丁便成为适宜之选。其二，从楚地现实情况看，河南义军势大，随时危及楚地安全，而楚地却兵寡饷乏；朝廷虽允增楚兵一万，却无人担当募调之重任。其三，从侯宏文自身来看，他身为滇南（今云南玉溪江川）人，自愿为朝廷解忧，赴滇募兵；同时，他亦深得卢象昇信任，并被明廷授予监纪一职。其四，从临期形势来看，兵部尚书张凤翼告知卢象昇，即将撤回援剿内地的关宁蓟密之师，并督促卢象昇募兵，导致征调任务尤其迫切。可以说，卢象昇委派侯宏文赴滇募兵并非私人行为，而是获得朝廷批准的。况且，侯宏文加南阳推官衔军前监纪并赴滇募兵之事，都有明旨可查。所以，这次募兵之行合理合法，对朝廷和地方也都有利无害，但结局却出人意料：侯宏文被遣戍，卢象昇亦遭参劾。

2."滇兵扰楚"问题的由来。我们还是要从《卢象昇疏牍》中寻找该问题的答案。卢象昇在追述侯宏文赴滇募兵之缘起之后，又谈到了他募兵的经

---

① ［明］卢象昇:《卢象昇疏牍》卷8，《乞抚驭滇兵疏》，杭州：浙江古籍出版社，1985年，第213页。

过和成果：

> 临行之日，臣滴酒为誓，励以大义。……臣止措发饷金八千八百两授之本官，期以募兵三四千，……据宏文等册报，募兵以八千余计，战象马匹以一千五百余计，自滇至楚，计程三月，虽甚节省，亦须安家行粮五万余金，衣装器械二万余金，战马战象价值三万余金，即此所费不下十万。而臣所给止七千三百两也，云南布政司所给止一万两也，合之仅一万七千余两，此外八九万两，岂其天雨地涌？则宏文、在田等变产捐赀之说，夫岂虚言！ ①

综上所述，卢象昇这次委派侯宏文入滇，计划募兵 3000 到 4000 人，为此他实际筹措募资仅 7300 两银，加上临时借支云南布政司库银 10000 两，共计 17000 余两。而实际花费呢？据卢象昇估计共费银两 10 万余，但据滇南石屏州土司龙在田所报，花费银两数十万。"近日在田又复具呈投控，谓前后所费，不下数十万金。臣疏止言八九万者，盖约略计之耳。" ②之所以花费数额如此巨大，远超出所措募资，原因有二：一是所筹募资的确很不充足，这是很明情的事情；二是龙在田认为原定募兵数不足以御敌，遂议定将实际募兵数比原计划翻了一番多。这次募兵成果丰硕：滇南义勇人数 8000 余，战象 4 只，马匹 1500 匹，另有所制造的衣甲器械若干。募资不足，侯宏文和龙在田便变卖家产，捐资报效。其实，仅从二人捐巨资募兵一点，我们就可看出，他们所为实出于报效国家之念。

在疏中，卢象昇多次提及另一捐资募兵的将官龙在田。龙在田原为石屏州土司舍人，天启年间，因平定云南地方叛乱受到封赏：初为土守备，不久又擢为坐营都司。《明史》有载："八年，流贼犯凤阳，诏征云南土兵。在田率所部应诏，击贼湖广、河南，频有功，擢副总兵。总理卢象昇檄讨襄阳贼，至则象昇已奉诏勤王，命属熊文灿。十年三月击擒大盗郭三海。十一年九月大破贺一龙、李万庆于双沟，进都督同知。明年三月大破贼固始，斩首三千五百有奇。" ③崇祯八年（1635 年），诏征滇兵时，卢象昇在楚抚任上，而龙在

① ［明］卢象昇：《卢象昇疏牍》卷 8，《乞抚驭滇兵疏》，杭州：浙江古籍出版社，1985 年，第 213—215 页。

② ［明］卢象昇：《卢象昇疏牍》卷 8，《再陈抚驭滇兵事宜疏》，杭州：浙江古籍出版社，1985 年，第 219 页。

③ ［清］张廷玉等：《明史》卷 270，列传第 158，《龙在田传》，北京：中华书局，1974 年，第 6948 页。

田却还在云南。之后，龙在田应诏入湖广、河南作战，屡获战功，但他与卢象昇似无任何联系。卢象昇不久升为五省总理，檄传各路兵马攻打襄阳，龙在田亦奔赴而来。然而，待龙在田抵达襄阳时，卢象昇已率部入京勤王，此时应该是崇祯九年（1636年）七、八月之事。所以，卢象昇这次委派侯宏文入滇募兵，原计划并无龙在田的参与。另据《明史》所载，与侯宏文滇募兵同时，明廷也鼓励滇兵应诏入内地征剿。而滇南土司龙在田应诏之时，恰逢来滇南募兵的同乡侯宏文。他们皆为滇人，在滇地都有一些影响力，为报效国家，便合力募滇兵。后来，入楚滇兵出现哗变后，侯宏文作为募兵的直接负责人，遭到纠劾；龙在田却一直忙于征战，似乎没因"滇兵扰楚"受到惩处。

卢象昇于崇祯九年（1636年）七月下旬，离开中原应诏勤王，之后就被委任宣大总督。他于同年八月底督率勤王师到达京师，仅风闻楚地滇兵途中缺粮，士卒难以约束，但此时未酿成大祸。初任宣大总督时，卢象昇于十月初八日上《恭报理标兵马疏》，还称赞侯宏文募滇兵之功，并疏请有司额定募兵之粮饷。直到崇祯十年（1637年）三月前，卢象昇还没有意识到所募滇兵曾扰乱楚地。崇祯十年三月十二日，他接到邸报，才获悉"滇兵扰楚"事件的严重性，自己和侯宏文也因此被参劾。为此，卢象昇次日即上《自检远调滇兵违宜疏》，自检委用侯宏文不当，并提出"五疏"（五大疏忽）之论。他请求朝廷将纠劾奏疏颁之于众，以明己过，以为百官戒。疏中有云："夫臣有此五疏，几何而不误封疆军旅之大计？晋卿不言，臣宜自劾，况经指及，岂可讳罪苟安？臣当将晋卿之疏，抄行督属文武各官，明臣之短，爰以为戒，集思广益，勉厥后图。所望圣明俯酌微臣情罪之重轻，一示惩处，或降级，或戴罪，以昭功令，而励将来，庶臣得安心供职，不至冒昧服官也。"①笔者以为，此疏内容未必反映卢象昇本意，但他此时的做法是明智的。在朝野官僚结党倾轧的明末官场上，他唯有自检认罪，才能保护好自己，才能有机会为自己和侯宏文正名。当然，朝廷终究亦未惩治卢象昇，却坚持遣戍了侯宏文。

由于御史冯晋卿的参劾，"滇兵扰楚"事件也随之发酵，这令卢象昇甚为不安。卢象昇此时尤其关注的是侯宏文及其所募滇兵的命运。他多年征战，

---

① ［明］卢象昇：《卢象昇疏牍》卷7，《自检远调滇兵违宜疏》，杭州：浙江古籍出版社，1985年，第171—172页。

深知士兵若长期乏饷而导致兵变，将会后患无穷。所以，他急需为侯宏文辩护，也为所募 8000 余名滇兵的归宿寻求良策。

3. 谋求处置侯宏文与滇兵之良策。先有巡按贵州监察御史冯晋卿、后有礼科左给事中刘安行，因"滇兵扰楚"之事上疏纠劾，卢象昇不得不先后四次上疏，以明心志。他于崇祯十年（1637 年）三月十三日上《自检远调滇兵违宜疏》，之后半年多时间内，又陆续上《乞抚驭滇兵疏》《再陈抚驭滇兵事宜疏》和《申诉侯宏文疏》三疏，皆专为侯宏文与"滇兵扰楚"之事而奏。卢象昇通过四疏谈及三个问题：其一，说明委派侯宏文募兵之原委与经过；其二，深刻自检，请求朝廷加罪于己；其三，为侯宏文和滇兵正名，自请代侯宏文伏法并妥善处置滇兵。

（1）极力疏救侯宏文。诸疏中为侯宏文正名请命，前后内容重复较多，笔者总结为两点：其一，侯宏文破家捐资，万里募兵，实为忠义之士；其二，宽宥侯宏文，可彰朝廷之恩典，振滇兵之士气。

卢象昇对侯宏文毁家奉公之举，多有叙述，如："职宏文亦破家料理，费过二万余金。且万里征途，间关岁月，兵分三拨，戴星驰骋，及至楚省，苦状不堪。职等止有一身尚存，妻子未鬻耳。"[1] 又如："而后用及本官，去其县正之实缺，予以府佐之虚衔，经岁从戎，并无廪粮胥役，且费捐募多金，若果自私自利，计不出此矣。"[2] 卢象昇以为，仅从破家捐资的角度看，侯宏文募兵确实出于报效朝廷之公心。

卢象昇对侯宏文之遭遇不禁唏嘘感叹："乃破宏文之家以调兵，及其至也，万里从征，捐躯杀贼，而身罹法网，臣实伤之！"[3] 为其一番辩护后，卢象昇总是不忘恳请朝廷能宽宥侯宏文，甚至屡屡提出代其赎罪；并指出赦免侯宏文，于公于私皆为善事。他说："臣愿降级戴罪，以赎宏文、在田等。不然身任封疆者，虽欲以群策群力效忠朝廷，将来一人不肯应，一步不能行矣，此岂一身一家之私事哉？"[4] 卢象昇还称，由于自己的失策致使侯宏文获罪，倘

① ［明］卢象昇：《卢象昇疏牍》卷 8，《乞抚驭滇兵疏》，杭州：浙江古籍出版社，1985 年，第 214 页。

② ［明］卢象昇：《卢象昇疏牍》卷 8，《再陈抚驭滇兵事宜疏》，杭州：浙江古籍出版社，1985 年，第 220 页。

③ ［明］卢象昇：《卢象昇疏牍》卷 9，《申诉侯宏文疏》，杭州：浙江古籍出版社，1985 年，第 238 页。

④ ［明］卢象昇：《卢象昇疏牍》卷 8，《乞抚驭滇兵疏》，杭州：浙江古籍出版社，1985 年，第 215 页。

若朝廷不赦其罪，自己将来也难以取信于军中，"从此愈以臣言为阱矣"。尤其严重的是，这将对朝廷不利，"海内怀忠负义者，必将动色相戒，首鼠百端"。①为此，他在最后一次为侯宏文申诉的疏文中，再次警示朝廷："滇之兵将见宏文受罪，相率寒心，加以事迫情穷，势将决裂，且安知无故激滇兵之变，以甚宏文之罪者。"②卢象昇为挽救侯宏文，竭尽全力，然终未能成功，"象昇上疏救，不得，弘文卒遣戍。天下由是惜弘文而多象昇"③。

侯宏文和楚地滇兵的命运本为一体，滇兵为侯宏文所募，侯宏文亦因滇兵坐罪。卢象昇疏救侯宏文的同时，也在尽力为"滇兵扰楚"事件正名，寻求处置楚地滇兵的良策。

（2）恳请善待滇兵。卢象昇对所募滇兵始终赞誉有加，他两次上疏，恳请朝廷善待滇兵。他认为，滇兵皆怀忠义报国之志，不辞辛劳，应募入楚。在《乞抚驭滇兵疏》里，卢象昇两次高度评价入楚之滇兵，"若滇兵者，本非朝廷豢养之卒，又非滇省额设之兵，万里征调而来，实为忠义所感"④；"乃滇兵亦兵也，滇将亦将也，天未远人，破家为国，怀忠负义而来，彼将何所为也"⑤。得知"滇兵扰楚"之时，卢象昇早已在宣大任上，他对事情原委是不知晓的。赴任总督之前，他也曾风闻滇兵因缺饷而有一些异常举动，"臣（崇祯九年）八月二十九日督旅至都门，始闻滇兵入楚，沿途粮饷不接，淘脊多虞"⑥。但他认为亦属正常，并未深究；况且他身不在楚地，也不便于过问。

卢象昇疏中分析，"滇兵扰楚"事件缘于滇兵长期缺饷，他在该疏中也为滇兵鸣不平。首先，他为入楚之三拨滇兵叙功，"头拨兵九年八月抵荆州，及遇大贼闯塌天、八大王等攻掠荆州，奋力驱除，保全荆属。二拨、三拨于十月间陆续尽到，追贼黄麻一带，连次建有微功，又擒巨寇郭三海等，扫除中

① ［明］卢象昇：《卢象昇疏牍》卷8，《再陈抚驭滇兵事宜疏》，杭州：浙江古籍出版社，1985年，第220页。
② ［明］卢象昇：《卢象昇疏牍》卷9，《申诉侯宏文疏》，杭州：浙江古籍出版社，1985年，第238页。
③ ［清］张廷玉等：《明史》卷261，列传第149，《卢象昇传》，北京：中华书局，1974年，第6765—6766页
④ ［明］卢象昇：《卢象昇疏牍》卷8，《乞抚驭滇兵疏》，杭州：浙江古籍出版社，1985年，第213页。
⑤ ［明］卢象昇：《卢象昇疏牍》卷8，《乞抚驭滇兵疏》，杭州：浙江古籍出版社，1985年，第215页。
⑥ ［明］卢象昇：《卢象昇疏牍》卷7，《自检远调滇兵违宜疏》，杭州：浙江古籍出版社，1985年，第171页。

原大患"。然后，他指出"滇兵扰楚"的根源所在，"迄今兵无宿饱，马不停蹄，坐饷未开，行粮鲜给"。① 最后，卢象昇继续为所募滇军辩解："安有万里征夫，额饷全无着落，行粮供应不时，千万成群，旦夕难保而不为乱者？年来西告抢掠，东报哗逃，朝聚同舟，暮思操刃，此系滇兵否乎？"②

对于"滇兵扰楚"的参劾，卢象昇表达了他的不满和质疑：赴楚之滇兵匮粮严重，地方有司又不知体恤，焉能不乱？遍地皆有骚乱之军士或民丁，何以确定乃所募滇兵之为？他的质疑合情合理，不容驳斥。本来明末党争激烈，言官也风闻即劾，许多官员都被言官参劾罢官甚至入狱。卢象昇自然很清楚官场的复杂，他似乎也觉察到，有人极可能想利用"滇兵扰楚"之事，欲重罪侯宏文，甚至借以倾轧自己。正如他所言："滇之兵将见宏文受罪，相率寒心，加以事迫情穷，势将决裂，且安知无故激滇兵之变，以甚宏文之罪者。兴思及此，愈难言矣。"③ 此言真是一语中的！

尽管如此，卢象昇最后还是提出了积极安置所募滇兵的良策。在《再陈抚驭滇兵事宜疏》疏末，他列举了三套处置滇兵的有效方案：其一，"厚抚该营将吏兵丁，早为定给粮饷月饷，照省直主兵行粮，照调援客兵给发，以时申严纪律，待新理臣之至，鼓励图功"；其二，"简其精强，汰其疲弱，覆其原来官目以定去留。回滇官兵，每人量与路费一二两，仍给粮单，计程计日，于所过州县关支"；其三，"均当量给以路费，并照现在官兵马骡头匹，填给粮单，责成沿途守巡兵备道等官，各于该管地方加意照管约束"。④

笔者以为，卢象昇所议三套方案是有阶梯性的。其上策就是按既定标准，将所有已募滇兵给定月饷，整编待命；中策即是拣选堪用之兵丁，余则计路费发回原地；下策则是将所有滇兵有组织地遣返原地。当然，若能诚信安抚滇兵，还是采取上策，因为这样可避免再费金钱另行募兵。下策乃迫不得已才采取之方案，如此实在省心，但这意味着募兵所费已化为乌有，且遣散滇兵还另须花费。最终，明廷如何处置所募滇兵，卢象昇始终未有交代，笔者

---

① ［明］卢象昇：《卢象昇疏牍》卷8，《乞抚驭滇兵疏》，杭州：浙江古籍出版社，1985年，第214页。

② ［明］卢象昇：《卢象昇疏牍》卷8，《乞抚驭滇兵疏》，杭州：浙江古籍出版社，1985年，第215页。

③ ［明］卢象昇：《卢象昇疏牍》卷9，《申诉侯宏文疏》，杭州：浙江古籍出版社，1985年，第238页。

④ ［明］卢象昇：《卢象昇疏牍》卷8，《再陈抚驭滇兵事宜疏》，杭州：浙江古籍出版社，1985年，第220—221页。

也未查到相关记载。在当时非常微妙的政治环境中，卢象昇能仗义执言，亦难能可贵。

（四）部下的以死相酬

卢象昇不遗余力地关爱部下，自然赢得了部众的爱戴，他们也多尽职尽责地跟随卢象昇。值得一提的是，甚至有部下竟以生命相报，其壮举着实令人唏嘘不已。对此，笔者列举几个实例加以说明。

崇祯六年（1633 年）四月，卢象昇在兵备大名时，曾率兵于西山、石城南一带镇压当地起义，战斗中战马被敌人射中，他也危在旦夕。此时魏县人高九岩，将所乘战马留给了危难之中的卢象昇，自己步战而死。《明大司马卢公年谱》载："时魏县高九岩随军，见公骑中流矢，以己马与公，赴贼格斗死。"① 《大名县志》的记载更为详细："高九岩，魏人，有胆气，知大义，为本道材官。崇祯六年，随副使卢象昇剿寇西山，象昇马中流矢，九岩以所乘马与之。象昇曰：'尔奈何？'九岩曰：'我死一伍卒耳，公三军司命。'力请象昇乘，九岩战死，妻任氏以节闻。"②

高九岩将生的希望留给了卢象昇，而杨陆凯却用生命保全了他的尸首。对此，《永年县志》所载甚详："杨陆凯，字廷坚，便技击，有谋略。为邑武生，卢忠烈公象昇备兵畿南，陆凯求自效。与语，奇之，署为掌牧。战冷水村、青龙冈、武安皆有功，擢千总。崇祯十年，象昇督天下援兵，荐陆凯，人村壮健，韬略娴熟，征剿屡著捷，功给守备告身。（崇祯十一年）十二月，随象昇麾兵疾战，陆凯格斗甚力，自辰至未炮尽矢穷。象昇身中四矢三刃，遂仆。陆凯惧众之残其尸也，而伏其上，背负二十四矢以死。陆凯守备告身，至今尚在《明史》犹称掌牧云。"③《明大司马卢公年谱》和《明通鉴》等史籍对杨陆凯以命护尸亦略有记载，"独两尸重累，上负二十四矢，就而视之，则杨陆凯也"④；"（卢象昇）身中四矢三刃，遂仆，掌牧杨陆凯惧众残其尸而伏

---

① ［清］卢安节编，任启运校定：《明大司马卢公年谱》，北京图书馆编：《北京图书馆藏珍本年谱丛刊》第 62 册，北京：北京图书馆出版社，1999 年，第 299 页。

② ［民国］洪家禄：《大名县志》卷 18，民国二十三年铅印本。

③ ［清］夏诒钰纂修：《永年县志》卷 27，《人物传》，清光绪三年刊本。

④ ［清］卢安节编，［清］任启运校定：《明大司马卢公年谱》，清光绪元年重刻本，北京图书馆编：《北京图书馆藏珍本年谱丛刊》第 62 册，北京：北京图书馆出版社，1999 年，第 339 页。

其上，背负二十四矢以死"①。

卢象昇殉难后，与其殒命疆场的还有宣府参将张岩和家人顾显，"仆顾显者亦殉，一军尽没。宣府参将张岩陷阵死"②。溃围而出的副将刘钦则搜寻并运回卢象昇的尸首，与卢象昇相交不久的军中赞画杨廷麟则为其冤死鸣不平。千总张国栋、锦衣卫旗尉俞振龙遭受酷刑，宁死也仗义执言卢象昇死于忠义。可见，卢象昇以仁爱示人，也必然深受部下甚至所有义士的敬仰。

当然，卢象昇也深受普通将士和辖区百姓的敬仰。明末官兵不服从长官指挥甚至哗变的情况时有发生，但即使在与清兵优势兵力决战的艰危时刻，卢象昇也能得到部下的拥护。明末官兵扰民现象也很普遍，而卢象昇在孤军奋战的最后时刻，却深受畿南三郡百姓的衷心爱戴。我们不得不承认，在明末，卢象昇是一位非常特别的官员，他那为理想而奋进的精神和仁者爱人的情怀，对于当今社会亦不无激励意义。

总之，卢象昇刚直清正，却为当权者不容；耻于结党营私，但也与东林人士有密切联系。他任人唯才，不求全责备；因地择人、并求久任。尤其值得一提的是，卢象昇惜才恤下，不遗余力，正如清人所赞评："象昇三赐尚方，未尝戮一偏裨，爱才恤下，如恐不及。"③此论不虚！

---

① ［清］夏燮撰，王日根、李一平、李珽、李秉乾等校点：《明通鉴》卷86，长沙：岳麓书社，1999 年，第 2385 页。

② ［清］夏燮撰，王日根、李一平、李珽、李秉乾等校点：《明通鉴》卷86，长沙：岳麓书社，1999 年，第 2385 页。

③ ［清］王文焘修，张志奇续修：《宣化府志》卷24，《宦迹志下·明》，清乾隆八年修，二十二年订补重刊本。

结　语

通过本书对卢象昇生平事迹的考察，我们可以总结如下：

卢象昇为官十余载，颇有政绩，其中标兵建设成就最著。初任五省总理时，卢象昇便粗创了总理衙门，这丰富了当时的军（官）制建设（特别是内地军制建设）。在宣大总督任上，他又大力扩充总督标兵，并确立了总督标兵五营编制。从《卢象昇疏牍》的相关内容来看，卢象昇的宣大督标营制，迥异于明代传统的卫所编制，其结构为"营—部—司—哨—队—伍"模式。此建置模式亦即明中期以来所形成的营司队伍制（简称营制），属于省镇营兵制的范畴。① 卢象昇在宣大三镇除了扩充标兵、优选标将外，还加强对标兵的训练。卢象昇对宣大总督标兵建设颇有成效，这在崇祯时期的督抚中也是比较突出的。

实施屯田，缓解军队严重乏饷的问题，是卢象昇为官期间又一项重要政绩。在崇祯朝国贫民困、社会动荡的形势下，官兵严重乏饷还要镇压各地起义，唯有大兴屯田、生产自救才是上策。卢象昇是一位清醒而实干的官员，他恢复并变革了明初的屯田制度，三次大兴屯务：崇祯八年之郧阳屯田，崇祯十年、十一年之宣云屯田。其中，崇祯十年宣云屯田的规模最大，成效也最著。该年屯田收获"积谷二十万石"②"息谷四万一千余石"③之成效，不仅部分解决了宣大三镇严重乏饷的经济问题，还引起了明廷的重视。明廷也试

---

①　肖立军：《明代中后期九边兵制研究》，长春：吉林出版社，2001 年，第 99 页。

②　［清］陈鼎：《东林列传》卷 5，《卢象昇传》，扬州：广陵书社，2007 年，第 99 页。

③　［明］卢象昇：《卢象昇疏牍》卷 9，《屯政告成疏》，杭州：浙江古籍出版社，1985 年，第 239 页。

图在九边镇推广宣云屯田模式，"天子谕九边皆式宣、大"①。宣大总督卢象昇之宣云屯田堪为当时诸边镇实行军屯之典范。

　　卢象昇还提出或实施了一些颇有实效的军事策略和用人之策。他在实战中，总结出一套行之有效的御敌之策，如：精兵合兵与"因粮输饷"之策，"安民保民裕民"与"阻贼疑贼饥贼"之计，等等。卢象昇忠于明廷、镇压起义，虽为地方官的职责所在，亦有其固有的时代局限性，但也应予否定。然而，他提出和实施的不少军事策略，却体现了某种"民本"思想。如"因粮输饷"就考虑到了贫苦百姓的经济负担；诸项"捍御绥民"之计则更强调以积极防御为主，甚至关注于民生问题。在用人方面，卢象昇任人唯才而不求全责备，并提出"为地择人，急思久任"之选任原则，因而得到部属的爱戴甚至以死相酬。这些军事策略和任人政策，体现了他较高的政治、军事智慧。

　　总之，以卢象昇经历为视角，为我们进一步研究明代地方官制的部分问题提供了个案，而《卢象昇书牍》等资料也向人展示了晚明军制的丰富内容，有助于我们加深对明末军制的若干问题的认识。对卢象昇其人其事的探讨，也对崇祯朝相关人物和史事的研究线索拓展有所裨益。卢象昇为官勤勉，鞠躬尽瘁，政绩较为突出。他整顿军制颇有成效，却在抗清中战败身亡，这并不能说他本人无能或军制无可救药，战败的原因较为复杂，根源还在于明廷腐败。清军入关后效法明省镇营兵制建立了绿营兵制，说明卢象昇等人所重视的明省镇营兵制不无可取之处。

---

　　① ［清］张廷玉等：《明史》卷 261，列传第 149，《卢象昇传》，北京：中华书局，1974 年，第 6762 页。

附录一：卢象昇身后评语辑录

（张廷玉等）赞曰：危乱之世，未尝乏才，顾往往不尽其用。用矣，或掣其肘而驱之必死。若是者，人实为之，要之亦天意也。卢象昇在庄烈帝时，岂非不世之才，乃困抑之以至死，何耶！至忠义激发，危不顾身，若刘之纶、邱民仰之徒，又相与俱尽，则天意可知矣。[1]

（陈鼎）外史氏曰：先生经济武略，不在武穆下。武穆见杀于贼桧，而先生见杀于嗣昌。俱不使成其功。此千古所同慨也！嗟乎，假令杨机部之言得行，以军事专委之，国家事尚可为也。奈何贼相必欲杀先生，而卒使明社沦亡也耶？[2]

（查继佐）论曰：九台料边主战，料贼亦战，有曰剿贼必先抚民，又曰抚西不抚东，讲市不讲赏，中边大计了了，非纯恃一往者。与内监高起潜不协，不得已用薛寀之策，分疆画守。卒以士饥，又势促于起潜，北门大钥，遂以四矢二刃了之，惜哉！时与本兵杨嗣昌不协，嗣昌与九台俱夺情，九台与决："吾与若已负不孝，急办忠辅之。"久之，嗣昌自杀，当作何优劣？[3]

（计六奇）象昇所以死有六：一与嗣昌相左，二与起潜不协，三以弱当强，四以寡击众，五无饷，六无援。然后五者，皆嗣昌奸谋所致，虽然，杀象昇之身于一时者，嗣昌也；成象昇之名于千载者亦嗣昌也。君子正不必为人咎

---

① ［清］张廷玉等：《明史》卷261，列传第149，《卢象昇传》，北京：中华书局，1974年，第6773页。

② ［清］陈鼎：《东林列传》卷5，《卢象昇传》，扬州：广陵书社，2007年，第104页。

③ ［清］查继佐撰，倪志云、刘天路点校：《明书》（《罪惟录》），列传卷9（上），《卢象昇传》，济南：齐鲁书社，2014年，第1616—1617页。

矣！"①

（汪有典）汪有典曰：呜呼！公以方叔召虎之才，矢岳飞、韩世忠之志，建剿战、扫荡之功，于国势溃败不可收拾之日，而卒肘于嗣昌以死，此杨公之所为深痛也。盖公孝，则嗣昌不子；公忠，则嗣昌不臣。势不两立，又乃况于嗣昌得君之专乎！然承畴生而谓之死，赐祭哭临，备极恤典；公死而谓之生，阴诇验视，毒及无辜。当时之刑赏如此，寒战士之胆而灰豪杰之心，倒戈崩角，有由然矣！公初欲功成，筑湄影园以老，志不克，遂横尸疆场，人颇憾之。然公语夫人，固云"以成败、利钝付之天，毁誉、是非听之人，顶踵、发肤归之君父"。死缓裹革，亦固其所，何必湄影哉！②

（阮升基、宁楷等）明兵部尚书卢忠烈公象昇赞：赫赫忠烈……名并昆仑。③

（杨廷麟）潇湘逸史曰：公之死于嗣昌手也，有二焉：公孝则昌不子，一大憾也；公忠则昌不臣，二大憾也。使公易吉临戎，口以封侯食禄为快，则昌可冒为显亲之人矣。公于上前道一抚字，使昌轩眉握枢，掩其缩朒无能之状，则昌可溷于谋臣之列矣。予昌以寻常臣子之名，又何羞何忌而杀公哉？惟公性不乐与不子之子、不臣之臣同心窃位，必欲力挽天河，哀伸毛裹而后慷忠孝大义，矢吻凛然，是以宁攒颊界虩，蒙三刃四簇于贾庄砂血之上而不顾也。呜呼，痛矣！……人气绝者谓之死，公之气虽千百战不绝也。杨陆凯围夫耳，父子皆忠于公，人不及以死证公之死。若俞振龙者，弃家捐妻子，何其烈也。公之忠肝烈血、生气磅礴六字间，三贤实共之矣。独是圣明之心，皇皇求治若不及。均一督臣也，洪生则谓之死，卢死则谓之生，是何故哉？曰：气数之厄、满朝孽域使然也。公进不结内援，嗣昌而外，高、方二竖无刻不思射公。闻公未死前数日达京，伪塘报节节短公，激朝廷之怒；公死后辄谤公不死，未必不谓万骑临城及后来畿南山左之扼，皆一战字激来。一枢两珰，内唱外和，而又继以愚辅庸督贼抚狯令。该地碌碌谢罪，诸抚按臣，语必诬公之执事，必巇公之轻蔽奸人分调绝援之谋，律督师以拥兵不救之罪，以致圣聪营营，内不自保。公之死忠孝而不怜也宜矣。……独公忠魂烈

---

① ［清］计六奇撰，魏得良、任道斌点校：《明季北略》卷 14，《卢象昇战死》，北京：中华书局，1984 年，第 247 页。

② ［清］汪有典：《史外》卷 4，《卢忠烈传》，周骏富辑：《明代传记丛刊》综录类 31，台北：明文书局，1991 年，第 463—464 页。

③ ［清］阮升基修、宁楷纂：《重修宜兴县志》卷 4，清嘉庆二年刻本。

号赫奕九边，绸缪五夜，时出入于肾肠心腹之间，而晨曛若接。君则尧舜之君也，臣则皋龙之臣也。明君良臣，志同道一，争常变耳，有异心哉？嗟呼，戊寅而后公死，壬午而后公生。嗣昌白骨，竟谁属也。学为子臣者，可以思矣。……①

（张岱）《石匮书》：本朝无总理官，有之自卢忠烈始。盖当时以流寇猖獗，乃以洪承畴专制西北，卢象昇专制东南，颇得要领。倘能重以事权，使二人得究其用，则中原千里亦何遂至陆沉耶？无奈边事张皇，临期更换，方用御寇而又命巡边，手忙足乱，未免失之仓卒矣。用违其才而使两事皆索，枢部之罪其可赎哉？②

（邵长蘅）邵长蘅曰：余得杨君廷麟所为《忠烈公纪实》，读之终卷，忽哭出声不可忍。善乎！杨君之言曰：嗣昌之必死，忠烈有二憾。公孝则昌不子，公忠则昌不臣。惟公忠孝大义，矢吻凛然，故甘心攖刃贯镞，漉碧血于沙场而不悔也。悲夫！又曰：均之督臣也，洪生则谓之死，公死则谓之生，岂非连厄阳九而孽域满朝致是哉？盖当时之论如此。③

（任启运）有殉国之忠，而才又足以相济，惟公一人。公一日不死，明一日不亡。而公年方强士，死之者杨嗣昌也，悲夫！④

（周小棠）尽瘁鞠躬，死而后已，有明二百余年宗社，系之一身，望旌旗巨鹿城边，讵知忠孝精诚，赍志空期戈挽日；成仁取义，没则为神，惟公三十九岁春秋，寿以千古，撷芹藻斩蛟桥畔，想见艰难砥柱，感怀那禁泪沾襟。⑤

（康有为）卢忠肃公以奇才大节殿晚明，读其诗章，沉雄哀激。书法亦极高妙宕逸，后人当共珍之。⑥

① [明]卢象昇：《明大司马卢公奏议十卷》，附《卢大司马纪实》，《四库未收书辑刊》第2辑第25册，清道光九年刻本，北京：北京出版社，2000年，第271—272页。
② [清]张岱：《石匮书、石匮书后集》卷15，《卢象昇列传》，《续修四库全书》编委会纂：《续修四库全书》影印本第320册，上海：上海古籍出版社，2001年，第522页。
③ [清]王文焘修，[清]张志奇续修：《宣化府志》卷24，《宦迹志下·明》，清乾隆八年修、二十二年订补重刊本。
④ [清]任启运：《清芬楼遗稿》卷4，《明大司马卢公传》，清嘉庆二十二年刻本。
⑤ 晚清侍郎周小棠题宜兴卢忠肃公祠之对联，参见[春秋]子思著，东篱子解译：《中庸全鉴》，北京：中国纺织出版社，2010年，第108页。
⑥ 参见中国人民政治协商会议江苏省宜兴县委员会文史资料研究委员会：《宜兴文史资料》第6辑，《忠肃手泽传千古——卢象昇的双玉印与〈军中七夕歌〉》，宜兴：政协宜兴文史资料研究委员会出版，1984年，第51页。

（当年明月）在明末的诸位将领中，卢象昇是个很特殊的人，他虽率军于乱世，却不扰民、不贪污，廉洁自律，坚持原则，从不妥协。《中庸》有云："国有道，不变塞焉，国无道，至死不变。"无论这个世界多么混乱，坚持自己的信念。我钦佩这样的人。①

---

① 当年明月：《明朝那些事儿》第 7 部，《大结局》，杭州：浙江人民出版社，2017 年，第 274 页。

附录二：卢象昇生平大事记 ①

万历二十八年（1600 年）：三月四日，诞生于南直隶常州府宜兴西南张渚镇锁前桥。

万历三十三年（1605 年）：始入小学，师事族父卢国霈。

万历四十一年（1613 年）：祖父荆玉公从南康知县致仕归里，迁居新桥之湄隐园。卢象昇常随祖父读书学习。

万历四十五年（1617 年）：与同乡吴贞启就读于城东学校。

万历四十六年（1618 年）：与汤启煖、吴贞启同补校官弟子，娶妻汪夫人。

天启元年（1621 年）：得中应天乡试第 29 名。

天启二年（1622 年）：二月会试，得中第 308 名，三月廷试，赐进士出身，得中壬戌榜二甲第 55 名。二月，祖父荆玉公去世，卢象昇闻讣号泣奔丧。

天启三年（1623 年）：娶妾陈氏。年底汪夫人病逝。

天启四年（1624 年）：二月，授户部贵州司主事，八月督临清仓。任期间更立程法，救济中州饥民，颇得民心。

天启五年（1625 年）：父亲崑石公被封为承德郎户部主事，母亲李氏和妻子汪氏被赠为安人。

天启六年（1626 年）：娶妻王夫人。

天启七年（1627 年）：三月，升任户部山西司员外郎，仍管临清仓。同

---

① 有关卢象昇崇祯初年以前的记事，多参考《明大司马卢公年谱》所载；崇祯年以后的记事，多采用《明大司马卢公年谱》《卢象昇疏牍》和《明史》等文献之载；《崇祯实录》对卢象昇事迹所载多有错误，故未采用。

月，因理仓务有功，加衔山东按察司副使并知府大名①。再次拒绝依附阉党。六月，迁为大名知府，理冤狱，深受民众爱戴。其父崑石公封为山东按察使副使，其母、妻及原配皆封为恭人。

崇祯元年（1628 年）：捕拿畿南"巨盗"马翩翩，理冤狱甚多，以功进一级。作诗《景韩堂漫笔》五首。

崇祯二年（1629 年）：募兵三千，携粮入京勤王，事毕而还。作诗《夜坐寄怀诗》一首。

崇祯三年（1630 年）：迁山东布政使右参政，兵备大名、广平、顺德等畿南三郡。选民壮练乡勇，编练什伍之法，缉"盗"安民。造访高士贾荫芳，举荐才子申涵光。长子以载出生。作《冠带善士完予公墓志铭》。

崇祯四年（1631 年）：擢升山东按察使衔，仍兵备三郡。次子以谦、三子以行出生。

崇祯五年（1632 年）：辖区内实行"御寇"保民之策，如立寨并村、缮城郭修守具等。三子同丧。祖母张太夫人卒。

崇祯六年（1633 年）：与义军屡战于畿南，多大捷。作诗《过黄粱祠绝句》一首。

崇祯七年（1634 年）：三月，奉诏进都察院右佥都御史，提督军务兼抚治郧阳等处地方。四月赴任郧阳，颁布公牍，以"十议"咨群吏，以"八则"抚郧民，进行各项"靖寇绥民"的改革，并疏请增设郧阳主兵和实施屯田要务。同时配合西北总督陈奇瑜合剿义军。作诗《梅归山绝句》一首。

崇祯八年（1635 年）：六月，奉诏以功进右副都御史，巡抚湖广等处地方，兼提督军务。九月，钦命以巡抚职衔，加总理直隶、河南、山东、川、湖等处军务。②十月赴任，上疏"平寇十要"和"三大机宜"。与西北总督承畴合剿义军，屡败高迎祥等部义军，取得确山大捷。十二月，进兵部右侍郎加督山、陕军务，并首赐尚方剑，同时卸任湖广巡抚。同时，委派侯宏文赴

① 《明大司马卢公年谱》第 294 页有载："三月，升山西司员外郎，仍管临清仓，是月，奉旨加山东按察司副使，管大名府事。"说明加衔副使为天启七年三月之事。《明实录》则载为八月加副使衔："加直隶大名府知府卢象昇山东按察司副使职衔，照旧管事。"（《明熹宗实录》卷 87，天启七年八月甲午朔，台北："中央研究院历史语言所"校印本，第 4198 页）《明史》则称加衔副使为崇祯三年事："崇祯二年……明年进右参政兼副使，整饬大名、广平、顺德三府兵备。"（张廷玉：《明史》卷 261，《卢象昇传》，北京：中华书局，1974 年，第 6759 页）时间记载不一，姑存其说，其他史籍记载不录。

② 据《明史》第 6760 页载，卢象昇抚楚和总理五省的时间分别为五月、八月，似为明廷下旨时间。文中所云六月、九月，依据《卢象昇疏牍》所载，应为卢象昇接旨的时间。

滇南募兵。作诗《过太平驿绝句》和《过穆陵关》。

崇祯九年（1636年）：正月，大会诸将于凤阳。不久解滁州之围，大败高迎祥等部义军，取得五里桥、朱龙桥等大捷。又于河南之地大败各路义军，义军遁入秦、豫、蜀之交大山中。七月，与洪承畴、孙传庭合"剿"高迎祥部，致使高迎祥被俘杀。七月底，因清兵内犯，奉诏统兵入卫京师。九月，进兵部左侍郎并二赐尚方剑，总督京营与各镇援兵，旋即奉诏仍以兵部左侍郎兼都察院右佥都御史，总督宣、大、山西等处地方军务，兼理粮饷。十月，由居庸关出发，巡视重要边口40余所，咨询军事民情。之后再次巡阅边镇，奖惩各地守将有差。疏请各项军政革新方案，并上"屯政十二条"。作诗《十骥咏》《家训三首》和《湄隐园记》。

崇祯十年（1637年）：正月，疏请定"边政画一"之法和"出兵要务"之策。请求增总督标兵5000人增饷14万两，之后，扩建总督标兵，完成督标五营建置并进行标兵练兵。三月，否决原来皇陵后300里筑边墙之议，提出以战为守之策。疏救曾为卢象昇募滇兵被构陷下狱的侯宏文。上疏提出御边夷之计：开马市，因卜联哈，因哈备边。七月，分兵护皇陵，再巡边口并严惩费自强等守将。十一月，由大同巡视山西各镇口。该年宣云屯田有秋，积粟20万石。作词《渔家傲》两首，并作《鹿忠节公传》。

崇祯十一年（1638年）：二月，疏救下狱的刑部尚书郑三俊，郑三俊得以释放。三月，以智勇退乞炭兵。五月，闻父丧大恸，五疏请奔丧"丁忧"，明廷起复守制的陈新甲总督宣大，令卢象昇候代。七月，进兵部尚书，仍责以衰墨防秋；赠其祖父尚书官，祖母、母亲及妻子为夫人。九月，清兵再次内犯，京师危急，诏令总督天下援兵并三赐尚方剑。十月初，督宣大兵马屯兵昌平，并于平台觐见崇祯帝，上应敌之策；因抵制议和与枢臣杨嗣昌结怨；十月十五日，夜袭牛栏清营。十一月，与清兵战于土城关、西直门、庆都等地。因朝野官员的掣肘和诬陷，卢象昇缺饷无援，又为明廷切责督战，独率残兵五千寻求清兵主力求战。十二月十二日，与清兵决战于巨鹿贾庄蒿水桥，英勇殉难。

附录三：满门忠烈——宜兴卢象昇家族抗清简记

　　崇祯十七年（1644年）春，义军领袖李自成攻陷北京，崇祯帝煤山自缢而亡，标志着历时270余年之久的明王朝的覆灭。不久后清军再度入关，击溃李自成所部，占领了北京城，开始了清朝的统治时期。明亡后，朱氏南明政权，如弘光、隆武、永历等，纷纷建立于南方各地，并领导了各地的抗清斗争。不少遗明官员、士人、地方望族，或接受某南明政权的领导，或自发组织武装力量，继续从事抗清运动。甚至李自成、张献忠义军余部，也纷纷与南明政权联合，与清军进行不懈的抗争，直至败亡。宜兴卢象昇的家族，也融入了全国性抗清斗争的历史洪流中。我们根据有关史籍的有限记载，以卢象昇的三个弟弟为例，评述卢象昇家族英勇抗清的忠烈之举。

　　卢象昇的父亲崑石公有四子：象昇为长子，二子象恒，三象晋，幼子象观。卢象恒早死，此处不作赘言。关于卢象昇的两个胞弟卢象晋、卢象观，史料记载较少，其记载多在卢象昇的传记之中，亦多语焉不详。笔者又搜集到卢氏族谱中有关卢象昇两胞弟和从弟卢象同的史料，做一梳理，简介如下，以飨读者。

　　卢象晋，字锡侯，一字晋侯，号鲁山，为邑诸生。其兄卢象昇抗清而殁，因杨嗣昌等人的阻挠，"暴尸七十日未殓"。卢象晋于是上京城鸣冤，请朝廷抚恤。之后，"扶兄梓归"。接着，卢象晋向明廷上书："愿提戈死边塞、雪国愤，而完兄志。并请预徙妻子于边，以责后效。"没料到，卢象晋要继承兄长遗志，报家国之仇的愿望遭到了崇祯帝的漠视，崇祯帝以为卢象晋是个疯狂之人，没有理会象晋的一片赤诚之心。然而象晋的上书却受到朝臣的赞许，"义烈之声轰轰动朝宁"。①

---

① 《茗岭卢氏宗谱》卷3，《孝节公传》，报本堂影印本，宣统辛亥重修。

顺治二年(1945 年) 六月，在豫王多铎攻下南京以后，清廷以为天下大局已定，又颁布严厉的"剃发令"，汉人"留发不留头，留头不留发"。剃发与否，成为顺从或抗逆清政权的标志。尤其在南方各地，如苏州、常州、松江、嘉兴等地区，民众往往公推缙绅士大夫、下层官吏和知识分子为领导，进行以反剃发为号召的抗清斗争。斗争失败后，领导者多以身殉。卢象晋和多数汉人一样，誓不剃发。他认为，剃发就是蒙羞于祖宗，向"鞑子"顺服，丧失民族气节;况且，剃发后，"恐他日无以见兄地下"①。清兵向苏浙一带进军，乡亲父老不屈而死者甚众。于是，卢象晋背负老母亲李太夫人逃匿深山而居，本欲苟且性命于乱世。不曾想，他的叔父卢国霖遭遇官司，仇家在诉词中牵连了他本人。仇家向官府告发卢象晋对抗清廷拒不剃发之事。顺治六年(1649年)，卢象晋被郡守抓住，遭受残酷的廷仗之刑，然而他仍不屈服。郡守不顾受刑后"血肉淋淋被地"的卢象晋，仍判其死刑，以促其剃发。卢象晋视死如归，以兄弟勇而殉国的英雄精神激励自己，并对郡守厉声呵斥:"吾兄象昇赴国难，战死贾庄;吾弟象观起义死小湄。吾但恨不得死所耳。头可断，发不可削！"②

此时，清廷江宁巡抚土国宝，原为卢象昇之部将，后来降清。土国宝想设法救下卢象晋，"命剃发堂上，以活之"③。便斥责郡守，认为死刑过重。结果"守乃缓象晋死"④。

由于卢象晋拒不合作，郡守又不敢得罪土国宝，无奈之下，便写信让卢象晋母亲李太夫人来到狱中，希望她劝说卢象晋剃发归顺大清。母子狱中相见，相拥一起，痛哭不已。卢象晋因悲伤过度，"痛绝仆地"。此时，突然窜进来数十人，不由分说，把卢象晋强行捆绑，给他强制剃发。被剃发后的卢象晋，在狱中度过了整整九个月。卢象晋回家后，与母亲又大哭一场。卢家原来是六口之家，如今仅仅母子俩存活于世（二哥卢象恒英年早逝、长兄卢象昇战殁于崇祯十一年冬，父亲也在这年春天病逝，小弟也在不久前战死）。卢象晋万念俱灰，毅然割掉辫子，誓与满清政权不两立。然后，他拜别老母，出家为僧。后来，母亲李太夫人去世时，卢象晋回家探望，办完丧事，又穿

---

① 〔清〕朱溶:《忠义录》卷 3,《卢象昇传》，高洪钧编:《明清遗书五种》，北京:北京图书馆出版社，2006 年，第 533 页。

② 《茗岭卢氏宗谱》卷 3,《孝节公传》，报本堂影印本，宣统辛亥重修。

③ 〔清〕朱溶:《忠义录》卷 3,《卢象昇传》，高洪钧编:《明清遗书五种》，北京:北京图书馆出版社，2006 年，第 533 页。

④ 《茗岭卢氏宗谱》卷 3,《忠义传》，报本堂影印本，宣统辛亥重修。

戴僧衣离去。卢象晋游走于各处山寺间，居无定所。有时，卢象晋身临绝崖深壑，嚎啕大哭，昼夜不绝。绝大多数人看见，却不知是谁。偶有认识他的人，便说："此卢三和尚也。"①

许多年后，卢象晋忽然某日返回家乡宜兴，在其弟象观之子卢以尚家逗留，告诉族人自己将不久于人世，并指明所葬之处。象晋还嘱咐族人不要用棺材而要用瓦缶盛放其尸首。不久卢象晋逝去，终年73岁。②康熙时诗人、经学家刘青莲曾作《卢和尚传》，称"卢和尚从公（指卢象昇）志也"，③所言不虚！

卢象观，字幼哲，曾受业于杨廷麟门下。他天资聪颖，15岁即中秀才，"崇祯十五年乡试第一人，明年成进士"。象昇死后四年，"上书讼兄冤，得赠户部尚书、太子少师，予祭葬"。与卢象昇相比，"象观英略稍下其兄，而文采过之"。④他和兄长一样，都尽职尽忠于朱明朝廷。崇祯帝自缢于煤山，明朝的中央统治终结，福王朱由崧在南京建立建政，即为南明弘光政权。此时，卢象观担任中书舍人之职。弘光政权覆灭后，卢象观退回家乡宜兴，"间道抵其家"。⑤

此时，清兵南下，正逼近宜兴。江南各地民众爆发了以反对"剃发令"为主要内容的抗清斗争。卢象观也在家乡宜兴准备聚众起义，以阻止清兵入境。于是，他召集宜兴城内各乡绅和士大夫们，共聚家乡的"明伦堂"⑥以商大事，堂内悬挂着明太祖、明成祖的画像。众人面对国破家亡、清兵压境的残酷现实，不禁悲愤万分，恸哭不已。当卢象观提议举义兵抗清和谋筹兵饷

---

① 《茗岭卢氏宗谱》卷3，《孝节公传》，报本堂影印本，宣统辛亥重修。

② 《茗岭卢氏宗谱》卷3，《象晋公传》，报本堂影印本，宣统辛亥重修。

③ 《茗岭卢氏宗谱》卷3，《孝节公传》，报本堂影印本，宣统辛亥重修。

④ ［清］陈鼎:《东林列传》卷5，《卢象昇传》，扬州：广陵书社，2007年，第104页。

⑤ 《茗岭卢氏宗谱》卷3，《忠节公传》，报本堂影印本，宣统辛亥重修。

⑥ 中国古代，明伦堂多设于古文庙、书院、太学、学宫的正殿，是读书、讲学、弘道、研究之所。过去是具有一定社会地位的社会精英讲学论道的地方，同时也承担着传播文化与学术研究的功能。它已经具有一千多年的历史传承。"明伦"二字出自《孟子·滕文公上》："夏曰校，殷曰序，周曰庠；学则三代共之，皆所以明人伦也，人伦明于上，小民亲于下。"（地方学校）夏代称"校"，商代称"序"，周代称"庠"；"学"（中央的学校）是三代共用的名称。（这些学校）都是用来教人懂得伦理关系的。在上位的人明白了伦理关系，百姓在下自然就会相亲相爱。明伦历来是中华文化圈家族教育的重要内容。至少从宋代开始，文庙、书院、太学、学宫便皆以明伦堂来命名讲堂。对庙、学合一的中国古代来说，各地的文庙不仅是祭祀大成至圣先师孔子的地方，也是当地的官办学校，当地的学子大多数都会在其中学习。明伦堂作为"明人伦"的讲学厅，是当时参加科举考试的社会精英们获取知识与智慧的庄严神圣的讲堂。士人们在此十年寒窗之后，都希望通过科举考试登上朝堂，从而实现治国平天下的社会理想。

时，众士绅却众口难调，无法达成一致意见。这令卢象观大失所望。卢象观决定独自筹划起兵事宜。①

卢象观通过私访，找到了弃官后寓居西湖一带的原明军参将陈坦公（名安）。陈安曾是卢象昇部属，善用大刀，生得红脸硕壮，真是一位难得的武将。卢象观和陈安相谈甚好，决计起兵抗清。两人一同回到宜兴，开始筹划起事。卢象观散尽家财，招兵买马。宜兴各地的义兵闻之，亦纷纷聚拢而来，还包括一些水军。不久，抗清义兵部众多达数千人，另外还有一定数量的乡兵为援。②

清兵骑兵已经到达宜兴，集聚于北门，他们四处为虐，百姓深受其害。各部义兵相约深夜火攻清兵。他们决定在闰六月二十五日深夜为期，城门口放火为号，届时各路义兵和乡兵同时见火出兵，袭击清兵大营。不巧的是，清兵在南门焚烧乡民庐舍，引发大火，此时还不到二更时分。乡兵以为义兵放火起事，便提前击鼓发兵，结果各部抗清人马损失惨重。尤其是抗清乡兵，没有实战经验，装备又差，根本不是训练有素的清骑兵对手。很快，乡兵损失殆尽。抗清义兵与清兵作战也遭受重创。③

在深夜的战斗中，卢象观和陈安表现得十分勇敢。卢象观率陈安等人，进攻清兵，正当接近敌营时，却遭受清兵流矢袭击，头耳一侧被射中，血流如注。幸得陈安拼命殿后保护，卢象观才得以脱险。陈安凭着他的英勇与机智，也全式而退。④

之后，卢象观率兵退守张渚一带，在此休整一个多月。此间，丹阳人孝廉葛麟、浙江人徐闇如、南京人毛得五兄弟也率部属来投。卢象观的抗清义兵又恢复元气，自己的伤势也基本痊愈。值得一提的是，毛得五兄弟被其他部义军质疑，导致该部被清兵消灭，也让卢象观失去了一个出色的助手。毛得五兄弟不愿意顺从清兵，率部逃离了南京城。逃出前，为了隐瞒身份，被迫剃发。然而，卢象观部众都是没有剃发的，便怀疑毛得五兄弟是清兵奸细。结果，卢象观也没有给毛氏兄弟们粮饷。这让毛得五等人很是伤心。当清兵来攻，毛得五向卢象观请战，欲以军功明志。不幸的是，毛氏兄弟孤军深入，终英勇战死。卢象观闻之，"悔不善用得五也"。有人评论毛得五、陈安之死

① 《茗岭卢氏宗谱》卷3，《忠节公传》，报本堂影印本，宣统辛亥重修。
② 《茗岭卢氏宗谱》卷3，《忠节公传》，报本堂影印本，宣统辛亥重修。
③ 《茗岭卢氏宗谱》卷3，《忠节公传》，报本堂影印本，宣统辛亥重修。
④ 《茗岭卢氏宗谱》卷3，《忠节公传》，报本堂影印本，宣统辛亥重修。

时，感叹道："嗟乎！使得五在，陈安岂至以独立毙哉？"①

不久，清兵从宜兴水陆并进张渚，决战时刻到来了。陈安率数十人防守新桥，与清兵骑兵血战。尽管陈安等人拼死厮杀，还是寡不敌众。陈安遭遇清兵水军的鸟铳的袭击，大腿受重伤。此时清兵趁机上前，刺死陈安。

此时，清兵营里有位李某，与卢象观有故交，他写信欲招降象观，被象观拒绝。洪承畴曾与卢象昇协同镇压义军，不忍与卢象观为敌。此时，洪承畴已降清，任江南总督，便遗书象观，劝之降清，并许以重用。结果，洪承畴遭到卢象观大骂。

卢象观妻子陈氏见清兵来势汹汹，义兵大势已去，哭泣着劝说象观："母老子幼，愿君自爱。"象观按剑，厉声呵斥妻子。②他甚至"迫其妻妾咸尽，无内顾。妾先死。妻且死，嫂止之"③。之后，卢象观向母亲拜辞，称："儿将以身报国，母之供养有仲兄在。儿侍膝下止今日矣。"④和其兄卢象昇一样，又是"移孝作忠"。卢象观与其兄卢象同、葛麟等退守长兴，又兵败小梅。葛麟执槊杀敌十余人后战死。⑤卢象观最后身陷太湖大泽中，为清兵所杀。

卢象观抗清最终战败，是当时双方力量对比悬殊所决定的。然而，就个人因素而言，他也不是一位优秀的将官。他既没有出色的军事才能，也缺乏驾驭部属的能力，如对待毛得五兄弟之事就很能说明问题。然而，卢象观在民族大义面前，英勇不屈、视死如归的英雄豪气，确实值得我们学习和弘扬。任元祥在《卢中书传》文末如此评论卢象观："卢中书本非将帅之材，而诚信所达，不死不已，古所称义理之勇。非乎？"⑥

卢象同，其父卢国霖，祖父卢立志，同卢象昇兄弟同祖父，为卢象昇之堂弟。⑦有关他的记载尤为缺乏，少有的几种文献也都语焉不详，上文提及的卢象观的传记中，就有卢象同跟随卢象观在家乡一带抗清的记载。笔者依据现有的史料，述其大概。《南疆逸史》之《义士》篇，专门记载反对清廷之剃发令而死之人，其中便提及卢象同："胜国宗社既屋，下令剃发，遂有违制

① 《茗岭卢氏宗谱》卷3，《忠节公传》，报本堂影印本，宣统辛亥重修。
② 《茗岭卢氏宗谱》卷3，《忠节公传》，报本堂影印本，宣统辛亥重修。
③ ［清］查继佐撰，倪志云·刘天路点校：《明书》（《罪惟录》），列传卷9（上），《卢象昇传》，济南：齐鲁书社，2014年，第1616页。
④ ［清］朱溶：《忠义录》卷3，《卢象昇传》，高洪钧编：《明清遗书五种》，北京：北京图书馆出版社，2006年，第533页。
⑤ 《茗岭卢氏宗谱》卷3，《忠节公传》，报本堂影印本，宣统辛亥重修。
⑥ 《茗岭卢氏宗谱》卷3，《忠节公传》，报本堂影印本，宣统辛亥重修。
⑦ 《茗岭卢氏宗谱》卷7，《二长房世系总图》，报本堂影印本，宣统辛亥重修。

以死者，真可哀也。录其可知者，其姓氏存而邑里行事不见者姑阙之"；"宜兴诸生卢象同，字同人……此皆姓名可稽者也，惜乎！其人之生平轶矣。"①卢象同的姓名附于卷尾，其史籍不详，但可以确定的是，他因反对清廷所颁剃发令，"违制以死"。《忠节公传》提及卢象同抗清和死亡之语，甚为简略，"（卢象观）遂与其兄象同及葛麟等至长兴"，"象同死于民家"。②《重刊宜兴县志》之《四祠》中也记载，乾隆二十年（1755年）所重修乡贤祠与乾隆二十八年（1763年）改建之忠义祠，皆祀有卢象同。③

附 3-1：岭下村卢象昇后人保存的卢氏族谱

综合以上几条史料，笔者以为，在清兵南下江南，为统一全国而大举征伐期间，卢象同确实跟从卢象观，在家乡一带参与抗清保家的斗争。卢象观战死，而卢象同却苟活下来，但在家乡却因为抗拒剃发令而被清兵杀死。所以说，我们称卢象同抗清而死，是完全符合史实的。正因为如此，卢象同被后世乡人祭祀，也是应该的。但遗憾的是，"其人之生平轶矣"。

另外，明亡以后，卢象昇的多位叔父和弟弟，也因英勇抗清而殉难。《明史》载："其后南都亡，象观赴水死，象晋为僧，一门先后赴难者百余人。从弟象同及其部将陈安死尤烈。"④卢象昇的后人卢焕南也称：卢象昇的叔父卢

---

① ［清］温睿临撰：《南疆逸史》卷46，列传第42，《义士》，清大兴傅氏长恩阁抄本。
② 《茗岭卢氏宗谱》卷3，《忠节公传》，报本堂影印本，宣统辛亥重修。
③ ［清］阮升基修，宁楷纂：《重刊宜兴县志》卷2，《学校志·四祠》，清嘉庆二年刻本。
④ ［清］张廷玉等：《明史》卷261，列传第149，《卢象昇传》，北京：中华书局，1974年，第6766页。

国云、卢国君、卢国纮和弟弟卢象观、象同、象桢等，皆死于国难。[①] 明末宜兴卢氏家族，可谓满门忠烈！乾隆年间，清政府为教化民众，对曾抗清的三兄弟卢象昇、卢象晋、卢象观同时"崇祀乡贤"。

---

① 中国人民政治协商会议江苏省宜兴县委员会文史资料研究委员会：《宜兴文史资料》第 6 辑，《关于卢公祠的回忆和联想》，宜兴：政协宜兴文史资料研究委员会出版，1984 年，第 46 页。

附录四：卢象昇作品辑录

　　卢象昇一生短暂，却留下了 20 余万字的诗文，以供后人研读。笔者按照文体，将这些诗文，大体分为疏（奏议）、书牍（公牍和书信）、诗、词及散文（传、墓志铭、记）等部分。卢象昇去世后，其历史地位逐渐得到了官方的认可。他的诗文也被后世族人辑录成文集，官方甚至将其加以出版。这些文集版本各异，如《忠肃集》《明大司马卢公奏议》《卢忠肃公文集》《卢忠肃公书牍》等。比较早的版本是清乾隆二十七年的刻本《卢忠烈公集》，它是由卢象昇之曾孙卢安节搜罗其遗墨补辑而成。《卢忠烈公集》，共三卷。第一卷含诗 35 首、诗余 8 首、传 1 首、墓志 1 首及诗余末 1 首；第二卷含记 1 首与书信 27 首；第三卷是附录，为张廷玉总编《明史》中的"卢象昇传"，以及《明史》中与卢象昇相关的文字内容。南明弘光朝时期，福王赐卢象昇的谥号为"忠烈"，《卢忠烈公集》因此而得名；后来，乾隆四十一年又赐卢象昇新谥号"忠肃"，《卢忠烈公集》又改为《卢忠肃集》。① 以上诸多版本，现在大陆容易查到的只有《忠肃集》《明大司马卢公奏议》，其他版本的收藏多集中在台湾地区。

　　以上各种刻本，没有一种能囊括卢象昇所有的著述。况且，各刻本在传抄、刻印过程中，存在不少文字内容方面的不一致现象，这不免给后人的研究带来诸多不便。1985 年，浙江古籍出版社标点排印了《卢象昇疏牍》，依据的就是卢氏"祠堂藏版"《明大司马卢公奏议》（清道光刊本）一书，同时也采用了《卢忠烈公集》部分内容。笔者认为，点校本《卢象昇疏牍》，对原来版本的文字内容进行纠误和标点，吸纳众刻本之长，是我们研究卢象昇生平和明末史不可多得的史料。该点校本的点校工作细致而专业，为研究者节

---

① 李奥：《卢忠肃集校注》，湘潭大学 2015 年硕士论文。

约了大量的研读时间。

遗憾的是，这些丰富的历史史料，在以后的历史研究中，没有得到很好的利用。笔者有感于此，认为很有必要将卢象昇的所有作品结集出版，以便为卢象昇研究爱好者提供更便捷的帮助。由于该书篇幅所限，笔者无法把卢象昇一生的所有著作详列于此。但是，笔者在该书即将杀青之际，准备搜罗各刻本中卢象昇的诗词文稿，力图辑录其全部作品，做一梳理，简要的罗列于此。笔者真诚地希望，该工作能为今后的卢象昇研究尽一点绵薄之力。关于卢象昇作品的辑录工作，笔者有几点说明：

首先，关于刻本的选择。点校本《卢象昇疏牍》，囊括了他进入官场以来所作的全部奏议以及几乎所有的书牍；点校后的文字内容模糊、错误之处较少，笔者在辑录卢象昇著述时，首选此中篇目。遗憾的是，《卢象昇疏牍》所辑录的书牍还缺《家训三首》；另外，它没有收录卢象昇所作的诗词与散文等作品。这些所有缺少的篇目，在《忠肃集》①里却保存完好。所以，笔者在辑录卢象昇的著述时，首先依据的是《卢象昇疏牍》，其次是《忠肃集》。

其次，关于辑录作品的来源与分类。点校本《卢象昇疏牍》，就笔者目前所挖掘的史料来看，已经涵盖了卢象昇为官时的所有奏疏、公牍，内容极其丰富（近200篇，约20万字），笔者无法亦无必要将其全部内容摘录，在此只能将其全部篇目罗列于此，以供研究者查阅疏文时的参考。同时，笔者把点校本《卢象昇疏牍》最末一卷，即第12卷之"书牍"各篇摘出，同《忠肃集》中的《家训三首》合二为一，构成卢象昇的所有"书"（私人书信）部分的主体内容；另外，笔者在研读《杨嗣昌集》时，意外发现了卢象昇给杨嗣昌的三首书牍②，其中一首与点校本《卢象昇疏牍》收录的唯一一首卢、杨交往的书牍，内容基本重合（个别文字仍有出入且点校亦有不一致之处），笔者为了保持辑录内容的完整性和原始性，将此三首书牍亦单独摘录于"书"之最后。卢象昇的其他著述，如诗、词、文（传、墓志铭、记），都由《忠肃集》摘出。

再次，关于作品的内容与形式。笔者将卢象昇所有作品分为诗、词（诗

---

① ［明］卢象昇：《忠肃集》，《文渊阁四库全书》影印本第1296册，台北：台湾商务印书，1983年。

② 此三首书牍，收录于《杨嗣昌集》卷47，该卷辑录了杨嗣昌给卢象昇的十余首书牍，其中三首书牍后面附有卢象昇的"来书"。所以，笔者猜测，卢象昇为官期间的书牍，可能远不止目前我们所搜集到的这些。卢象昇作品的搜集与整理，也将是研究者一项长期的工作。

余）、文（传、墓志铭、记）、疏牍（奏议、公牍）、书（私人书信）五部分。诗、词、文三部分，以《忠肃集》的内容为依据，甚至篇目顺序也大体与之相同；然而，原文为繁体竖排，且无句读，笔者在辑录其内容时，已经重新点校，并改为简体横排；"文"（传、墓志铭、记）之原文皆无分段，笔者根据文章内容进行了重新分段；诗、词、文三部分文中，有不少注解说明，笔者略去未录，而只留原文。疏牍、书两部分文章，点校本《卢象昇疏牍》仍为繁体竖排，笔者仍改为简体横排；疏牍之部分，依据点校本《卢象昇疏牍》，只录入其篇名而略去疏文全文；"书"之部分仍基本依点校本《卢象昇疏牍》（惟《家训三首》源自《忠肃集》，笔者重新点校）。需要说明的是，在尽量尊重原刻本内容前提下，笔者对有明显排版刻印错误或者有歧义的个别字词进行了校正；原文缺少的字词部分，用"□"标记。

最后，笔者需要再次强调的是，下面所辑录之作品，仅为后续的卢象昇研究提供检索和查阅的便利，而不能当作卢象昇研究的第一手史料对待。在作品辑录过程中，笔者在句读标注、繁简字转化和个别字词的校正等方面，用心用力颇多，希望该文能受到卢象昇研究者的重视；当然，因笔者学识和精力所限，亦难免出现一些错误，还恳请方家批评指正。

一、诗

景韩堂漫笔五首

其一　橘中老人

两间大矣，何老人仙翁偏欲离世界而就橘壶，此不可解也。虽然幻处本真，小中见大，目围之内，正当有得于斯观。

橘中老人剖而出，壶内仙翁跳而入。

壶橘原藏世界中，老仙毕竟何所终。

蛟螭灭没忘大海，鹤鹄骞翔狎泰岱。

芥子须弥我自观，四大藏于天地宽。

其二　不周之山

人自禀灵，七尺便尔，参合三才，孺子共工，何分强弱？但留得英雄气骨，自不同白日俱沉。

不周之山头可触，沧浪之水足可濯。

撼摇天柱蹴洪流，丈夫气骨原千秋。

我今俯仰何所事，顾影掀须只如此。

白日升沉无已时，安得长绳一系之？

其三　女娲炼石

夫人经济之才，相去十百千万。然虽擎电轰雷之手，须得天空云净之心，否则女娲之术也。

女娲炼石曾补天，石破天惊苍冥寒。

九嶷峰头云雾起，天门隐约空蒙里。

列宿高张手可扪，一声长啸彼苍闻。

恨今顽石不可炼，愿起女娲与相见。

其四　玉垒之云

海内文章与世运相终始，须会山灵水异之间气，勿堕山魈水魅之魔神。年来历科，不审于世运，何似要当视诗家之李杜耳。

玉垒之云锦江水，出没千年流万载。

高峰逼汉云为章，浩浩洪流濯我肠。

等闲未与测深浅，矫首清霄观世变。

开胸拍手索吾徒，白甫不见吁嗟乎。

其五　愚公徙山

达天知命古来已鲜，其人逐日徙山，今日请思其事。

愚公徙山逢巨灵，夸父逐日捐其身。

两人突出奇怪想，一人得志一人倾。

沧桑谁卜常与变，造物安知假或真。

赤轮飞驰五岳峙，乾坤饵我一浮生。

夜坐寄怀

买山而隐乃无钱，富可求乎请执鞭。

六载从官仍四壁，八年叨第也三迁。

高张白眼惭时态，细检青箱忆旧毡。

夜告自堪苍冥对，天空灵物亦依然。

寄赠常中丞

名藩历典几分忧，大府新开藉壮猷。
万里风云劳击楫，十年江海忆同舟。
天回白日纾南顾，手挽黄河会倒流。
绝塞当关人易老，怀君更上月中楼。

游海螺山

重过灵岩思渺然，举杯邀月到山巅。
浮云聚散知吾意，怪石嵯峨睹别天。
济胜且论尘外事，逢僧聊话口头禅。
烟霞寄傲余今夕，望迥青霄我欲仙。

登太虚楼鼓琴

潇湘逸响水云流，雁阵惊回明月楼。
偶然登眺鸣幽兴，翻为丝桐搅别愁。
良夜有情应不寐，征途无主为谁留。
何年得遂初衣赋，归卧深山鹿豕游。

大伾山石佛

黎阳有大伾山，孤峙郭外。其西面层崖壁立，形如大士王文成先生。一律云："晓披烟雾入青峦，山寺疏钟万木寒。千古河流成沃壤，百年沙势自风湍。水穿石甲龙鳞动，月印峰头佛顶宽。回首五云天北极，高秋更上九霄看。"谨次：

孤山突兀起层峦，石壁菩提玉掌寒。
磴拂苍虬千岁老，襟流匹练几回湍。
禅光若共林光隐，法界原同下界宽。
应是巨灵曾劈处，芙蓉觌面切云看。

题望夫石

咸阳古道有望夫山、望夫石。前人题云："山头怪石古人妻，翘首巍巍望陇西。云髻不梳新样髻，月钩犹挂旧时眉。衣衫岁久成苔藓，脂粉年深坠土泥。妾意自从君去后，一番风雨一番啼。"诗颇有情，未免色相。余为赓其韵。

匪石坚贞谁氏妻，芳魂已逐杜鹃西。

千里时悬关塞目，百年空对远山眉。

梳云掠雨饶妆点，泣月悲风叹粉泥。

燕燕莺莺畴作侣，忽闻山峡有猿啼。

过穆陵关

此关离太平驿三十里。余领五省军务统兵入豫，见壁间一律云："独上亭台耳目新，情怀何异葛天民。江山寄迹原非我，天地为庐亦借人。放尽尊前千里目，流空衣上十年尘。有诗不写酬佳景，却恐风花笑客贫。"其诗高妙，相传为吕纯阳先生所题。漫次：

介马临戎壁垒新，连天烽火叹无民。

挥戈欲洗山河色，仗策思援饥溺人。

安奠苍生千古事，扫除逋寇八年尘。

携归两袖清风去，坐看闲云不厌贫。

过恨这关

小说称关忠义过五关，此其一也。相传有"勒马回头恨这关"之语，遂以为名。余剿寇信阳，闻郓中有警，星夜驰援过此。

千古英雄恨这关，疆分豫楚几重山。

龙泉羽士嫌岑寂，鸟道征人叹往还。

剑削芙蓉身欲奋，幽栖岩壑意仍闲。

遐思忠义当年事，历尽江山识岁寒。

咏庭鹤

署中有双鹤，羽毛骨节倏然翛然，此世外交也，故赠。

霜姿玉质孰为俦，时向空庭拟胜游。

与尔乘风霄汉去，眼中不见十三洲。

咏游丝

娇难着雨弱随风，似有疑无入望中。

高拂楼台低绕径，春光牵惹过墙东。

中秋二首

静里丝桐猿鹤闻，三秋景色已平分。

良夜新晴月皎皎，碧霄散尽苍梧云。

秋声欲坠露霑衣，天际星河□影稀。

举酒移尊觞碧落，懒云为我一齐飞。

咏庭鹤

署中有双鹤，羽毛骨节修然翛然，此世外交也，故赠。

霜姿玉质孰为俦，时向空庭拟胜游。

与尔乘风霄汉去，眼中不见十三洲。

画眉

玉指轻将两袖分，菱花照出斗弯纹。

巫山十二堪描写，浅黛斜侵拂鬓云。

过黄粱祠

余备兵大名，剿贼邯郸，道中偶憩吕公祠。壁间多咏卢生梦者，未知是梦非梦也。聊书一绝。

曾闻世有卢生梦，我梦卢生即此身。

今古谁醒复谁梦，吕翁同作梦中人。

梅归山

甲戌五月，追寇至此，昼夜兼行三百里，士马惫极，见清泉碧流而喜之。

披星介马身虽顿，拂水捎云意自闲。

历落层崖最幽处，支公不用买山钱。

过太平驿

驿在豫州光麻之间。余奉命讨贼，督兵过此，即以"太平"二字为题。

谁挽天河洗甲兵，金戈铁马旅人情。

请缨岂是书生业，倚剑长吟祝太平。

十骥咏　御赐千里雪

　　余频年征讨，盖以马为足者也，顷帅师入卫。两足俱苦，湿毒裹疮，而驰解鞍即卧，更以马为性命者也。间遇良驹，倾囊购之，得骏凡五。今上复赐以御厩，五十选其最者什一从余，朝夕以拜君恩。每当铁骑长嘶，辄想书生故业，聊为东家施作《十骥咏》，敢就正登坛作者。

其一　御赐千里雪

首尾丈寻，腰峰壮峻，聿彼风驰，皎然玉映。

　　　　疋练飞腾眼界空，白云为窟矫如鸿。

　　　　轻麾羽骑狼烟靖，长驾应推第一功。

其二　五明骥

序：紫体玄鬃，其力千里，孤月悬肩，寒霜没趾（林质赞）

　　　　历尽关山几万重，渥洼神骏喜相从。

　　　　五明共道非凡品，百战先登果异踪。

其三　御赐玉顶赤

竹批鬐角，梅胜点容，长躯天矫，状若火龙。

　　　　骧首云霄月影庞，胭脂丛里玉无双。

　　　　惊鸿舞燕何堪比，一骑横秋饮汉江。

其四　桃花骢

素毫间赤，薄霜秋草，点似春花，嫣然鲜好。

　　　　细柳军容昔自奇，六花指点绕旌旗。

　　　　千群战骑争相逐，独向春风顾盼迟。

其五　豹花骢

白质玄章，耀晴怒发，下至胫蹄，文犹焕发。

　　　　蔚也其文夺锦辉，中宵欲吼剑光飞。

　　　　瑞质不随玄雾隐，凯歌声彻五花骓。

其六　紫骝

久从鞭弭，色夺珊瑚，徼南荡寇，塞北长驱。

　　　　记得临戎策马初，骅骝紫色映征裾。

　　　　殷勤好为求刍牧，遍历风霜体自如。

其七　御赐银青

皎皎素姿，薄施以黛，雪霁遥峰，仿佛其态。

　　　　逐影霜蹄赋隙驹，追风铁骨傲征途。

　　　　宁将汗血求金紫，但愿功成列画图。

其八　御赐燕色驹

玄之又玄，迎旸耀碧，燕以方毛，尤肖轻疾。

　　　　嫒辣烟云覆碧蹄，朝来天廄暮辽西。

　　　　昨宵逐电分明见，八尺玄虬带障泥。

其九　御赐赭白

铅绘其九，丹染其一，尾鬣之间，淡墨数笔。

　　　　玉立亭亭孰与偕，空群逸足藐天涯。

　　　　当场一任玄黄战，騋牝三千独尔佳。

其十　菊花青

赋骨緊劲，赋神緊强，何以状之，绀雪青霜。

　　　　一夕金飙遍九垓，边庭将士诧龙媒。

　　　　孤臣久励凌霜操，唯带秋容马上来。

贺新居一首

　　　大都名世士，出处俱不妄。不读万卷书，岂足成高尚。

　　　羡子烟霞骨，身情复奇旷。结屋小溪口，溪水清且漾。

　　　几案自楚洁，轩窗垲以畅。晤言一室中，心足千古上。

　　　讵比子云居，时吹太乙杖。我亦勇退者，岂曰恋禄养。

　　　第以圣明时，未答苍生望。区区丘壑怀，念与风尘抗。

　　　每听诵移文，北山果无恙。焉得归去来，依君共相向。

失题四首

其一

十年仗策气如云，匹马临戎拟册勋。
不遇岂因臧氏子，数奇原是李将军。

其二

池边雨细花落，帘外风清日长。
呼童采药萝径，对客摊书石床。

其三

青莎翠竹交加，锦石文禽相逐。
分明数点渔灯，照见一村茅屋。

其四

高拂柳丝齐，莺声满御堤。
风送名花落，香红衬马蹄。

二、词（诗余）

如梦令

（次黄山谷旧作）

此日郊原花柳，暗度昨年时候。
心绪强言欢，讨得梦中消瘦。
生受，生受，南国江山如绣。

长相思

（次刘青田先生作）

时悠悠，宦悠悠，时宦相催不断头，般般件件愁。
欲归休，未归休，菊花松蔓老春秋，岁月肯吾留。

菩萨蛮

《春暮》回文，凤洲先生有此作，向从诗余读之，甚佳，因次其韵。今在
行间，余忘之矣。

绿阴深处迷花谷，谷花迷处深阴绿。春尽不留人，人留不尽春。

燕来归路远，远路归来燕。帘卷怯轻寒，寒轻怯卷帘。

西江月
（《春闺》次秦少游作）

原词云：眉黛频仍月浅，啼妆印得花残。只消鸳枕夜来闲，晓镜心情更懒。破帽檐前风细，征衫衲口香寒。强将心事向人难，回首佳期已晚。

裁就弓鞋样浅，绣成鸳枕针残。坐沉红烛有余闲，日九回肠非懒。

别馆疏棂风细，孤帏绣榻香寒。昔时云雨梦中难，欲觅佳期已晚。

秋闺仿
（刘青田叠字叠句）

相思相盼何时已，闲把闲愁理玉人。人倚玉阑杆，新月新秋新怯寒。

日阴阴，夜深深，漏更更，叶叶声声响到明。梦儿成不成。

渔家傲
（丁丑重九日，猎边外龙安山，次先贤范希文词）
其一

怪是重阳风雨恶，东篱把菊寒酸作，醉搿当筵吹帽落。皆寂寞，人间漫说登高乐。

何似今朝开眼目，秋山万叠尖如削，绝顶连云张锦幙。天摸着，昆仑下看阆风阁。

其二

搔首问天摩巨阙，平生有恨何时雪，天柱孤危疑欲折。空有舌，悲来独洒忧时血。

画角一声天地裂，边风撼树惊魂掣，绝影骄骢看并逐。真捷足，将军应取燕然勒。

附：军中七夕歌

人言今夕是七夕，夏去秋来若驹隙。天孙织就云锦囊，待我诗章贮冰雪。我诗不作惊人语，戈挽斜晖马上得。四山出没惟闲云，千里徘徊有新月。新月如钩碧空际，我心如月知何寄。烟霞冷落织女机，关河阻越牛郎意。砧杵声声诉别离，征夫玉露又生衣。芙蓉剑气侵牛斗，铁马嘶风万木稀。带甲貔貅皆稳睡，我独披襟不成寐。感时搔首问青天，试看将星明与昧。天垣之将星正明，登坛乃是读书人。铜牙昼卧应何日，玉简宵征值此辰。良辰俯仰谁与同，尚论千秋意气雄。倏忽浮云变今古，穿针乞巧非所工。等闲将试薄罗裳，怡堂处处话新凉。赤日红尘谁氏子？重铠身被历战场。乾坤杀运似未终，虎狼匝地路不通。银河碧汉驾长虹。世态惊人愁不了。焚香夜告天知道。野鹤双飞亦白头，顾我何人能却老。此身已许报君王，敢谓樗材作栋梁。百劫丛中真性在，白衣苍狗庸何妨。乌沉兔起明月缺，安得长绳系日月。吁嗟乎！夏去秋来若驹隙，人言今夕是七夕。

三、文（传、墓志铭、记）

鹿忠节公传
（《畿辅通志》一百有四卷）

公讳善继，字伯顺，人称之曰"乾岳先生"。永乐初，自小兴州徙于定兴。神宗时，所称忠谏御史鹿公九征者，公之大父也。熹宗时，东南诸君子构党祸，将挺身破家以救之，事虽不果，海内竞传。鹿太公正者，公之父也。

公少而卓然，自立志于古人之学，究心于国家典故。经画匡济，鳃鳃不倦。古貌端庄，髭髯飘然。丙午举于乡，癸丑成进士。芒屩布衣，教授诸生，不为谒选，独与孙征君奇逢为莫逆交。魏忠节大中、周忠毅宗建闻而访之，四人订交于杨忠愍祠下，欷歔歌笑，人不测也。

勉起为司农郎，时神宗在御久，士大夫相与愉愉，结交饮宴即得嘉誉。华选公独日讲求于职掌，与同舍郎袁君应振精心盐策曰："兵弱矣，祸将起。救弱莫如强，非富则不能强，非盐策则不能骤富，且不病民。"袁君领淮鹾，振百年之衰，至今赖之公。为粤东八闽盐法议，后之谋国者不能易也。大司农察其贫，使督围政，稍可资衣食。公一无所问，而清冒破三百缗于奄竖之手，几及祸不避也。

未几，以母忧归，勺水不入口，哀慕若孺子，人称至孝。服阕补故官，暂署广东司。时天下无兵，兵苦无食，一如公料。辽饷绝，而大臣力请发帑，不许；请还金花银于计部，不许。适广东金花银解至，公辄发以应，上大怒，群奄聚而噪，公安之。急召入，众且谓予杖，公饮噉自如。至阙，而群阉阘扉留之，使立解，公寓意于司管，报曰："已发三日矣。"归而勒之还。公曰：

"有可还，安用借？"上谪公去，而勒大司农还内库，直声遂动天下，公卿台省竞为申白。公乞归，皆不报。公径不待报而归，菽水为养，教授如平时，有终焉之志。

光宗御极，首复故官，使典新饷。盖是时，司农仰屋无计，骤加派于民几倍正供，故别为藏察廉吏以主之，特以属公。公为立章程，解者至，使自封识而寄于帑；领者至，面衡以付之官，为持平而不为出入，一无所染于其间，吏亦不得上下其手。司农曹以主帑如脂，此法立如水矣。辽阳失察，才吏补职，方改公主其事，余故得望见公。公为大司马，草疏请斩溃逃将，逮逗留将，自请先正刑典，以为法行自近。当是时，天下久无法，闻之皆震动，而言者遂指摘之。公又力拄言者之口。神宗时，犯颜易而犯言路难。公谔谔，不特朝阳之凤矣。时天下久不用兵，将帅皆饮酒赋诗以自适，无有知兵者，一经变故，士大夫亦鼠窜去。公曰："不奖往，无以掖来也。"乃极颂戚大将军继光功，请录之而恤死事之。监司高邦佐、潘宗颜，县令张振德，以风焉。大司马王象乾以中枢行边，请用废弁张思忠为将。思忠，故猾吏也，为奸充都市中，求要人以干职方，职方不可，乃介要人而求行边者。公与正郎耿君如杞立持不可，政府拟旨切责。公上书首揆曰："本兵在部，其所为有与功令不合者方且事事执争，何独行边而不可？"且言："莫予违可以丧邦，天子方容廷臣之献纳，何独行边而不可？勿谓能违沮之职方为易得，勿谓能去违沮之职方为小失也。"首揆怒，公不变色，事竟寝。

上特简孙公恺阳以辅臣莅部，孙公违众论辟逃臣，公遂从之阅榆关，请更夺逃臣逃将以新耳目，使畏法不畏敌，事无不可为。盖公在中枢，一意持法始终不变，士气赖以振云。时朝议欲以为铨郎，且以为玺丞。公谢之曰："使来丹徼之间，不忘情于此，诸君子亦何所取而用之？"卒守常调。四年在边不迁一阶，天下服其恬。孙公任经略，公赞军事。孙公尝曰："伯顺在坐，使吾辈非几尽杜，俨若严师。其助我神明者不止谟谋也。"孙公方欲渡河，而朝事中变。逆珰魏忠贤窃柄，孙公入请对，以公从，珰疑为"清君侧"，恶几不免。而时又逮杨、左、周、魏，至公之太公举义为助，破柱为匦，公益几不免。时燕赵之士皆阶珰骤贵，公独与今大司马质公范公凛凛自持，坚卧不起。

今上御极，首以公为尚宝少卿。公逡巡两年而后出，擢太常少卿管光禄丞事。公物望既高，士论攸归，旦夕可柄用，犹勤于吏事如初服官时。己巳冬，都城戒严，仓猝无可倚。公谓："非起孙高阳不可。"孙公出而四城复，公功第一。公寻引疾归，为四书说约，教授如曩时。

公之学本于余姚，出入朱陆，不为一家言，天下称其躬行实践。居七年，定兴濒于危。公家江村，去定兴一舍，其子解元化麟侍太公以避。公身入孤城，为守邑令，病守六日不能支，公烈烈而死，解元亦不胜丧死于孝。士大夫争讼于朝，大司马杨公文弱知公为，深言公生平大节不当徒以殉城，褒朝廷。特赠公大理卿，荫子，赐祠祭葬如礼，且易名焉。

冠带善士完予公墓志铭
（卢氏崇祯壬午家乘）

吾族为玉川公全后，而世族于宜兴之茗山，于是相传为茗岭卢氏云。若完予公，讳立亮者，则余叔祖行也，系曾叔祖处士友泉公冢子。友泉公设诚致行，尊儒喜施，先曾祖懋冈公恒契重之。以故，公克率义方，复与先大父善，学行相砥，迥然尘埃之外也。

公生二十五龄，友泉公即见背，悲号痛陨，殆不能生。事母李太孺人，备诸艰苦，孤孀自倚，馨慈孝于一门，此宗党所共称者。生平更多隐德，如遗金弗取，坚伺主者归之，几于古人高义。偕三弟同处，无私财、无偏爱、无间言在昔张，公其足侈口耶？至兄弟后先成室，计口授餐。公于奴仆必取其老稚者，器用必取其旧朴者，田庐必取其陋且瘠者，是尤人情所难。李太孺人寝疾，公身请于神，百计护持，卒不起。居丧庐墓若将终身，又尝自营葬地，痛诸弟早世，即以妥其灵，笃念友于存没靡间焉。公持己谦抑，接物平和，排难解纷，为一时长者。先王父亟称之，庭训甚严，启口不忘勉励，命题课义，惟日孜孜。长君忧恂博洽，声藉黉宫，固即予诸父行而髫年执经以事者也。邑宰饶公重公懿行，尝为式庐，有山林逸叟之赠。晚岁尤嗜星家言，间有吟咏，复手订家乘及性理医书，编迄于望七之年。犹善餐解饮，谓耄耋可期。何意未至古稀，溘焉朝露，呜呼痛哉！彼苍苍者，何不少延哲人乎？

公生嘉靖四十一年壬戌九月廿二日，卒于崇祯三年七月廿一日，享年六十有九。配士族水西王公枙女。子二：长，国缙，邑庠生，娶文学卜公印女，癸酉文魁卜公以学孙女；次，国绅，娶长林徐公承女。孙男五：象蒙、象艮、象丰，国缙出；象涣、象济，国绅出。缙、绅于公卒之年十月四日，葬公于古嶍山之原。时余以参藩，备兵畿左，闻而心摧。兹叔氏敷梗概，远相过从，读至"端坐易箦"，含笑以逝。而知公生平明德硕修，不愧不怍，宁止家庭骨肉间哉？夫幼不志尊，然族有大君子而泯没之，奚其忍？况重以叔氏之请乎？是以不能已于言也！敬为铭曰：

　　茗山之族，裔出玉川。有隐君子，希踪古贤。孤危濒险，处之泰然。纯孝笃友，生也罔愆。白行坦衷，没也永年。其魄虽捐，其神永绵。弘本厚枝，获天者全。承哉仍哉，贲于丘阡。

湄隐园记
（园未构而记先之，明吾志也）

　　阳羡桃溪在邑西七十里，万山环匝，林壑鲜深，溪水涟沦。其中复有平畴墟落，映带左右，真习静奥区也。出城，舟行雪蓑烟寺间，凡数百曲乃至溪湄，余家读书园在焉。千柳垂垣，清流绕垞，苍峦绣壁当其前，远岫烟村绕其后，篱落鸡犬，景色翁蘙，衡门数尺，不容车马。今将凿石为额，曰"湄隐"。园门以内，松径、桐蹊、花棚、竹坞及所谓双桂轩、斑衣亭、豹隐斋、听鹤山房皆创自家君。年来稍廓旁址，得旷地十余亩，余思筑室而归休焉。拟构书楼五楹，即颜曰"读书"。楼列架满，其四悬签万余，为朝夕自课地。楼须高敞，周以复道，绕以回栏，丹垩不施，绮绣不入。虚其中，前后洞达，令溪山烟月据吾坐上，时时遣我岑寂。启楼后望，作露台与复道，平宽广可十余武，列怪石、盆草、磁墩、石几之属。夜深人静，月冷风长，瑶琴一弹，洞箫一弄，此亦吾之丹丘也。台名"敞居"，镌片石识之。去台二丈许，高垣圭窦，别为院宇。曲室数区，宛委而入，东西莫辨，岩壑同幽。为避暑室三楹曰"月窟"，为暖室三楹曰"旭坞"，大寒暑则入而盘礴焉。过此，开隙地，植女桑、弱柘、菜畦、稻垄其间，值山雨乍晴，吟诵余息，荷锄戴笠，亲执其役，以察物理攸宜，四时亭毒，曰"明农逸墅"。此楼以后之大概也。楼前三丈许，凿藕池半亩，引流以入，星布怪石于莲芡间，可据坐以钓。叠石为岛屿，峙乎中流，荷香酽时，或一披襟其上，亦不减登华顶看玉女洗头盆也。池旁垂柳、瘦石、短草、欹花，掩映萧疏，俾有远致。再前丈许，编柏为苍屏，作高轩五楹，名之曰"石友堂"。堂与双桂轩近矣，客过予者，当止于是。胜日偶逢良朋适至，汲清溪以煮茗，采园果而开樽，藉草飞觞，荫桐点笔，搜讨疑义则代尘以松枝，嘲弄风月则取茵于花片。乐不取乎丝竹，礼无拘乎送迎。堂前宽平，令有余地，石丈可呼，故所以名吾堂者，于石、于友有取焉。花须茂密，树贵萧森。松、桧、竹、栢、棕榈、高杉有不瘁之颜，后雕之操，吾爱其贞；牡丹、芍药、桃、梅、海棠有欢悦之色，吾尚其不寒俭；兰、桂、蜡梅、茉莉有激烈之香，吾欣其不柔媚而臭味佳。芙蓉、垂柳、梧桐、莲、菊以及水仙、秋海棠之属，并以韵胜；石菖蒲、薜荔、芭蕉以及古槐、老藤之属，并以幽冷胜；橘、柚、葡萄、香橼、佛手、银杏之属，枝柯已极，可玩果实，复具珍珠，咸当博求佳种，多植远移。夫吾园之富有至于如此。视古人三径，松、菊、蓬蒿一室，不太侈乎？然木石烟霞，造物不忌，吾将奢取之。

平生无他嗜好，林泉、图史之癖，苦不可医。一行作吏，与山灵别且十五年，隔溪长松再蒴再茂，今又丈余，能作怒涛声闻于两岸矣。长须从里中来，话其崖略，莼鲈之思宁待秋风而后起乎？家有藏书千卷，久束高阁，日事马足车尘。今谋归逸，方当觅绿醑红歊，纵酒欢乐，顾以读书名流，作老博士生活。又远去城郭，索居荒寂，想闻者当为捧腹。然亦各从其志，不可强也。

犹忆少时，每读书至“生于忧患”，未尝不低回三复斯语。年逾二十，筮仕得司农郎，持筹穷日夜，如是凡三载。出守天雄，值军兴征发如雨，讼狱、钱粮之苦视为郎时十倍，如是复四载。寻备兵畿南，镇抚郧楚，再拜简命，督七省将士，与大司马洪公同任讨贼，躬冒矢石，大小数十战，不宿署舍，岁且三周，无云家矣。今年，东西兵阑入上谷，奄至近畿，仓皇奉诏入卫，介马驰三千里，敌旋解去。再佩赐剑，督诸路勤王之师远出塞外，登木叶山，周视边地，振旅西回，及滦、阳，宣云之命又下矣。时势孔艰，天语亟趣受事。因驰观边隘，冒朔风朔雪，束马度飞狐之塞，屈指前后，在兵间八年矣。每追奔逐北，波血马前，深入穷搜，分餐剑首，军吏林立，煎迫所求。叠叠笺书，纷纷奏檄，唇焦腕脱，无间晨宵。褊衷悐肠之辈，复环伺而思剚刃。嗟乎，余之经历忧患至矣！独蒙圣明，生全以有今日，岂非幸哉？然深悔服官太早，未及多读古人书，所在蹈危履险，触忌招尤。先哲所云“济变戡乱”之道，未之闻也。国恩深重，报称无期。

今年三十有七，马齿渐长，心血已罄，夙兴夜寐，效一割于铅刀。倘穷边稍有起色，敌骑不敢南窥，当控朝端，亟辟贤路，角巾竹杖，归钓溪湄。尽发藏书，浏览今昔，究养生之秘典，窥述作之藩篱，致甘旨以奉二亲，讨义理以训子姓。昔日溪中鱼鸟应有狎余者，山灵岂终相笑乎？或问卢子：“今桃溪之上，君家庐舍数楹而已，未有改也。纸上园林，得毋为乌有先生之论耶？”余曰：“不然。兰亭梓泽，转瞬丘墟，何物不等空花，岂必长堪把玩？向者邯郸卢生一枕睡熟，毕四十年贵贱苦乐，此吾家故事。吾园又何必不作如是观？”客首肯，揖余而去。

四、疏牍（奏议、公牍）

点校本《卢象昇疏牍》篇目（奏议、公牍部分）①

卷一　抚郧奏议

1. 到任谢恩疏（1）　　　　　　2. 兵食寇情疏（2）

3. 为客兵乞饷疏（4）　　　　　4. 入山会剿疏（6）

5. 请设主兵疏（7）　　　　　　6. 郧楚贼氛渐靖疏（9）

7. 停征修城积谷疏（11）　　　　8. 筹饷疏（13）

附:《投阁部揭》（14）

9. 请令川兵北援疏（17）　　　　10. 保留推官江禹绪疏（18）

11. 保任道臣请补要地守令疏（19）

卷二　抚郧奏议

12. 募军开屯疏（23）　　　　　13. 题覆增兵措饷疏（25）

14. 借本屯田鼓铸修城疏（26）　 15. 应援汉商疏（26）

16. 援商奏捷疏（30）　　　　　17. 续报商雒剿贼疏（32）

18. 立寨并村清野设伏增兵筹饷疏（34）

卷三　抚郧公牍

19. 郧寇初平十议（39）　　　　20. 靖寇绥民八则（41）

21. 兵船巡江十二则（44）　　　22. 募军屯田十议（46）

23. 立寨并村七款（49）　　　　24. 运粮五则（52）

25 侦寇（54）　　　　　　　　26. 禁参谒（54）

27. 添设塘兵（55）　　　　　　28. 查饬守御（55）

29. 申饬侦探粮料（56）　　　　30. 取官评（57）

31. 接济兵粮（57）　　　　　　32. 行查流寇焚掠地方（58）

33. 查取堪任官员（59）　　　　34. 发标兵剿贼（59）

35. 禁止词讼示（60）　　　　　36. 亲剿流寇（60）

37. 清伏戎除土寇（61）　　　　38. 严饬将领示（62）

---

①　本部分罗列了卢象昇所作198篇疏牍（其中，奏疏共196篇，后附《投阁部揭》和《总督军门初次练兵规则》两篇公牍）之篇目，其前的阿拉伯数字为该篇疏牍在点校本《卢象昇疏牍》（浙江古籍出版社，1985年第一版）中的次序，其后圆弧括号内的阿拉伯数字是指该篇疏牍在书中的起始页码。笔者如此标注，以方便研究者查阅原书。

卷九　宣云奏议

卷十　宣云奏议

卷十一　宣云奏议

五、书（私人书信）

家训三首

烽火三月，家书万金。唯昔之言不我欺也。人生于情，余岂异类？然性躁而懒，军事旁午，知交谢绝，殆非斯人之徒矣。两亲在堂，定省越三千余里，音尘偶及，潦略数行至室人以及子弟，即平安二字不暇问亦不暇书。自乙亥仲秋，历丙子季夏，长须仅一往还，无可为家计者。于是效老书生作训诂语，持之以归，不审于义，方于阃则奚似。

寄训子弟

古人仕学兼资，吾独驰驱军旅。君恩既重，臣谊安辞？委七尺于行间，违二亲之定省。扫荡廓清未效，艰危困苦备尝，此于忠孝何居也？愿吾子弟思其父兄，勿事交游，勿图温饱，勿干戈而俎豆，勿弧矢而鼎彝。名须立而戒浮，志欲高而无妄。殖货矜愚，乃怨尤之咎府；酣歌恒舞，斯造物之僇民。庭以内悃愊无华，门以外卑谦自牧。非惟可久，抑且省愆。凡吾子弟，其佩老生之常谈；惟我一生，自听彼苍之祸福。

寄训室人

余为官一十三年，历部郎、郡守、监司，以及治郧抚楚，日惟国事苍生为念，不敢私其妻子，未尝有负军民。室鲜冶容，家无长物。今任讨贼，艰苦万端。成败利钝付之天，毁誉是非听之人，顶踵发肤归之君父。惟愿作吾匹者体吾心。以媳代子，笃其妇规；以母代父，敦其家训。务使两亲娱于堂，四穉习于学，吾愿足矣，他何计焉？时大寇西遁，督旅入关，寄此相勉。

寄训副室

惟尔为糟糠之亚，宜佐阃政于无愆。诚心以抚诸儿，小心以事亲上，修母道而循妾规。理中馈维勤，安清贫若素，其不尔疚也。余受专征重任，久谢儿女之情，身任戎行，止此数言相勖。

与族父某书

流寇已至数万矣。西山一带，布满山谷，沙河、临洺、邯郸亦时时被其焚掠。初八日，亲率马步兵一千六百人，至黄寺安抚，先遇马贼数十，俄而数百，俄而数千，倏忽之间，老营俱至。将士恐惧之甚，咸思散逃。立斩一人，狥于辕门，身自督战，斩贼首十四级，射打死伤贼百余人，我兵亦伤一十三人，此可谓全胜，已经具题矣。但河南有邓、左二帅为阻，山西有曹、张二帅为左，西南俱无去路，只得向东北来。丁抚台标下官兵，真所为将骄卒懦，人各一心，而某公全无抚御之方，如此做去，院道不知死所矣。塘报奉览，并希致声邢丈、蒋兄二公。

与豫抚某书

戎马倥偬之场，屡荷老年翁台训诲指提，五内不胜衔戢。驽骀下质，负乘多端。流寇一事，苦无结局之期，而翁台乃以实心任事谬奖，象昇汗且淫淫下矣。畿南、晋、豫会剿之局虽同，而筹兵之局各异。晋不必论矣，豫不患兵少，患兵多，更患将兵之人多，尤患将将之人多，如翁台所谓聚讼者是也。若畿南则不然，事权未始不一，兵力亦可支持，独是上焉者威不能克爱，而下焉者力不能从心，今南北之贼为重兵所驱，俱聚于辽、顺、乐、平诸处，邢河一带到处可忧。不肖昇止率标兵步骑千余，身探虎穴，年翁台翰使到日，正在启行，匆冗万分，情形不能缕悉。所拜双币，真不啻解衣衣我，如此至爱，何敢不承，但铁马金戈中，弗遑庄勒，尤望翁台之鉴耳。台驾想旦晚可暂回省城乎？然未知仍至河北否？俟西山剿贼而旋，尚驰役恭候兴居也。短奏未罄谢悰，临函可胜依戴！营官册领杀矣。尚有防守涉县之黄袍其人不知何如？旧在枭台刘衷老门下曾识之，故相问耳。

寄外舅王带溪先生九首

比来署中人口，仗鼎庇粗安。只阳平十一城旱魃为崇，人情皇皇。顷步祷于红尘赤日中，凡半月而霖雨始至，虽非大有之岁，怀中赤子，其或免于颠连矣。石萍老叔翁不意忽遭严旨讯究。工曹发银之弊，沿习已非一朝，巡视者不与收支，乃竟独当其阨，为之怃然！但圣怒难测，二三大臣之在事者，亦不敢深言。倘得究赃从轻，免于议罪，则幸矣。顷长须入都，一问其眷属安否，并询慰石翁。得其报柬，亦知郁郁难堪也。

愚甥三载郎曹，两年郡守，凡事只从天理、王法、公道、良心做去，身家之计，梦中亦弗敢与闻。然须举朝知之，僚友知之，十一城缙绅士庶知之，方能踏定脚根，明目张胆以自竖，近亦久而相信矣。前后开释冤狱凡十七起，计可百人，而檄所司减耗薄罚以苏民，缮器练兵以御盗，事事身先之，此一念血忱，可对君父、对地方者。三辅守臣，例得二年报转。乃今上偏重吏治，以郡牧为州县师帅，责久任者再三，君命不敢不遵也。只二舍弟心疾异常，两亲忧郁不已，家庭可虑之事日夕在心，拟于今秋乞归，暂图定省，不审院道肯从否耳？薄俸些需，佐以拙选拙诗，为外舅博粲。下忱未罄，嗣羽便再陈。

日来流寇奔突，畿南一带处处应防。提孤军而扼南北之冲，费尽心血。幸得地方无事，庶几不负朝廷。但今日仕路千难万难，中边交讧，大厦岂一木可支！正未知向后作何光景耳？家祖母体虽日弱，时时以风烛为虞，然不意竟舍甥辈而长逝也。报刘无日，痛念何胜！承外舅慰存，感激欲涕！明春当决计图归，以完祖母丧事也。差人南行，适领兵亲赴顺德，不及多陈。

甥此行莫非王事，而间关至此，凡可以报朝廷者，敢惜顶踵？但心长力短，不勉终夜以思。兹者外舅暨家眷跋涉长途，又增一番挂念。粮艘盛行，恐多阻滞。幸有含珍师及淡游丈相与朝夕，舟中不至寂寞。倘河若效灵，风帆安稳，计午月初旬定可达里门矣。郧西之贼尚盘踞于房竹山中。甥初五日渡河，十一日入宛，此即抚属地方也。两次官承接到，细询彼地情形，真万难措手。所苦者尤在三省呼应不灵，客兵云集为害，而行粮月饷一毫无措。今日郧襄事势，虽使孙、吴用兵，孔、桑司计，亦将垂首坐困，仰屋呼庚，而况庸谫如甥者乎！言念至此，真食不下咽。时事多艰，圣明宵旰，分为臣子，当竭心力以报之，未知从人愿否耳？蒋泽垒尚在郧城，今约于襄阳交代，大约十五日抵襄也。一至彼中，即当走役，径送家信于京口相候。嗣悉地方情形，冗中不能多白。

清和朔日，自滩镇拜别于今，又三月矣。不料一至郧阳，千难万苦，揽镜自照，枯骨仅存。到任两月，日不得食，夜不得眠。日在深山绝谷之中，千里无人之地，与士卒仆夫起居。而郧城止一空署，一切俸薪公费赎锾，因所属六城俱陷，毫无所有。两月之内，已揭商债二千金。如此情形，即石人亦且下泪，然不意郧事之难、之苦、之贫、之殆，一至于斯，岂非命也。夫功名身命已度外置之，但两亲在堂，何以相慰？欲图迎养，而残疆危地，实有不可。且再过一两月，或皇天相佑，数十万流寇雾灭烟消，从容料理残局，迎养有期，请俟他日耳。

郧事之难、之苦、海内所无。两月来督剿流寇，九战皆捷，斩首万余，地方已籹宁矣。所难者收拾破残，图维善后耳。兹特差官承船只迎请两亲，仍望外舅同行，引领以俟。

水枯舟滞，警报时闻。外舅不惟受劳，兼烦远念，咫尺天堑，其奈之何！连日贼情横甚，幸以奇兵击却之。然众至十余万，向后尚源源而来，即万兵不能克，况千人之旅乎？如此情形，时告君父。甥家信疏二、塘报一，外舅寓目，便知苦难矣。闻舟行已至光化，若权宜俱换小艇，以多夫勤拽，则五昼夜定达镇城。瞻侍台颜，当在初五六耳。骨肉聚首一番，便可督兵亲出以报皇上也。颙俟何如？

流寇之警，经年拮据军中，妻孥多病，不能回署一顾。甥贱体亦觉委顿，但以事关朝廷地方，不敢不勉。今幸圣明知甥之劳，每有特鉴，即不望酬庸叙赏，而将来或可免于罪愆。倘得如此难局，解组言归，与樵父、渔人共老岩穴，没齿有余乐也。

寒暑相催，光阴驹隙。甥以孑然一身，独处大风波患难之中，万死一生，为朝廷受任讨贼之事。海内竟无一人同心应手者。惟见虚谈横议之徒，坐啸画诺之辈，忘恩修怨，挟忿忌功，胸鲜隙明，喙长三尺，动辄含沙而射，不杀不休。若非圣天子明察贤奸，任人勿贰，则甥已早毙于刀锯鼎镬之下矣。天乎人耶！听之而矣。顷吴奉南回，曾寄薄俸数金，家训廿册，彼时原欲具礼，而军事旁午，遂不能待，未知已达外舅处否也。妻子在五伦之中，甥岂不念？贫穷乃六极之数，甥岂不谋？然一生心事已略见于家训中矣。今日贼势愈剿愈多，大督洪公亦苦支持不住。甥辖七省，其难百倍于秦。钦限五月荡平，蒙皇上于愆期认罪之小疏以温旨裁答，愧惧欲死。向后结局固难，歇手不得，惟殚精竭力以图之而已。倚马匆匆，不尽欲言。

与蒋泽垒先生五首

仲秋六日，遣役齐奏北行，专候台履，时老年叔已出国门矣。窃思封疆之臣，尽心王事如老叔者有几，而偏遭阳九之厄，能不令人疾首灰心！然而绿野优游，以视红尘抢掠，利害劳逸，相去殊悬，未必非天之所以全至人也。如某本一谞庸轻躁之流，遭时多故，勉事驰驱，长安照管无人，自投于阱。今楚、郧流孽虽就敉宁，而汉兴商雒之间，强寇叛兵，鸱张未已，卷土重来之患，政未可知。加以今秋郧属大饥，兼多没于疫者，孑遗尽矣。至大督诸镇之兵，所用行坐粮不下十五六万，而唐中老所布防襄主兵及郧之毛兵、标勇支给者，又不下数万。部中不肯销算，中老又以郧襄事欲某一力担承，渠止认荆承之役。通计全楚所用饷银已逾三十万，荆承数少，郧襄数多，中老处易，某处难。此时郧兵尚未他撤，毛兵、石硅又未便遣行，而郧镇折色银已断绝经月，本色米豆至闰月之半亦颗粒无矣。前增兵小疏暨停征、修城、借谷诸款，虽蒙圣明许可，下部速议，而司农、司马方急宣云畿辅之敌情，未免稽缓，时下已再疏促之矣。某满腹深忧，只因郧镇奇苦奇穷，又代三省担荷重担，功不欲居，罪无可卸，尚祈老叔多方指教之。临启依切。

昨秋家叔回里，会肃状恭叩起居，并伸徼悃，已托公郎年兄函致，想得达台前矣。老年叔当代正人，中外仰重，此番遭厄，公论实为不平，而于品望则秋毫无损也。且迩日世途风波，百千其状，青山绿水，远胜红尘中光景万倍，唯愿老叔九如骈集，颐养天和，而膺无疆之福，并祝四世五公之发，以竟正人君子之施。某自抵郧中，万难万苦，多方饬备，终是极险僻凄凉之地，生气难以顿回。而流寇自抚局失宜，兼之叛兵逃卒聚于凤陇者互相煽动，倏忽遂至数十万，分股而奔汉南、潼关。自汉入郧者前后二十万，自潼至豫者十余万，自商入宛者又十余万，合此三大股，为数且四十余万。楚豫一时鼎沸，孤郧三面皆危。前后接济钱粮业已用尽，而所增兵额，俱以楚省设处为言。设处二字不过空名，有兵无饷，其危益甚，今已到计穷力竭处矣。家严慈迎养署中，原图朝夕定省，少尽人子之情。而不虞到郧之日，正贼势披猖之日，进郧中公署，某适驰防枣阳，不得奉两亲一匕也。如此情形，言之泪下。邓将军是有气概肝胆人，其兵向日屡哗，大费调摄，此时又奉旨援楚，即当专致盛意也。增兵五百，部议不肯派新饷，而令楚省设处，后来续请者亦然，此明明陷某于死地也。隔手钱粮，即坐派正额，尚难催提，而今若此，且奈之何哉！大刻俱拜领，及分给诸君并转寄贾浮老者，一一领命。所谕疏

稿，容某回郧之后，如数简查奉报。此时行间相隔，书役相随戎马之场，一
时未能旋镇，恳希慈亮。某自受事于郧，兵兴烦费，正额而外，俸薪皆尽于
此。而赎锾等项，一无所有，以至解京赃罚兵饷，频呼吁于皇上求免而不可
得。此际称贷无门，那移无路，束手待毙只在旦晚间，不必大寇之来也。郧
事终不可支，言之浩叹！销算钱粮，布政司所派协济之数，唐中老不肯认。
今此项皆虚悬，而客兵支饷不赀。经今半载，委官会查，尚未得妥。且头绪
难清，未知作何究竟。稍需时日，当以刻本呈电也。流孽犯豫犯楚，以及江
淮，吾乡亦在震动矣。不知抚台公祖移镇何方，恐大江而北亦甚费驱除也。
手禀不虔，缘在戎次，九顿肃谢，未既衔结之思。家君在郧，相去六百余里，
故未遑附候，并此代陈，另容专叩台茵。临函不胜顶祝之至。

　　时事如纷丝，宦途如奕局，塞翁得失，达者旷观。忆自去年承乏郧中，
勉力支撑，迨至十月间，凤宝大寇以抚事失宜，叛卒、饥民、黠寇合伙四溃
而出，秦、楚、豫三方，如郧、津，如内、淅，如宛、洛、随、黄，流毒几
遍。乃江淮一股，震惊祖陵，尤为异变。近自四月下旬，大督洪公合师夹剿，
群寇遂由潼关、内、淅诸路悉数归秦。比来日聚日多，其数已至二百万矣。
皇上锐意荡平，调边腹官兵七万有奇，发京省帑金百万余两，限六月完局。
今转盼已五月矣，贼党数十倍于兵，又秦中残破已极，灾荒异常，从贼者如
归市，向后不惟贼未可尽，恐多兵乏食，散之不能，铤而走险，天下事更不
忍言耳。某本至庸谫不伦，日日忧兵忧饷，东堵西防，每当危窘之时，辄思
策马冒阵，以报皇上。幸而奉旨新设之郧兵，陆续已有二千，已成一旅，贼
来缓急尚有所恃。而郧饷楚济，犹能计日支吾。郧土瓦全，职此之故，然不
意复有楚省之移也。自去冬迄今，长安音问断绝，未悉就里情形。大抵京卿
诸公，鉴于凤阳之失，以兴都亦陵寝所系，故不欲窥足耳。家君于冬季抵襄，
正初赴郧。半年来，某未尝在署，晨昏缺然。掷此身于红尘赤日，付八口于
虎穴狼巢，无不为某称危者。兹于六月之望，举家移之襄中矣。老叔前损隆
贶，久勒五中，愧未报酬万一。谨兹专役虔候起居，并以拙刻呈教，统惟慈
照焉。临启依切。

　　家大人于清和闰月初二日抵白登公署，某方西阅大同，完八路之事，乃
得趋庭定省，时已望前矣。亲舍久离，不能早自引退，讲求保身事亲之道，
徒使白头老亲远驰紫塞，跋履长途，非计之得也。又老母体弱，惮于水陆之
行，难以迎养。宣云危苦，何日脱离？言念倚闾，肠回日九！边事大坏，某
素奉教于长者，不敢不尽心为之。只钱粮匮竭，措手万难，而中使如麻，十

羊九牧，某虽呕尽心血，终亦徒然耳。近日将才极难，兵心亦涣。联络人心，搜罗智勇，乃封疆要务。所言高崇让者，已经他移，仍当物色之，用资缓急也。凭颖不尽瞻企。

塞北江南，梦思耿耿！故园松竹，相见何期？玉关人徒增怅耳！家君自抵署来，精神不甚爽适，某亦病苦相寻。总之，边地风尘，消磨气体，岂人而铁石乎？宣云亢旱，近始得雨，斗粟四陌，举家几欲食粥，而边人犹以为佳岁也。屯事颇难，某力排众议，百计经营，迩已略见端倪，群情渐为鼓舞。惟是见小欲速，终无成功；需之数年，定有遐绩。每发一疏，心血为枯。前所请教者，止有初刻，今并二刻就正大方，知老叔留心世道，必将开示谬迷，颙俟，颙俟！比北信日紧，大举入边在所必然。宣云粗亦有备，来时当一挫之，必不至如从前猖獗控弦长驱耳。荒塞无节可采，不腆聊佐蒲葵一觞。时为清和闰月之廿四，去朱明令节谨及旬也。临启神往。

答陆筠修方伯

今日居官，何啻堕于九渊！不佞兵马之厄，与门下钱粮之厄，其劫数真堪比隆。乃不佞又以兵马而兼钱粮，举数千万如狼如虎张牙露爪之徒，环伺于饿佛之一身，此佛既未能脱胎换骨，尚在人世间，又未能投体舍身，依然活地狱，其苦可名状乎，不可名状乎？观此则丈所处尚在九天，清恙宜霍然，归心亦宜淡然也。天之生才有限，以丈品识经济，定不令之逸而令之劳。今日劳以中原，他日将劳以四方，其劳渐久而且甚。时事固然，是用为吾丈解，幸毋我迁。

与某书

时事多艰，圣明宵旰，不谓绵力乃当重任。郧楚封疆未靖，中原决裂日闻，昇以一身肩荷七省，何异挟山超海之难。年来鞠旅陈师，血忱可对天日，是以身家弗问，人礼并捐，闻问久疏，惟勤企想。荷高情之远注，释重担以何期？恃皇上仁如天、智如日，躬理万几，刍荛必采，以气数卜之，戡乱中兴可奏于襄之绩。昇今日亦惟肝脑涂地，以自附于纯臣之末而已，成败利钝，毁誉是非，久已置之度外。冬春来，豫、楚、江、淮屡战克捷，扫荡有期。然大寇强而且多，动以数千万计。酿之十载，今欲除之一朝，即有孙吴数十辈，未易言也。日事戎行，心血已竭，诸凡应酬交际，概不能修。独于台翁迹远神亲，每以疏阔为歉。附将一缕，专叩起居。军旅中竟不能作寒暄语，惟台照是荷。

与少司成吴葵庵书八首

封疆之吏，际此千难万难之时，热血愁心，谁行控诉！弟于视事之堂勒一联云：封疆事重，当万难措手之时，顶踵发肤，惟期尽瘁；君父恩深，念能致其身之语，成败利钝，曷敢撄心。"此言但告之老年台，他处未敢唐突也。弟前后疏章，字字合吁天沥血，然于郧中光景、郧抚情形，终亦描写不尽。所恃圣明洞察，尚能黾勉支撑，否则，守臣与郧土、郧民俱尽久矣。郧介万山而扼三省，受事后经今八月，幸贼众未敢窥疆，城郭人民渐图安集修举。乃不意凤延大伙复入汉南，其势危急，秦中两督四抚，不知作何剿除？弟张空拳以四应，愈矣！孤踪在外，暮不保朝，一切应酬又俱断绝，长安中时论物情所不敢知，唯有竭顶踵以效万一，如厅事双雕之语而已。老年台鉴之。

长须北来，执复手教，注存真切，感愧交并。弟勉力疆场，各省流孽虽烦，敝辖渐称宁土。盖前后俘斩，继以零星窜逃，郧中大股俱尽。现今披猖于秦地者，皆叛卒、饥民，愈剿愈众，非尽渡河之党也，疆场之事难言之矣。弟本孱质庸才，偏处极危极苦之地，屡疏陈控，总之情极呼天，而中外在事诸老，终是痛痒隔肤，谁是设身处地者？弟亦惟以尽瘁是期，不负朝廷足矣。顷如停征，如留饷，如修城，如设兵，无非一字一血，乃请十得一，岂非杯水舆薪！从来曲徙不相谋，而程功焦烂，今事后犹然如此，能无深惧哉？计无复之，议屯田，议借本，艺人之乞，情形愈觉不堪！倘再不能如请，且晚即与郧土、郧民俱尽矣。老年台读中秘书，乃异日为圣天子调玉烛、巩金瓯者，倘一昌言于朝，弟当五体投地，延企何如？军中率布，曷任驰依！

弟方受事楚中，而郧境又尔告急。且秦寇横甚，其势叵测，楚忧正迫，兵食宜筹。小揭二通，此不啻秦廷之泣，有一事一念不从朝廷地方起见者，天日鉴之矣。倘政府诸公谋国心长，忧时虑切，施正议以安全楚，以奠藩陵，此社稷之福也。冗极不遑多布，临缄神驰！

洛中告急，弟裹粮于千里之外，介马驰援，无非从封疆起见耳。至博望，得祖将军之捷，为之一快，详在疏揭，谨呈台览。文、何二老先生，不意遂尔去国，令人惊疑，其大略可得闻乎？弟剿寇十事，已拜五疏，尚有五疏，须待辞楚抚得旨，大局既定，然后言之，统容类齐，以呈尊览。临启瞻切！

弟两月来奔驰于汝宛河洛之间，万分忙苦。贼多而且横，前后俘斩虽有数千，尚非荡平胜著。必于正、二、三月内先剿尽闯王一股，余贼方可次第奸散。闯王之贼大约有七万余，妇女可二三万，丁壮可一二万，精骑可一二万。此贼不让□插也，庙堂或未之深知耳。顷自秦中洪亨老与之大战三次，近入豫地，弟与之大战两次，计擒斩死伤逃散可二万计，现今尚有五万，依然劲敌也。又他贼五六股，见剿兵渐集，皆与闯贼合群，是以势益众多，今奔东南一带，楚、黄、凤、泗、淮、扬俱大可虑。弟故星驰南行。至叶、裕间，忽接邸报，弟已得释楚担，更可专力讨贼。弟辞疏发于十一月之二十八日，彼时未知此消息也。早知朝论如此，则前疏可以不上，今亦追之无及矣。弟所为极难，而言路责备乃尔，为公乎？为私乎？弟今而后总不阅邸报，省此一番形迹于心，老年台以为何如？三疏揭谨陈台览。如请上还宫，及辞新秩，皆臣谊臣心所不容自己者。至三大切要事宜，实为不识忌讳，不谙时务，多言多事，自取愆尤耳。虽然，重担在身，即欲不如此不可得也。长安诸老，向来蒙爱颇多，乃年来竭蹷疆场，人礼俱废。弟本心不敢自外于君子，苦为时势所迫，且奈何！蒙老年台多方庇植，何异起白骨而肉之，感不尽，报亦不尽也。比来公论如何？望乞台慈详教，有则改之，无则加勉耳，昇断不敢文过也。衙门员役以及俸薪公费，一无所出，弟又无余赀，不知当上告圣明否？小奴归，拜有鼎赐，兼承破格之恩，感而欲涕。寸丝一扇，聊引下臆。弟于行吟操管，皆如梦中事，供大方一噱而已。短奏不虔，临函依切。

弟惫甚矣！以数万边兵付之一无衙门、无专辖之手，而又不与以饷，封疆之事，有如累卵，弟身何足惜哉！一生学问，惟有尽瘁二字。今豫中诸贼，屡经剿杀，尽遁入秦，而楚地除郧襄余孽时复来扰，其内地粗安，然秦寇正猖，未可言剿荡也。弟与洪亨老事同一体，方图选锐入秦合剿。一切布置机宜，当另疏详陈入告。此时专拜认罪之本，不敢多及也。皇上天恩，倘此身不即就逮，即尽一日之犬马，直至水穷山尽，便束身归命于朝廷耳。顷见掌科常君所论，语语与弟相反，弟何缘得此知己！刚方拙直之人如带一毫巧猾软媚之态，岂至有今日乎？顶门一针，拜此君之益多矣。倚马不能详沥。主臣，主臣！

长洲、香山二翁，弟方以中兴元辅期之，而一旦谢事，奈何，奈何！圣意不测如此，然而雷霆雨露，皇上妙于并行，蒲轮可立俟也。此时想已出长安门。顷当国时，弟避嫌未敢一致起居之敬，今当于途次一为祗候耳。豫州诸公以桑梓之故，求备于弟，其或有德有言近情近理，俱不敢知。弟惟听之公论。此时援洛，亦因楚寇少缓，不因掌科之多口也。弟肩千斤之担，而过独木之桥，临百尺之渊，旁观不相怜而助之足矣，恣意任情，苛责如此，世界盗贼安得不横行哉？为之三叹！

弟自去年十月廿四日抵阳和，屈指又将五阅月矣。太平督抚，安享尊荣，谁不乐就者？时至今日，到处皆以封疆为陷阱，而宣云诸镇更复何地何时？记当日入援，督兵东迫□□，自真、保以达良、涿，由近郊而驰建泠，一月之内，行三千六百余里，前后接铨枢诸老手书，皆以本兵相属，金谓廷议已定，促弟早抵都城。弟答太宰司马书凡五，力言弟非其人，难以冒昧从事，愿终讨贼，否则任边事之危难者以报皇上。因是片纸只字不与长安当轴往来。后得宣云，中外皆为弟称苦，曾几何时，而忽有为不情之语者，此不足有无轻重，但世道人心至此，岂不太欹险哉！弟故明目张胆而言之，驳疏以见弟居官始末，请讨贼疏以见弟报主本怀。盖弟于封疆军旅之事，阅历有年，虽系驽骀，犹然识途老马，□急则驱而当□，寇急则驱而当寇，生乎今之世，断断不免者。与其中原之事再加大坏极敝，如人病体已至十分，又使庸医妄投药剂，嗜欲朘其元神，卢扁望而却走，然后再从而往治，其能几幸万一乎？是以及今请讨。此疏出之于弟万非得已之言，庙堂或信或疑，皇上或允或否，弟总不敢庸心于其间也。小疏初一日进呈，兹初八之晚，尚未见报。差官姚刚，姑令起行。嗣后得旨，再容商榷。至若边事之危且难，更无有出宣云之上者。喜此中在事文武诸公以及军民士庶，无不倾心信从。比来百事皆有头绪，若料理一两年，□□即来，断非向年光景。此弟所可自信者。但身轻如叶，担重如山，安能自主哉？豫楚江北士民，以弟在宣云为快望，而三镇之将吏兵民，又交口谓弟能请讨贼之非宜。身在局中，茫茫宦海，无处忖量，老年台何以教我？弟昇顿首。

与枢臣杨嗣昌书

□自被兵之后，径奔巩华近地扎营，此其为忿斗诱战无疑。彼中去陵不远，去京亦近，急须备御周密，厚集兵力，以图万全，仍相机出奇，再挫彼一二阵，不惟巩固陵京，亦且大张挞伐矣。昇即夜出土城，与镇将密计，看明早情形再当驰报。台谕老营南向，或者□非一股，分合难定。此时权缓急以用兵，不敢不惟力自视也。早蒙台顾，冒昧披陈，激烈忠怀，些子俱尽，亦恃老年台圣贤之品，不罪狂愚，故不觉剖心以告耳。倘获济朝廷封疆大事，即胸中有如许怪异事，始终不复向君父一言。如其闪烁奸欺到底，誓当沥血丹墀，无言不尽，仍乞老年台力持大法，除国家之大害也。更希电照，临楮悚然。

烽自被挫之后，径奔巩华近地札营，此其为您诱战无疑也。被中去陵京不远，急须御备，周密厚集兵力，以图万全。仍相机出奇，再挫彼二阵，不惟巩固陵京，亦且大张挞伐矣。升即夜出土城关，与镇将密计，看明早情形，再当驰报台谕。

老营南向，或者烽非一股，分合难定。此时权缓急以用兵，不敢不惟力是视也。早蒙台顾，冒昧披陈激烈衷怀，些子俱尽，亦特老年台圣贤之品，不罪狂感，故不觉剖心以告耳。倘获济朝廷封疆之事，即胸中有如许怪异事，始终不复向君父一言，如其闪烁奸欺，到底督当沥血丹墀。

无言不尽，仍祈老年台力持大法，除国家之大害也。

与总河周在调书

十年奔逐，久隔台光，时事多艰，一身万苦。老翁台相怜相念之切，不知如何谆笃也。自治郧抚楚以及今官，皆在兵革之中，人事应酬都废。是以老翁台处三年而无寸楮奉候起居，实自外于长者，思之愧悚不已。兹因大寇奔突江淮，督兵驰剿，滁州之战，俘斩颇多，贼踉跄而遁矣，详在塘报中，敬以呈览。

十六日至寿春，适老翁台塘报官在焉，谨附数行，少鸣下臆。此际凤、颍、开、归一带更须严防，昇即从寿、颍入豫矣。援兵已集，屡战之后，贼又分遁旁窥，须首防运道。山东刘泽清一旅，或当急调之河干，容另役请教。诸不宣心，临楮惟有依戴。疏刻八册，谨呈台政。

与某书二首

台光远隔，瞻企时殷。年来疆吏艰难，久负疏慵之戾。微翁台委曲垂亮，则象昇几无复人理矣。恭闻节钺荣莅中，正拟专差肃候，乃元旦迄今，日从行间，拮据苦不可言，昨廿五日始得一回署中，接邯郸、临洺塘报，知武安又在戒严，且传闻之言，未免滋甚。承翁台指教，感不可云。河北恃有长城，但畿南一带防御为难，象昇又以谫才，莫知所措。台使到日，即刻起行，专赴邯郸境上，意欲与翁台一晤，未知肯移玉于交界之区否？祝嵩老年台亦昇所素蒙知爱者，不识可并遂抠趋否？家严在舍，极荷注存，容面叩谢。不肖昇标下官兵无多，今陆续调至邯郸矣，并闻。临启无任驰戴之至！

昔年叨荷眷知，有怀耿耿。嗣后疆场拮据，羽翰为疏。如台台品望文章，固当代无两者也。自古为圣为贤，多遭拂逆，而屯亨付之气数，名实券于本来，有何增损？弥见操持！然使大君子当厄，则世道之忧也。圣天子已鉴其微行，当使前疑消释，大用有期，愿言珍重，弟额手而祝之匪朝夕矣。一缕修问起居，幸原千里鸿毛之敬。至弟昇罪重孽深，罹兹大故，惨情愁绪，度日如年。今复凛奉严论，责以防秋重担，过七、八两月始得徒跣归奔，忧病相煎，且晚莫必其命。如斯恶况，并以附闻。临函耿切！

与杨嗣昌书牍三首
（摘录于《杨嗣昌集》）
其一 ①

此番边警，中外多在梦中，群言亦渺如河汉。独老先生年台主持庙算，著著不差。今西塞宴如，无亡矢遗镞之患，纤毫皆台赐也，象昇不过勉励奉行面已，有何尺寸之补？顾梦推奖乃尔，言之汗下。

国家用兵垂二十年，物力销亡，人材历尽。本未现有了得一言、办得一事者，自大驾入中枢，前后建白皆极中边之要，悉今古之宜，悦安社稷圣天子，何可一日无老先生，而兴怀泉石也？古之帝王，茄中国而抚四译，以驾驭为鞭挞，迨抚失其道，方启兵端。兵力告穷，遂开款局。若能以款济兵之穷，道抚之正，于天道犹不甚远，而中外适得其常，政未可与循行数墨者言也。义州一说，事理极其深长，关、宁既有同心，必须合全局打算。我祖宗朝，宜、辽原自一体，何啻辅车？方玄老海内有心人，与象昇为石交已久。台台居中主持，升辈东西担荷。苟利社稷，遑恤其他？今日仍当以辽左驭遂宣边，制插云市口卜。彼以伪来，我以伪用；彼以诚至，我以诚施。我能伐交，不必问其以诚交、以伪交也。我能用间，正可因之而以诚间、以伪间也。

主上无人之秋，乃圣明忧天悯人至意。然从来任事议事者，千人万人而成事也，在一二人治边筹边者。千著万著，而安边止在一二著。旷世救之不足，盆庭败之有余。盖必看尽天下之事，而后可以正言破尽天下之疑，而后可以任事。深思及此，又不禁低回长叹耳！

---

① ［明］杨嗣昌著，梁颂成辑校：《杨嗣昌集》卷47，长沙：岳麓书社，2005年，第1133页。

其二①

烽自被挫之后，径奔巩华近地扎营，此其为忿诱战无疑也。彼中去陵京不远，急须御备，周密厚集兵力，以图万全。仍相机出奇，再挫彼一二阵，不惟巩固陵京，亦且大张挞伐矣。升即夜出土城关，与镇将密计，看明早情形，再当驰报台谕。

老营南向，或者烽非一股，分合难定。此时权缓急以用兵，不敢不惟力是视也。早蒙台顾，冒昧披陈激烈衷怀，些子俱尽，亦恃老年台圣贤之品，不罪狂愚，故不觉剖心以告耳。倘获济朝廷封疆之事，即胸中有如许怪异事，始终不复向君父一言，如其闪烁奸欺，到底誓当沥血丹墀。

无言不尽，仍祈老年台力持大法，除国家之大害也。

其三②

两日边情又似变动，其苗头复向东南，而且又报有二万从中、东二协继入者。此其为谋叵测，为势益众。我所以待之者，不可不整饬严密也。喜陵京重地略有布置，俱未敢窥。今宜以逸待劳，以静制动，而得下手处亦不可差过。先此驰闻，随后有小疏入告矣。昨拟荐贤为国，此时续报又有继至者，谊不敢复言矣。

① ［明］杨嗣昌著，梁颂成辑校：《杨嗣昌集》卷47，长沙：岳麓书社，2005年，第1139页。

② ［明］杨嗣昌著，梁颂成辑校：《杨嗣昌集》卷47，长沙：岳麓书社，2005年，第1140页。

附录五:《明大司马卢公年谱》①

后学同邑任启运钓台校定

曾孙 男 安节谨次

东吴后学惠栋填讳

会稽后学施惠重刊

同里后学李庚校字

公讳象昇,姓卢氏,字建斗,号九台,一字斗瞻,又字介瞻,常州宜兴人（今分隶荆溪）。

始祖讳湛行、二七,系出唐玉川先生,其初浙江鄞人,举贤才,授义兴尹,因著籍焉。居永丰之茗岭,称茗岭卢氏,是为卢氏始迁祖。

七世祖讳端智,字惟睿,号茗峰,行宰一。登元泰定四年李黻榜进士,授宜兴学正（事迹详邑志）

高祖讳元京,字道宗,号竹冈,性孝友,勤义方,志尚高远。

曾祖讳诚,字勉之,号懋冈,邑诸生文章行谊为乡里祭酒。以子赠文林郎,仪封县知县。

---

① 〔清〕卢安节、任启运等:《明大司马卢公年谱》,北京图书馆编:《北京图书馆藏珍本年谱丛刊》第 62 册,北京:北京图书馆出版社,1999 年。该年谱依据之版本为清光绪元年会稽施惠重刻本。《明大司马卢公年谱》,是研究卢象昇生平事迹及其军政改革思想的极其珍贵的历史文献。尤其是在卢象昇青少年时期的生平研究方面,该年谱是迄今为止所发现的唯一一种内容较翔实、可信度最高的史料。本年谱原为卢象昇之曾孙卢安节所著、任启运校订的光绪年间刻本,后由北京图书馆珍藏、由北京图书馆出版社影印出版。为了给卢象昇研究者提供更多的便利,笔者将该年谱全文进行了点校,并改原来的竖排繁体为横排简体。但是,囿于学识水平和研究精力所限,加上原文某些字迹模糊等客观因素,笔者的点校难免有诸多错误,所以恳请方家多加指正。需强调的是,该附录之《年谱》点校文字,仅作为卢象昇研究者参考借鉴之用。

祖讳立志，字仁甫，一字商衡，号荆玉。始迁县之张渚镇，举万历乙酉应天乡试，为常熟教谕，历官仪封、南康两县令，所居皆有政绩可纪。崇祀名宦本邑乡贤。

父讳国霖，字公屿，号崑石，邑诸生。生四子，长即公。次象恒（字恒斗，邑诸生），次象晋（字锡侯，一字晋侯，号鲁山，邑诸生，见《明史》，另有传，乾隆丙寅崇祀乡贤），次象观（字幼哲，号九锡，崇祯癸未进士，乙酉殉福王之难，乾隆丙寅崇祀乡贤）。自荆玉公而下，俱以公贵，赠资政大夫，总督宣大山西军务兵部尚书兼都察院右佥都御史，乾隆丙寅崇祀乡贤。

故明万历二十八年庚子，三月四日，时加人定（行实云庚子年月庚辰日丁未时，辛亥阳次娄阴次毕岁星居周分系于柳）。公生于张渚镇之锁前桥，母李太夫人

三十三年乙巳，公年六岁，始入小学，师事族父茗葀（谨按，《完予公墓志铭》云：长子国缙，予诸父行而髫年执经以事者也，国缙字茗葀）。冬，荆玉公迁仪封令。

三十四年丙子，年七岁，崑石公及李太夫人随侍仪封官舍，有池。一日，公聚童子十数辈，环池为背水陈，鬵□蹴帜，执以进退，不如约，辄缚而榜之，童子负痛呼暑，荆玉公见而释之，怒公曰：何榜童子为？然亦以此奇公。秋，崑石公以试归里，李太夫人尝因事恚怒，不食，几成疾矣，公跽床下，力为解释，流涕被面。太夫人异之，为公一餐。

三十七年己酉，年十岁。荆玉公左迁江西按察司知事。

四十年壬子，年十三岁，荆玉公以两台荐擢知南康县事，崑石公随任。

四十一年癸丑，年十四岁，荆玉公自南康归里，迁居新桥之湄隐园。初，公读《孟子》至"生于忧患死于安乐"之言，辄低回三，复读史至张睢阳、岳武穆传，则奋曰：吾得为是人足矣。

四十三年乙卯，年十六岁，读书里之北门，门外有显者车马过，曹辈从观，公吟声不辍，比还，皆夸示其状，公徐曰："人不患不贵，患旷贵。"耳闻者默然惭已，而皆心惮公。时承平日久，同学工习举业，公独日究经史于古将相名臣之略，军国经治之规尤悉心焉。

四十五年丁巳，年十八岁，与同邑吴公贞启读书邑东，中隐禅林，距家七十里。一日，闻崑石公病，日定昏矣，力疾归里，鸡鸣抵舍所，历巉岩深谷篁竹间，出入虎穴略无顾畏。

四十六年戊午，年十九岁，与汤公启烺、吴公贞启同补校官弟子，娶汪

夫人（晋陵学生汪公迁女）。

天启元年辛酉，年二十二岁，中应天乡试二十九名，主考詹事府右春坊右谕德兼翰林院侍讲顺德王公儒炳（按：万历十六科进士，履历王作黄，又是年南京主考有左谕德元城黄立极，俱甲辰进士）。冬，赴公车初南都，报捷，亲朋毕贺，荆玉公悚然曰："家世寒贫，一孙幸捷，何德以堪之？"督课益力，及公北上，亲送之江干。公见大父容貌癯瘠，（见《唐书·李百华传》）牵衣不忍别，荆玉公曰："行矣！若成名，展吾未竟，便不愧家学，何恋恋为？"公不得已，乃怆然就道。

二年壬戌，年二十三岁，中会试三百八名，主考礼部尚书兼文渊阁大学士随州何公宗彦、礼部尚书兼文渊阁大学士秀水朱公国祚，同考吏部科给事中滨州薛公凤翔，于三月廷试，登文震孟榜二甲二十五名。荆玉公于二月十九日捐馆，公释褐，后闻讣，号泣奔丧。又以崑石公李太夫人毁瘠过甚，率诸弟间请节哀。

三年癸亥，二十四岁，娶簉室陈氏。十二月，汪夫人卒。初，汪夫人久病，以视膳弗亲，劝公置妾自副。公以大父丧弗许，至是病益笃，遂力请于君，姑倾囊娶之，公犹不御，但令襄妇职而已。公过维扬，一冶姿愿委身事公，公正色曰："吾岂以精神销粉黛耶？"却之。

四年甲子，二十五岁。二月授户部贵州司主事，于八月督临清仓，时魏阉用事，公卿大夫皆出其门，公独绝请谒外补临清。临清当京师南北孔道，使者旁午应接不暇，公以其余间就贤士大夫，商榷时政，并厘剔主藏官吏之积弊，凡清出侵蚀本色若干石，银若干两以佐军兴，尔尤加意于支收。初，各省本色解至胥吏，苛难权概不平，或至缺供征备。（"备"音"裴"，俗作"赔"）而吏获侵牟。公更立程法，至即收兑权概甚平，吏不敢私，舆情便之。时河南久旱，米价腾跃，逋负甚多，而临清积粟百万。公请令中州纳米一石改折银一两，输之临清，以仓粟相抵，得旨允行。豫逋一清官，民称快。

五年乙丑，二十六岁，在临清。三月，覃恩封父崑石公承德郎户部主事，封母李氏，赠妻汪氏皆安人。

六年丙寅，二十七岁在临清，娶王夫人（金坛贡生王公道洽女）。

七年丁卯，二十八岁。三月，升山西司员外郎，仍管临清仓，是月，奉旨加山东按察司副使，管大名府事。公督理仓务，奏课运，最称上意，故增秩守大名。时东抚颍川李精白建魏阉生祠，邀公进谒且请署名。公辞曰："非关吏所敢知也。"不赴亦不列名。六月，与接任主事何意交代，乃抵大名，大名狱讼繁多，又值军兴征发如雨，公私交困，公昼治公事，夜谳疑狱。期月之间刑清政简，吏民亲爱。公尝语人曰："吾筮仕时，自见年少官薄，请益于诸老先生，曾示我以"清慎勤"三字，初听之亦平平耳，及身亲之乃知其难。自古良二千石举此三字尽之矣。"盖公生平事事身体力行，故初任事即有成效如此。是岁覃恩累封崑石公中宪大夫、山东按察司副使，封母妻及赠元配皆恭人。

崇祯元年戊辰，二十九岁，在大名。正月擒巨盗马翩翩。初，辽事急，饥民所在为寇，而开滑壤接晋豫，群盗分布窟匿，聚则焚劫，散则窜伏，官兵不能讨。公以耳目发起盗主名区处阴部士四百人诇盗，元夕，置酒高会，趣击之，遂获其酋长。党众奔燔。自是畿南揠息，枹鼓希鸣。冬以辽饷功进一级。是岁奉计入都，恤冤狱十七事，全活甚众。作《景韩堂漫笔》五首。

二年己巳，三十岁，在大名。八月京师戒严，公募壮士应诏勤王，民裹粮而从者三千人，事定还郡，作《夜作寄怀诗》一首。

三年庚午，三十一岁，迁山东布政使右参政，整饬大名兵备道，大名、广平、顺德三郡属焉。时太行、恒山之盗往往啸聚，所过杀掠，公忧其蔓延，乃抽集民壮练乡勇，讲什伍豫筹扞御。洺川高士贾荫芳，字济堂，修行绩学，岩居谷饮。达官贵人望尘不及。公独造庐请谒，贾草书数帙为赠。时人以公履危乱而折节下士，比之皇甫义真焉。公又尝识广平申涵光于童子时（涵光，字凫盟，时年十二），荐之督学使者。袁公鲸，补邑诸生，涵光敦行力学，北方名儒也。五月（十九日）长子以载生（字禹陟，邑痒生）。是岁，作《冠带善士完予公墓志铭》。

四年辛未，三十二岁，在大名。公在大名，一切治理威名流闻天子。以公才任文武会举。卓异有召，不次擢用。寻加山东按察使，备兵如故。三月（初二日）次子以谦生（字友谷，邑痒生，陈出也）。七月（十一日）三子以行生（字天驭，太学生）。

五年壬申，三十三岁，在大名，时寇氛日甚，公驰行属郡，缮城郭，修守具。又以村落民人被掠，且赀蓄聚于贼，贼益横。计使民自为守，度可相距十日。则援兵四出矣，乃徧相形势高立堡，洼为池，资以守具。邑聚赖以安全。先是庚午前，公已举三子，至是同月丧，公时巡省郡县，过门不入，虽至岁终腊日，亦次郊外经理焉（公癸亥前生一子一女，子名文炜，女许字溧阳陈抃若，见荆玉公墓志，又锡侯公请恤云，月丧三儿不还公署，盖皆不在庚午前也）。九月，公祖母张太夫人卒于家。

六年癸酉，三十四岁，在大名。正月，贼骑阑入西山，西山距顺德百里，公御之。贼别入大名南，民皆守堡。贼无所得，规欲攻滑。公侦知之，选骑出贼前，伏榛莽中，贼至猝发，大破之。三月，临洺告急，公驰赴之，败贼于摩天岭，贼遂解散。公亲历乡寨，抚视创痍士，民感奋，有《过黄梁祠》绝句一首。四月，贼数万人屯小西天山中，公驻内丘西东黄寺，真定游击董维坤来援，与公合营连战，皆捷。贼走临城西山，公与维坤分突贼陈。公战山南，维坤战山北。至冷水村，维坤为贼所困。公分兵救之，而先设伏石城南，自勒兵三百，乘利逐贼至危崖，贼乘高矢石乱下，从者毙马下。公额中一矢，弗为却，旋失马，短兵接。（时魏县高九岩随军，见公骑中流矢，以己马与公，赴贼格斗死。内邱诸生王胤，亦率乡兵战死焉。二事俱见本县志）转战至石城南，伏兵起，遂大破之。翼日又破之青龙冈，而维坤被重创死，公为文哭祭之。秋，贼复犯沙河之丹井及刑台西，公驰骑击之，多所斩获。已而贼屯武安，武安非公所辖地，公移师连战，前后斩其豪十一人及其支党甚众，收回男女二万人。

七年甲戌，三十五岁，举卓异。三月进金都御史，抚治郧阳，畿南三郡士民相向恸哭。谋伏阙上书留公，而公已单车就道，数万人遮道啼呼，骑不得前。公慰谕良久，士民伏地，哭不能起，公为之动容，众乃具肩舆请公坐乘。群牵挽之，左右执香炉，送至五百里外。临河乃返（今南和沙河等县，各有房祠载于通志，临洺勒碑纪功，北平孙公承泽《四朝人物考》曰：公两官畿南，惠施三郡，生之日，家设一坛岁时瞻礼；死，合谋叩阍，除地为祠，岁时伏腊奉祀，不分少长男女皆为流涕，甚有痛其亡发狂疾死者）。四月，公至郧，郧无专辖，以湖广之郧阳、荆州、襄阳，河南之南阳，陕西之汉中及商雒二州属焉。时郧阳属邑皆陷从贼四月矣，援兵虽集而缺饷。公至，即镕所服银盔鞋带市具，椎牛犒众，告以饷不时至，使者宽以抚众严以剿城，若有怀二心者杀无赦，众皆惕息受命。于是以"十议"咨群吏，议生聚、设主兵、策侦防、议修筑、立乡保、速邮传、积贮策、互援励、乡勇制武备，令道府州县各尽所言，以裨实用，以"八则"抚民，一曰：酌缓征之宜以延民命；二曰：勤修盖之役以奠民居（自经兵燹，民居不存，饬官吏程作，取颓垣败木，益以茅土使逃亡得复故业）；三曰：通山泽之利以济民穷（郧属万山之中，铜砂、铅铁、石青、石缘所产虽微，听民探取，勿有苛禁）；四曰：惩告讦之风以除民害（民有通贼者，听乡约保长首实，至马赢藏物，贼遗之，民得之，置不问，告讦者坐之）；五曰：禁差繇之扰以安民生；六曰：广招垦之术以裕民计；七曰：恤行户之苦以资民用；八曰：严驿递之规以苏民困。又疏请借楚省仓谷分贮郧属（疏上，廷议以二分借郧）；抽荆襄军余分屯郧疆（略曰：郧遭寇患，人烟断绝，千里不毛，审势揆时，莫若抽余军以实旷土。臣案荆襄等卫，有正军有余军，正军有田，余军无田，每卫不下万人，抽其壮者即统以本卫指挥千百户等官，计军授田，计田给种，计种课成，增一民得一名之用，辟寸土茹寸土之毛，足食足兵，庶乎可起衰振敝耳）；又请借楚饷修城屯铸（略曰：部议缮城隍以资防御一款，令臣惮精□刮以奠金汤。顾郧属六城煨烬，斗粮尺布无存，何问金钱也。臣刻意节省，因镇城太卑，议增高三尺，并筑四大爆台，益以火器等事，计直二千余两。至六城修建，值万金以上。而募军屯田，召商鼓铸，计又倍之。请饬楚抚借三万金以资用。许臣一年内先偿万金，两年则尽雠矣）。始设兵船巡汉江（汉兴郧襄自遭寇患，人民困苦，驿递凋残，其地襟带汉江，涉冬水浅至可褰裳，乃设兵船六十艘，上自河阳竹山白河，下至襄阳，以杜贼人窥视之。渐巡缉之，暇加以操练，而警报驿使，凡遇顺水俱附兵船，省驿马之费）。查赈被难地方（村落之被劫者，士民之遭难者，地亩之荒芜者，令各属清查议蠲议赈，凡有招徕安集之法，随地设施），恤录死事文武（寇贼蹂躏之时或杀贼亡身，或守城毕命，残驱以膏白刃，妻子尚困穷途，旅榇无依首邱，谁望令各属分别恤录）。公前后奏请朝廷，下其章，半用半不用。凡公以便宜设施方略具有成效可纪云。五月，总理陈奇瑜（保德人，时以延抚总理五省专剿流寇）统兵至，公与之分道入山击贼。时诸路兵集，而郧属无饷，且自郧至竹皆巉岩绝磴，转运甚艰，公百计筹画供亿无缺，而所将士卒连战皆捷，斩馘五千六百有奇，贼遂窜汉中。有《过梅归山绝句》一首。七月（初一日）公至上津搜剿郧津山贼，川营总兵官邓玘调防洵阳，将士擅牒民船，邓以法绳之。兵共趣欢。初，郧饷乏，公履疏奏请，部议久不决，徐饬于楚中，留饷通融支给，川兵五千月支坐饷一万三千余两，及邓玘军哗，借支饷不及，奔回郧阳。公闻急还，抚安之，仍以万金给饷。移书邓君，取首恶伏辜，余释不诛，一军振肃。九月，总理陈奇瑜失利于车箱峡，秦贼溃叛，公令各道戒严。初，奇瑜追贼凤陇，剿抚并用，事垂定矣。公弟象晋从容曰："陈公竟办贼。"公曰："是何言之易也。往者总理过郧，吾殇之北城楼，见其部曲纷纷沓沓，如乱丝之布地，行将自困，吾坐守孤郧，兵单饷竭为忧方大耳。"及总理军败，如公言。公闻警，趣令州郡缮守备、具战器，布铁蒺藜于江水浅处，凡贼必经之路，审量地形埋伏火器，山谷之民设法立寨，就千岩万壑中因高设险，令附近居民聚其中，授以火具给以谷食，统以团保练长。其平原旷野，立并村之法，择民居稠密之村，将十里内零星村落编入其中，无事各归其居，遇警合力共守，更令掘深壕筑堤堃，一切火具谷食如山寨给与，责成团练长督率巡防。初，公以郧镇兵止五百，而客兵守郧月饷三倍于主兵，疏请就土著招募，吏议止增五百，合毛兵六百共一千六百人，及残寇日深，公请再增一千四百合三千人以资守御。十月商雒告急，令中军李玉华督兵驰援，镇箄营副将杨正芳奉督臣调自上津，趣雒南与部下张上选俱殁于阵，玉华赴之亦败焉。十二月，贼二十万犯郧阳，公以数百人居守，贼薄城，行触机，雷火发，歼其精锐无算，贼乃绕西北角尽力攻之，夜半，公勒兵驰赴其营，老弱乘城呼声震山谷，贼惊骇，弃辎重走。渡江，江布铁蒺藜，不得渡，乡勇乘便邀击之，郧兵随其后，贼大恐。三日夜走宛叶，公趣南阳以阨其还。

八年乙亥，三十六岁。正月，公自南阳还，先是贼出宛叶，溃许颖，陷灵璧，焚皇陵，复折而西，与河南贼合，声势益盛。公遍历郧津，练习火攻，分布要害，复巡视襄宛、光均诸地，鼓练乡勇，检阅村寨，申严守备。五月，天子以公守郧功进右副都御使，巡抚湖广，驻兵襄樊，以防秦寇。六月，贼连胜秦兵，分部出关，官吏望风逃奔，郡县皆没，遂长驱入中州，三楚震动。八月，命加公总理直隶河南、山东、川、湖等处军，以关宁总兵祖大乐援剿，祖宽东协，副总兵李重镇隶戏下，督兵入豫，公闻命，即疏上"平寇十要"：一办饷；二筹兵；三用人；四任将；五设险；六定功罪；七明分合；八专责成；九以民攻贼；十以贼攻贼。又奏"三大机宜"，皆切中事要。朝廷颇采用之。（一"剿荡大局"。贼横逞八年，狂奔七省，臣与督臣有战无守，有剿无堵，各省抚臣仍宜且战且守，且剿且堵，主客马步奇正之兵缺一不可，今宜调咸宁、甘固之兵属总督，调蓟辽关宁之兵属总理，旗鼓相当，各分五路，不论豫楚秦直，直捣横挑，或迎贼之头，或袭贼之尾，或邀贼之中。贼分而我亦分，贼合而我亦合，至于深山密箐峻岭层崖，群寇易于奔窜，骑兵不习攀援，再调川、箄、黔、滇之便于登山涉隘者一二万以佐骑兵之不及。中外勿惜经费，有司勿惮苦难，公卿勿事横议，齐心合力，效顺除凶，大战百余，斩级千万，待贼乞降归命，悔祸投诚。然后散遣安插，横池既靖，薄赋轻徭，吊死恤生，保固元气，此剿荡之大局也。一"兵饷全筹"。杀贼需兵，用兵需饷，理之常也。若贼横而始调兵，贼多而始增兵，是为后局兵至而后议饷，兵集而后请饷，是为危形。况请饷不足，兵将从贼为寇，是八年来所请之兵皆贼党；所用之饷皆盗粮也。均之饷也，早则见德，迟则贾怨。均之刍米也，

有款饷者省十三，无款项者费十五，甚者辟民书空，又甚者重敛横征。往者
刍米之价日高，司农平价三分顾一，率令主者吏常缺于供臣前办饷疏酌议因
粮输助，并内库折色及广开事例，三事岁可登金钱一二百万，此外再议题留
则饷已有余，增兵调将何难杀贼？即此兵饷之全筹也。一"督理专力"。臣与
督臣受命讨贼，为贼是求故督臣向日曾辞三边，微臣近辞楚抚，夫督理而谓
之总取其责任事权相配也。是以督理必有专饷，有专兵而后可尽专力，臣与
督臣各得马步战兵三万，马三步七，每月饷银十万以上。请委督饷部司二员
分管督臣与臣剿兵之饷，随臣等往来庶督臣与臣得晔力于兵戎。此督理宜尽
之专力也）。十月到总理任，有《过太平驿绝句》一首、《过穆陵关见壁间律
诗》次韵一首。十一月，公以南阳贼奔犯郢陵，即驰赴援，时豫贼南营八大
王招引西来大贼高迎祥、李自成等所称闯王、闯将、闯塌天、顺天王、扫地
王、一字王者共十三营，大者二三万，小者六七千，屯据汝城西南。公既定
郢，警遂倍道兼行至汝州，部兵五千，命副将李重镇、雷时声、周元汝等合
营进剿，贼分三面而来，重镇等亦兵分三面迎之。食时接战至夜半，胜负未
决，公遣都司朱文进陈其美等赏干糒分赉将士，令恕力，众闻咸愤踊，比及
禺中，遂大破之，斩首数百级，生擒自来虎、涌虎、公山虎、张新儿等，夺
贼大炮二门，获马骡弓矢器械无算。贼奔鲁山东南，十二月高迎祥李自成光
州之南城，公追至信阳，又败之确山，斩首五百余级。当是时，秦督洪承畴
（同安人）剿西北，公剿东南，上以二人有安攘大略，故委任焉。而公尤精白
任事抚循将士，能得其死力，故所向有功，及连破巨寇，威震海内，天子于
是益知公可属大事。进兵部右侍郎加督山陕，赐尚方剑，便宜行事。十二月
始解湖抚事，以左通政王梦尹（宁晋人）为巡抚。孝廉侯弘文（江川人，师
龙子字口口，万历乙卯举于乡），性倜傥，多智略，为高平令，以忧去官属，
滇南道阻，侨寓襄阳，闻公抚治郧阳，散私财募死士，投袂从公，为军锋冠，
公欲上其功，弘文力辞。及公为总理，弘文以大义相勖，有烈士之风，又言
中原步兵追贼，不利阻隘，思得滇黔之人用之，愿奉檄走万里往募，公壮其
言疏荐于朝，授南阳推官，军前监纪，弘文乃辞赴滇。上以寇未平，斋居武
英殿，素服、减膳、撤乐。

　　九年丙子，三十七岁。元旦，公与川湖总督朱燮元（山阴人）、五省总督
洪承畴、漕运总督朱大典（金华人）、应天巡抚张国维（东阳人）、河南巡抚
陈必谦（常熟人）、山东巡抚李懋芳（上虞人）、陕西巡抚甘学阔（隣水人）、
山西巡抚吴甡（兴化人）、四川巡抚王维章（凌州人）、郧阳抚治宋祖舜（东

平州人），上表请驾还宫，御常服，赏法膳，上优诏答焉。高迎祥、李自成
陷含山、和州，进围滁州，公自西沙河闻警，遣总兵官祖宽，游击罗岱、祖
克勇连夜赴援，自引杨世恩之兵分道进击，大战于城东五里桥，斩贼首摇天
动，贼连营俱溃，逐北五十里，朱龙桥至关山积尸填沟委壑，滁水为之不流，
贼自滁走亳，折入归德。二月，公檄总兵官祖大乐邀之龙山谷熟集破之，贼
乃略密县，走登封。副将王进忠又败之郜城，随与尹嵩贼合分趋裕州、南
阳，公合宽、大乐、岱兵纵击之，大破之七顶山，歼自成精骑殆尽。公至南
阳，令大乐备汝宁，宽备邓州，而躬率诸军蹙贼，使告湖广巡抚王梦尹、郧
阳抚治宋祖舜曰："贼愈矣，东西阑截，前阻汉江，可一战擒也。"两人竟弗
能御，贼自光化度羊皮滩入襄阳或突郧、均，公檄总兵秦翼明、副将雷时声
由南漳、谷城尅期入山击贼，翼明失道后，期贼侦视无援，遂环山断路，从
后逆击，雷时声战死。公单骑由绝涧度，亡其关防，既而与大兵合，边兵习
骑射，不便登涉，山气熏蒸，多染疾疫，公知楚贼阻山石木，难以制胜。四
月乃分诸将阨郧襄，自统关宁兵入豫，命祖大乐赴永宁，祖宽、李重镇赴灵
宝，时豫中诸贼亦遁入秦豫蜀之交万山中，河南大饥，馈饷不至，边兵匈匈，
公方忧之，会得秦督洪承畴书，曰："楚贼窜伏，公折箠笞之有余力矣。秦寇
横，不如移重兵西向，吾与公合力使秦贼毋出，豫贼毋入，灭贼必矣。"公
喜，因与洪会议于关门，即遣祖宽、李重镇入秦。六月，楚贼破竹西、竹溪、
郧西诸县，阨郧襄诸将不能制，贼遂焚武当太和宫，至襄阳。楚抚王梦尹告
急。七月公回军入楚，过南阳，奏唐王不法事（事具疏中）。遂剿贼于襄阳，
贼复遁入山。是月，京师戒严，诏公统兵入卫。初公与秦督相约，灭贼既谋
而行，而公刚正特立，不树党援。公卿大夫持庸庸计，率无远大志，见公功
名日盛，皆害其能。及公北将入援，旋调之边，于是豫楚诸贼遂大逞，不可
复制矣。九月，公至都，进左侍郎，再赐尚方剑，总督京营战士及各镇援兵，
督师行边。会大清兵已退，公遂出塞外，收被掠男女七千余口，给资还本土。
乃登木叶山，周视边地，道中赐御厩五十匹，作十骥咏还，及洗阳，有诏以
公代梁廷栋（鄢陵人）总督宣大。宣督治阳和，其属宣府、大同、山西，山
西故代北，大同古云中地，素称难守，宣府于汉时为上谷，其地坦平，南逼
陵京，尤为要害，频年敌骑蹂躏，迄无宁日。及廷栋坐法徵，上以命公十月
于居庸关视事。由各边至阳和，历叅道怀来极次冲边四十余所，故事大督行
塞，分马矗左右翼，传呼飞旆蔽空，十里外行人屏匿，禆师以下亲属囊鞬伏
谒道旁。公至，尽撤之。控骑行六百里，日呼堡上老兵询人民疾苦，官吏贤

否，及边塞失事状。老兵意公为偏裨也，狎公言甚悉，自是公得备知宣东情势。出为教条，颁示将吏，简易可守，期以三月亲行，视课殿最。及明年二月，遂复阅边备，奏罢副将张韬、守备王国栋、闫师周等，褒赏副参以下称职者，贬退称进，白黑分明，军容振肃，更定京民运法。（宣云递饷，岁二百余万，公思民运因州县解至司府，听司府类解，而兵兴那用，弊累滋多，更令州县之近边地者径解边地饷，司其还者，仍由司府类解各以解期详报边督，年立二限，违者罪坐所繇过京运，则每季解饷司督抚于季终，即将各镇收过京运奏闻行之，期年递饷始清）。覆召买之弊（督臣年例召买银二十余万，估价画一，而各镇盈朒不均，弊一；发银迟而价已昂，弊二；派令民买短价浮收，弊三。公令各路粮官随地估价，各饷司依期发银，有违误及科派者各治以罪）。开山泽之利（宣云山泽或间生铜铁铅硝，旧例禁采，公令诸兵团练之暇采取以充军实，即量买运之费以给之，边困始苏）。酌鼓铸之宜（部议以宣云鼓铸妨户工二部钱法，公谓宣云所铸钱不足供本地军民之用，初无妨于钱法，若便宜经理稍佐军需，此亦有益无损者也）。又以边地逼近畿辅园陵，单外思募民留屯因田致谷以为传世折冲之具。于是上"屯田便宜厘屯政"十二条。率属举行，请以崇祯十年为始，专责成课实效，上报可。公先具田器，率所部开屯万亩，拨三镇马市银八万余两，给宣云诸府，亲履亩劝农。至十一年，军屯三十万亩，息谷四万三千石，边用益饶。公以状条奏列上，上嘉公屯政功效，令九边皆以宣大为式。是岁，作《家训三首》及《湄隐园记》。

十年丁丑，三十八岁，在阳和。正月请定边政画一之法，并陈出兵要务，上皆从之，大略言：宣云缘边二千余里，皆为要路，令严法一，以战为守方可从事。督镇主战，抚道主守，宣云有警，臣与两镇首尾继进，势若辅车。至出境应援，师行粮从，尤宜预计各兵云集，陈请统所属，独当一面，勿与列阵连营，使号令不一。若掳掠杀伤，莫可识别，请镌寸铁于帽，书尺布于衣，别其营队，按省，不应者罪之，并坐营队。初，公澄政请增标兵五千，饷十四万，部议取三镇缺额兵饷。公疏言：宣云兵马所以缺额者，皆因额饷历年压欠，兵亡马毙以至于此，若以新募之兵食压欠之饷，是以虚名而酿实祸也。疏再上，于是始定户部给发。公既募兵乃立五营，以中左右三营为马兵，专习骑射，前后两营为步兵，专习火攻。练兵之法分为五等，由浅入深，定以规则，程以日期既成，依古追胥法兼行。出哨侦探哨选精锐，宜多宜马探；用干卒宜少宜步。往者，兵士不得出口樵采，公谓：樵采则出口人多，可助探兵之不及。且木植供，公用新刍给民食，塞外无长林丰草，敌来难以驻牧，此中国之利也。于是奏请听民樵采故事。督臣操赏银四千余两，皆度大同、宣府两镇地租，后充军饷，以其余改归总监，由是督標遂无操赏。公谓：兵不可不操，即不可不赏，赏不行即罚不信，赏罚俱废，又焉能战？乃奏复赏功地租。三月与蓟辽总督张福臻（高密人）会议边工。前督梁廷栋建议于陵后纵广三百里内修筑边墙，计直一百六十万以上，公谓宣东至大同、山西延袤二千三百里，随处可达皇陵，若止于三百里议筑，犹无边也，如并筑之，其费不赀，夫士卒用命，众心成城，道在守御，不在边墙，事遂寝。四月巡视大同，五月赴宣东，发标下前后两营，分兵防怀永。十五日至怀来，十七日至柳沟，阅视南山诸兵，指示战守方略。时宣府巡抚刘永祚（韩城人），主筑烽台，公以其地平衍，水草少，其势不屯，乃浚壕凿井，增筑土台数十所，使相委属。二十七日赴宣府镇城及城西等处，阅视抚镇标兵。推官侯弘文徵下狱，始弘文奉公檄赴滇募兵，与滇南土司龙在田、许成名等（案《明史》本传，二人皆石屏州土官，八年应诏击贼湖广、河南，频有功。十年二月，擒大盗郭三海。十一年九月大破贺一龙、李万庆于双沟，进都督同知。明年三月大破贼于固始，斩首三千五百有奇。诸将多忌在田，谗之，乃罢归），散私财，募精甲八千有奇，甫就道而公已调边任。既至，楚历战有功，为后事者所陷，弘文坐系，公上书争之，曰："弘文等左亲戚、弃坟墓，万里从征，捐躯杀贼，可谓义形于色。有司不念国家，顾惜升斗，以八千余乌集之众，坐饷不开，行粮不给，譬如委赤子于旷野，绝其哺乳，立刻饿杀，既不方幅随以法绳之，方今贼寇方张，廓清无日，而使远征之旅物故流离，倡义之臣终填牢户，臣不知其可也。且当日具题委用檄调兵将，皆出自臣，弘文有罪，臣当坐之，如其无罪，犹当显示激扬，不宜轻弃国土，重伤天下忠义之心也。"书三上，不省，弘文竟遣戍，天下闻之，皆多公而惜弘文之遣也。卜、哈二酋求开马市，公上言曰："敌之强也，东至鸭绿，西至贺兰，塞外山河皆其版籍，今日所存，唯哈与卜耳。哈足抗敌，又利中国之市，故未与敌合；卜之先俺答归顺四十年，近又钻刀说誓（字典：钻，隐入也，音未详，俗音"钻"，钻刀者以刀为门，身从刀下过也）遵守边约。若羁縻二夷，无事资其耳目，有警借其声援，伐谋、伐交、用奇、用间，同一机括，我既以价易马，彼即以价易货，价未出边而获多马，利孰大焉？因卜联哈，固出时宜；因哈备边，且观后效。由是兴屯练兵，标本兼治，数年之间，兵农合局，从此元气昭苏，安攘因而可望矣。"奏上报可。七月公行边，令中、左、右骑分驻龙门城、滴水厓、延庆州以卫陵京。八月，公从延庆州越永宁之龙安山至靖胡堡、河东口时，把总费自强与所部三十三人擅离部署，斩自强以徇，三十三人皆予杖。靖胡守备张燮坐失察免。九月秋防，靖督兵还，镇道中，次先贤范希文《渔家傲》词二首。十一月由大同巡山西各边，奏成兵缺饷情形，奉旨谴责抚臣，先贷内库十六万给发，从公请也。公立檄各道分给，宣布皇仁，士卒凫藻。是月，以军兴劳，两赐银币。是岁，作《鹿忠节公传》，忠节讳善继，公故人也。崇祯九年殉定兴之难，因为之传。

十一年戊寅，三十九岁，在阳和。二月，大司寇郑公三俊（建德人）以会勘铸局不称旨，徵下狱，公以郑四世老臣，在朝廷著清直节，不宜坐徵文得罪，上疏理之，事得白。三月以兴屯政功进秩二品。乞炭连营犯宣，部檄云晋兵来援。公言用客不如用主，用少胜于用多，因令云晋兵无动，亲勒骑赴天城，分兵驻右卫葛峪。乞炭列九营于马肺山，数遣赤食等往来墙下，求抚赏，公谕边吏曰："轻言赏断尔舌。"令墙以内严兵待战，墙以外设哨张疑，复遣裨将，皆张黄盖列城隅为犄角势，乞炭望见，惊曰："各路兵至耶？何总戎之多也？"乃脱归。异日，乞炭复拥众求市要赏，公不许，但令先通市，次议赏，乞炭实不挟一货，因引去。五月，公丁外艰。崐石公于十年秋视公于阳和，二月自阳和归里，公遣王夫人随侍，遂终于旅次。时四月十八日也。讣闻，公辟踊投地，几不欲生。乞大同抚臣（时商邱叶廷桂巡抚大同）题报丁忧。初，东阁大学士杨嗣昌（武陵人，子文弱，见《鹿忠节公传》注）居内忧，服绯至政府，不为正论所容。关宁总监高起潜亦衰经从戎。及公闻讣奔丧，而共事抚监诸臣俱以夺情为请，公疏凡七上，陈请哀切，始起故宣抚陈新甲（长寿人）于制中，令公席丧候代（《纪实》云：自蜀至宣，里八千。秋防仍责公），皆武陵志也。七月进公兵部尚书，衰墨防秋，赠公祖父尚书官，赠祖母元配，封母妻皆夫人，予崐石公祭一坛。九月，大清兵从后墙子岭入，杀总督吴阿衡（裕州人），毁正关至营城石匣，驻于牛栏。时公初与陈新甲交代，及闻警，廷臣交章荐公，于是上使使赐公剑印，命督天下援师，公伏地痛哭，请曰："臣才非军旅，愚赣任事，谊不辞难，但自臣父奄逝长途，哀乱回惑，五官非复昔时，兼以苦由之身临三军上，金鼓不灵，观瞻不耸，恐非国家之利。"书奏天子，不许。十月三日公统兵屯昌平，时漏下二十刻矣。黎明，天子召见平台，赐公酒食，慰劳良久，次及方略，公奏曰："臣意主战不主抚。"上色动，徐曰："外廷有是言，朕未之许也。"初，辽抚方一藻（歙县人）误听卜者周元忠请款之说，密书以闻，大学士杨嗣昌、总监高起潜力主其说，谋馈金币请抚。上虽知之而未宣示也，及公入对，发之是日也。黄气抱日，识者以为辅臣纳忠之象，公当之矣。既出，嗣昌要之东厢，仍以讲抚为言，公慨然曰："城下之盟，《春秋》耻之，此语不可使天下闻也。"明日，上命公与嗣昌、起潜会议安定门，两人仍持前说，公昌言曰："敌人强来而不能困，使得意去，后日益轻中国，宋事可鉴也。愚意唯以一战决之。"既罢，上知三人异议，虽颇依违而心是公言。初六日，上以内府金犒师，公至军，嗣昌送公，屏左右欲有言，良久乃曰："无浪战。"夜半，上复遣内臣赍金数万，银花三千，币五百犒师。初八日，又赐御马百、太仆马千，银铁鞭五百，公叹曰："圣君神武。纷纷言抚者何为也？庸臣误国一至此乎？"遂决策议战。十四日，公誓师巩华，十五日率师至顺义，袭牛栏，十七日嗣昌至军，公责以阻师养祸之罪。嗣昌颊赤曰："公直以尚方剑加我矣。"公曰："既不奔丧，又不力战，身当齿剑何暇加人？"嗣昌以公言为激发己，连恨公，奏令督监复议。十九日再议安定门，嗣昌于是劾奏公不先计而后战，遇大敌无持重，非庙胜之册，不可从。上由是不施公议，而督师之权分矣。公之初与议也，起潜欲分兵保郡县，公曰："敌若留兵辍我，而分众南下，则我反在其后，不救不可，救之不及，奈何？"嗣昌曰："京师重兵所在，敌必不敢越而南。"公曰："敌既南下，蔓延滋长，为忧方大，京师虽有重兵，不能邀截使不下也。"至是，大清兵果于廿五日从顺义开营南向，廿六日发精骑由坝上大马房直指东直门。公日夜督兵力战，十一月三日又战于土城关。是夜，大清兵移兵土城北，初四日又战于西直门，获巨炮十数。大清兵拔营而退，公请乘胜追击，公卿首鼠两端，或言追或言守，日中奏上，至初五日晡时始报，从公议。大清兵遂分三道而下：一由涞水略易州，一由新城略雄县，一由定兴俱会于保定。初九日公进据保定。命诸将分道出击，大战于庆都，获级三百。当是时，公自将马步卒屡战有功，军声甚振。嗣昌以政府兼兵部事数挠公权，有司又希指绝公饷，使不前。编修杨廷麟（云间王鸿绪《类稿》：廷麟字伯祥，清江人，崇祯四年进士，改庶吉士授编修；宁都魏禧集：廷麟谥文正，乙酉过赣，见虔督万公元吉，独支岩城，遂留赣办军事。丙戌十月，城破，公死清水塘池中，时辽东贾将军熊为右军，亲往视尸，召画工写其像，趣匠以四门扇为棺，瘗之西门外河上，庚戌公子来求尸，将军为改葬立碑，公子感贾将军德，以崇祯皇帝赐公御书酬之。禧在将军子重仪所作御书记因叙文正颠末，今墓在南门外菱塘）上言曰："南仲在内，李纲无功；潜善秉政，宗泽殒恨。臣愿陛下赫然一怒，专命督臣卢象昇集诸路援师，不从中制，社稷幸甚，天下幸甚。"书奏忤嗣昌，谪兵部主事，赞画公营,十七日进兵完县,粮乏。清宛令左其人,馈饷不前,转战至真定,真督张其平(偃师人,十二年以罪伏法)闭闉过饷,公移书兵部告急,不应,时军中绝粮五日矣,公亦不食,士卒以公素有恩纪,至饥饿不能起,终无叛志。总监方某密疏,公縻饷逗留,抚按守臣争诬公按兵不救,于是奉召切责公,十二月初六日,大学士刘宇亮视师(《明史》本传:宇亮绵竹人,万历四十七年进士,崇祯十年八月擢礼部尚书,与傅冠、薛国观同入阁,宇亮性不嗜书,座主钱士升为之援,竟获大用,明年六月,孔贞运罢归,遂代为首辅。其冬,都城戒严,命阅视京营,战士及内外诸门皆苟且卒事。大清兵深入,宇亮自请督查军情,甫至保定,闻象昇战没侦者报。大清兵将至,相顾无人色,急趋晋州避之,知州陈弘绪闭门不纳,且传语曰:“督师以御敌也,今敌且至,奈何避之?”刍粮不继,责有司欲入城,不敢闻命,宇亮驰疏劾之,有旨逮治州民诣阙讼冤,帝自是疑宇亮不任事,徒扰民矣。明年正月宇亮参总兵刘光祚逗留状,复具疏乞宥,九卿科道佥议宇亮玩弄国宪,大不敬,削籍,卒于家),复挤公,遂夺尚书以侍郎视事,始公督天下兵,继分其属隶陈新甲,驻昌平,又以其半分隶高起潜,驻鸡泽,及云晋告警,公所部云镇总兵王朴(十五年五月以乏兴弃市)径引兵去,公独与宣镇杨国柱、晋镇虎大威统残卒五千,次宿三宫野外,畿南三郡父老遮说公曰:“天下匈匈且十年,明公出万死不顾,一生之计为天下先。乃奸臣在内,孤中见嫉,栖迟绝野,一饱无食,脱巾狂噪,云帅其见告矣。明公诚能移军广、顺,召集义师,三郡子弟喜公之来,愿为公死,勠力同心,一呼而裹粮从者可十万,孰与只臂无援立而就死哉。”公泣然流涕曰:“父老意甚厚,虽然,自与贼抗大小数十百战,未尝挫衄,今者分疲卒五千,大敌西冲,援师东隔,败亡立见,若委而去之,贻君父忧吾弗为耳。食竭力尽有死而已,毋徒累父老为也。”众号泣雷动,各携床头斗粟饷军,或遗枣一升,曰:“公煮为粮。”初十日,遣杨廷麟乞粮于陕抚孙传庭(振武卫人,时入援,驻兵真定)。进军巨鹿贾庄,巨鹿生员姚东照助粮七百斛,士气稍振。公闻高起潜所部兵去贾庄五十里,期与旦日合兵并进,起潜得檄,东走临清。(王鸿绪《类稿本传》:十一年冬,京师被兵,宣大总督卢象昇入援,与兵部尚书杨嗣昌议事不合,起潜比嗣昌亦与象昇左,致象昇孤军战没,起潜又匿不言状,朝士疾之。十七年闯贼日急,帝仍令督宁前诸军,中道弃关走。福王立江南,召为京营提督后,降于大清。长洲汪琬、尧峰《文钞》:总监高起潜驻兵临清、济宁间,北兵攻济南,巡抚御史宋学朱悉力拒守,北兵筑长围困之。十二年正月二日,城陷,御史宋学朱率巡道周之训死之。起潜既不援济南，又以失德王胡恐受诛，谋卸罪于宋，其党遂诬宋不死。于是宋次子德宜伏阙请恤，廷臣徐石麟、沈维炳等皆为宋请于朝，终不报师。俭按宋公与先忠烈事相类，高、杨误国，其事亦同，故并录之）大清兵乃得专向贾庄，明日公独进，与大清兵战贾庄南，公居中，杨国柱师左，虎大威师右，搏战一日，杀伤略当。夜半，公还营。十二日庚子，大清兵益，兵围贾庄，环三匝，时公兵少援绝，吏士殊无人色，而公气弥励，周视整兵，查夷伤，治战具，易麾帜，为圜陈，外向二镇当东西别二将，南北中布巨炮，挟以弩矢，隅中开壁迎敌，士皆殊死战。至日昳，炮尽矢穷，公命去备，以短兵薄战。大清兵纵精骑夹攻之，士卒多死。大威挽公马出围，公按剑曰："将军死绥，有前无却。"遂跃马驰入阵中，四矢三刃乃仆，掌牧杨陆凯惧众之残其尸也，伏公背而死。（陆凯，永年诸生，公为大名道，拔置幕下，从军捍贼，积功至游击将军）裨将张岩与公仆顾显者殉焉，戏下死者过半。初，公与国柱易旗而战，及公死，而国柱、大威与副将刘钦皆溃围出。大清兵乃爇贾庄，东略威县，攻山左。十五日，刘钦履积尸，尸残缺，血污不可辨，独两尸重累，上负二十四矢，就而视之，则杨陆凯也。伏地一尸，麻衣衷甲衣，有督兵碌篆，钦大恸，舁之新乐县，杨廷麟闻之，迎入真定东关，为公盥面刮发，忧怒目瞋视，凛凛如生，其地守臣素识公，佯不辨。廷麟怒，集兵民视之，皆号泣曰："此我卢公也。"顺德知府于颖以状闻，时大学士杨嗣昌纳谗者之言，诬公东降及遁，使旗尉俞振龙等三辈侦之，杨廷麟再疏申辩，坐谪官。振龙等还，白公死事状，且言公忠精，宜加褒恤，嗣昌闻之不喜，以振龙契勘不实，下于理穷，治死狱中，振龙临死无一言俱，呼"天可欺，卢公不可欺"而绝，闻者皆为陨涕（嘉兴高承埏《自靖录》：公之阵亡也，党人忌之，议论籍籍，甚有言其实未死者，嗣昌为流言所惑，千总张国栋报至兵部，嗣昌诘公逗留状，国栋不肯承嗣昌，加之刑，国栋曰："刑则愿刑，死亦愿死，忠臣而以为逗留，力战而以为退却，上天难欺也！"乃释之。遂执随营旗尉俞希龙下东厂，师俭案大兴。王世德《崇祯遗录》亦作俞希龙）。于时公幽阒经五旬，犹未闭也，方事之殷也。公幕客同邑许德士以病留保定，闻公凶问，力疾趋赴，堕马折指不前。明年（己卯）春，德士扶病至真定，攀公棺而哭之，至不能起。方为公议敛，守臣素惮嗣昌，弗为许，德士慨然曰："罪我之由国家，倘诃请以我说。"乃以二月八日大敛。公弟象晋伏阙上书请恤，不报，是年秋扶枢归里。又二年（辛巳）嗣昌死，廷臣始为公讼冤。左都御史刘宗周（山阴人）疏尤切至，且谓公死由嗣昌，嗣昌误国，罪不容诛，宜戮尸都市以为人臣不忠者戒，朝廷乃复公官，赠太子少师。又三年为大清顺治元年（甲申），福王在金陵，恤录愍帝时死节诸臣，谥公忠烈。十七年（庚子）葬公于溧阳惠德区芥字号西窑岕。康熙二十七年（戊辰）奉旨建祠于邑东，以特牢祀。

参考文献

一、古籍文献

1. ［明］宋濂等:《元史》,北京:中华书局,1976 年。

2. ［清］张廷玉等:《明史》,北京:中华书局,1974 年。

3. ［民国］赵尔巽等撰:《清史稿》,北京:中华书局,1977 年。

4. ［清］查继佐撰,倪志云,刘天路点校,:《明书》(《罪惟录》),济南:齐鲁书社,2014 年。

5. ［清］傅维鳞:《明书》,清康熙三十四年本诚堂刻本。

6.《明宪宗实录》,台北:"中央研究院历史语言研究所"校印本。

7.《明武宗实录》,台北:"中央研究院历史语言研究所"校印本。

8.《明世宗实录》,台北:"中央研究院历史语言研究所"校印本。

9.《明神宗实录》,台北:"中央研究院历史语言研究所"校印本。

10.《明光宗实录》,台北:"中央研究院历史语言研究所"校印本。

11.《明熹宗实录》,台北:"中央研究院历史语言研究所"校印本。

12.《崇祯实录》,《明实录》附录 2,台北:"中央研究院历史语言研究所"校印本。

13.《清仁宗实录》:北京:中华书局,1986 年。

14. 国家图书馆出版社:《李朝实录》,北京:国家图书馆出版社,2011 年。

15. ［明］王在晋:《三朝辽事实录》,全国图书馆缩微文献复制中心,2002 年。

16. ［清］卢安节、任启运等:《明大司马卢公年谱》,北京图书馆编:《北京图书馆藏珍本年谱丛刊》第 62 册，北京：北京图书馆出版社，1999 年。

17.〔明〕谈迁：《国榷》，北京：中华书局，1958 年。

18.〔清〕夏燮撰，王日根、李一平、李珽、李秉乾等校点：《明通鉴》，长沙：岳麓书社，1999 年。

19.印鸾章、李介人校订，管巧灵标点：《明鉴纲目》，长沙：岳麓书社，1987 年。

20.〔清〕计六奇著，魏得良、任道斌点校：《明季北略》，北京：中华书局，1984 年。

21.〔明〕李东阳、申时行等：《大明会典》，扬州：广陵书社，2007 年。

22.〔清〕龙文彬：《明会要》，北京：中华书局，1956 年。

23.〔明〕裴应章、彭遵古等著，潘彦文等校注：《郧台志》，南京：长江出版社，2006 年。

24.〔清〕王文焘修，〔清〕张志奇续修：《宣化府志》，清乾隆八年修、二十二年订补重刊本。

25.〔清〕徐景曾等纂修：《顺德府志》，乾隆十五年刻本。

26.〔清〕阮升基、宁楷等编纂：《增修宜兴县旧志》，嘉庆二年刻本。

27.〔清〕夏诒钰纂修：《永年县志》，清光绪三年刊本。

28.〔民国〕洪家禄：《大名县志》，民国二十三年铅印本。

29.〔明〕孙传庭：《孙传庭疏牍》，杭州：浙江人民出版社，1983 年。

30.〔明〕卢象昇：《忠肃集》，《文渊阁四库全书》影印本，台北：台湾商务印书，1983 年。

31.〔明〕卢象昇：《卢象昇疏牍》，杭州：浙江古籍出版社，1985 年。

32.〔明〕卢象昇：《明大司马卢公奏议十卷》，《四库未收书辑刊》第 2 辑，第 25 册，影印道光九年刻本，北京：北京出版社，1998 年。

33.〔清〕佚名：《明季烈臣传（五）》，《卢象昇传》，国家图书馆分馆编：《孤本明代人物小传：8》清抄影印本，北京：全国图书馆文献缩微中心出版，2003 年。

34.〔明〕杨嗣昌著，梁颂成辑校：《杨嗣昌集》，长沙：岳麓书社，2005 年。

35.〔清〕张岱：《石匮书、石匮书后集》，《续修四库全书》编委会纂：《续修四库全书》影印本，上海：上海古籍出版社，2008 年。

36.〔清〕陈鼎：《东林列传》，扬州：广陵书社，2007 年。

37.［清］朱溶:《忠义录》,高洪钧编:《明清遗书五种》,北京:北京图书馆出版社,2006 年。

38.［清］徐秉义撰,张金正校点:《明末忠烈纪实》,杭州:浙江古籍出版社,1987 年。

39.［清］汪有典:《史外》,周骏富辑:《明代传记丛刊》,台北:明文书局,1991 年。

40.［明］郑晓撰,李致忠点校:《今言》,《元明史料笔记丛刊》,北京:中华书局,1984 年。

41.［明］魏焕:《皇明九边考》,明嘉靖刻本影印,王有立主编:《中华文史丛书》第 3 辑,台北:台湾华文书局,1968 年。

42.［明］文秉:《定陵注略》,北京:北京大学出版社,1984 年。

43.［明］文秉:《烈皇小识》(外一种),《明代野史丛书》,北京:北京古籍出版社,2002 年。

44.［清］任启运:《清芬楼遗稿》卷 4,《明大司马卢公传》,嘉庆二十二年刻本。

45.［清］温睿临撰:《南疆逸史》,清大兴傅氏长恩阁钞本。

46.［明］李清:《三垣笔记》,北京:中华书局,1982 年。

47.［明］陆容:《菽园杂记》,北京:中华书局,1985 年。

48.［明］沈德符:《万历野获编》,《元明史料笔记丛刊》,北京:中华书局,1959 年。

49.［清］李逊之:《三朝野纪》,北京:北京古籍出版社,2002 年。

50.［明］杨嗣昌著,梁颂成辑校:《杨嗣昌集》,长沙:岳麓书社,2005 年。

51.［明］姜垓:《流览堂诗稿残编》,高洪钧编:《明清遗书五种》,北京:北京图书馆出版社,2006 年。

52.［明］钱谦益:《牧斋有学集》,《四部丛刊初编集部》涵芬楼缩印本,上海:上海商务印书馆,1936 年。

53.［春秋］子思著,东篱子解译:《中庸全鉴》,北京:中国纺织出版社,2010 年。

54.陈登原:《国史旧闻》,北京:中华书局,1980 年。

55.吴恭亨撰,喻岳衡点校:《对联话》,长沙:岳麓书社,1984 年。

56.［清］谷应泰:《明史纪事本末》,北京:中华书局,1977 年。

57.［明］陈子龙等选辑:《明经世文编》，北京：中华书局，1962年。

58.［民国］李桢:《东林党籍考》，北京：人民出版社，1957年。

59.［明］翁万达:《翁万达集》，上海：上海古籍出版社，1992年。

60.［民国］国立中研院历史语言研究所编:《明清史料·乙编》，上海：商务印书馆，1936年。

61.［民国］国立中研院历史语言研究所编:《明清史料·丙编》，上海：商务印书馆，1936年。

62.国立中研院历史语言研究所编:《明清史料·辛编》，北京：中华书局，1987年。

63.《茗岭卢氏宗谱》，报本堂影印本，宣统辛亥重修。

64.［清］赵翼:《廿二史札记》，北京：中国书店出版社，1987年。

65.辽宁省档案馆:《满洲实录》，沈阳：辽宁教育出版社，2012年。

66.［清］吴梅村著，李学颖集评标校:《吴梅村全集》，上海：上海古籍出版社，1990年。

二、研究专著

1.（民国）李岳瑞:《国史读本》第9册，上海：世界书局，1926年。

2.洪焕椿:《明末农民战争史略论》，南京：江苏人民出版社，1962年。

3.王毓铨:《明代的军屯》，北京：中华书局，1965年。

4.朱宝炯、谢沛霖:《明清进士提名碑录索引》，上海：上海古籍出版社，1980年。

5.郑天挺:《明清史资料》，天津：天津人民出版社，1980年。

6.丁易:《明代的特务政治》，北京：群众出版社，1983年。

7.中国人民政治协商会议江苏省宜兴县委员会文史资料研究委员会:《宜兴文史资料》（第6辑），《关于卢公祠的回忆和联想》，宜兴：政协宜兴文史资料研究委员会出版，1984年。

8.《中国军事史》编写组:《中国军事史》卷3，《兵制》，北京：解放军出版社，1987年。

9.台湾"中央图书馆"编:《明人传记资料索引》，北京：中华书局，1987年。

10.中国人民政治协商会议江苏省宜兴县委员会文史资料研究委员会:《宜兴文史资料》（第15辑），《历史文化名人研讨会征文选辑》，宜兴：政协宜兴文史资料研究委员会出版，1988 年。

11. 李小林、李晟文:《明史研究备览》，天津：天津教育出版社，1988 年。

12. 汤纲、南炳文:《明史》，上海：上海人民出版社，1991 年。

13.（美国）牟复礼、（英）崔瑞德编:《剑桥中国明代史》，张书生等译，北京：中国社会科学出版社，1992 年。

14. 赵呈元等主编:《中国的脊梁》，济南：山东大学出版社，1992 年。

15. 周谷城名誉主编，中外名人研究中心编:《中国事典》（上中下三册），沈阳：沈阳出版社，1993 年。

16. 郭海:《阳高县志》，北京：中国工人出版社，1993 年。

17. 靳润成:《明朝总督巡抚辖区研究》，上海：上海古籍出版社，1996 年。

18. 李治安:《唐宋元明清中央与地方关系研究》，天津：南开大学出版社，1996 年。

19. 郑福田、可永雪等:《中国将帅全传》，《中国帝王将相全传系列丛书》，北京：工商出版社，1997 年。

20. 王兆春:《中国科学技术史·军事技术卷》，北京：科学出版社，1998 年。

21. 姚雪垠:《李自成》，北京：中国青年出版社，1999 年。

22. 吴晗:《朱元璋传》，天津：百花文艺出版社，2000 年。

23. 吴宣德:《中国教育制度通史·明代卷》，济南：山东教育出版社，2000 年。

24. 阿克顿:《自由与权力》，北京：商务印书馆，2001 年。

25. 肖立军:《明代中后期九边兵制研究》，长春：吉林人民出版社，2001 年。

26. 李学勤:《中国皇帝皇后百传·皇太极》，呼和浩特：远方出版社，2002 年。

27. 赵波:《李自成传》，北京：京华出版社，2002 年。

28. 谢忠志《明代兵备道制度》，《明史研究丛刊》之五，台湾明史研究小组印行，2002 年。

29. 齐涛主编，朱亚飞著:《中国政治通史：八》，济南：泰山出版社，2003 年。

30. 莫日达:《中国古代统计思想史》，北京：中国统计出版社，2004 年。

31. 刘海峰:《科举制与"科举学"》，贵阳：贵州教育出版社，2004 年。

32. 冷小平、冷遇春：《郧阳抚治两百年》，武汉：湖北出版社，2004 年。

33. 河北省望都县地方志编纂委员会：《望都县志》，北京：方志出版社，2004 年。

34. 王凯旋：《明代科举制度考论》，沈阳：沈阳出版社，2005 年。

35. 李晓丽等：《中国名臣全传》，北京：中国社会科学出版社，2006 年。

36.（美）黄仁宇：《万历十五年》（增订本），北京：中华书局，2006 年。

37. 晁中辰：《崇祯大传》，北京：九州出版社，2006 年。

38.（日）小野和子：《明季党社考》，李庆、张荣湄译，上海：上海古籍出版社，2006 年。

39. ［清］孟森：《明史讲义》，北京：中华书局，2006 年。

40. 王兆春：《中国古代军事工程技术史·宋元明清》，太原：山西教育出版社，2007 年。

41. 王兆春：《世界火器史》，北京：军事科学出版社，2007 年。

42. 樊树志：《大明王朝的最后十七年》，北京：中华书局，2007 年。

43. 白寿彝主编：《中国通史》，上海：上海人民出版社，2007 年修订本。

44. 中国科学院心理研究所、中国心理学会：《潘菽全集》，北京：人民教育出版社，2007 年。

45. 王桐龄：《中国史》（下），南昌：江西人民出版社，2008 年。

46. 侯家驹：《中国经济史》（下册），北京：新星出版社，2008 年。

47. 王兆春：《中国古代兵书》，北京：蓝天出版社，2008 年。

48. 肖立军：《明代省镇营兵制与地方秩序》，天津：天津古籍出版社，2010 年。

49. 汗青：《天崩地解 1644 大变局》，太原：山西人民出版社，2010 年。

50. 沈昱主编：《余杭历史文化研究丛书》，杭州：西泠印社出版社，2010 年。

51. 杨毅、杨泓：《兵器史话》，北京：社会科学文献出版社，2011 年。

52.《中国通史》编委会主编：《中国通史》，北京：中国书店出版社，2011 年。

53. 柳长毅主编，胡玫明总编：《郧县八百年》，武汉：湖北人民出版社，2012 年。

54.（日本）稻叶君山：《清朝全史》，西安：三秦出版社，2012 年。

55. 顾诚：《明末农民战争史》，北京：光明日报出版社，2012 年。

56. 顾诚：《李岩质疑——明清易代史事探微》，北京：光明日报出版社，2012 年。

57. 吕志勇：《勤勉的昏君崇祯》，武汉：华中科技大学出版社，2013 年。

58. 范军：《崇祯权力场：大明王朝的最后弈局》，重庆：重庆出版社，2013 年。

59. 傅苍松：《大明崇祯帝》，合肥：安徽文艺出版社，2013 年。

60. 台湾三军大学：《中国历代战争史》第 15 册，北京：中信出版社，2013 年。

61. 李文治编：《晚明民变》，北京：中国电影出版社，2014 年。

62. 商传：《走进晚明》，北京：商务印书馆，2014 年。

63. 阎崇年：《明亡清兴六十年全集》，北京：中华书局 2006 年。

64. 王天有，高寿仙：《明史》，北京：中信出版集团，2017 年。

65. 晁中辰：《李自成大传》，济南：山东人民出版社，2000 年。

66. 段超：《明代韬略》，武汉：（长江出版传媒）崇文书局，2018 年。

67. 赵园：《明清之际士大夫研究》，北京：北京大学出版社，2014 年。

68. 吴思：《血酬定律 潜规则》，北京：中国工人出版社，2007 年。

69. 樊树志：《晚明大变局》，北京：中华书局，2015 年。

70. 朱东润：《张居正大传》，西安：陕西师范大学出版社，2009 年。

71. 当年明月：《明朝那些事儿》，杭州：浙江人民出版社，2017 年。

72. 姚雪垠，俞汝捷《李自成》，武汉：（长江出版传媒）长江文艺出版社，2016 年。

73. 张镜渊：《怀安县志》，台北：成文出版社，1968 年。

74. 白一瑾：《明清鼎革中的心灵史——吴梅村叙事诗人形象研究》，天津：天津人民出版社，2008 年。

75. 祝勇：《辽宁大历史：中华文明的抽样观察》，北京：东方出版社，2013 年。

76. 路边：《烟雨龙窑》，北京：团结出版社，2016 年。

77. 张宏杰：《大明王朝的七张面孔》，广州：广东人民出版社，2016 年。

三、学位论文

1. 王柠：《明代总河研究》，湘潭大学 2008 年硕士论文。

2. 周敏：《"华夷之辨"与明末清初士人群体的抗清斗争》，鲁东大学 2009

年硕士论文。

3. 吴樱:《杨嗣昌研究》,湖南师范大学 2010 年硕士论文。

4. 曹崇岩《明代兵备道研究》,西北师范大学 2010 年硕士论文。

5. 马静茹:《明代宣大总督研究》,中央民族大学 2013 年博士论文。

6. 韩帅:《明代宣大总督研究》,东北师范大学 2014 年博士论文。

7. 李奥:《卢忠肃集校注》,湘潭大学 2015 年硕士论文。

四、期刊、论文集、报纸等

1. 赵光贤:《明末农民战争史事丛考》,《社会科学辑刊》1981 年第 5 期。

2. 胡德培:《〈李自成〉中卢象昇形象剖析》,《扬州师院学报》(社会科学版)1982 年第 1 期。

3. 张国光、李悔吾:《重评杨嗣昌、卢象昇等关于对清议和问题的政见之争——明清关系研究之一》,《社会科学辑刊》1982 年第 1 期。

4. 赵世瑜:《清对明议和二三见》,《社会科学辑刊》1983 年第 1 期。

5. 李龙潜:《明代民屯制度初探》,《暨南学报》1984 年第 1 期。

6. 殷崇浩:《明末宣云屯田的几个问题》,《武汉大学学报》(社会科学版)1986 年第 1 期。

7. 马自:《明代兵制初探》下,《东疆学刊》1986 年第 1 期。

8. 邱紫华:《一部惊心动魄的历史大悲剧——论〈李自成〉的悲剧性》,《华中师范大学学报》(哲学社会科学版)1987 年第 5 期。

9. 张玉兴:《十七世纪前期明清议和述评》,《中国社科院研究生院学报》1990 年第 3 期。

10. 冷东:《也谈崇祯年间的宦官》,《学术月刊》1993 年第 3 期。

11. 何忠汉、陈江:《宜兴发现卢象昇的一方两面刻印》,《东南文化》1993 年第 6 期。

12. 罗冬阳:《明代兵备初探》,《东北师大学报》(哲学社会科学版)1994 年第 1 期。

13. 肖立军:《明代的标兵》,《军事历史研究》1994 年第 2 期。

14. 李三谋:《明代边防与边垦》,《中国边疆史地研究》1994 年第 4 期。

15. 樊树志:《帝王心理:明神宗的个案》,《学术月刊》1995 年第 1 期。

16. 蔡敏慧:《明代中后期云南的贡金》,《云南民族学院学报》(哲学社会科学版)1996 年第 4 期。

17. 冷遇春：《郧阳抚治二百年志略》，《武当学刊》（哲学社会科学版）1996 年第 2 期。

18. 王克婴：《明崇祯时期军队的衰败》，《历史教学》1999 年第 9 期。

19. 孙尧奎：《试论大名府的兴衰》，《青海社会科学》2000 年第 4 期。

20. 王昊：《论崇祯帝》，《史学集刊》2001 年第 4 期。

21. 晁中辰：《崇祯帝"君非甚暗"透析》，《文史哲》2001 年第 5 期。

22. 郭培贵：《明代科举的发展特征与启示》，《清华大学学报》（哲学社科版）2006 年第 6 期。

23. 王柠：《试论明代总河的产生》，《中国水利》2007 年第 4 期。

24. 柏桦：《明代赐尚方剑制度》，《古代文明》2007 年第 4 期。

25. 赵克生：《明代丁忧制度述论》，《中国史研究》2007 年第 2 期。

26. 赵艳霞：《明代军屯及其私有化》，《长治学院学报》2007 年第 4 期。

27. 张艳芳：《明代总理河道考》，《齐鲁学刊》2008 年第 3 期。

28. 张建民：《环境、社会动荡与山区寨堡——明清川陕楚交边山区寨堡研究之一》，《江汉论坛》2008 年第 12 期。

29. 周勇进：《明末兵备道职掌述论——以明末兵部请敕行稿为基本史料的考察》，《历史教学》（高校版）2009 年第 12 期。

30. 周勇进：《明末兵备道的职衔与选任——以明末档案为基本史料的考察》，《历史档案》2010 年第 2 期。

31. 王团伟：《论明代开中盐法的转变——以叶淇盐法改革为例》，《内蒙古农业大学学报》（社会科学版）2010 年第 1 期。

32. 王兆春：《中国古代军事工程技术管理机构的演进》，《工程研究》2010 年第 3 期。

33. 谢羽、陈国庆：《略论明清之际火器的使用及其启》，《理论月刊》2010 年第 8 期。

34. 龙腾：《明季抗清女杰秦良玉传论》，《兰台世界》2011 年第 25 期。

35. 韩帅：《明代的天津兵备道》，《山东行政学院学报》2011 年第 1 期。

36. 郑晓文：《明代河南兵备道设置概述》，《兰台世界》2012 年 12 月下旬刊。

37. 李渡：《明代监军制度述论》，《文史哲》2012 年第 2 期。

38 罗曲、方尧尧：《领导干部应有大格局——大明督师杨嗣昌饮恨殉职之鉴》，《领导科学》2012 年第 21 期。

39. 向静:《〈金瓶梅〉乔大户纳义官考》,《明清小说研究》2013 年第 1 期。

40. 徐永安:《郧阳抚治历史阶段的划分》,《三峡大学学报》(人文社会科学版) 2013 年第 2 期。

41. 陈宝良:《中国古代镖局的起源及其兴盛——兼及标兵与镖局之关系》,《西南大学学报》(社会科学版) 2014 年第 5 期。

42 刘志军、贾科:《湖北十堰地区的山寨初探》,《郧阳高等师范专科学校》2014 年第 2 期。

43. 米智:《从君臣矛盾看万历皇帝怠政的原因》,《黑龙江史志》2014 年第 21 期。

44. 肖立军:《明代中后期边兵构成考略》,《第七届明史国际学术讨论会论文集》,第七届明史国际学术讨论会,1999 年 5 月。

45. 陈时龙:《论明代社学性质的渐变与明清小学学制的继承》,《〈教育史研究〉创刊二十周年论文集》(3),《中国教育制度史研究》,2009 年 9 月。

46. 邓立平:《一部充满悲剧色彩的历史小说——评长篇小说〈李自成〉》,《纪念姚雪垠百年诞辰学术研讨会暨中国新文学学会第 26 届年会论文集》,会议时间:2010 年 8 月 1 日。

47. 赵现海:《明代九边军事统率制度的变迁》,会议论文集《明史研究论丛》第十辑,会议时间:2012 年 3 月 1 日。

48 邢方贵:《明末英杰卢象昇绥靖郧阳建奇功》,《十堰晚报》2012 年 1 月 1 日第 19 版。

49.《坐镇汉江三千里　独领风骚二百年》,《秦楚网——十堰日报》2007 年 3 月 21 日。

50. 阎崇年:《明亡清兴六十年》讲座之二,《万历怠政》,中央电视台第十频道,《百家讲坛》视频系列节目。

51. 张宪博:《吴应箕实政思想略论》,《安徽史学》2007 年第 1 期。

后　记

春去秋来，寒冬又至。新书即将付梓，不禁欣喜之情。回想十个月艰辛著书之历程，感慨颇多。个中滋味，难以尽诉。

出版此专著，是我博士毕业后一直不变的梦想。然而，各种事务缠身，导致身心疲惫，三年未能如愿。恰好，我今年上半年有些空闲，出书的史料整理工作也已就绪。所以，我决定今年出版专著。

从今年春天开始，我就着手梳理新史料，并在博士论文基础上，开始整理书稿。为写新书，我在同学公司的工作室内，青灯黄卷，度过了一百余个深夜，直至次日凌晨一点后回家。春夏之交，因爱人工作单位的诸多事情，我中断了两个月的写作。暑假时因为准备社会培训事宜，延误了书稿的续写工作。不久，母亲回老家秋收，诸多家务活也落到我的身上。同时，我还承担着每周校内外近30课时的讲课任务。因此，直到10月中旬，我的书稿才草草收官。由于个人精力有限，写作时间也不够充分，致使书稿质量仍不尽我意。然而，在史料的选取和内容结构等方面，本书稿都比博士论文有所充实。而且，在写作过程中，我还发现了不少需要深入研究的学术问题。这也算是我写新书的意外收获吧。

在新书即将付梓之际，我要对曾给予我指导、帮助和鼓励的老师、领导、同事、同学和亲朋好友表示由衷的谢意。

我要特别感谢我的研究生导师肖立军先生和晁中辰先生。我的博士生导师肖老师一直鼓励我多读书，以广搜历史资料。他对我博士论文的写作、修改，细心指导，投入了很多精力。肖老师还在百忙之中给我的新书作序，令我十分感动。已逾古稀之年的硕士生导师晁老先生，经常电话里鼓励我站稳课堂、做好文章，对我的新书写作寄予了厚望。

我还要感谢单位领导沈大光院长和郄捍烈书记。一年来，他们为我的写作提供了诸多工作上的便利；还颁布了科研奖励新规，这也成为我今年启动出书计划的直接动力。

高中同学孙晋勇，为我的写作提供了诸多帮助。他的公司驻址距离我家不远，我把公司当成了我的工作室。同刘何雁、王旭科、李成燕、李喜蕊几位博士同学时常交流写作经验，我因此受益匪浅。

同事宋红霞，是一位业务精湛的古典文学博士，她向我提供了新书写作所需要的部分书籍，还提出诸多富有建设性的写作建议。范子谦、张雨荷、王曼、孙开红等同事，也给予我不少工作上的帮助，使我顺利完成书稿。

温馨和美的大家庭，给了我写作上的无穷动力，使我无畏于艰难、不惑于困顿。慈祥的父亲辞世几近四年，但他生前对我的殷切期盼，始终激励着我在困境中坚定地前行。近两年来，二弟龙启涛、三弟龙启峰也给予了我较大的经济支持。妻子孝春霖包揽了主要的家务，儿子龙翔宇也尽量自己解决生活和学习上的难题，为我提供了较为安静的写作环境。两岁多的女儿小果果很是顽皮，经常缠着我不放。她虽然常给我"捣乱"，但同时也给我枯燥的写作带来不少乐趣。

在此，我特别要感谢出版社的几位领导朋友。九州出版社的郝军启博士，也是我的新书的责任编辑。他对我写作过程中的每个细小环节都进行耐心的指导，力求作品的完美。考虑到新书出版的档期问题，他经常熬夜加班给我审稿，着实令我感动！中国人民大学出版社的同学徐谋卿和九州出版社的王守兵副社长，也为新书的出版做了很多富有成效的工作。

我的新书能顺利出版，离不开大家的悉心关爱和帮助。他们的无私相助，汇成了一片爱的海洋，而我，恰如一叶扁舟，正自由地徜徉于其中，并感受其中的温暖和快乐。在以后的治学征途中，我将再接再厉，以更优秀的成绩回报他们。

2019 年 12 月